AIRE

52.

I0031312

GUIDE GÉNÉRAL
DE LA GENDARMERIE

A L'USAGE

DES SOUS-OFFICIERS, BRIGADIERS ET GENDARMES,

comprenant, comme base,

Le décret du 1er mars 1854,

PORTANT RÈGLEMENT SUR L'ORGANISATION ET LE SERVICE DE LA GENDARMERIE,

et le règlement du 11 mai 1856, sur l'administration,

avec intercallation

DES LOIS, RÈGLEMENTS, CODES, DÉCRETS, ORDONNANCES, INSTRUCTIONS,
ARRÊTS DE LA COUR DE CASSATION ET DU CONSEIL D'ÉTAT,

PAR

A. HATIVET,

Capitaine de gendarmerie à St-Denis (Seine).

Paris,

IMPRIMERIE DE LÉAUTEY,

RUE SAINT-GUILLAUME, 23.

1857.

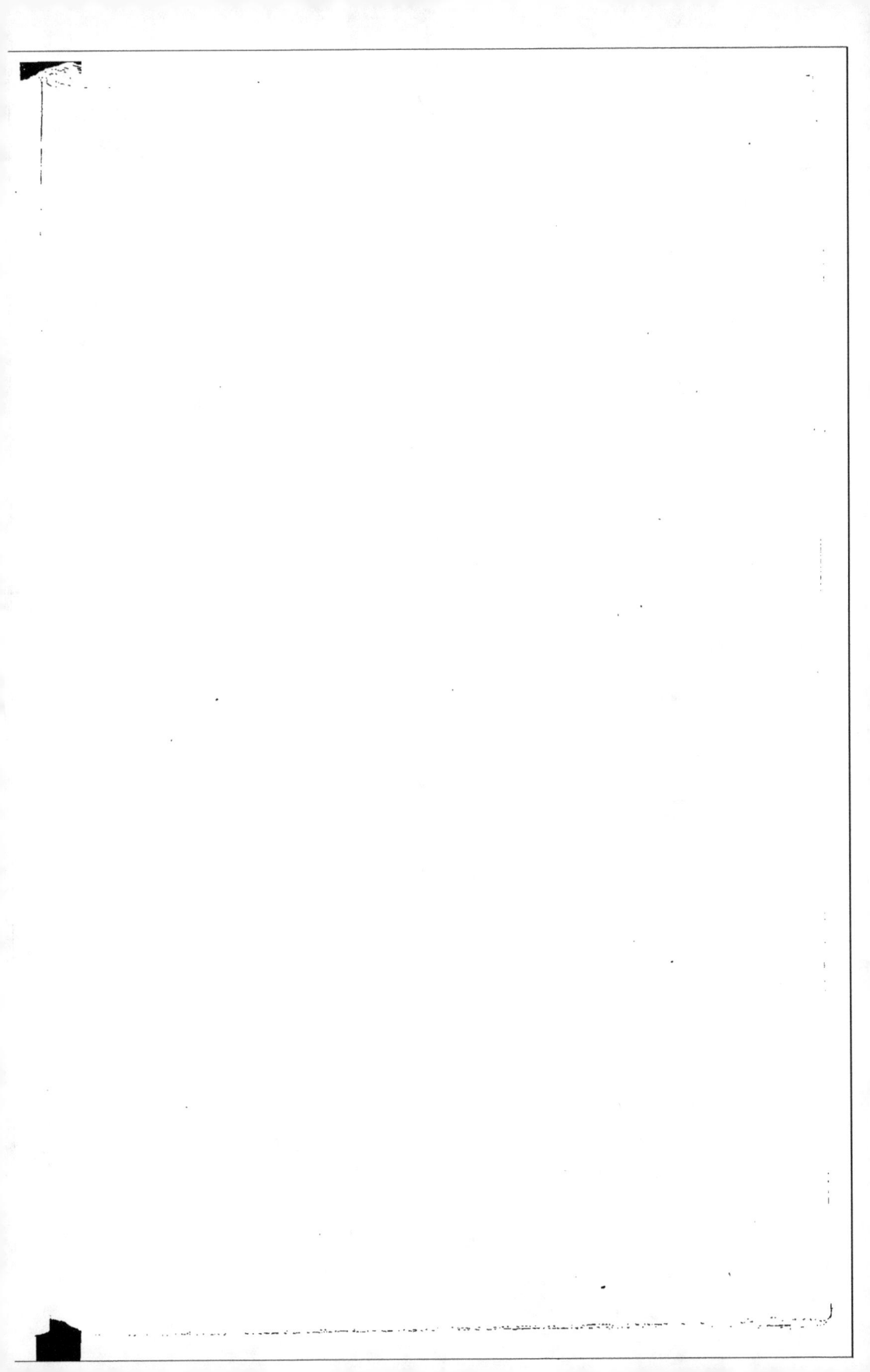

GUIDE GÉNÉRAL

DE LA GENDARMERIE.

36252

GUIDE GÉNÉRAL
DE LA GENDARMERIE

A L'USAGE

DES SOUS-OFFICIERS, BRIGADIERS ET GENDARMES,

comprenant, comme base,

Le décret du 1ᵉʳ mars 1854,

PORTANT RÈGLEMENT SUR L'ORGANISATION ET LE SERVICE DE LA GENDARMERIE,

et le règlement du 11 mai 1856, sur l'administration,

avec intercallation

DES LOIS, RÈGLEMENTS, CODES, DÉCRETS, ORDONNANCES, INSTRUCTIONS,
ARRÊTS DE LA COUR DE CASSATION ET DU CONSEIL D'ÉTAT,

PAR

A. HATIVET,

Capitaine de gendarmerie à St-Denis (Seine).

Paris,

IMPRIMERIE DE LÉAUTEY,

RUE SAINT-GUILLAUME, 23.

1857.

NOTE.

Le *Guide général de la Gendarmerie* est une compilation de la législation actuelle qui a pour base le décret du 1er mars 1854, portant règlement sur l'organisation et le service de la gendarmerie, et le règlement du 11 mai 1856 sur l'administration. Il comprend, en ce qui concerne les sous-officiers, brigadiers et gendarmes, ce qui est relatif aux obligations et aux droits de chacun, comme militaire et comme commandant ou agent de la force publique.

Afin de faciliter l'étude générale de cet ouvrage, les matières ont été classées par ordre alphabétique; et, une table desdites matières, placée en tête du volume, renvoie aux numéros de pagination.

Les matières sont, en outre, subdivisées en 1172 numéros, à l'instar des Codes, pour faciliter les recherches particulières, en évitant l'obligation de lire tout le texte d'un titre. Une table alphabétique et analytique, avec les synonymes des mots principaux, renvoie à ces numéros. Cette dernière table, placée à la fin du volume, est essentiellement utile à consulter.

TABLE DES MATIÈRES

CONTENUES

DANS LE GUIDE DE LA GENDARMERIE.

———————◦———————

NOTE.

Le *Guide général de la Gendarmerie* est une compilation
de la législation actuelle qui a pour base le décret du
1er mars 1854, portant règlement sur l'organisation et
le service de la gendarmerie, et le règlement du 11 mai
1856 sur l'administration. Il comprend, en ce qui concerne les sous-officiers, brigadiers et gendarmes, ce qui
est relatif aux obligations et aux droits de chacun,
comme militaire et comme commandant ou agent de la
force publique.

Afin de faciliter l'étude générale de cet ouvrage, les
matières ont été classées par ordre alphabétique; et, une
table des dites matières, placée en tête du volume, renvoie
aux numéros de pagination.

Les matières sont, en outre, subdivisées en 1172 numéros, à l'instar des Codes, pour faciliter les recherches
particulières, en évitant l'obligation de lire tout le texte
d'un titre. Une table alphabétique et analytique, avec les
synonymes des mots principaux, renvoie à ces numéros.
Cette dernière table, placée à la fin du volume, est essentiellement utile à consulter.

xij

FIN DE LA TABLE DES MATIÈRES.

GUIDE GÉNÉRAL
DE LA GENDARMERIE

À L'USAGE

DES SOUS-OFFICIERS, BRIGADIERS ET GENDARMES.

ABANDON DE SON POSTE.

1. — Les militaires de la gendarmerie qui, ayant quitté leur poste ou leur résidence sans permission, ne l'ont pas rejoint dans les deux jours, et ceux qui, étant en congé ou permission, ne sont pas rentrés à leur poste dix jours après l'expiration du congé ou de la permission, sont réputés déserteurs et punis comme tels, lors même qu'ils ont accompli le temps de service voulu par la loi de recrutement (art. 578 du décret du 1er mars 1854).

Ces dispositions s'appliquent aux militaires de la gendarmerie, démissionnaires ou réformés (art. 36 et 37 du décret du 1er mars 1854).

ABUS D'AUTORITÉ OU DE POUVOIR.

2. — Tout acte de la gendarmerie qui trouble les citoyens dans l'exercice de leur liberté individuelle est un abus de pouvoir. Ceux qui s'en rendent coupables encourent une peine disciplinaire, indépendamment des poursuites judiciaires qui peuvent être exercées contre eux (art. 614 du décret du 1er mars 1854).

1

ABUS D'AUTORITÉ CONTRE LES PERSONNES.

3. — Tout commandant ou agent de la force publique qui, agissant en sa dite qualité, se sera introduit dans le domicile d'un citoyen contre le gré de celui-ci, hors les cas prévus par la loi et dans les formalités qu'elle a prescrites, sera puni d'un emprisonnement de six jours à un an et d'une amende de 16 fr. à 500 fr. (art. 184 du Code pénal. — V. *Domicile*, nᵒˢ 383 et suivants).

4. — Les gendarmes qui commettent contre un déserteur ou insoumis des violences criminelles, sont justiciables, pour le fait de ces violences, des tribunaux ordinaires et non des conseils de guerre (art. 347 du décret du 1ᵉʳ mars 1854). Toutefois, la condamnation ne peut être prononcée qu'autant qu'il est expressément déclaré que les violences ont été exercées *sans motifs légitimes* (cass., 15 mars 1821, 5 déc. 1822, 9 juillet et 14 oct. 1825).

5. — Toute rigueur inutile pour s'assurer d'un prisonnier est expressément interdite et constitue un abus de pouvoir (art. 415 du décret du 1ᵉʳ mars 1854).

6. — Seront punis comme complices d'une action qualifiée crime ou délit, ceux qui, par abus d'autorité ou de pouvoir, auront provoqué à cette action ou donné des instructions pour la commettre (art. 60 du Code pénal).

7. — Tout militaire de la gendarmerie qui, sans motif légitime, aura usé ou fait user de violences envers les personnes, dans l'exercice ou à l'occasion de l'exercice de ses fonctions, sera puni selon la nature et la gravité de ces violences.

Si ces violences constituent un délit correctionnel, le maximum de la peine sera appliqué. Si elles constituent un crime, on appliquera le degré immédiatement supérieur jusqu'aux travaux forcés à perpétuité (art. 186 et 198 du Code pénal).

Si néanmoins le militaire justifie qu'il a agi par ordre de ses supérieurs pour des objets du ressort de ceux-ci, sur lesquels il leur était dû obéissance hiérarchique, il sera exempt de la peine, laquelle sera, dans ce cas, appliquée aux supérieurs qui auront donné l'ordre (2ᵉ § de l'art. 114 du Code pénal).

8. — Toute suppression, toute ouverture de lettre confiée à la poste, commise ou facilitée par un fonctionnaire ou un agent du gouvernement, sera punie d'une amende de 16 fr. à 200 fr. et d'un emprisonnement de trois mois à cinq ans (art. 187 du Code pénal).

ABUS D'AUTORITÉ CONTRE LA CHOSE PUBLIQUE.

9. — Tout agent de la force publique, de quelque grade qu'il soit, qui aura requis ou ordonné, fait requérir ou ordonner l'action ou l'emploi de la force publique contre l'exécution d'une loi ou contre la perception d'une contribution légale, ou contre l'exécution soit d'une ordonnance ou mandat de justice, soit de tout ordre émané de l'autorité légitime, sera puni de la réclusion (art. 188 du Code pénal).

Si cette réquisition ou cet ordre ont été suivis de leur effet, la peine sera le maximum de la réclusion (art. 189 du Code pénal).

Les peines ci-dessus énoncées ne cesseront d'être applicables aux militaires qui auront agi par ordre de leur supérieur, qu'autant que cet ordre aura été donné par ceux-ci pour des objets de leur ressort et sur lesquels il leur était dû obéissance hiérarchique; dans ce cas, les peines seront appliquées aux supérieurs qui auront donné cet ordre (art. 190 du Code pénal).

S'il survient d'autres crimes punissables de peines plus fortes, ces peines seront appliquées à ceux qui auront donné les ordres ou fait les réquisitions (art. 191 du Code pénal).

ACCIDENTS DANS LE SERVICE.

10. — Tout accident grave et de nature à altérer la santé et à compromettre l'activité d'un militaire de la gendarmerie, survenu dans un service commandé, doit être constaté immédiatement par un procès-verbal régulier, appuyé d'un certificat d'officier de santé, indiquant la nature et l'origine de l'accident. Ce procès-verbal est fait en double expédition; l'une est adressée hiérarchiquement au ministre de la guerre, l'autre reste dans les archives du corps ou de la compagnie (art. 10 du décret du 1er mars 1854).

Ce procès-verbal doit être transcrit sur le registre n° 3 de la brigade, afin de pouvoir y recourir et le rétablir au besoin.

11. — La constatation de ces accidents est essentielle pour faire obtenir aux militaires de la gendarmerie la pension de retraite, la gratification temporaire de réforme, calculée sur les deux tiers de la pension du grade, pendant un nombre d'années égal à la moitié des services accomplis, ou pour établir les droits à une gratification une fois payée (art. 39 du décret du 1er mars 1854).

12. — Dans les mêmes circonstances, tout accident grave, de nature à compromettre la durée d'un cheval, doit aussi être constaté par un procès-verbal en double expédition. Il y est joint un certificat d'un vétérinaire. Cette mesure peut avoir pour effet l'obtention d'une indemnité plus forte pour perte ou réforme du cheval, par application de l'art. 213 du règlement du 11 mai 1856.

13. — S'il s'agit de détérioration d'effets, on dresse d'abord procès-verbal, dans les formes ordinaires, des faits à propos desquels la détérioration a eu lieu; une expédition de ce procès-verbal est présentée au sous-intendant militaire avec les effets détériorés. Le sous-intendant militaire (*ou son suppléant*) dresse procès-verbal de la déclaration qui lui est faite et de l'estimation des effets détériorés. Cette marche administrative assure aux hommes le droit à l'indemnité due à raison des pertes qu'ils ont éprouvées, et répond aux art. 221 et 222 du règlement du 11 mai 1856.

14. — S'il s'agit de détérioration d'armes, on suit la même marche pour la constatation. Il est indispensable de faire constater par le sous-intendant militaire (*ou son suppléant*) que la détérioration a eu lieu par force majeure. Il faut aussi indiquer la cause et la nature de la dégradation d'une manière précise, afin de mettre le conseil d'administration à même de faire faire la réparation de l'arme au compte de l'Etat, conformément à la circulaire ministérielle du 28 octobre 1838 et aux art. 66 et 134 du règlement du 1er mars 1854 sur l'armement.

15. — Dans les résidences où il n'y a pas de sous-intendant militaire, il est suppléé soit par le commandant de la place, soit par le sous-préfet ou le maire. Dans ce cas, les diligences doivent être faites assez à temps pour que le conseil d'administration puisse adresser les pièces dans les cinq jours au sous-intendant militaire chargé de la police administrative du corps ou de la compagnie.

ACCIDENTS PAR IMPRUDENCE.

16. — La gendarmerie doit constater tous les accidents produits par maladresse, imprudence, inattention, négligence ou inobservation des réglements.

Il y a délit quand ils atteignent des personnes, et les procès-verbaux sont visés pour timbre, enregistrés en débet et adressés au procureur impérial.

S'il y a homicide, la peine est de trois mois à deux ans de prison, et l'amende de 50 fr. à 600 fr. (art. 319 du Code pénal).

S'il n'est résulté que des blessures, la peine est de six jours à deux mois de prison, et l'amende de 16 fr. à 100 fr. (art 320 du Code pénal).

17. — Il y a contravention de simple police quand ils atteignent des animaux ou causent d'autres dommages. Dans ce dernier cas, les procès-verbaux sont visés pour timbre, enregistrés en débet et adressés au ministère public près le tribunal de simple police du canton (art. 479 nᵒˢ 2, 3 et 4 du Code pénal. — V. *Arrestations*, nᵒ 79, § 11).

ADJOINTS AUX TRÉSORIERS.

18. — Les maréchaux des logis adjoints aux trésoriers sont choisis indistinctement soit parmi les sous-officiers à pied et à cheval, soit parmi les brigadiers des deux armes ayant au moins un an d'exercice dans ce grade, et portés au tableau d'avancement comme réunissant les conditions d'aptitude reconnues nécessaires pour ces fonctions spéciales (art 48 du décret du 1ᵉʳ mars 1854).

19. — Les maréchaux des logis adjoints aux trésoriers sont chargés de seconder ces officiers dans tous les détails du service.

Ils peuvent être investis par ces officiers, qui demeurent responsables, de la garde du magasin d'habillement et d'armement et de la conservation des effets de toute nature, des armes et des munitions de guerre qui s'y trouvent déposés.

En cas d'absence ou de maladie, ils remplacent les trésoriers, et deviennent dès-lors seuls responsables envers le conseil d'administration de toute la gestion qui leur est confiée (art. 201, 211 et 220 du décret du 1ᵉʳ mars 1854). Toutefois, ils ne peuvent faire partie du conseil d'administration qu'après avoir été désignés par une délibération du conseil, conformément à l'art. 583 du règlement du 11 mai 1856.

20. — Les adjoints aux trésoriers ne sont point chefs de brigade.

21. — Ils concourent avec les autres sous-officiers à l'emploi de lieutenant trésorier ou de la partie active (art. 55 et 56 du décret du 1er mars 1854. — V. *Avancement*, no 157).

ADJUDANTS ET MARÉCHAUX DES LOGIS CHEFS.

22. — Les adjudants sont choisis indistinctement parmi les sous-officiers à pied et à cheval ayant au moins un an de grade dans l'arme (article 47 du décret du 1er mars 1854).

23. — Les adjudants ont autorité et inspection immédiate sur les sous-officiers et brigadiers du chef-lieu de la légion pour tout ce qui a rapport au service, à la tenue et à la discipline. Ils sont placés sous les ordres du commandant de l'arrondissement, à qui ils doivent des rapports journaliers sur tout ce qui est relatif au service intérieur et au bon ordre.

24. — Ils sont spécialement chargés de la direction du service intérieur et extérieur. Les chefs de brigade de la résidence leur rendent compte immédiatement de tous les faits qui sont venus à leur connaissance par les hommes rentrant de correspondance ou de tournées de communes.

25. — Ils font tenir, sous leur direction et leur responsabilité, par un des sous-officiers ou brigadiers de la résidence, toutes les écritures des brigades du chef-lieu; ils s'assurent fréquemment que les registres sont constamment tenus à jour (art. 212 du décret du 1er mars 1854).

26. — A l'expiration des punitions de salle de police subies au chef-lieu de la légion, les adjudants font élargir les sous-officiers, brigadiers et gendarmes et les renvoient à leurs résidences respectives, après avoir pris les ordres du commandant de la compagnie (art. 213 du décret du 1er mars 1854).

27. — Ils remplissent, à l'égard des brigades du chef-lieu, tous les devoirs de surveillance imposés aux chefs de brigade (art. 212 du décret du 1er mars 1854. — V. *Commandants de brigade*, nos 260 et suivants).

28. — En cas d'absence, même momentanée, l'adjudant est toujours remplacé à la caserne par un des commandants de brigade de la résidence (art. 215 du décret du 1er mars 1854).

29. — L'adjudant fait, au moins une fois chaque mois, dans les communes soumises à la surveillance des brigades, des tournées de communes pour s'assurer auprès des autorités locales que le service de la gendarmerie s'exécute avec régularité.

30. — Il visite également de temps à autre les points de correspondance des brigades placées sous son commandement.

Sa présence aux points de correspondance est constatée par son visa sur les feuilles de service (art. 216 du décret du 1er mars 1854).

31. — Il est dépositaire et responsable envers le commandant de l'arrondissement de la conservation de tous les registres et documents relatifs au service des brigades de la résidence du chef-lieu de la légion.

En cas de remplacement, il remet à son successeur, sur inventaire, toutes les pièces et archives concernant le service (art. 217 du décret du 1er mars 1854).

32. — L'adjudant remplace de droit, dans le commandement de l'arrondissement du chef-lieu de la légion, l'officier absent pour service ou pour toute autre cause. Il peut, au besoin, être chargé du commandement temporaire d'un autre arrondissement (art. 218 du décret du 1er mars 1854).

33. — Les maréchaux des logis chefs remplissent, au chef-lieu de chaque compagnie, toutes les fonctions attribuées aux adjudants dans les chefs-lieux de légion par les articles ci-dessus (art. 219 du décret du 1er mars 1854). Toutefois, les maréchaux des logis chefs roulent avec les maréchaux des logis, brigadiers et gendarmes pour le service des correspondances, tournées, conduites et escortes (art. 231 du décret du 1er mars 1854).

34. — Les sous-officiers de tous grades peuvent concourir pour l'avancement au grade de sous-lieutenant (art. 55 du décret du 1er mars 1854. — V. *Avancement*, n° 157).

35. — Les adjudants et les maréchaux des logis comptent à l'effectif de la première brigade de la compagnie.

ADMISSION.

36. — Les emplois de gendarme sont donnés à des militaires en activité, ou appartenant à la réserve, ou libérés définitivement du service, quel que soit le corps dans lequel ils ont servi, lorsqu'ils réunissent, d'ailleurs, les conditions d'âge, de taille, d'instruction et de bonne conduite déterminées ci-après. Ils sont nommés par le ministre de la guerre (art. 4 et 17 du décret du 1er mars 1854).

Dans les corps de l'armée, les gendarmes sont choisis parmi les sous-officiers et les caporaux ou brigadiers, et subsidiairement parmi les soldats (art. 365 de l'ord. du 16 mars 1838).

Les adjudants, sergents-majors et maréchaux des logis ayant au moins un an de grade peuvent être admis dans la gendarmerie comme brigadiers (art. 44 du décret du 1er mars 1854).

37. — Les conditions d'admission dans la gendarmerie sont :

1° D'être âgé de vingt-cinq ans au moins et de quarante ans au plus (*les anciens gendarmes seuls peuvent être réadmis jusqu'à l'âge de quarante-cinq ans*). Toutefois, nul ne peut être admis s'il est trop âgé pour compléter à soixante ans le temps de service exigé pour la retraite (25 ans) :

2° D'avoir au moins la taille de 1 mètre 72 centimètres pour l'arme à cheval, et 1 mètre 70 centimètres pour l'arme à pied ;

3° D'avoir servi activement sous les drapeaux pendant trois ans au moins ;

4° De savoir lire et écrire correctement ;

5° De justifier, par des attestations légales, d'une bonne conduite soutenue (art. 18 du décret du 1er mars 1854).

38. — Les militaires en activité de service qui réunissent les conditions d'admission ci-dessus déterminées sont proposés, chaque année, par les inspecteurs généraux d'armes (art. 19 du décret du 1er mars 1854).

Dans l'intervalle d'une inspection à une autre, ces militaires peuvent, sur leur demande, être proposés pour la gendarmerie par les généraux commandant les divisions. En cas d'admission, le militaire en activité provenant d'un corps de l'armée est tenu de compléter, dans la gendarmerie, le temps de service exigé par la loi ou par l'engagement ou le rengagement qu'il aura contracté (art. 20 du décret du 1er mars 1854).

39. — Les militaires envoyés dans la réserve en attendant la libération de la classe à laquelle ils appartiennent, et ceux qui sont libérés définiti-

vement du service, sont proposés pour la gendarmerie par les chefs de
légion, sur la présentation des commandants de compagnie, qui demeurent
responsables de l'exécution des conditions d'admission.

Les chefs de légion peuvent aussi proposer des militaires en activité de
service qui se trouveraient momentanément dans leurs foyers, mais à la
condition, pour ces militaires, de produire le consentement de leurs chefs
de corps (art. 21 du décret du 1er mars 1854).

40. — Tout mémoire de proposition d'admission dans la gendarmerie
établi par un commandant de corps ou de compagnie, en faveur d'un militaire qui a cessé d'appartenir à l'armée, soit à titre provisoire, soit à titre
définitif, doit porter les indications suivantes :

1º La position du militaire au moment où il a quitté le service ;

2º Les ressources pécuniaires dont il peut disposer pour subvenir aux
frais de son équipement ;

3º Sa position civile (*célibataire, marié ou veuf*), et, dans ces deux
derniers cas, le nombre d'enfants, s'il en a ;

4º Le détail de ses services antérieurs.

On joint toujours au mémoire de proposition dont le postulant est l'objet :

1º Une demande écrite de sa main en présence du commandant du
corps ou de la compagnie ;

2º Son acte de naissance légalisé par le président du tribunal de première instance de l'arrondissement où il est né (*sur papier libre*) ;

3º Son congé définitif avec un certificat de bonne conduite, ou, à défaut, le congé provisoire qui l'autorise à rentrer dans ses foyers ;

4º Un certificat de bonnes vie et mœurs délivré par l'autorité locale, s'il
est rentré dans ses foyers depuis plus de six mois ;

5º Un relevé des punitions subies par lui à son dernier corps ;

6º Un certificat de métrage délivré par le commandant du corps ou de
la compagnie, et un certificat de visite par l'officier de santé en chef de
l'hôpital du lieu, indiquant que cette visite a eu lieu en présence du commandant.

Ce mémoire, établi en double expédition, sous la responsabilité du commandant du corps ou de la compagnie, est visé par le sous-intendant militaire (art. 22 du décret du 1er mars 1854).

41. — Les militaires de l'armée passant dans la gendarmerie ont droit
à une première mise de 300 fr. s'ils sont nommés dans l'arme à cheval, et
150 fr. dans l'arme à pied (art. 276 du règl. du 11 mai 1856).

Les militaires rentrés dans leurs foyers, admis dans la gendarmerie, ont droit à la même première mise, pourvu, toutefois, que leur demande d'admission soit faite en temps utile et visée par le sous-intendant militaire dans le délai de deux ans, à partir de leur libération (art. 277 du règl. du 11 mai 1856).

42. — Les militaires libérés depuis plus de deux ans et qui n'ont pas droit à la première mise, sont tenus de faire un versement dont le minimum est fixé à 300 fr. pour l'arme à cheval, et à 150 fr. pour l'arme à pied (art. 287 du règl. du 11 mai 1856).

La moitié de ce versement est rigoureusement exigible des hommes qui ont déjà servi dans la gendarmerie plus d'un an et moins de deux, et qui, par conséquent, ont droit à recevoir, au moment de leur seconde admission, la moitié de la première mise d'habillement (circ. du 9 mai 1855).

Ces versements sont déposés, par les conseils d'administration, à la caisse des dépôts et consignations, et rapportent un intérêt de trois pour cent l'an au bénéfice du postulant, pourvu que le dépôt soit resté trente jours à la caisse (circ. du min. de la guerre du 16 mai 1844, et art. 287 du règl. du 11 mai 1856).

43. — Les nouveaux admis reçoivent une indemnité de literie (art. 244 du règl. du 11 mai 1856. — V. *Literie*, n° 638).

ADULTÈRE.

44. — L'adultère de la femme est un délit de la compétence des tribunaux correctionnels; mais le mari seul a le droit de dénoncer les coupables (art. 336 du Code pénal).

Le mari qui aura entretenu une concubine dans la maison conjugale commet aussi un délit; mais il ne peut être poursuivi que sur la plainte de sa femme (art. 339 du Code pénal).

La gendarmerie doit donc s'abstenir de dresser procès-verbal dans ces deux cas; mais s'il y avait outrage public à la pudeur, elle constaterait ce dernier délit (V. *Attentats aux mœurs*, n° 117).

AFFICHAGE, AFFICHEURS, CRIEURS ET CHANTEURS.

45. — Les affiches de l'autorité sont sur papier blanc et ne sont pas assujetties au timbre.

Les autres affiches sont imprimées sur papier de couleur et sont assujetties au timbre (lois des 28 juill. 1791 et 28 avril 1816).

46. — Aucun écrit, soit à la main, soit imprimé, gravé ou lithographié, contenant des nouvelles politiques ou traitant d'objets politiques, ne pourra être affiché dans les rues, places et autres lieux publics.

Sont exceptés de la présente disposition, les actes de l'autorité publique.

47. — Nul ne pourra exercer, même temporairement, la profession d'afficheur sur la voie publique, d'écrits imprimés, lithographiés, gravés ou à la main, sans en faire préalablement sa déclaration devant l'autorité municipale et sans indiquer son domicile (art. 1er et 2 de la loi du 10 déc. 1830).

48. — Nul ne pourra exercer, même temporairement, la profession de crieur, de vendeur ou de distributeur, sur la voie publique, d'écrits, dessins ou emblèmes imprimés, lithographiés, autographiés, moulés, gravés ou à la main, sans autorisation préalable de l'autorité municipale.

49. — Ces dispositions sont applicables aux chanteurs sur la voie publique (loi du 16 fév. 1834. — V. *Colportage*, n° 257 *et Presse*, n° 846.)

Toutes les infractions aux dispositions ci-dessus sont punies de peines correctionnelles.

Les procès-verbaux qui les constatent sont visés pour timbre, enregistrés en débet et adressés au procureur impérial.

50. — Seront punis d'une amende de 11 fr. à 15 fr., ceux qui auront méchamment enlevé ou déchiré des affiches apposées par l'administration (art. 479 (n° 9) du Code pénal).

Les procès-verbaux constatant ces contraventions sont visés pour timbre, enregistrés en débet et adressés au ministère public près le tribunal de simple police du canton.

51. — Les commandants de brigade rendent compte, sans retard, de la découverte d'affiches provoquant à la révolte, au meurtre, au pillage, etc. (art. 77 du décret du 1er mars 1854).

———

AFFICHES PEINTES.

52. — Tout individu qui voudra, au moyen de la peinture ou de tout autre procédé, inscrire des affiches dans un lieu public, sur les murs, sur une construction quelconque, ou même sur une toile, sera tenu de payer le droit d'affichage établi par l'art. 30 de la loi du 8 juillet 1852 (50 centimes pour les affiches d'un mètre carré et au-dessous et 1 franc pour celles d'une dimension supérieure), et d'obtenir, de l'autorité municipale dans les départements, et, à Paris, du préfet de police, l'autorisation ou permis d'afficher.

Le permis d'affichage délivré dans chaque commune par l'autorité compétente, doit être signé et daté et porter un numéro d'inscription. (Dans le département de la Seine tout est centralisé à la Préfecture de police.) Il doit aussi contenir l'indication de la dimension de l'affiche, la désignation précise des rues et places où chaque exemplaire devra être inscrit, et le nombre d'exemplaires à inscrire dans chacun de ces emplacements. Ce permis doit être représenté à la gendarmerie, sur sa demande.

Le numéro du permis devra être lisiblement indiqué au bas de chaque exemplaire de l'affiche, qui devra porter, en outre, son numéro d'ordre.

Aucun exemplaire de l'affiche ne pourra être d'une dimension supérieure à celle pour laquelle le droit aura été payé, ni être posé ailleurs que dans l'emplacement désigné.

53. — Toutes les infractions sont punies d'une amende de 100 fr. à 500 fr.

L'amende est due pour chaque exemplaire d'affiche inscrit sans paiement de droit, ou d'une dimension supérieure à celle pour laquelle le droit a été payé, et pour chaque exemplaire posé dans un emplacement autre que celui indiqué dans le permis d'affichage.

Il est accordé à titre d'indemnité aux agents de la force publique qui auront constaté ces délits, un quart des amendes payées par les délinquants (décret du 25 août 1852 et art. 348 du règl. du 11 mai 1856).

Les procès-verbaux sont visés pour timbre, enregistrés en débet et adressés au procureur impérial.

AFFOUAGE.

54. — Les militaires de la gendarmerie acquièrent le droit à l'affouage, après une année de séjour dans une résidence (décis. du conseil d'Etat du mois de mai 1808).

AGENTS DE LA FORCE PUBLIQUE.

55. — On appelle agents de la force publique, les individus auxquels a été confiée la mission d'agir coërcitivement au nom de la loi. Ils doivent déférer aux réquisitions légales de l'autorité publique. Cette qualification appartient à la gendarmerie, spécialement instituée pour veiller à la sûreté publique et pour assurer le maintien de l'ordre et l'exécution des lois.

Un brigadier de gendarmerie, même lorsqu'il n'est accompagné que d'un gendarme, est un *commandant* de la force publique (cass., 14 janv. 1826).

ALARME.

56. — On doit entendre par *alarme*, un bruit inquiétant qui se répand instantanément dans le public et dont les signaux officiels sont le tocsin et la générale.

Le mot alarme est très-élastique, et la gendarmerie, qui doit veiller toujours, ne doit pas attendre les signaux officiels pour s'enquérir des causes de l'inquiétude publique. Dès que les commandants de brigade sont avertis d'une agitation quelconque, ils prennent sans retard toutes les mesures que les circonstances exigent, ils en informent les autorités, s'il y a lieu, et aussi le commandant de l'arrondissement.

57. — Les auteurs ou complices d'une fausse alarme, ou de bruits ou tapages injurieux ou nocturnes troublant la tranquillité des habitants, sont punis d'une amende de 11 fr. à 15 fr. et d'un emprisonnement d'un à cinq jours (art. 479 (n° 8) et 480 du Code pénal).

Les procès-verbaux sont visés pour timbre, enregistrés en débet et adressés au ministère public près le tribunal de simple police du canton.

ANIMAUX ABANDONNÉS OU PERDUS.

58. — Quand la gendarmerie trouve des animaux abandonnés ou perdus et que leurs propriétaires ne sont pas connus ou ne se présentent pas pour les réclamer, ou bien encore si les conducteurs sont arrêtés pour quelque cause que ce soit, elle en fait sa déclaration au juge de paix, au maire ou au commissaire de police qui doivent ordonner la mise en fourrière de ces animaux (art. 12 de la loi du 28 sept.-6 oct. 1791).

Si ces animaux ne sont pas réclamés dans le délai de huit jours, ils sont vendus (art. 39 du décret du 18 juin 1811).

Les frais de fourrière sont prélevés sur le produit de la vente (V. *Fourrière*, nᵒˢ 523 et 524).

ANIMAUX DOMESTIQUES.

59. — Seront punis d'une amende de 5 fr. à 15 fr., et pourront l'être d'un à cinq jours de prison, ceux qui auront exercé publiquement et abusivement des mauvais traitements envers les animaux domestiques.

La peine de prison sera toujours applicable en cas de récidive (loi du 2 juill. 1850 et art. 320 du décret du 1ᵉʳ mars 1854).

Les procès-verbaux sont visés pour timbre, enregistrés en débet et adressés au ministère public près le tribunal de simple police du canton.

60. — Tuer ou blesser des animaux domestiques appartenant à autrui, avec l'intention de le faire, et sans nécessité, est un délit punissable de peines correctionnelles (art. 452, 453, 454 et 455 du Code pénal).

Les procès-verbaux sont visés pour timbre, enregistrés en débet et adressés au procureur impérial.

Ceux qui, involontairement, tuent ou blessent des animaux ou bestiaux appartenant à autrui, commettent une contravention prévue par l'art. 479 (nᵒˢ 2, 3 et 4) du Code pénal. L'amende est de 11 fr. à 15 fr. La peine, de cinq jours de prison au plus, peut être appliquée dans certains cas (art. 480 du Code pénal).

Les procès-verbaux sont visés pour timbre, enregistrés en débet et adressés au ministère public près le tribunal de simple police du canton.

ANIMAUX MORTS, NON ENFOUIS.

61. — Quand la gendarmerie trouve des animaux morts sur les chemins ou dans les champs, elle en prévient les autorités locales et les requiert de les faire enfouir; elle se porte, au besoin, de nouveau sur les lieux pour s'assurer si les ordres donnés à cet égard ont été exécutés; en cas de refus ou de négligence, les chefs de la gendarmerie, sur le rapport des commandants de brigade, en informent les préfets ou sous-préfets, afin qu'il soit pris des mesures à cet égard (art. 325 du décret du 1ᵉʳ mars 1854).

Cette infraction constitue une contravention de simple police (art. 13 de la loi des 28 sept-6 oct. 1791).

62. — Les animaux morts d'une mort ordinaire doivent être enfouis à une profondeur de 1 mètre 33 centimètres (art 13 de la même loi).

Ceux qui sont morts de maladie contagieuse doivent être enfouis, avec leur cuir, à 100 mètres au moins des habitations et dans une fosse de 2 mètres 66 centimètres de profondeur (art. 326 du décret du 1ᵉʳ mars 1854 et arrêté du 27 mess. an v).

Les procès-verbaux constatant ces contraventions sont visés pour timbre, enregistrés en débet et adressés au ministère public près le tribunal de simple police du canton.

ANIMAUX AYANT CAUSÉ LA MORT OU FAIT DES BLESSURES.

63. — Le propriétaire d'animaux est passible de peines correctionnelles lorsque, par sa maladresse, imprudence, inattention, négligence ou inobservation des règlements, ces animaux ont causé à quelqu'un la mort ou fait des blessures sur la voie publique, soit qu'ils fussent d'une nature féroce ou que par le fait ils soient devenus malfaisants (cass., 6 déc. 1807 et art. 319 du Code pénal).

Les procès-verbaux sont visés pour timbre, enregistrés en débet et adressés au procureur impérial.

ANIMAUX FÉROCES.

64. — La gendarmerie veille à ce que les conducteurs d'animaux féroces suivent les grands chemins sans jamais s'en écarter.

Elle leur défend d'aller dans les bourgs et hameaux, d'entrer dans les bois et de se trouver sur les routes avant le lever et après le coucher du soleil.

Elle évite que tout danger puisse exister pour la sûreté publique.

En cas de désobéissance, elle les conduit devant le maire de la commune la plus voisine (art. 321 du décret du 1ᵉʳ mars 1854 et circ. du ministre de l'intérieur du 24 fév. 1822).

Toute infraction aux règles qui précèdent est une contravention prévue par les art. 475 et 479 du Code pénal.

Les procès-verbaux sont visés pour timbre, enregistrés en débet et adressés au ministère public près le tribunal de simple police du canton.

Les conducteurs ambulants d'animaux féroces doivent être surveillés de près par la gendarmerie. Sans domicile, errants par nature, vivant souvent de mendicité, de vol même, ils font une classe de gens suspects et dangereux (V. *Arrestations*, n° 79 § 12).

ARCHIVES.

65. — Indépendamment des treize registres prescrits par l'art. 233 du décret du 1er mars 1854 (V. *Commandants de brigade*, n° 273), les commandants de brigade doivent avoir, conformément à l'art. 769 du règlement du 11 mai 1856, les documents et objets d'armement dont le détail suit :

1° Un tableau statistique des communes, hameaux, etc., de leurs circonscriptions respectives ;

2° Un décret du 1er mars 1854, sur le service et l'organisation de la gendarmerie ;

3° Un règlement du 11 mai 1856. sur l'administration ;

4° Un extrait de l'instruction sur le service des postes du 20 décembre 1855 ;

5° Un *Dictionnaire de la Gendarmerie*, par MM. Perrève et Savigny ;

6° Un *Dictionnaire d'hippiatrique*, par M. le lieutenant-colonel Cardini ;

7° Un *Mémorial de la Gendarmerie ;*

8° Un extrait de l'instruction sur l'entretien des armes, du 1er mars 1851 ;

9° Un monte-ressort :

10° Un tire-balle nouveau modèle ;

11° Une clef de cheminée ;

12° Deux cheminées de rechange.

66. — Les commandants de brigade ont un catalogue d'archives du modèle général, sur lequel ils font inscription de tout ce qui concerne les archives, et aussi le matériel des brigades, tels que monte-ressorts, tire-balle, cheminées de rechange, clefs de cheminées, romaines, balances, etc.

Ces inscriptions sont faites méthodiquement, par chapitre.

Le premier chapitre comprend les règlements, instructions et autres documents à conserver indéfiniment. Le matériel est inscrit au même chapitre, à la suite et sans aucun blanc.

Le deuxième chapitre contient les registres en service, d'abord par ordre de numéro. A mesure qu'un registre est terminé, il est inscrit au troisième chapitre, à la division dont il fait partie. Les registres de remplacement sont inscrits successivement à leur date de mise en service et sans avoir égard à leurs numéros.

Le troisième chapitre comprend les registres et pièces à détruire après durée expirée. Ce chapitre comprend quatre divisions, savoir :

La catégorie des registres et pièces à détruire après 20 ans.

—	—	15
—	—	10
—	—	5

(V. *Archives à détruire*, n° 68.)

67. — Lors du remplacement d'un commandant de brigade, la remise des registres, documents et matériel dont il est dépositaire, ainsi que celle des fourrages existant en magasin, est effectuée entre les mains de son successeur, sur un inventaire dressé en double expédition (modèle 42 de la nomenclature générale), dont l'une est adressée au commandant d'arrondissement et l'autre est déposée aux archives de la brigade. Ces deux expéditions sont signées des deux parties intéressées (art. 237 du décret du 1er mars 1854).

Il ne faut pas confondre l'*inventaire* des archives avec le *catalogue*.

ARCHIVES A DÉTRUIRE.

68. — Sont adressées chaque année, après l'inspection générale, au conseil d'administration qui en fait la demande, pour être détruites après durée de conservation expirée (la durée de conservation date de la dernière inscription faite sur les registres), les archives dont le détail suit, conformément à l'art. 772 du règlement du 11 mai 1856, savoir :

1° *A brûler après vingt ans.*

Le registre n° 1, d'ordre;

GUIDE. — 2.

Le registre n° 3, de procès-verbaux ;

— n° 4, de mandats de justice ;

— n° 6, des individus en surveillance ;

— n° 7, de transfèrements ;

— n° 8, de carnets de correspondance ;

Les liasses de minutes d'ordres et circulaires transcrits au registre n° 1;

Les liasses des réquisitions des autorités, de jugements et de mandats de justice ;

Les liasses de signalements civils manuscrits et imprimés ;

Les collections des feuilles de signalements du ministère de l'intérieur.

2° *A brûler après quinze ans.*

Les réclamations et plaintes de toute nature sur les militaires de l'arme.

3° *A brûler après dix ans.*

Le registre n° 2, de correspondance et rapports ;

— n° 5, des déserteurs (ces registres devraient être conservés aux termes de l'art. 343 du décret du 1er mars 1854 et circ. du 1er août 1838 et 27 mars 1839) ;

— n° 9, des gardes champêtres ;

— n° 10 et 10 *bis*, des militaires en congé ;

Les liasses, par année, des renseignements sur les objets d'ordre public ;

Les feuilles de service ;

Les contrôles de la réserve de l'armée ;

Les signalements militaires (ces signalements devraient être conservés aux termes de l'art. 343 du décret du 1er mars 1854 et circ. des 1er août 1838 et 27 mars 1839).

4° *A brûler après cinq ans.*

Le registre n° 12, des fourrages ;

— n° 13, des quittances ;

Les liasses relatives à l'administration, aux opérations de la comptabilité des fourrages, de la solde et de ses accessoires.

ARMES.

Usage des armes.

69. — La gendarmerie peut et doit faire usage des armes en l'absence des autorités judiciaires et administratives dans les deux cas suivants :

Le premier, si des violences sont exercées contre elles ;

Le second, si elle ne peut défendre autrement le terrain qu'elle occupe, les postes ou les personnes qui lui sont confiés, ou enfin, si la résistance est telle qu'elle ne peut être vaincue autrement que par la force des armes (art. 297 du décret du 1er mars 1854. — V. *Attroupements*, nos 126 et suivants).

Dans sa circulaire du 30 novembre 1853, à propos de l'usage des armes, M. le maréchal de Saint-Arnaud, ministre de la guerre, s'exprime ainsi :

« Général, depuis quelque temps, les attentats contre la gendarmerie se multiplient d'une manière déplorable.

« Le braconnier surpris en flagrant délit de chasse, le prévenu sur le point d'être arrêté, n'hésitent pas à mettre le gendarme en joue, et celui-ci, marchant résolument sur l'individu qui le menace, reçoit souvent la mort pour prix de sa confiante générosité.

« . . . .

« Les généraux de division doivent rappeler aux chefs de légion que les gendarmes ont des armes pour faire exécuter les lois et qu'ils doivent s'en servir dès que leur sûreté personnelle est sérieusement compromise. »

Ainsi, il résulte de l'esprit de cette circulaire que c'est bien à tort que beaucoup de gendarmes croient qu'ils doivent attendre le premier coup de feu pour faire usage de leurs armes. Il suffit que *leur sûreté personnelle soit sérieusement compromise*.

DU DROIT COMMUN A TOUS DE PORTER DES ARMES POUR SA SURETÉ PERSONNELLE.

70. — A l'exception des gens sans domicile, vagabonds et sans aveu, tout individu a le droit de porter des armes pour sa sûreté personnelle (avis du conseil d'Etat du 17 mai 1811).

Toutefois, nul ne peut porter d'armes prohibées.

ARMES PROHIBÉES.

71. — Les armes prohibées par les lois sont :

Les fusils et pistolets à vent (décret du 2 nivose an XIV);

Les stylets et tromblons (art. 314 du Code pénal);

Les pistolets de poche (décl. du 23 mars 1728 et ord. royale du 25 février 1837);

Les épées en bâton et les couteaux en forme de poignards (décl. du 23 mars 1728).

Tout individu qui aura fabriqué, débité ou distribué des armes prohibées par la loi ou par les règlements d'administration publique, sera puni d'un emprisonnement d'un mois à un an et d'une amende de 16 fr. à 500 fr. Celui qui sera porteur desdites armes sera puni d'un emprisonnement de six jours à six mois et d'une amende de 16 fr. à 200 fr.

Dans l'un et l'autre cas, les armes seront confisquées.

La surveillance de la haute police peut être prononcée (loi du 24 mai 1834 et art. 314 et 315 du Code pénal).

Les procès-verbaux constatant ces délits sont visés pour timbre, enregistrés en débet et adressés au procureur impérial.

ARMES DE GUERRE.

72. — Tout individu qui, sans y être légalement autorisé, aura fabriqué, confectionné, débité ou distribué des armes de guerre; et tout individu qui en sera détenteur sera puni d'un emprisonnement d'un mois à deux ans et d'une amende de 16 fr. à 1,000 fr.

La surveillance peut être prononcée.

Les armes seront confisquées.

Les présentes dispositions ne sont point applicables aux armuriers et fabricants d'armes de commerce. Ils sont assujettis aux règlements spéciaux qui les concernent (art. 3 et 4 de la loi du 24 mai 1834).

73. — Les gardes nationaux, gardes champêtres et forestiers, dûment assermentés, peuvent être détenteurs des armes qui leur sont confiées (ord. du 24 juill. 1816).

74. — L'épée et le sabre d'un officier en retraite sont insaisissables (loi du 8 juill. 1791 et arrêt de la Cour de Paris du 22 avril 1838).

ARRESTATIONS.

75. — Il y a lieu de diviser les arrestations en trois catégories distinctes, savoir :

1° Celles que l'on opère en vertu de mandements de justice ;

2° Les arrestations civiles que la gendarmerie opère de son propre mouvement dans le cas de flagrant délit ;

3° Les arrestations militaires.

1re CATÉGORIE.

Arrestations en vertu de mandements de justice.

76. — (V. *Mandements de justice*, nᵒˢ 660 et suivants.)

2e CATÉGORIE.

Arrestations civiles en flagrant délit.

77. — Il y a flagrant délit :

1° Lorsque le crime se commet actuellement ;

2° Lorsqu'il vient de se commettre ;

78. — 3° Est aussi réputé flagrant délit, le cas où le prévenu est poursuivi par la clameur publique (la *clameur publique* appelle l'attention ; la *rumeur publique* accuse ; la *notoriété publique* connaît et fournit des témoignages ; la *vindicte publique* poursuit et livre à la justice) ;

4° Est encore réputé flagrant délit, le cas où, dans un temps voisin du délit, le prévenu est trouvé muni d'instruments, d'armes, d'effets, papiers ou autres objets faisant présumer qu'il en est auteur ou complice (art. 41 du Code d'instr. crim. et 49 du décret du 1er mars 1854).

79. — Dans les différents cas ci-dessus énoncés, la gendarmerie a le droit et le devoir d'arrêter de jour, même à leur domicile ; et de jour et de nuit sur la voie publique ; et de jour et de nuit, jusqu'à l'heure de la fermeture, dans les établissements publics (V. *Domicile*, nᵒˢ 385 et 386), savoir :

1° Les assassins, voleurs, incendiaires et tous autres prévenus de crimes ou délits, et ceux qui sont trouvés munis d'armes ensanglantées, ou tous autres indices faisant présumer qu'ils sont auteurs ou complices d'un crime ou d'un délit (art. 274, 275, 276, 281 et 284 du décret du 1er mars 1854) ;

2° Les mendiants, vagabonds et gens sans aveu (art. 275 et 333 du décret du 1er mars 1854);

3° Les individus en rupture de ban (art. 286 du décret du 1er mars 1854);

4° Les étrangers sans passeport (art. 287 du décret du 1er mars 1854);

5° Ceux qui s'opposent par la violence à la libre circulation des subsistances et généralement tous les émeutiers (art. 295, 296, 297, 298 et 299 du décret du 1er mars 1854);

6° Les perturbateurs qui portent atteinte à la tranquillité publique; ceux qui troublent les citoyens dans l'exercice de leur culte, et ceux qui exercent des voies de fait contre les personnes (art. 300 du décret du 1er mars 1854):

7° Ceux qui outragent la gendarmerie dans l'exercice de ses fonctions, de quelque manière que ce soit, même en lui faisant une déclaration mensongère d'un délit ou d'un crime qui n'a pas été commis (art. 301 du décret du 1er mars 1854);

8° Les colporteurs de livres, gravures et lithographies qui n'auraient point l'autorisation du préfet et dont les ouvrages ne seraient pas estampillés, et les contrebandiers (art. 302 du décret du 1er mars 1854. — V. *Colporteurs*, n° 257);

9° Ceux qui auront dégradé des arbres sur les chemins, promenades publiques, fortifications et ouvrages extérieurs des places; détérioré les monuments qui s'y trouvent; ceux qui détruisent ou déplacent les rails d'un chemin de fer, ou déposent sur la voie des matériaux ou autres objets dans le but d'entraver la circulation, ainsi que ceux qui, par la rupture des fils, par la dégradation des appareils ou par tout autre moyen tentent d'intercepter les communications ou la correspondance télégraphique (art. 315 du décret du 1er mars 1854);

10° Les voituriers qui obstruent la voie publique, s'ils résistent aux injonctions de la gendarmerie (art. 318 du décret du 1er mars 1854);

11° Ceux qui par imprudence, par négligence, maladresse, inattention ou inobservation des règlements, ont blessé quelqu'un ou commis des dégâts sur les routes, dans les rues ou voies publiques (art. 319 du décret du 1er mars 1854);

12° Les conducteurs d'animaux féroces en contravention (art. 321 du décret du 1er mars 1854);

13° Ceux qui commettent des dégâts dans les bois, champs et jardins; dégradent la clôture des murs, haies et fossés, lors même que ces délits ne seraient pas accompagnés de vol: elle arrête également tous ceux qui sont surpris commettant des larcins de fruits ou d'autres productions d'un terrain cultivé (art. 322 du décret du 1er mars 1854);

14° Les chasseurs masqués; ceux qui refusent de se faire connaître en exhibant leur permis de chasse, ou, à défaut, leur passeport ou autres pièces, au moyen desquelles ils peuvent se faire reconnaître; ceux qui font des menaces, résistance ou rébellion, ou qui chassent pendant la nuit (art. 329 du décret du 1er mars 1854);

15° Ceux qui, dans les foires, fêtes et marchés tiennent des jeux de hasard et autres jeux défendus par les lois et règlements de police (art. 322 du décret du 1er mars 1854).

80. — Tous les individus arrêtés dans le cas de flagrant délit, et du propre mouvement des sous-officiers, brigadiers et gendarmes, doivent être conduits aussitôt devant l'officier de police judiciaire le plus à proximité, auquel on fait le dépôt des armes, papiers, effets et autres objets pouvant servir de pièces de conviction. Ils ne peuvent être transférés ensuite dans une maison d'arrêt qu'en vertu d'un mandat ou d'une réquisition délivrés par l'officier de police judiciaire. Si l'officier de police judiciaire met le prévenu en liberté, la gendarmerie n'a pas le droit de s'y opposer (art. 294 et 617 du décret du 1er mars 1854).

81. — Dans le cas seulement où, par l'effet de l'absence de tout officier de police judiciaire, le prévenu arrêté en flagrant délit ne peut être entendu immédiatement après l'arrestation, il est déposé dans une des salles de la mairie, où il est gardé à vue, ou dans la chambre de sûreté de la caserne, jusqu'à ce qu'il puisse être conduit devant l'officier de police judiciaire; mais, sous aucun prétexte, cette conduite ne peut être différée au-delà de vingt-quatre heures. Passé ce temps, ce serait une détention arbitraire (art. 618 du décret du 1er mars 1854).

82. — Si l'arrestation est faite dans un chef-lieu d'arrondissement, les prévenus sont conduits devant le procureur impérial. Dans les autres communes, ils sont conduits devant le juge de paix, le maire, l'adjoint ou le commissaire de police.

83. — La gendarmerie doit fouiller les individus arrêtés avant de les conduire devant l'autorité.

84. — Les procès-verbaux d'arrestation doivent toujours contenir l'inventaire exact des papiers, effets et objets quelconques trouvés sur les prévenus. Ils sont signés par ces individus, et, autant que possible, par deux habitants les plus voisins du lieu de la capture. S'ils déclarent ne vouloir ou ne pouvoir signer, il en est fait mention dans le procès-verbal (art. 275 du décret du 1ᵉʳ mars 1854).

85. — Lorsque les arrestations ont lieu de nuit, n'importe dans quelle commune, et qu'il n'est pas possible de trouver un officier de police judiciaire, les prévenus sont déposés à la chambre de sûreté de la caserne ou dans toute autre prison affectée à ce service et conduits le lendemain matin devant l'officier de police judiciaire de la résidence.

3ᵉ CATÉGORIE.
Arrestations militaires.

86. — La gendarmerie arrête aussi :

1° Les déserteurs (art. 336 du décret du 1ᵉʳ mars 1854) ;

2° Les insoumis (art. 336 du décret du 1ᵉʳ mars 1854);

3° Les militaires en retard de rejoindre après l'expiration de leurs congés ou permissions (art. 336 du décret du 1ᵉʳ mars 1854);

4° Les militaires de l'armée de terre et de mer dépourvus de feuilles de route, congés ou permissions signés de l'autorité militaire (art. 336 du décret du 1ᵉʳ mars 1854) ;

5° Les traînards d'un corps de troupe en marche, ceux qui s'écartent de leur route et ceux qui commettent des désordres soit dans les marches, soit au gîte d'étape (art. 352 du décret du 1ᵉʳ mars 1854);

6° Les militaires qui commettent des délits et des crimes;

7° Les militaires qui commettent des désordres étant en congé (art. 199 de l'ord. du 29 oct. 1820).

Direction à donner aux militaires arrêtés.
Déserteurs.

87. — Les déserteurs signalés ou non signalés arrêtés par la gendarmerie, ou à qui ils ont été remis par des citoyens, ou bien encore lorsque ces déserteurs se sont rendus volontairement à la gendarmerie, sont conduits de brigade en brigade au chef-lieu du département, devant le commandant de la gendarmerie (art. 339 du décret du 1ᵉʳ mars 1854).

Les déserteurs dont le corps est parfaitement connu et qui sont arrêtés dans un lieu situé plus près de leur corps que du chef-lieu du département, sont conduits à leur corps; le commandant de brigade qui en fait la remise en tire récépissé.

L'ordre de conduite ne doit être délivré que lorsqu'il y a certitude que l'individu appartient réellement au corps dont il s'est déclaré déserteur; en conséquence, il est maintenu en prison si le corps se trouve stationné à plus de six journées de marche du lieu d'arrestation, jusqu'à ce qu'on ait reçu du corps, auquel le fait est immédiatement signalé, des renseignements qui confirment l'exactitude de la déclaration (art. 340 du décret du 1er mars 1854. — V. *Déserteurs*, nos 371 et suiv.).

D'après les dispositions qui précèdent de l'art. 340 du décret du 1er mars 1854, les commandants de brigade ne doivent faire conduire directement au corps les déserteurs arrêtés, que dans le cas où les hommes de la brigade qui ont opéré l'arrestation conduiraient eux-mêmes ces déserteurs jusqu'à destination, attendu qu'ils n'ont pas qualité pour donner un ordre de conduite pour un transfèrement de brigade en brigade.

Dans ces circonstances, il y a presque toujours lieu de conduire les déserteurs devant le commandant de l'arrondissement, qui est chargé de donner les ordres de transfèrement en temps utile.

L'arrestation d'un déserteur donne droit à une prime de 25 fr. (art. 326 du règl. du 11 mai 1856. — V. *Déserteurs*, nos 371 et suiv.)

Insoumis.

88. — Les insoumis qui sont arrêtés sont conduits, sous l'escorte de la gendarmerie, à la prison militaire du lieu où siége un des conseils de guerre de la division dans laquelle l'arrestation a été opérée, et mis à la disposition du général commandant la division.

Ceux qui se présentent volontairement peuvent être dirigés librement, avec une feuille de route, sur le chef-lieu de la division dans laquelle ils se trouvent, après qu'il a été dressé procès-verbal de cet acte de soumission, et que le général de division auquel il a été transmis a donné son approbation.

Les sous-préfets, les sous-intendants militaires, les commandants et capitaines de recrutement, les officiers de gendarmerie de tous grades peuvent être délégués par le général de division ou de brigade pour recevoir les déclarations de soumission et faire délivrer des feuilles de route pour le chef-lieu de la division (art. 344 du décret du 1er mars 1854).

Pour l'exécution de l'article précité (344 du décret du 1er mars 1854), les insoumis arrêtés par les brigades doivent être conduits devant le commandant de la gendarmerie de l'arrondissement, qui est chargé de la direction à donner au prisonnier. Si, pourtant, la brigade qui opère l'arrestation est très-rapprochée de la maison de justice militaire, l'insoumis y est conduit directement, à moins qu'il n'en soit autrement ordonné.

A l'égard des insoumis qui se présentent dans les brigades pour faire acte de soumission, les sous-officiers, brigadiers ou gendarmes dressent, à titre de renseignement, procès-verbal de la déclaration de l'insoumis qu'ils arrêtent, et le conduisent devant le commandant de la gendarmerie de l'arrondissement, qui le retient ou le met en route librement selon les instructions qu'il a reçues.

Les sous-officiers, brigadiers et gendarmes ne doivent pas perdre de vue qu'ils n'ont pas qualité pour dresser l'*acte officiel* de soumission, et qu'ils ne peuvent envoyer librement l'insoumis à la maison de justice militaire de la division. Ce droit n'appartient qu'à un officier, encore faut-il qu'il soit délégué par le général de division ou de brigade (instr. minist. du 29 avril 1833).

L'arrestation d'un insoumis donne droit à la prime de 25 fr. (art. 326 du règl. du 11 mai 1856. — V. *Déserteurs et Insoumis*, nos 371 et suiv.)

Militaires en retard de rejoindre après l'expiration de leurs congés.

89. — Les militaires en retard de rejoindre à l'expiration de leurs congés ou permissions doivent aussi être arrêtés (art. 336 du décret du 1er mars 1854).

Il doivent aussi être conduits, comme les déserteurs, devant le commandant de l'arrondissement, qui prend telle mesure qu'il croit utile.

(L'ordonnance du 29 octobre 1820 ne prescrivait pas d'arrêter ces militaires.)

Militaires de l'armée de terre ou de mer arrêtés sans feuille de route, congé ni permission.

90. — Ces militaires doivent aussi être arrêtés pour absence illégale ou pour désertion (art. 336 du décret du 1er mars 1854).

A leur égard, il faut agir comme il est dit pour les déserteurs, no 87.

Traînards.

91. — Les traînards d'un corps de troupe en marche et ceux qui s'écartent de leur route, ou qui commettent des désordres soit dans les marches, soit dans les gîtes d'étape, sont arrêtés par la gendarmerie et remis au commandant du corps (art. 352 du décret du 1er mars 1854).

S'il n'était pas possible de remettre ces militaires au commandant du corps ou du détachement, ils seraient conduits devant le commandant de l'arrondissement avec un procès-verbal en double expédition (V. n° 732).

Militaires qui commettent des délits ou des crimes.

92. — Les militaires arrêtés pour crime ou délit commis dans la garnison sont conduits au corps.

S'ils sont arrêtés hors des limites de la garnison et s'ils sont absents illégalement, ils sont conduits devant le commandant de l'arrondissement.

Dans les deux cas qui précèdent, ils sont justiciables d'un conseil de guerre.

Mais s'ils sont arrêtés hors de la garnison, dans une ville ou un village où ils se trouvent en vertu d'un congé, d'une feuille de route ou d'un billet d'hôpital, ils sont justiciables des tribunaux ordinaires (cass., 2 oct. 1828). Dans ce cas, ils sont mis à la disposition du procureur impérial.

Militaires en congé commettant des désordres.

93. — Les militaires en congé commettant des désordres ou troublant la tranquillité publique doivent être arrêtés par la gendarmerie ; toutefois, l'arrestation ne peut avoir lieu que sur une plainte écrite du maire ou de l'adjoint de la commune où se trouve le militaire.

Ces militaires sont conduits devant le commandant de la gendarmerie de l'arrondissement, avec le procès-verbal d'arrestation et la plainte de l'autorité (art. 199 de l'ord. du 29 oct. 1820).

Nota. — Cette disposition n'a pas été reproduite dans le décret du 1er mars 1854, mais l'art. 644 de ce décret la maintient implicitement en vigueur.

ARRESTATIONS ILLÉGALES.

94. — Hors le cas de flagrant délit déterminé par les lois, la gendarmerie ne peut arrêter aucun individu si ce n'est en vertu d'un ordre ou mandat décerné par l'autorité compétente. Tout officier, sous-officier, brigadier ou gendarme qui, en contravention à cette disposition, donne, signe, exécute ou fait exécuter l'ordre d'arrêter un individu, ou l'arrête effectivement, est puni comme coupable de détention arbitraire (art. 615 du décret du 1er mars 1854 et art. 341, 342 et 344 du Code pénal).

Est puni de même tout militaire de la gendarmerie qui, même dans le cas d'arrestation pour flagrant délit, ou dans tous les autres cas autorisés par les lois, conduit ou retient un individu dans un lieu de détention non légalement et publiquement désigné par l'autorité administrative pour servir de maison d'arrêt, de justice ou de prison (art. 616 du décret du 1er mars 1854).

ARRÊTÉS DES AUTORITÉS ADMINISTRATIVES.

95. — L'inobservation des règlements faits par l'autorité administrative et des règlements et arrêtés publiés par l'autorité municipale, est une contravention prévue par l'art. 475 (n° 15) du Code pénal.

La gendarmerie doit surveiller l'exécution de ces règlements ou arrêtés et constater les contraventions.

Les procès-verbaux sont visés pour timbre, enregistrés en débet et adressés au ministère public près le tribunal de simple police du canton.

ARTIFICES.

96. — Ceux qui violent la défense de tirer, en certains lieux, des pièces d'artifices, commettent une contravention prévue par l'art. 471 (n° 2) du Code pénal.

Les pièces d'artifice doivent être saisies (art. 472 du Code pénal).

Les procès-verbaux sont visés pour timbre, enregistrés en débet et adressés au ministère public près le tribunal de simple police du canton.

ASSEMBLÉES PUBLIQUES.

97. — La gendarmerie doit toujours se tenir à portée des grands rassemblements, tels que foires, marchés, fêtes et cérémonies publiques, pour y maintenir l'ordre et la tranquillité, prévenir et réprimer les rixes, les vols, les escroqueries, etc., et, sur le soir, elle fait des patrouilles sur les routes et chemins qui y aboutissent, pour y protéger le retour des particuliers et marchands (art. 331 du décret du 1er mars 1854).

98. — La gendarmerie saisit ceux qui tiennent des jeux de hasard et autres jeux défendus par les lois et règlements de police, et saisit tous les objets servant à ces jeux (art 332 du décret du 1er mars 1854).

99. — Les sous-officiers, brigadiers et gendarmes de service hors la résidence pour le maintien de l'ordre dans les assemblées publiques, ne doivent rentrer à leur résidence que lorsque leur présence n'est plus nécessaire, et ils se retirent assez lentement pour observer ce qui se passe et empêcher les rixes qui ont lieu fréquemment à la suite de ces assemblées (art. 334 du décret du 1er mars 1854).

100. — A son arrivée, hors la résidence, la gendarmerie se présente au maire, qui doit désigner une écurie pour les chevaux des cavaliers montés (art. 397 du règl. du 11 mai 1856). Elle s'entend avec ce magistrat pour les besoins du service de surveillance.

ASSOCIATIONS POLITIQUES, LITTÉRAIRES ET RELIGIEUSES.

101. — Nulle association de plus de vingt personnes, dans le but de se réunir tous les jours ou à certains jours marqués pour s'occuper d'objets religieux, littéraires, politiques ou autres, ne pourra se former qu'avec l'agrément du gouvernement et sous les conditions qu'il plaira à l'autorité publique d'imposer à la société.

Dans le nombre des personnes indiqué ci-dessus, ne sont pas comprises celles domiciliées dans la maison où l'association se réunit (art. 291 du Code pénal).

Les dispositions ci-dessus de l'art. 291 du Code pénal sont applicables aux associations de plus de vingt personnes, alors même qu'elles seraient partagées en sections d'un nombre moindre, et qu'elles ne se réuniraient pas tous les jours ou à des jours marqués (art. 1er de la loi du 10 avril 1834).

102. — Quiconque fera partie d'une association non autorisée sera puni d'un emprisonnement de deux mois à un an et de 50 fr. à 1,000 fr. d'amende. En cas de récidive, les peines peuvent être portées au double, et la surveillance pourra être prononcée (art. 2 de la loi du 10 avril 1834).

103. — Seront considérés comme complices et punis comme tels, ceux qui auront prêté ou loué sciemment leur maison ou appartement pour une ou plusieurs réunions d'une association non autorisée (art. 3 de la loi du 10 avril 1834).

104. — La gendarmerie doit exercer la plus grande surveillance sur toutes ces associations illicites dont on doit toujours suspecter le but.

105. — Les commandants de brigade informent sans retard les commandants d'arrondissement de tout ce qu'ils découvrent touchant ces associations, même de leurs présomptions, afin que la répression soit immédiate, ou que des mesures soient prises en temps utile.

Les procès-verbaux constatant ces délits sont visés pour timbre, enregistrés en débet et adressés au procureur impérial.

ASSOCIATIONS DE MALFAITEURS.

106. — Toute association de malfaiteurs est un crime contre la paix publique (art. 265 du Code pénal).

Ce crime existe par le seul fait d'organisation de bandes ou de correspondance entre elles et leurs chefs ou commandants, ou de convention tendant à rendre compte ou à faire distribution ou partage du produit des méfaits (art. 266 du Code pénal).

L'association seule, sans qu'aucun crime soit commis, suffit pour que les individus qui en font partie soient condamnés aux travaux forcés ou à la réclusion (art. 267 et 268 du Code pénal).

107. — Ceux qui auront sciemment et volontairement fourni aux bandes ou à leurs divisions, des armes, munitions, instruments de crime, logement, retraite ou lieu de réunion, seront punis de la réclusion (article 268 du Code pénal).

108. — Quand les commandants de brigade ont connaissance de ces crimes, ils en informent sur le champ le commandant de l'arrondissement.

Les procès-verbaux constatant ces crimes sont exempts du visa pour timbre et de l'enregistrement en débet; ils sont adressés au procureur impérial.

ATTAQUES DE BRIGANDS.

109. — Lorsque la gendarmerie apprend que des brigands réunis en bande apparaissent sur un point quelconque, les commandants de brigade en informent sur-le-champ le commandant de l'arrondissement.

110. — La brigade se met immédiatement en campagne pour les rechercher, arrêter, attaquer ou poursuivre. Les armes sont chargées.

111. — Si les brigands font résistance à main armée, la gendarmerie fait usage de ses armes pour les détruire si elle ne peut les arrêter autrement (V. *Usage des armes*, n° 69).

112. — Si, au contraire, ils fuient, il faut les poursuivre à outrance.

113. — Dans le cas où la gendarmerie poursuivant de près des brigands, voleurs, assassins ou autres criminels réunis en bande ou isolés, parviendrait aux extrémités du département sans les avoir arrêtés, elle se portera sur le territoire du département limitrophe pour les atteindre, s'il est possible, ou pour prévenir les brigades les plus rapprochées de la direction qu'ils auraient prise. Compte doit être rendu sans retard au commandant de l'arrondissement de toute poursuite dans un autre département (art. 76 de l'ord. du 29 oct. 1820).

Nota. — Le décret du 1er mars 1854 n'a pas tracé la marche à suivre en pareil cas, mais l'art. 644 de ce décret maintient implicitement en vigueur l'art. 76 précité de l'ordonnance du 29 octobre 1820.

L'intérêt public exige, d'ailleurs, que la gendarmerie ne néglige rien pour mettre les coupables sous la main de la justice. Poursuivre et arrêter est le premier des devoirs.

114. — Si les brigands échappent à la gendarmerie, elle s'attache à préciser le signalement et le costume de chacun d'eux ; elle envoie ces renseignements aux brigades voisines pour faciliter les recherches.

115. — Si les brigands se réfugient dans une maison particulière et que le chef de cette maison veuille bien en permettre l'entrée, la gendarmerie y pénètre, de jour ou de nuit, comme elle peut et par où elle peut, pour saisir les malfaiteurs. S'ils se défendent en faisant feu ou de toute autre manière offensive, la gendarmerie fait usage de ses armes, sans pitié, pour s'emparer d'eux morts ou vifs.

116. — Si le chef de maison refuse d'ouvrir les portes, sans y être contraint par les brigands, ce qui constitue un délit prévu par l'art. 248 du Code pénal, les sous-officiers, brigadiers et gendarmes, n'étant point officiers de police judiciaire, se bornent à cerner la maison et arrêtent quiconque tente d'en sortir ; ils requièrent main-forte de l'autorité locale et font avertir le procureur impérial. Dès qu'un officier de police judiciaire se trouve sur les lieux, il requiert ou ordonne l'ouverture des portes; on procède à la visite domiciliaire, on arrête les malfaiteurs, et aussi le chef de maison comme prévenu de complicité ou de recel de criminels.

Dans ces différents cas, la gendarmerie s'attache à préciser avec le plus grand soin, dans ses procès-verbaux, tous les faits et circonstances qui ont précédé, accompagné ou suivi les opérations.

Les procès-verbaux constatant ces crimes sont exempts du visa pour timbre et de l'enregistrement en débet; ils sont adressés au procureur impérial.

ATTENTATS AUX MŒURS.

117. — Le viol, la tentative de viol et autres attentats à la pudeur consommés ou tentés avec violence contre des individus de l'un ou de l'autre sexe sont des crimes. Tout attentat à la pudeur consommé ou tenté *même sans violences* sur la personne d'un enfant de l'un ou de l'autre sexe âgé de moins de onze ans est aussi un crime (art. 331 et 332 du Code pénal).

Les procès-verbaux constatant ces crimes sont exempts du visa pour timbre et de l'enregistrement en débet; ils sont adressés au procureur impérial.

Quiconque attente aux mœurs en excitant, favorisant ou facilitant habituellement la débauche ou la corruption de la jeunesse des deux sexes au-dessous de l'âge de vingt-un ans commet un délit (art. 330 du Code pénal).

L'outrage peut être public sans que le lieu où il est commis soit public. Une personne qui se promène nue dans sa chambre, de manière à être vue, commet un outrage public à la pudeur (cass., 25 fév. 1838).

Les procès-verbaux constatant ces délits sont visés pour timbre, enregistrés en débet et adressés au procureur impérial.

ATTENTATS CONTRE LA VIE DE L'EMPEREUR, CONTRE LE GOUVERNEMENT ET CONTRE LA SURETÉ DE L'ÉTAT.

118. — L'attentat contre la vie ou contre la personne de l'Empereur est puni de la peine du parricide (art. 86 du Code pénal).

L'attentat contre la vie des membres de la famille impériale est puni de mort (art. 86 du Code pénal).

L'attentat contre la personne des membres de la famille impériale est puni de la déportation (art. 86 du Code pénal et loi des 10-15 juin 1853).

119. — L'attentat dont le but est, soit de détruire ou changer le gouvernement, ou l'ordre de successibilité au trône, soit d'exciter les citoyens ou habitants à s'armer contre l'autorité impériale, est puni de la déportation (art. 87 du Code pénal et loi des 10-15 juin 1853).

Les procès-verbaux constatant ces crimes sont exempts du visa pour timbre et de l'enregistrement en débet; ils sont adressés au procureur impérial.

120. — Toute offense commise publiquement envers la personne de l'Empereur est punie d'un emprisonnement de six mois à cinq ans et d'une amende de 500 fr. à 10,000 fr. (art. 86 du Code pénal et loi des 10-15 juin 1853).

121. — Toute offense commise publiquement envers les membres de la famille impériale est punie d'un emprisonnement d'un mois à trois ans et d'une amende de 100 fr. à 5,000 fr. (art 86 du Code pénal et loi des 10-15 juin 1853).

Les procès-verbaux constatant les délits d'offense sont visés pour timbre, enregistrés en débet et adressés au procureur impérial.

122. — Le complot ayant pour but les crimes mentionnés ci-dessus est lui-même un crime. Il y a complot dès que la résolution d'agir est concertée et arrêté entre deux ou plusieurs personnes (art. 89 du Code pénal).

123. — L'attentat dont le but sera soit d'exciter la guerre civile en armant ou en portant les citoyens ou habitants à s'armer les uns contre les autres, soit de porter la dévastation, le massacre et le pillage dans une ou plusieurs communes, sera puni de la déportation (art. 91 du Code pénal et loi des 8-16 juin 1850).

124. — Tous ceux qui, connaissant le but et le caractère des bandes organisées pour commettre ces crimes, auront, sans contrainte, fourni des logements, lieux de retraite ou de réunion, seront punis des travaux forcés à temps (art. 99 du Code pénal). Ceux qui, sciemment et volontairement, auront fourni ou procuré des armes, munitions et instruments de crime, ou envoyé des convois de subsistances, ou qui auront de toute autre manière pratiqué des intelligences avec les directeurs ou commandants de ces bandes ou réunions séditieuses, seront punis de la déportation (article 96 du Code pénal et loi des 8-16 juin 1850. — V. *Attroupements*, nos 126 et suiv.).

Les procès-verbaux constatant ces crimes sont exempts du visa pour timbre et de l'enregistrement en débet; ils sont adressés au procureur impérial.

ATTESTATIONS DE BONS SERVICES.

125. — Il est formellement interdit aux conseils d'administration, ainsi qu'à tout commandant de compagnie, d'arrondissement et de brigade, de jamais délivrer aux hommes démissionnaires ou congédiés aucune attestation particulière de bon service ou de moralité, sous quelque forme et en quelques termes que ce soit (art. 35 du décret du 1er mars 1854).

ATTROUPEMENTS.

126. — Tout attroupement armé formé sur la voie publique est interdit.

Est également interdit, sur la voie publique, tout attroupement non armé qui pourrait troubler la tranquillité publique (loi du 7 juin 1848).

L'attroupement est armé :

1o Quand plusieurs individus qui le composent sont porteurs d'armes apparentes ou cachées ;

2o Lorsqu'un seul de ces individus, porteur d'armes apparentes, n'est pas immédiatement expulsé de l'attroupement par ceux-là mêmes qui en font partie (art. 296 du décret du 1er mars 1854).

127. — Sont compris dans le mot *armes*, toutes machines, tous instruments ou ustensiles tranchants, perçants ou contondants. Les couteaux ou ciseaux de poche, les cannes simples ne sont réputés *armes* qu'autant qu'il en aura été fait usage pour tuer, blesser ou frapper (art. 101 du Code pénal).

128. — La gendarmerie dissipe les rassemblements de toutes personnes s'opposant à l'exécution d'une loi, d'une contrainte, d'un jugement; elle réprime toute émeute populaire dirigée contre la sûreté des personnes, contre les autorités, contre la liberté absolue du commerce des subsistan-

ces, contre celle du travail et de l'industrie ; elle disperse tout attroupement armé ou non armé formé pour la délivrance des prisonniers et condamnés, pour l'invasion des propriétés publiques, pour le pillage et la
dévastation des propriétés particulières (art. 296 du décret du 1er mars
1854).

129. — Les sous-officiers , brigadiers et gendarmes ne peuvent, en
l'absence de l'autorité judiciaire ou administrative, déployer la force des
armes que dans les deux cas suivants : le premier, si des violences ou voies
de fait sont exercées contre eux ; le second, s'ils ne peuvent défendre autrement le terrain qu'ils occupent, les postes ou les personnes qui leur sont
confiés, ou enfin si la résistance est telle qu'elle ne puisse être vaincue
que par la force des armes (art. 297 du décret du 1er mars 1854.—V. *Usage
des armes*, n° 69).

130. — Le maire , l'adjoint ou le commissaire de police ou tout autre
agent ou dépositaire de la force publique ou du pouvoir exécutif, portant
l'écharpe tricolore, se rendra sur le lieu de l'attroupement.

Un roulement de tambour annoncera l'arrivée du magistrat.

Si l'attroupement est armé, le magistrat lui fera la sommation de se dis-
soudre et de se retirer.

Cette première sommation restant sans effet, une seconde sommation,
précédée d'un roulement de tambour, sera faite par le magistrat.

En cas de résistance, l'attroupement sera dissipé par la force.

Si l'attroupement est sans armes, il sera fait quatre roulements de tambour avant de faire usage des armes. Après le premier roulement, le magistrat exhorte les citoyens à se retirer. Après le deuxième roulement, il
fait la première sommation. Après le troisième roulement, il fait la deuxième
sommation, et après le quatrième roulement il fait la troisième sommation.

Ainsi , dans le cas d'attroupement armé on déploie la force des armes
après la deuxième sommation précédée de deux roulements de tambour,
et si l'attroupement est sans armes, on ne peut déployer la force des armes
qu'après l'exhortation et trois sommations, précédées de quatre roulements
de tambour (loi du 7 juin 1848).

Dans les deux cas, quand la dernière sommation est faite, la gendarmerie fait usage de ses armes sans aucune responsabilité.

Si elle fait des prisonniers, elle doit faire connaître dans son procès-
verbal s'ils ont été arrêtés après la première, deuxième ou troisième sommation, la peine étant différente.

Formule de la sommation.

131. Les magistrats prononcent à haute voix ces mots : « Obéissance à la loi : on va faire usage de la force, que les bons citoyens se retirent » (loi des 26-27 juillet-3 août 1791).

132. — Lorsqu'une émeute populaire prend un caractère et un accroissement tels, que la gendarmerie, après une intervention énergique, se trouve impuissante pour vaincre la résistance par la force des armes, elle dresse un procès-verbal dans lequel elle signale les chefs et fauteurs de la sédition ; elle prévient immédiatement l'autorité locale ainsi que le commandant de l'arrondissement, afin d'obtenir des renforts des brigades voisines, et, suivant le cas, de la troupe de ligne ou de la garde nationale (art. 298 du décret du 1er mars 1854).

133. — Dans aucun cas, les brigades ne doivent quitter le terrain, ni rentrer à leur résidence avant que l'ordre ne soit parfaitement rétabli. Elles doivent se rappeler que force doit toujours rester à la loi. Le procès-verbal qu'elles rédigent contient le détail circonstancié des faits qui ont précédé, accompagné et suivi la formation de ces attroupements.

134. — Quant aux prisonniers quelles ont faits et dont elles ne doivent se dessaisir à aucun prix, ils sont immédiatement conduits, sous bonne escorte, devant le procureur impérial (art. 299 du décret du 1er mars 1854).

135. — Toute provocation directe à un attroupement armé ou non armé, par des discours proférés publiquement, et par des écrits imprimés, affichés ou distribués, est un crime ou un délit. Les imprimeurs, graveurs, lithographes, afficheurs et distributeurs seront punis comme complices, lorsqu'ils auront agi sciemment (art. 6 de la loi du 7 juin 1848).

Les poursuites pour crimes et même pour délits d'attroupement sont portées devant les cours d'assises (art. 10 de la loi du 7 juin 1848).

Les procès-verbaux sont adressés au procureur impérial.

(Dans le cas de soulèvement armé, les commandants de brigade peuvent mettre en réquisition les agents subalternes des administrations publiques et des chemins de fer (art. 634 du décret du 1er mars 1854. — V. *Réquisitions*, n° 917).

AUBERGES ET AUBERGISTES.

136. — Les logeurs et aubergistes qui, sciemment, inscriront sur leurs registres, sous des noms faux ou supposés, les personnes logées chez eux, commettent un délit correctionnel (art. 154 du Code pénal).

Les procès-verbaux constatant ces délits sont visés pour timbre, enregistrés en débet et adressés au procureur impérial.

137. — Les aubergistes, hôteliers, logeurs ou loueurs de maisons garnies qui auront négligé d'inscrire de suite et sans aucun blanc, sur un registre tenu régulièrement, les noms, qualités, domicile habituel, date d'entrée et de sortie de toute personne qui aurait couché ou passé la nuit dans leurs maisons, commettent une contravention (art. 475 (n° 2) du Code pénal).

138. — Les chefs d'établissements publics commettent une contravention prévue par l'art. 475 (n° 15) du Code pénal, quand leurs établissements ne sont pas fermés aux heures prescrites par les arrêtés de police.

Donner à boire, à manger ou à jouer dans une chambre particulière, même à des personnes invitées, après l'heure de la fermeture, est une contravention (cass., 29 mars 1821, 4 avril et 20 mai 1823, 14 fév. 1840 et 24 fév. 1842), Toutefois, lorsqu'il s'agit de voyageurs logeant dans l'auberge, de pensionnaires de l'établissement ou de toutes autres personnes pouvant leur être assimilées, l'aubergiste peut leur servir à boire et à manger, non seulement dans leurs chambres ou appartements respectifs, mais encore dans la salle commune (cass., 2 mars 1855).

139. — La gendarmerie visite les auberges, cabarets et autres maisons ouvertes au public, pour rechercher les personnes signalées et dont l'arrestation a été légalement ordonnée.

140. — Les sous-officiers, brigadiers et gendarmes se font représenter les registres d'inscription des voyageurs, et s'assurent qu'ils sont régulièrement tenus (V. n°⁵ 136 et 137). Les omissions ou négligences dans la tenue de ces registres sont constatées par des procès-verbaux et constituent, ainsi que le refus de présenter ces registres, des contraventions à l'art. 475 (n° 2) du Code pénal (art. 290 du décret du 1er mars 1854).

141. — La gendarmerie ne peut, sous le simple prétexte de visiter le passeport d'un individu, pénétrer dans la chambre où il est logé ; elle doit attendre, pour faire cet examen, le moment de son départ ou de son stationnement dans la salle des voyageurs, si c'est une auberge ou une hôtellerie (art. 288 du décret du 1er mars 1854).

142. — Lorsqu'un établissement public est fermé et que l'heure de la fermeture est passée, la gendarmerie n'a pas le droit de se faire ouvrir les portes, si le propriétaire s'y refuse, pour constater les contraventions ; mais elle peut les constater du dehors si elle a la certitude qu'elles existent (cass., 13 nov. 1841).

143. — A moins d'être requise par l'autorité, qui doit être présente, la gendarmerie n'a pas le droit d'exiger que les buveurs et autres personnes évacuent les lieux publics après l'heure de la fermeture, à moins pourtant qu'ils ne commettent des désordres.

Les procès-verbaux constatant ces contraventions sont visés pour timbre, enregistrés en débet et adressés au ministère public près le tribunal de simple police du canton.

144. — Aucun café, cabaret ou autre débit de boissons à consommer sur place ne peut être établi sans l'autorisation de l'autorité administrative. La suppression de ces établissements peut être ordonnée par arrêté du préfet, soit après une condamnation pour contravention, soit par mesure de sûreté publique.

Toute infraction à ces dispositions constitue un délit puni de 25 fr. à 500 fr. d'amende et de six jours à six mois de prison (décret du 29 décembre 1851).

La gendarmerie doit, en conséquence, s'assurer près des administrations locales si l'ouverture des nouveaux établissements de ce genre est autorisée, et, s'il y a lieu, elle constate le délit.

Le procès-verbal est visé pour timbre, enregistré en débet et adressé au procureur impérial.

AUTORITÉS.

145. — L'action des autorités civiles, administratives et judiciaires, sur la gendarmerie, en ce qui concerne son emploi, ne peut s'exercer que par réquisition (art. 91 du décret du 1er mars 1854. — V. *Réquisitions*, nos 906 et suiv.).

Les autorités ne peuvent employer la gendarmerie pour porter leurs dépêches que dans le cas de nécessité absolue (V. *Dépêches*, no 368).

146. — La gendarmerie doit communiquer sans délai aux autorités civiles les renseignements qu'elle reçoit et qui intéressent l'ordre public. Les autorités civiles lui font les communications et réquisitions qu'elles reconnaissent utiles au bien du service.

Ces communications verbales ou par écrit sont toujours faites au commandant de la gendarmerie du lieu ou de l'arrondissement. Les autorités ne peuvent s'adresser aux officiers supérieurs en grade que dans le cas où elles auraient à se plaindre de retard ou de négligence.

Les communications écrites entre les magistrats, les administrateurs et la gendarmerie doivent toujours être signées et datées (art. 100 du décret du 1er mars 1854).

Tout sous-officier ou brigadier de gendanmerie qui a fait le rapport d'un événement doit rendre compte successivement des opérations qui en sont la suite, ainsi que de leur résultat. Ces comptes doivent toujours rappeler la date du rapport primitif (art. 101 du décret du 1er mars 1854).

Les communications verbales ou par écrit entre les autorités judiciaires ou administratives et la gendarmerie doivent toujours avoir un objet *déterminé* de service, et n'imposent nullement aux militaires de cette arme de se déplacer chaque jour pour s'informer du service qui pourrait être requis. Dans les cas extraordinaires, les officiers de gendarmerie (*et par conséquent les commandants de brigade quand il n'y a pas d'officier*) doivent se rendre en uniforme chez les autorités, aussi fréquemment que la gravité des circonstances peut l'exiger, sans attendre des invitations de leur part (art. 103 du décret du 1er mars 1854).

Il est de règle que l'autorité judiciaire s'adresse au commandant de l'arrondissement pour tout objet de service du ressort de son ministère ; mais, dans les cas *urgents*, elle peut s'adresser directement aux commandants de brigade qui déférent à la réquisition, à la demande ou à l'invitation de l'autorité judiciaire. Les commandants de brigade en rendent compte à l'officier (Circ. min. du 26 nov. 1855).

147. — En plaçant la gendarmerie auprès des diverses autorités pour assurer l'exécution des lois et règlements émanés de l'administration publique, l'intention du gouvernement est que ces autorités, dans leurs relations et dans leur correspondance avec les chefs de cette force publique, et aussi dans leurs réquisitions, s'abstiennent de formes et d'expressions qui s'écarteraient des règles et des principes posés dans les articles ci-dessus, et qu'elles ne pussent, dans aucun cas, prétendre exercer un pouvoir exclusif sur cette troupe, ni s'immiscer dans les détails intérieurs de son service.

Les militaires de tout grade de la gendarmerie doivent également demeurer dans la ligne de leurs devoirs envers les dites autorités, en observant constamment avec elles les égards et la déférence qui leur sont dus (art. 141 du décret du 1er mars 1854).

148. — Les réquisitions des autorités ne doivent contenir aucun terme impératif, tel que : *ordonnons*, *voulons*, *enjoignons*, *mandons*, *etc.*, ni aucune expression ou formule pouvant porter atteinte à la considération de l'arme et au rang qu'elle occupe parmi les corps de l'armée (art. 97 du décret du 1er mars 1854).

149. — Dans aucun cas, ni directement, ni indirectement, la gendarmerie ne doit recevoir de missions occultes de nature à lui enlever son caractère véritable.

Son action s'exerce toujours en tenue militaire, ouvertement et sans manœuvres de nature à porter atteinte à la considération de l'arme (art. 119 du décret du 1er mars 1854).

AVANCEMENT AUX GRADES DE SOUS-OFFICIER ET BRIGADIER.

150. — L'avancement aux grades de brigadier et de sous-officier roule par légion et par corps (art. 43 du décret du 1er mars 1854).

151. — Les emplois de brigadier sont donnés à des gendarmes ayant au moins six mois de service dans la gendarmerie, et portés au tableau d'avancement, ainsi qu'aux adjudants, sergents-majors et maréchaux des logis chefs des divers corps de l'armée, proposés par les inspecteurs généraux et ayant au moins un an d'exercice dans leur emploi (art. 44 du décret du 1er mars 1854).

152. — La totalité des emplois de maréchal des logis à pied et à cheval est donnée à des brigadiers de la même arme, ayant au moins six mois de service dans leur grade, et portés au tableau d'avancement (art. 45 du décret du 1er mars 1854).

153. — L'avancement à l'emploi de maréchal des logis chef est donné aux maréchaux des logis à pied ou à cheval, ayant au moins six mois de grade de sous-officier dans l'arme, et portés au tableau d'avancement comme réunissant les conditions d'aptitude nécessaires (art. 46 du décret du 1er mars 1854).

154. — Les adjudants sont choisis indistinctement parmi les sous-officiers à pied ou à cheval, ayant au moins un an de grade dans l'arme (art. 47 du décret du 1er mars 1854).

155. — Les maréchaux des logis adjoints aux trésoriers sont choisis indistinctement soit parmi les sous-officiers à pied et à cheval, soit parmi les brigadiers des deux armes ayant au moins un an d'exercice dans ce grade, et portés au tableau d'avancement comme réunissant les conditions d'aptitude reconnues nécessaires pour ces fonctions spéciales (art. 48 du décret du 1er mars 1854).

Tableau d'avancement.

156. — Les tableaux d'avancement aux grades de brigadier et de sous-officier et les listes d'aptitude aux fonctions spéciales dans la gendarmerie, sont établis de nouveau chaque année, à l'époque des revues d'inspection générale (art. 49 du décret du 1er mars 1854).

Ces tableaux d'avancement et ces listes sont formés par légions et par corps, et contiennent des notes détaillées sur chacun des candidats, qui sont classés par ordre de mérite. Il sont dressés par les chefs de légion et de corps, sur la présentation des chefs de compagnie, et sont soumis par eux à l'inspecteur général, qui les arrête définitivement et les transmet au ministre avec ses observations (art. 50 du décret du 1er mars 1854).

Le nombre des candidats à présenter par les inspecteurs généraux pour les différents grades de sous-officier et pour celui de brigadier dans chaque arme, est calculé de manière à assurer les besoins du service par légion ou corps, et déterminé chaque année par les instructions sur les inspections générales (art. 51 du décret du 1er mars 1854).

En cas de services extraordinaires, le ministre de la guerre inscrit d'office sur le tableau d'avancement aux grades de sous-officier et brigadier, les militaires qui ont mérité cette récompense (art. 52 du décret du 1er mars 1854).

Toutes ces dispositions, relatives à l'avancement, sont applicables à la formation des tableaux d'avancement aux grades de sous-officier et brigadier dans la garde de Paris, le régiment et l'escadron de gendarmerie de la garde impériale (art. 53 du décret du 1er mars 1854).

AVANCEMENT AU GRADE DE SOUS-LIEUTENANT.

157. — L'avancement à tous les grades et emplois d'officier, pour la portion dévolue à la gendarmerie, roule sur toute l'arme (art. 54 du décret du 1er mars 1854).

La moitié des lieutenances vacantes est donnée à l'avancement des sous-officiers de l'arme à pied ou à cheval qui n'ont d'abord que le grade de sous-lieutenant et sont promus à celui de lieutenant après deux ans d'exercice dans leurs fonctions (art. 55 du décret du 1er mars 1854).

Les emplois de sous-lieutenant trésorier sont donnés aux sous-officiers de l'arme à pied ou à cheval proposés pour l'avancement et portés sur la liste d'aptitude à ces fonctions spéciales.

L'emploi de lieutenant d'habillement dans la garde de Paris peut être donné à un sous-officier dans les mêmes conditions (art. 56 du décret du 1er mars 1854).

AVORTEMENT.

158. — L'avortement d'une femme enceinte par l'emploi d'aliments, breuvages, médicaments, violences ou par tout autre moyen est un crime puni de réclusion.

La femme qui aura consenti à faire usage de ces moyens, s'ils ont déterminé l'avortement ou si elle s'est procuré l'avortement elle-même, commet le même crime (art. 317 du Code pénal).

La tentative du crime d'avortement doit être punie comme le crime même, excepté à l'égard de la femme enceinte, qui n'est coupable qu'en cas d'avortement consommé (cass., 17 mars 1827).

159. — Les médecins, chirurgiens et autres officiers de santé, ainsi que les pharmaciens et les sages-femmes qui auront indiqué ou administré ces moyens seront condamnés aux travaux forcés à temps, dans le cas où l'avortement aurait lieu (art. 317 du Code pénal).

Les procès-verbaux constatant ces crimes sont exempts du visa pour timbre et de l'enregistrement en débet; ils sont adressés au procureur impérial.

BACS ET BATEAUX DE PASSAGE.

160. — Les sous-officiers, brigadiers et gendarmes sont exempts des droits de péage sur les ponts, bacs et bateaux, ainsi que les chevaux et personnes qui marchent sous leur escorte (art. 636 du décret du 1er mars 1854).

161. — La gendarmerie surveille l'exécution des règlements sur la police des bacs et bateaux et constate les contraventions (art. 314 du décret du 1er mars 1854. — V. *Voirie (grande)*, n° 1164 (§ 7).

Ces contraventions sont de la compétence des conseils de préfecture (art. 51 de la loi du 6 frim. an VII).

Les procès-verbaux sont visés pour timbre, enregistrés en débet et adressés au sous-préfet de l'arrondissement.

BALS PUBLICS.

162. — La gendarmerie doit exercer sa surveillance sur les bals publics pour y maintenir le bon ordre et la décence; mais elle ne doit pas fournir d'hommes à poste fixe dans ces établissements.

BIGAMIE.

163. — Quiconque étant engagé dans les liens du mariage en aura contracté un autre avant la dissolution du précédent, sera puni des travaux forcés à temps (art. 340 du Code pénal).

Les procès-verbaux sont exempts du visa pour timbre et de l'enregistrement en débet; ils sont adressés au procureur impérial.

BLESSURES VOLONTAIRES.

164. — Seront punis de la réclusion, ceux qui auront volontairement fait des blessures ou porté des coups, si ces violences ont déterminé une incapacité de travail de plus de vingt jours. Si ces violences ont déterminé la mort, la peine sera les travaux forcés à temps (art. 309 du Code pénal).

Les procès-verbaux constatant ces crimes sont exempts du visa pour timbre et de l'enregistrement en débet ; ils sont adressés au procureur impérial.

165. — Lorsque les blessures ou les coups n'auront occasionné aucune maladie ni incapacité de travail, la peine sera de six jours à deux ans de prison, s'il n'y a pas eu préméditation. S'il y a eu préméditation, la peine sera de deux à cinq ans de prison (art. 311 du Code pénal).

Les procès-verbaux sont visés pour timbre, enregistrés en débet et adressés au procureur impérial (V. *Arrestations*, n° 79 (§ 6); *Animaux domestiques*, n° 60; *Accidents par imprudence*, n°ˢ 16 et 17).

BOIS ET FORÊTS.

166. — Les bois et forêts de l'État, des communes et des établissements publics sont soumis à la direction et à la surveillance de l'administration forestière (art. 1ᵉʳ, 2 et 59 du Code for.).

167. — La gendarmerie doit arrêter les individus qui commettent des dégâts dans les bois (art. 322 du décret du 1ᵉʳ mars 1854) ; mais elle n'a pas qualité pour rechercher à domicile la preuve d'un délit commis. Ce droit est réservé aux agents de l'administration forestière (art. 161 du Code for.).

168. — Les agents et les gardes de l'administration forestière ont le droit de requérir directement la force publique (*la gendarmerie*) pour la répression des délits et contraventions en matière forestière, ainsi que pour la recherche et la saisie des bois coupés en délit, vendus ou achetés en fraude (art. 164 du Code for. — V. *Réquisitions*, n° 916).

169. — Les délits à constater par la gendarmerie sont :

1° Toute extraction ou enlèvement non autorisé de pierres, sable, minerai, terre ou gazon, tourbe, bruyères, genêts, herbages, feuilles vertes ou mortes, engrais existant sur le sol des forêts, glands, faînes et autres fruits ou semences des bois et forêts (art. 144 du Code for.);

2° La présence de tout individu trouvé dans les bois et forêts, hors des routes et chemins ordinaires, avec serpes, cognées, haches, scies et autres instruments de même nature (*dans ce cas les instruments doivent être saisis pour être confisqués*) (art. 146 du Code for.).

3° Les feux allumés dans l'intérieur des bois ou à une distance moindre de 200 mètres (art. 148 du Code for.) ;

4° La coupe ou l'enlèvement d'arbres quels qu'ils soient; la circonférence est mesurée à 1 mètre du sol (art. 192 du Code for.) ;

5° L'arrachage des plants venus dans les bois et forêts et ceux d'une plantation ou semis exécutés de main d'homme (art. 195 du Code for.);

6° Le pacage des bestiaux sans autorisation (art. 199 du Code for.);

7° La mutilation des arbres, la coupe des branches principales ou l'enlèvement de l'écorce (art. 196 du Code for.);

8° L'enlèvement sans autorisation des arbres marqués pour le service de la marine (art. 133 du Code for.) ;

9° L'emploi des crochets ou ferrements de toute espèce, par ceux auxquels il est permis de prendre le bois mort (art. 80 du Code for.).

Les procès-verbaux constatant ces délits sont visés pour timbre, enregistrés en débet et adressés à l'inspecteur des forêts chargé de réclamer les poursuites.

La gendarmerie seconde les agents des eaux et forêts dans la poursuite et la répression des délits forestiers et de pêche (art. 330 du décret du 1er mars 1854. — V. *Pêche fluviale*, nos 788 et suiv.).

———

BOISSONS.

170. — Les dispositions de l'art. 423 du Code pénal et la loi du 27 mars 1851, sur les denrées alimentaires, sont applicables aux boissons (loi du 5 mai 1855. — V. *Comestibles*, n° 258).

———

BRIGADES.

171. — L'effectif des brigades à cheval est de cinq ou de six hommes, y compris le chef de brigade.

Les brigades de cinq hommes sont commandées par un brigadier.

Celles de six hommes sont commandées par un maréchal des logis.

Les brigades à pied sont toutes de cinq hommes ; elles sont commandées soit par un brigadier, soit par un maréchal des logis.

172. — Il y a exception pour la 17e légion (Corse), dont l'organisation spéciale a été arrêtée par le décret du 24 octobre 1851 (art. 12 du décret du 1ᵉʳ mars 1854).

Noia. — Les adjudants et les maréchaux des logis chefs sont commandants de la première brigade du chef-lieu de chaque compagnie.

BRIGADIERS.

173. — Les brigadiers sont nommés par le ministre de la guerre (art. 4 du décret du 1ᵉʳ mars 1854).

174. — Ils sont placés, dans la hiérarchie militaire, au-dessus des gendarmes et au-dessous des maréchaux des logis (art. 15 du décret du 1ᵉʳ mars 1854).

Pour leurs obligations, V. *Commandants de brigade*, nᵒˢ 260 et suiv.

Pour les changements de résidence, V. *Changements de résidence*, nᵒ 210.

Pour l'avancement, V. *Avancement*, nᵒˢ 150 et suiv.

175. — La Cour de cassation a déclaré, le 18 mars 1854, que le brigadier de gendarmerie ne peut être considéré comme sous-officier; mais la décision ministérielle du 13 décembre 1852 les admet à concourir, comme les sous-officiers, aux emplois de portier-consigne.

176. — Un brigadier de gendarmerie, même lorsqu'il n'est accompagné que d'un gendarme, est un commandant de la force publique (cass., 14 janvier 1826),

---

BRIGADIERS SECRÉTAIRES.

177. — Les brigadiers secrétaires des chefs de légion sont employés aux travaux d'ordre et d'écriture que nécessite le service de la légion (art. 221 du décret du 1ᵉʳ mars 1854).

178. — Ils comptent dans l'arme à pied et ne sont pas chefs de brigade.

BRIS DE CLÔTURE.

179. — Quiconque aura, en tout ou partie, comblé des fossés, détruit des clôtures, de quelques matériaux qu'elles soient faites, coupé ou arraché des haies vives ou sèches, sera puni d'un emprisonnement d'un mois à un an et d'une amende de 50 fr. au moins (art. 456 du Code pénal).

La Cour de cassation a décidé que le fait de briser avec une pierre la fenêtre d'une maison est un bris de clôture.

Les procès-verbaux sont visés pour timbre, enregistrés en débet et adressés au procureur impérial.

BRIS DE PRISON.

180. — La gendarmerie doit constater le délit de bris de prison et rechercher si le coupable a cherché à s'évader.

La tentative d'évasion ou l'évasion, par bris de prison ou par violence, est punie de six mois à un an de prison (art. 245 du Code pénal).

Les procès-verbaux sont visés pour timbre, enregistrés en débet et adressés au procureur impérial.

Un prisonnier pour dettes n'est pas punissable pour tenter de s'évader, même par bris de prison (cass., 24 août 1824).

BRUITS ET TAPAGES INJURIEUX OU NOCTURNES.

181. — Les auteurs ou complices de bruits ou tapages injurieux ou nocturnes, troublant la tranquillité publique des habitants, commettent une contravention prévue par l'art. 479 (n° 8) du Code pénal.

Les procès-verbaux sont visés pour timbre, enregistrés en débet et adressés au ministère public près le tribunal de simple police du canton.

CADAVRES.

182. — La gendarmerie constate, par procès-verbal, la découverte de tous cadavres trouvés sur les chemins, dans les bois, dans les campagnes ou retirés de l'eau.

Elle en prévient les autorités compétentes et le commandant de l'arrondissement (art. 283 du décret du 1er mars 1854).

183. — La gendarmerie constate dans son procès-verbal l'état et la position du cadavre au moment de son arrivée, les vêtements dont il est couvert, la situation et l'état des armes ensanglantées ou des instruments faisant présumer qu'ils ont servi à commettre le crime, les objets ou papiers trouvés près du cadavre ou dans un lieu voisin ; elle empêche que qui que ce soit y touche jusqu'à l'arrivée de la justice ou de l'officier de gendarmerie.

184. — Elle appréhende les individus qui paraissent suspects et s'en assure, de manière qu'ils ne puissent s'évader, pour les remettre entre les mains de l'autorité compétente (art. 284 du décret du 1er mars 1854).

185. — En attendant l'arrivée de l'officier de police judiciaire ou du commandant de l'arrondissement, les sous-officiers, brigadiers et gendarmes doivent recueillir les déclarations qui leur sont faites par les parents, amis, voisins ou autres personnes qui sont en état de fournir des preuves, renseignements ou indices sur les auteurs ou complices du crime, afin qu'ils puissent être poursuivis (art. 285 du décret du 1er mars 1854).

186. — Il peut se faire que la mort ne soit pas le résultat d'un crime ni d'un délit ; mais, dans tous les cas, la gendarmerie ne doit négliger aucun détail dans ses investigations et dans son procès-verbal, alors même que le cadavre serait inconnu et que la mort serait supposée être naturelle, accidentelle ou le résultat d'un suicide, parce que ce qui peut paraître actuellement être volontaire, accidentel ou naturel, peut prendre ultérieurement le caractère d'un crime, et qu'alors il ne serait plus possible de constater le détail des circonstances qui conduit souvent à la preuve.

187. — Les sous-officiers, brigadiers et gendarmes n'ont pas qualité pour faire la levée d'un cadavre. Cette opération ne peut être faite que par un officier de police judiciaire, qui en dresse procès-verbal.

188. — Les procès-verbaux, s'ils contiennent l'inventaire d'effets ou d'objets trouvés sur le cadavre, doivent être visés pour timbre, enregistrés en débet et adressés au procureur impérial (art. 492 du décret du 1er mars 1854).

189. — Quiconque aura recélé ou caché le cadavre d'une personne homicidée ou morte des suites de coups et blessures, sera puni d'un emprisonnement de six mois à deux ans et d'une amende de 50 fr. à 400 fr. (art. 359 du Code pénal).

190. — L'exhumation illicite d'un cadavre pourrait constituer une violation de sépulture punie d'un emprisonnement de trois mois à un an et d'une amende de 16 fr. à 200 fr. (art. 360 du Code pénal).

Les procès-verbaux constatant ces délits sont visés pour timbre, enregistrés en débet et adressés au procureur impérial (V. *Homicide*, n°˙ 572 et suiv.; *Crime*, n°˙ 340 et suiv.).

CANAUX.

191. — Les canaux, fleuves et rivières navigables ou flottables sont assimilés aux grandes routes (V. *Voirie*, n°˙ 1160 et suiv.).

CANTONNIERS.

192. — La gendarmerie a le droit de surveillance sur les cantonniers, sans avoir des ordres à leur donner ; elle prend note des absences qu'elle remarque parmi ces agents.

193. — Les commandants de brigade adressent sans retard au commandant de l'arrondissement le relevé des notes prises dans le cours de chaque tournée.

Les commandants d'arrondissement transmettent au commandant de la compagnie, les 8, 16, 24 et 30 ou 31 de chaque mois, des états récapitulatifs des absences constatées par les brigades sous leurs ordres (art. 629 du décret du 1er mars 1854).

194. — Les tableaux indiquant les noms et les stations des cantonniers, par arrondissement de sous-préfecture, et les états particuliers destinés à faire connaître les cantonniers compris dans la circonscription de chaque brigade, sont fournis tout dressés à la gendarmerie, ainsi que les imprimés nécessaires pour l'inscription des absences remarquées (art. 630 du décret du 1er mars 1854).

Les relevés d'absence sont les seules pièces que la gendarmerie soit tenue d'établir elle-même.

195. — Elle est expressément dispensée de tout rapport qui exige de sa part la moindre dépense en frais de bureau (art. 631 du décret du 1er mars 1854).

196. — Les cantonniers, par leur état et leur position, pouvant mieux que personne donner des renseignements exacts sur les voyageurs à pied, à cheval ou en voiture, et étant d'utiles agents auxiliaires de la gendarmerie pour faire découvrir les malfaiteurs, doivent obtempérer à toutes les demandes et réquisitions qui leur sont faites par les sous-officiers, brigadiers et gendarmes (art. 633 du décret du 1er mars 1854).

Il résulte du paragraphe qui précède que si les cantonniers se refusaient à répondre aux demandes de la gendarmerie ou à déférer à ses réquisitions, les commandants de brigade devraient en informer immédiatement le commandant de l'arrondissement.

197. — Dans le cas de soulèvement armé, les cantonniers peuvent être mis en réquisition par les commandants de la gendarmerie. Ces réquisitions sont adressées aux chefs de l'administration des ponts et chaussées (art. 634 du décret du 1er mars 1854. — V. *Réquisitions*, n° 917).

CASSATION, SUSPENSION ET RÉTROGRADATION DES SOUS-OFFICIERS ET BRIGADIERS.

1° *Suspension*.

198. — Les sous-officiers de tous grades et les brigadiers peuvent être suspendus de leurs fonctions pendant un temps qui n'excèdera pas deux mois.

Les adjudants, les maréchaux des logis chefs et les maréchaux des logis adjoints aux trésoriers, pendant leur suspension, sont astreints au service du grade inférieur.

Les maréchaux des logis et brigadiers commandants de brigade sont appelés au chef-lieu de l'arrondissement ou de la compagnie, à la disposition des officiers commandants (art. 570 du décret du 1er mars 1854).

Les suspensions sont prononcées par le ministre de la guerre, sur la proposition du chef de légion.

Elles peuvent l'être, sur la demande des chefs de légion, par les inspecteurs généraux pendant le cours de leurs opérations. Ils en rendent compte immédiatement au ministre.

La suspension est mise à l'ordre de la légion (art. 571 du décret du 1er mars 1854).

Les commandants de brigade suspendus sont temporairement remplacés par le plus ancien gendarme présent de la brigade. Si ce gendarme n'est pas dans le cas de tenir les écritures, elles sont confiées à un autre gendarme de la résidence, ou, au besoin, d'une résidence voisine. Le colonel

peut désigner un autre commandant de brigade pour prendre temporaire-
rement le commandement.

Les adjudants et les maréchaux des logis chefs sont remplacés par le
sous-officier ou le brigadier le plus ancien de la résidence.

Les maréchaux des logis adjoints aux trésoriers sont remplacés par un
brigadier, ou, à défaut, par un gendarme désigné par le commandant de
la compagnie (art. 236 et 572 du décret du 1ᵉʳ mars 1854).

2° Rétrogradation.

199. — La rétrogradation s'applique ainsi qu'il suit :

Les adjudants descendent au grade de maréchal des logis chef;

Les maréchaux des logis chefs au grade de maréchal des logis;

Les maréchaux des logis adjoints aux trésoriers à celui de brigadier;
ils continuent leurs fonctions spéciales;

Les maréchaux des logis commandants de brigade descendent à l'emploi
de brigadier, pour être envoyés dans une résidence affectée à ce grade.

La rétrogadation ne peut être prononcée que par le ministre de la guerre;
elle est mise à l'ordre de la légion (art. 573 du décret du 1ᵉʳ mars 1854).

3° Cassation.

200. — La cassation d'un sous-officier ou brigadier de gendarmerie ne
peut être prononcée que par le ministre.

Le sous-officier ou le brigadier de gendarmerie cassé de son grade est
envoyé comme simple gendarme dans une compagnie de la légion autre
que celle à laquelle il appartient.

La cassation est mise à l'ordre de la légion (art. 574 du décret du 1ᵉʳ mars
1854).

Pour les corps de gendarmerie ayant une organisation régimentaire, les
suspensions, rétrogradations ou cassations s'effectuent comme dans les
corps de troupe, sauf toutefois que ces peines ne peuvent être prononcées
que par le ministre de la guerre (art. 575 du décret du 1ᵉʳ mars 1854).

201. — Lorsqu'un sous-officier ou brigadier aura été condamné cor-
rectionnellement à une peine plus forte que celle de trois mois de prison,
il perdra son grade.

Si la peine est inférieure à trois mois de prison, le ministre de la guerre *seul* décidera si le militaire doit perdre son grade ou le conserver (décision ministérielle du 11 mai 1853).

---

202. — Lorsque la gendarmerie accompagne le Saint-Sacrement aux processions de la Fête-Dieu, elle est en grande tenue et en armes; deux sous-officiers et gendarmes suivent immédiatement le dais, le surplus du détachement marche entre les fonctionnaires et les assistants (art. 153 du décret du 1er mars 1854).

203. — La réquisition ne peut être faite que par l'autorité administrative, et ce service ne peut être fait qu'à la résidence. (L'autorité religieuse n'a pas le droit de réquisition.)

204. — Dans les fêtes et cérémonies publiques, lorsque, à défaut d'autres troupes, la gendarmerie est dans le cas de fournir des gardes d'honneur, les diverses autorités se concertent avec le commandant de la gendarmerie de la résidence pour les escortes à donner; elles ne peuvent être prises que dans la résidence même (art. 154 du décret du 1er mars 1854).

Les sous-préfets et les maires n'ont pas droit à une escorte d'honneur fournie par la gendarmerie; ceci résulte du décret du 24 messidor an XII.

Les municipalités réunies en corps, d'une ville au-dessus de 5,000 âmes, ont droit à une escorte de quinze hommes de troupe. commandés par un sergent; au-dessous de 5,000 âmes, l'escorte sera de cinq hommes. Ces escortes sont fournies par la garnison. La gendarmerie ne fournit pas ces escortes (art. 5 et 8, titre XX du décret du 24 mess. an XII).

205. — Quand les commandants de brigade, dans les résidences où il n'y a pas d'officier, sont invités par l'autorité locale à se joindre au cortège pour assister aux fêtes et cérémonies publiques, il est de haute convenance de s'y rendre. Leur place est entre les autorités locales et les assistants.

206. — Dans les quelques résidences exceptionnelles où se tiennent les assises, où se trouve un tribunal de première instance, et où il n'y a point d'officier (comme à Saint Mihiel (Meuse), si la Cour d'assises ou le tribunal doit assister aux fêtes ou cérémonies publiques, les commandants de brigade sont tenus de déférer aux réquisitions qui leur sont faites de fournir les escortes, qui sont composées comme il suit :

A la Cour d'assises, une brigade ;

Au tribunal de première instance, deux gendarmes (art. 156 du décret du 1er mars 1854).

207. — La gendarmerie est toujours en grande tenue pour les honneurs à rendre (art. 152 du décret du 1er mars 1854).

208. — Il n'est point fourni d'escorte aux juges de paix ni aux tribunaux de commerce.

209. — Il est expressément défendu à la gendarmerie de rendre d'autres honneurs que ceux déterminés aux art. 142 et suivants, jusqu'à 158 du décret du 1er mars 1854, ni de fournir des escortes personnelles, sous quelque prétexte que ce soit (art. 160 du décret du 1er mars 1854. — V. *Honneurs à rendre*, nos 579 et suivants).

La gendarmerie peut toujours être requise par l'autorité locale pour faire un service d'ordre public dans les cérémonies publiques, service qu'il ne faut pas confondre avec les gardes ou escortes d'honneur. Ce service est fait dans la tenue du jour (art. 331 du décret du 1er mars 1854).

CHANGEMENTS DE RÉSIDENCE.

210. — Aucun changement de corps ou de compagnie, soit pour l'avantage des sous-officiers, brigadiers ou gendarmes, soit dans l'intérêt du service, ne peut être autorisé que par le ministre de la guerre (art. 24 du décret du 1er mars 1854).

Les changements de corps ou de résidence sont proposés soit dans l'intérêt du service, soit par mesure de discipline, soit sur la demande des sous-officiers, brigadiers et gendarmes, à l'époque des inspections générales.

Dans le cours de leur inspection, les inspecteurs généraux peuvent ordonner d'urgence les changements de résidence des sous-officiers, brigadiers et gendarmes, dans la circonscription de la même légion. Il en est rendu compte au ministre de la guerre.

Si, dans l'intervalle d'une revue à l'autre, des raisons de service ou de discipline exigent que des sous-officiers, brigadiers ou gendarmes soient changés de résidence dans l'étendue de la même légion, le colonel peut proposer cette mesure au ministre. Dans le cas de nécessité impérieuse, il est autorisé à l'ordonner d'urgence, sauf à en rendre compte immédiatement (art. 25 du décret du 1er mars 1854).

Les changements de corps ou de légion sont autorisés, pour les gendarmes, sur l'adhésion écrite et réciproque des deux chefs de corps ou de légion. Cette adhésion n'est valable que dans l'intervalle d'une inspection à l'autre.

Quant aux sous-officiers et brigadiers, les changements n'ont lieu qu'aux mêmes conditions et par permutation à grade égal.

Cette restriction n'est pas applicable aux sous-officiers et brigadiers employés en Afrique et aux colonies. Ils peuvent être rappelés en France, sans permutation, après un séjour de six années consécutives et après deux ans d'activité dans leur grade, s'ils prouvent, d'ailleurs, qu'ils possèdent les ressources nécessaires pour faire face aux frais de leur équipement. Ceux que des raisons de santé suffisamment justifiées mettent dans l'impossibilité de continuer à servir en Afrique ou aux colonies, sont rappelés dans l'intérieur en dehors des conditions précitées.

Les sous-officiers, brigadiers et gendarmes débiteurs ne peuvent, pour convenance personnelle, obtenir leur changement de légion, ni même de compagnie dans la légion, avant d'avoir acquitté les sommes qu'ils redoivent aux caisses; ils doivent être, en outre, convenablement montés, habillés et équipés (art. 26 du décret du 1er mars 1854).

CHARIVARI.

211. — On appelle *charivari* le bruit que font des individus attroupés, jouant sur des instruments faux, frappant sur des ustensiles pour produire des sons discordants, ou prenant des costumes de mascarade faisant allusion aux personnes qu'ils veulent outrager ou ridiculiser.

212. — Les charivaris donnés aux magistrats de l'ordre administratif ou judiciaire, officiers ministériels ou agents dépositaires de la force publique, dans l'exercice ou à l'occasion de l'exercice de leurs fonctions, sont des délits de la compétence des tribunaux correctionnels (art. 222, 223 et 224 du Code pénal).

Les procès-verbaux sont visés pour timbre, enregistrés en débet et adressés au procureur impérial.

213. — Les charivaris donnés à de simples particuliers sont des contraventions prévues par l'art. 479 (n° 8) du Code pénal. En cas de récidive, un emprisonnement est prononcé (art. 482 du Code pénal).

Les procès-verbaux sont visés pour timbre, enregistrés en débet et adressés au ministère public par le tribunal de simple police du canton.

214. — Sont considérés comme prenant une part active au charivari les individus qui font partie du rassemblement, alors même qu'ils ne seraient porteurs d'aucun instrument ni costume (cass., 5 juill. 1822 et 24 janv. 1835).

CHARLATANS OU EMPIRIQUES.

215. — Nul ne peut exercer la médecine ou la chirurgie sans être pourvu d'un diplôme de docteur en médecine ou en chirurgie ou d'officier de santé (loi du 19 vent. an XI).

216. — L'exercice illégal de la médecine et de la chirurgie se pratique particulièrement dans les campagnes par des individus qui exploitent la crédulité des habitants.

La gendarmerie doit surveiller de près ces individus, qui compromettent si souvent la santé et même la vie des personnes, et qui, dans tous les cas, commettent une infraction aux lois.

217. — Quand ces empiriques usurpent la qualité de docteur ou d'officier de santé, ils sont passibles de peines correctionnelles. Quand ils ne prennent aucun titre, ils sont seulement passibles de peines de simple police, à moins qu'ils n'aient occasionné la mort ou des maladies.

Dans tous les cas, ils sont traduits en police correctionnelle (cass., 18 mars 1825, 5 nov. 1831 et 28 août 1832).

218. — Les soins gratuits ne sont pas excusables (cass., 20 juill. 1833).

Les procès-verbaux sont visés pour timbre, enregistrés en débet et adressés au procureur impérial.

219. — Un dentiste peut exercer sa profession sans diplôme (cass., 23 fév. 1827).

•**220**. — Aucune loi n'oblige à être pourvu d'un diplôme de vétérinaire pour traiter les animaux. Cette lacune législative compromet souvent les intérêts des cultivateurs, mais la gendarmerie n'a pas à s'en occuper.

La gendarmerie doit aussi surveiller les charlatans qui courent les foires et marchés.

CHASSE.

221. — Nul ne peut chasser si la chasse n'est pas ouverte et s'il ne lui a pas été délivré un permis de chasse (*à l'exception du propriétaire ou possesseur, qui peut chasser ou faire chasser en tout temps, sans permis de chasse, dans ses possessions attenant à une habitation et entourées d'une clôture continue faisant obstacle à toute communication avec les héritages voisins*).

Nul n'a le droit de chasser sur le terrain d'autrui sans le consentement du propriétaire ou de ses ayants droit (art. 1er et 2 de la loi du 3 mai 1844).

Les préfets détermineront par des arrêtés l'époque de l'ouverture et de la fermeture de la chasse dans chaque département (art. 3 de la loi du 3 mai 1844).

Dans chaque département il est interdit de mettre en vente, de vendre, d'acheter, de transporter ou de colporter du gibier pendant le temps où la chasse n'est pas permise.

Il est interdit de prendre ou de détruire, sur le terrain d'autrui, des œufs ou couvées de faisans, de perdrix ou de cailles (art 4 de la loi du 3 mai 1844).

Les permis de chasse seront personnels; ils seront valables pour tout l'empire et pour un an seulement (art. 5 de la loi du 3 mai 1844).

Dans le temps où la chasse est ouverte, le permis de chasse donne, à celui qui l'a obtenu, le droit de chasser de jour, à tir et à courre, sur ses propres terres et sur les terres d'autrui, avec le consentement de celui à qui le droit de chasse appartient.

Tous les autres moyens de chasse, à l'exception des furets et des bourses destinés à prendre le lapin, sont formellement prohibés.

Néanmoins, les préfets des départements, sur l'avis des conseils généraux, prendront des arrêtés pour déterminer :

1° L'époque de la chasse des oiseaux de passage, autres que la caille, et les modes et procédés de chasse ;

2° Le temps pendant lequel il sera permis de chasser le gibier d'eau dans les marais, sur les étangs, fleuves et rivières ;

3° Les espèces d'animaux malfaisants ou nuisibles que le propriétaire, possesseur ou fermier pourra en tout temps détruire sur ses terres, et les conditions de l'exercice de ce droit, sans préjudice du droit appartenant au propriétaire ou fermier de repousser ou détruire, même avec des armes à feu, les bêtes fauves qui porteraient dommage à ses propriétés.

Ils pourront également prendre des arrêtés :

1° Pour prévenir la destruction des oiseaux ;

2° Pour autoriser l'emploi des chiens lévriers pour la destruction des animaux malfaisants ou nuisibles (*l'emploi du chien lévrier est interdit dans la chasse ordinaire*) ;

3° Pour interdire la chasse pendant les temps de neige (art. 9 de la loi du 3 mai 1844).

Toute action relative aux délits de chasse sera prescrite au bout de trois mois (art. 29 de la loi du 3 mai 1844).

Les dispositions de la loi du 3 mai 1844, sur la chasse, ne sont pas applicables aux propriétés de la couronne. La chasse y est réservée d'une manière absolue. En tout temps on doit constater les délits commis par tout individu qui y chasse sans autorisation (art. 30 de la loi du 3 mai 1844).

222. — L'ordonnance du 5 mai 1854 a fixé ainsi qu'il suit les gratifications accordées aux gendarmes rédacteurs des procès-verbaux ayant pour objet de constater les délits de chasse. Toutefois, il faut qu'il y ait condamnation :

Par application de l'art. 11 de la loi du 3 mai 1844. . . .   8 fr.

—   de l'art. 12 et § 1er de l'art. 13   15

—   de l'art. 13 § 2.   25

(art. 342 du règl. du 11 mai 1856).

Nomenclature des délits à constater.

223. — La gendarmerie doit dresser procès-verbal dans les cas suivants :

1° Contre tout individu chassant sans permis de chasse, en tout temps, avec un fusil ou autrement. Il suffit qu'il y ait poursuite de n'importe quel gibier, n'importe quel oiseau, excepté dans un terrain clos et attenant à une habitation.

(Lorsqu'un chasseur n'a pas son permis de chasse, qu'il est connu et qu'il déclare l'avoir oublié, la gendarmerie peut, sans inconvénient, surseoir à la rédaction du procès-verbal, si le chasseur en fait la demande et s'il s'engage à présenter son permis de chasse le lendemain à la caserne des gendarmes; mais, bien entendu, ces derniers ne sont pas tenus de se déplacer.)

(Dans le cas où le chasseur présenterait seulement un certificat constatant que son permis de chasse est perdu, les gendarmes doivent rédiger procès-verbal du délit (circ. du min. de l'int. du 22 juill. 1851);

2° Contre tout individu qui, même avec un permis de chasse, chasserait de nuit, lors même que la chasse serait ouverte.

(Le temps de nuit n'a pas été déterminé par la loi du 3 mai 1844. On ne pourrait ici faire l'application de l'art. 291 du décret du 1er mars 1854, qui fixe les heures de nuit de six heures du soir à six heures du matin, du 1er octobre au 31 mars. Il semble plus rationnel de compter le temps de nuit depuis le coucher du soleil jusqu'à son lever; mais la Cour de cassation, par arrêt du 9 novembre 1847, a décidé que la chasse ne doit pas être réputée avoir eu lieu de nuit, par cela seul qu'elle a eu lieu après le coucher du soleil, s'il faisait encore jour, par exemple, le 16 octobre à six heures et demie du soir).

(En pareil cas, la gendarmerie, n'ayant pas de règle fixe, doit bien préciser l'heure du délit. C'est au tribunal qu'il appartient d'apprécier);

3° Contre tout individu qui, même avec un permis de chasse, chasserait en temps prohibé, excepté dans un terrain clos et attenant à une habitation.

(La clôture doit être non interrompue et tellement parfaite qu'il soit impossible de s'introduire par un moyen ordinaire dans la propriété qui est entourée (instr. du min. de la justice du 9 mai 1844).

(Les canaux, fleuves et rivières navigables ou flottables, étant assimilés aux grandes routes, ne sont pas considérés comme clôture dans le sens de la loi (cass., 12 fév. 1830);

4° Contre tout individu qui, avec ou sans permis de chasse, chasserait autrement qu'à tir ou à courre, soit pendant l'ouverture, soit pendant la fermeture de la chasse.

(L'usage des engins de chasse prohibés est interdit même aux propriétaires chassant dans un clos attenant à une habitation (cass., 20 avril 1845). Mais la gendarmerie n'a pas le droit de s'y introduire pour rechercher et constater de quel mode de chasse on se sert. Ce serait une violation de domicile (Cour de Metz, 5 mars 1845).

(Le 2 janvier 1845, la Cour de Grenoble a décidé que le miroir est permis pour la chasse aux allouettes).

(Le lapin seulement peut être chassé avec des furets et des bourses; mais, bien entendu, pendant l'ouverture de la chasse et avec un permis de chasse);

5° Contre tout individu qui mettra en vente, vendra, achetera, transportera ou colportera du gibier pendant le temps où la chasse n'est pas permise.

(Le gibier tué dans un département où la chasse est ouverte ne peut être vendu, acheté, transporté ou colporté dans un département voisin où la chasse n'est pas ouverte (Cour de Paris, 22 nov. 1844).

(La vente, l'achat et le colportage du gibier peut avoir lieu dans le temps de neige, la chasse n'étant fermée que temporairement (cass., 22 mars 1845).

(La gendarmerie peut rechercher le gibier, sur la voie publique, sur tout individu qu'elle soupçonne en être porteur; toutefois, elle doit y mettre des formes et une certaine réserve, afin d'éviter que son action légale puisse avoir même l'apparence d'une vexation ou d'un abus de pouvoir).

(La vente et la mise en vente des conserves dans lesquelles il entre du gibier, comme les terrines de Nérac et autres préparations, est permise en tout temps (cass., 21 déc. 1844);

6° Contre tous aubergistes, marchands de comestibles et autres propriétaires d'établissements publics, qui auraient du gibier chez eux quand la chasse n'est pas ouverte.

(La gendarmerie peut rechercher le gibier dans tous les établissements publics, mais elle commettrait une violation de domicile, si elle le recherchait dans toute autre maison particulière).

(Le gibier trouvé soit sur les voyageurs, soit dans les établissements publics, est saisi et immédiatement livré à l'établissement de bienfaisance le plus voisin, soit en vertu d'une ordonnance du juge de paix, si la saisie a eu lieu au chef-lieu de canton, soit d'une autorisation du maire, si le juge de paix est absent ou si la saisie a été faite dans une autre commune que celle du chef-lieu. Cette ordonnance ou cette autorisation sera délivrée à la requête des verbalisants, sur la présentation du procès-verbal);

7° Contre tout individu qui aura détruit, sur le terrain d'autrui, des œufs ou couvées de faisans, de perdrix ou de cailles.

(La destruction est permise à tout individu sur son propre terrain);

8° Contre tout individu détenteur ou qui serait muni ou porteur, hors de son domicile, de filets, engins ou autres instruments de chasse prohibés.

(Ces engins doivent être saisis).

(La perquisition à domicile ne peut avoir lieu qu'en vertu d'une ordonnance du juge d'instruction);

9ᵘ Contre tout individu qui aura employé des drogues pour enivrer ou détruire le gibier;

10° Contre tout individu qui chassera sur le terrain d'autrui, sans la permission de celui à qui le droit de chasse appartient.

(La gendarmerie ne doit constater ce délit que sur la réquisition du propriétaire de la chasse qui, dans ce cas, doit être présent au moment du délit. La gendarmerie ne doit pas s'assimiler aux gardes particuliers. Les sous-officiers, brigadiers et gendarmes n'ont point à s'occuper de savoir si le chasseur chassant sur le terrain d'autrui a obtenu la permission du propriétaire);

11° Contre tout individu qui contreviendra aux arrêtés des préfets concernant les oiseaux de passage, le gibier d'eau, la chasse en temps de neige, l'emploi des chiens lévriers, la destruction des oiseaux ou animaux nuisibles ou malfaisants.

(Des ordres spéciaux doivent toujours être donnés à la gendarmerie pour assurer l'exécution de ces arrêtés).

(L'arrêté pris pour interdire la chasse en temps de neige a un caractère permanent; il n'est pas nécessaire qu'il soit renouvelé chaque année pour être valable (cass., 26 juin 1846, 10 fév. et 29 sept. 1847);

12° La gendarmerie doit encore rédiger procès-verbal de renseignement pour tout délit de chasse commis depuis moins de trois mois.

Les procès-verbaux sont visés pour timbre, enregistrés en débet et adressés au procureur impérial.

Observations générales.

224. — La gendarmerie doit saisir les armes abandonnées par les délinquants, et les engins de chasse prohibés (art. 328 du décret du 1ᵉʳ mars 1854).

Il est expressément défendu de désarmer un chasseur. La gendarmerie doit seulement lui déclarer saisie de son arme, dont elle précise le signalement, en l'en constituant dépositaire pour être représentée en justice;

mais elle doit arrêter ceux qui font résistance, lui adressent des menaces, qui refusent de se faire connaître lorsque l'exhibition de leurs papiers leur est demandée, ceux qui donnent de faux noms et enfin ceux qui sont masqués ou qui chassent pendant la nuit (art. 329 du décret du 1er mars 1854).

Il est important que la gendarmerie signale aussi les chiens de chasse.

Le fait de chasser sur un terrain non dépouillé de sa récolte ne constitue pas un délit de chasse (cass., 18 juill. 1847).

Tous les délits de chasse sont jugés en police correctionnelle.

CHEMINS DE FER.

225. — Il est rendu compte sans retard au commandant de l'arrondissement de l'envahissemennt avec violences ou de la destruction, par des individus ameutés, des appareils de télégraphie, soit électrique, soit aérienne;

Et des dégradations d'une partie quelconque de la voie d'un chemin de fer, commise en réunion séditieuse, avec rébellion ou pillage (art. 77 du décret du 1er mars 1854. — V. *Attroupements*, nos 126 et suiv.).

La gendarmerie arrête et conduit devant l'officier de police judiciaire du lieu tous ceux qui, soit en réunion, soit isolément, commettent ou tentent de commettre les mêmes dégradations et toutes autres analogues (art. 315 du décret du 1er mars 1854. — V. *Arrestations*, n° 79 (§ 9).

226. — Les chemins de fer construits ou concédés par l'Etat font partie de la grande voirie (art. 1er de la loi du 15 juill. 1845. — V. *Voirie (Grande)*, n° 1161).

227. — La gendarmerie doit prêter main-forte aux gardes des barrières et autres agents préposés à la surveillance des chemins de fer (art. 459 du décret du 1er mars 1854).

La gendarmerie a aussi le droit de requérir, dans un soulèvement armé, les agents subalternes des administrations des chemins de fer. Les réquisitions sont adressées par les commandants de la gendarmerie aux chefs de ces administrations (art. 634 du décret du 1er mars 1854. — V. *Réquisitions*, n° 917).

228. — Les sous-officiers, brigadiers et gendarmes, dans l'exercice de leurs fonctions et revêtus de leur uniforme, ont le droit de s'introduire dans les enceintes, gares et débarcadères des chemins de fer, d'y circuler et stationner, en se conformant aux mesures de précaution déterminées par le ministre des travaux publics (art. 635 du décret du 1er mars 1854).

229. — Tout sous-officier ou brigadier voulant voyager en chemin de fer, pour affaire de service, est admis au bénéfice de la réduction de prix imposée aux compagnies exploitantes en faveur des militaires voyageant isolément, sur sa déclaration écrite qu'il voyage pour cause de service. Les gendarmes sont admis à la même faveur en présentant une déclaration écrite de leur chef de brigade ou d'un chef supérieur, portant qu'ils voyagent pour cause de service (art. 636 du décret du 1er mars 1854).

(La réduction est de moitié prix; sur quelques lignes, elle est des trois quarts du prix.)

230. — Les sous-officiers, brigadiers et gendarmes chargés de l'escorte de convois de poudres ou d'armes, par la voie des chemins de fer, ont droit aux places gratuites pour l'aller et le retour. Des siéges doivent être fournis dans les wagons. (Traité passé le 9 décembre 1852 entre l'administration du département de la guerre et les principales compagnies des chemins de fer, et circulaire ministérielle du 25 mars 1854 et art. 46 du marché passé le 31 décembre 1855. — V. *Escortes de poudre*, nos 448 et suiv.)

CHEVAUX.

V. aussi *Remonte*, nos 886 et suiv.

231. — Les chevaux sont pansés à la même heure autant que le service le permet; les commandants de brigade sont présents au pansage ainsi qu'aux distributions de fourrages.

232. — Ils sont responsables des négligences ou abus qu'ils auraient tolérés ou autorisés dans le régime alimentaire des chevaux (art. 227 du décret du 1er mars 1854).

233. — Les commandants de brigade défendent expressément, sous leur responsabilité personnelle, aux militaires sous leurs ordres, de prêter leurs chevaux ou de les employer à tout autre usage que pour le service; les gendarmes qui contreviendraient à cette défense seraient punis. Ils encourent la réforme lorsqu'il y a récidive (art. 228 et 610 du décret du 1er mars 1854).

234. — Les commandants de brigade veillent à ce que les chevaux des gendarmes malades ou absents reçoivent les soins convenables. Ils les font promener et peuvent les employer pour le service ; dans ce cas, le gendarme qui monte le cheval d'un homme malade ou absent, est responsable des accidents qui proviennent de défaut de soin ou de ménagement. Lorsque le gendarme rentre à la caserne, il doit prévenir sur-le-champ le commandant de brigade pour que celui-ci inspecte le cheval avant qu'il soit conduit à l'écurie (art. 229 du décret du 1er mars 1854).

Les commandants de brigade exercent la même surveillance sur les chevaux restés dans les brigades après le décès ou la radiation des contrôles des cavaliers. Les chevaux, dans ce cas, sont toujours portés présents sur le registre n° 12, et ont droit à la ration jusqu'à ce qu'ils soient vendus ou pris pour la remonte de la compagnie, si ce délai ne se prolonge pas au delà de trente jours (art. 319 du règl. du 11 mai 1856).

Les chevaux malades, dans une brigade où il y a un vétérinaire militaire, peuvent être traités gratuitement par ce vétérinaire qui ne peut s'y refuser (art. 756 du règl. du 11 mai 1856).

235. — Les gendarmes commandés pour un service ne doivent jamais sortir de la caserne avant que le chef de brigade ait passé l'inspection des hommes, des chevaux et des armes. Au retour, la même inspection est faite pour voir si les hommes rentrent dans une bonne tenue et si les chevaux n'ont pas été surmenés (art. 230 du décret du 1er mars 1854).

236. — Les commandants de brigade veillent à ce que les gendarmes ne surmènent et ne maltraitent jamais leurs chevaux, mais, au contraire, qu'ils emploient toujours la douceur afin d'obtenir d'eux les résultats que les moyens violents ne font qu'éloigner.

Tout sous-officier, brigadier ou gendarme convaincu d'avoir maltraité son cheval doit être sévèrement puni (art. 640 du décret du 1er mars 1854).

237. — A l'armée, la gendarmerie veille à ce qu'il ne soit pas acheté de chevaux à des personnes inconnues. Les chevaux qu'on trouve sans maître sont conduits au prévôt (art. 532 du décret du 1er mars 1854).

Les sous-officiers, brigadiers et cavaliers des corps de troupe passant dans la gendarmerie peuvent y emmener, en en payant la valeur au prix d'estimation, le cheval immatriculé à leur nom au moment de leur admission, ou tout autre cheval disponible dans le corps, qui est reconnu plus convenable que ce dernier au service spécial de la gendarmerie (art. 606 du décret du 1er mars 1854. — V. *Remonte*, n° 892).

Les chevaux réformés sont vendus publiquement et à l'enchère (circ. du 30 nov. 1855 et art. 753 du règl. du 11 mai 1856).

238. — Tout individu qui exerce publiquement et abusivement des mauvais traitements sur un cheval et autres animaux domestiques, commet une contravention de simple police (art. 320 du décret du 1er mars 1854 et loi du 2 juill. 1850).

Les procès-verbaux constatant ces contraventions sont visés pour timbre, enregistrés en débet et adressés au ministère public près le tribunal de simple police du canton.

239. — Lorsqu'un cheval appartenant à un détachement de remonte d'un des corps de l'armée tombe malade en route, il est placé, autant que possible, dans l'écurie de la gendarmerie de la localité. Si l'écurie est insuffisante, ou si, en raison de la maladie du cheval, il y a convenance à ne pas le réunir avec les chevaux de la gendarmerie, il est remis directement à un vétérinaire civil chargé d'y donner ses soins, et placé sous la surveillance du commandant de brigade qui s'assure que le vétérinaire ne se sert pas du cheval pour ses travaux particuliers et ses courses, de manière à compromettre sa guérison (note minist. du 27 août 1848).

Lorsqu'un cheval de remonte des corps de l'armée est laissé malade en route et confié à la surveillance de la gendarmerie, le commandant de brigade en rend compte au commandant de l'arrondissement, afin que le général commandant la division en soit informé en temps utile, par la voie hiérarchique.

Après sa guérison, dont le commandant de brigade doit rendre compte au commandant d'arrondissement, le cheval ne doit être mis en route que sur l'ordre du général commandant la division. Un cavalier d'un des corps de troupe stationné dans la division militaire est chargé de conduire ce cheval à destination.

L'autorité supérieure militaire peut encore faire emmener le cheval par un détachement de remonte qui passerait dans la localité ou près de la localité où se trouve le cheval.

Mais, dans tous les cas, la gendarmerie doit attendre les ordres de l'autorité supérieure militaire pour mettre en route le cheval de remonte laissé malade et confié à sa surveillance (déc. minist. du 15 mai 1841).

Aucune disposition ministérielle n'oblige la gendarmerie à recevoir dans ses écuries ni à surveiller les chevaux dits *d'escadron*, c'est-à-dire ceux déjà immatriculés dans les corps, laissés en route pour cause de maladie.

Cette distinction résulte évidemment de l'impossibilité de laisser un homme d'un détachement de remonte pour soigner le cheval resté malade, puisque chaque cavalier a trois et même quatre chevaux à conduire, tandis que dans un corps ou détachement de troupe de cavalerie en marche, chaque cheval est monté ou conduit par un cavalier. Dans ce dernier cas, on peut toujours laisser un cavalier pour soigner le cheval.

———

CHIENS.

240. — Les chiens étant des animaux domestiques, la gendarmerie dresse procès-verbal de contravention de simple police contre tout individu qui exerce publiquement et abusivement des mauvais traitements envers eux (loi du 2 juill. 1850).

241. — Tout individu excitant ou ne retenant point son chien lorsqu'il attaque ou poursuit les personnes, commet une contravention de simple police prévue par l'art. 475 (n° 7) du Code pénal.

242. — Tout individu qui contrevient aux arrêtés de police locale prescrivant de tenir les chiens à l'attache, de ne les laisser sortir que muselés, ou toute autre mesure, commet une contravention de simple police prévue par l'art. 471 (n° 15) du Code pénal.

Les procès-verbaux constatant ces contraventions sont visés pour timbre, enregistrés en débet et adressés au ministère public près le tribunal de simple police du canton.

243. — Après la publication des arrêtés, les maires peuvent faire tuer les chiens trouvés errants; mais la gendarmerie doit s'abstenir de toute espèce de violence de cette nature, excepté contre les chiens notoirement signalés comme enragés, qu'elle doit poursuivre et détruire.

La gendarmerie doit aussi se refuser à jeter des boulettes pour empoisonner les chiens.

244. — Tuer ou blesser des animaux domestiques (par conséquent des chiens), appartenant à autrui, avec l'intention de le faire, est un délit punissable de peines correctionnelles (art. 452, 453, 454 et 455 du Code pénal).

Les procès-verbaux sont visés pour timbre, enregistrés en débet et adressés au procureur impérial.

CITATIONS.

245. — La gendarmerie ne doit être employée à porter des citations aux témoins appelés devant les tribunaux que dans le cas de nécessité urgente et absolue. Il importe que les militaires de cette arme ne soient pas détournés de leurs fonctions pour ce service, lorsqu'il peut être exécuté par les huissiers ou autres agents.

246. — Dans aucun cas, les gendarmes ne peuvent être employés comme garnisaires (art. 107 du décret du 1er mars 1854).

247. — La notification des citations adressées aux jurés appelés à siéger dans les hautes cours de justice ou dans les cours d'assises, est une des attributions essentielles de la gendarmerie. Cette notification a lieu sur la réquisition de l'autorité administrative (art. 108 du décret du 1er mars 1854).

248. — La gendarmerie est chargée de la notification des cédules qui lui sont adressées par les rapporteurs et commissaires du gouvernement près les conseils de guerre. S'il s'agit de témoins militaires logés dans des casernes, les gendarmes notificateurs, dans le cas où ils ne trouvent pas les témoins cités, font la notification à l'adjudant de service, qui reçoit copie de la cédule et vise l'original. Il est fait mention de cette circonstance dans le procès-verbal de notification (V. *Militaires sous le coup de mandats de justice*, n° 739).

CLÔTURES.

249. — La gendarmerie constate les dégradations faites aux clôtures de toute espèce, murs, fossés, haies vives ou sèches, etc. Si les délinquants sont trouvés en flagrant délit, ils sont arrêtés. (art. 322 du décret du 1er mars 1854).

Les procès-verbaux constatant ces délits sont visés pour timbre, enregistrés en débet et adressés au procureur impérial (V. *Arrestations*, n° 79 § 13).

COALITIONS.

250. — Sont punis d'un emprisonnement de six jours à trois mois, et d'une amende de 16 fr. à 3,000 fr. :

251. — 1° Toute coalition entre ceux qui font travailler des ouvriers, tendant à forcer l'abaissement des salaires, s'il y a eu tentative ou commencement d'exécution;

2° Toute coalition de la part des ouvriers, pour faire cesser en même temps de travailler, interdire le travail dans un atelier, empêcher de s'y rendre avant ou après certaines heures, et, en général, pour suspendre, empêcher, enchérir les travaux, s'il y a eu tentative ou commencement d'exécution.

Dans ces deux cas, les chefs ou moteurs seront punis de deux à cinq ans d'emprisonnement (art. 414 du Code pénal et loi du 27 nov. 1849).

Les procès-verbaux constatant ces délits sont visés pour timbre, enregistrés en débet et adressés au procureur impérial.

252. — Dans le cas de coalitions d'ouvriers, la gendarmerie doit s'attacher à connaître et à signaler les chefs ou moteurs. Tout individu faisant partie de la coalition doit être arrêté dans le cas de flagrant délit.

Lorsque les ouvriers coalisés se réunissent et résistent, on doit agir comme dans le cas d'attroupement (V. *Attroupements*, n°ˢ 126 et suiv.).

Les commandants de brigade rendent compte, sur-le-champ, au commandant de l'arrondissement de ces sortes d'événements, qui nécessitent souvent des mesures promptes et énergiques.

COLPORTEURS.

253. — La gendarmerie doit exercer une surveillance active sur les colporteurs et les contrebandiers (art. 302 du décret du 1ᵉʳ mars 1854. — V. *Contrebande*, n°ˢ 309 et suiv.).

254. — Les colporteurs doivent être munis d'une patente indiquant la nature de leur commerce. Ils doivent la représenter à toute réquisition de la gendarmerie (art. 14 et 27 de la loi du 25 avril 1844. — V. *Patente*, n° 781).

255. — Les marchandises mises en vente par les individus non munis de patente et vendant hors du lieu de leur domicile, seront saisies ou séquestrées aux frais du vendeur, à moins qu'il ne donne caution suffisante jusqu'à la représentation de la patente ou la production de la preuve que la patente a été délivrée. Si l'individu non muni de patente exerce au lieu de son domicile, il sera dressé procès-verbal qui sera transmis immédiatement aux agents des contributions directes du lieu (art. 28 de la loi du 25 avril 1844).

Tout individu transportant des marchandises de commune en commune, lors même qu'il vend pour le compte de marchands ou fabricants, est tenu d'avoir une patente personnelle qui est, selon le cas, celle de colporteur avec balle, avec bête de somme ou avec voiture (art. 18 de la loi du 25 avril 1844).

256. — La gendarmerie doit conduire devant le maire les colporteurs sans patente, et elle remet à ce magistrat les marchandises à saisir ou à séquestrer.

257. — Les colporteurs ou distributeurs de livres, écrits, brochures, gravures et lithographies doivent surtout être l'objet d'une surveillance active et incessante. Outre la patente, ce colportage ne peut s'exercer sans l'autorisation écrite du préfet de police à Paris et des préfets dans les autres départements (art. 6 de la loi du 7 juillet 1849).

Tout exemplaire d'un ouvrage quelconque, écrit ou gravure, doit être revêtu d'une estampille spéciale apposée dans chaque préfecture, afin d'empêcher les ouvrages suspects de pénétrer dans les masses et pour en faciliter l'examen par les agents (circul. du min. de la police générale du 28 juillet 1852. Ce ministère fait aujourd'hui partie du ministère de l'intérieur).

Tous les ouvrages non estampillés doivent être saisis, les colporteurs arrêtés et déférés aux tribunaux correctionnels (V. *Arrestations, n° 79 § 8).

La peine est d'un mois à six mois de prison et l'amende de 25 fr. à 500 fr. (art. 6 de la loi du 7 juillet 1849).

Les procès-verbaux sont visés pour timbre, enregistrés en débet et adressés au procureur impérial.

Aucuns dessins, aucunes gravures, lithographies, médailles, estampes ou emblêmes, de quelque nature et espèce qu'ils soient, ne pourront être publiés, exposés ou mis en vente sans l'autorisation préalable du ministre de la police générale à Paris (ce ministère est aujourd'hui réuni à celui de l'intérieur) ou des préfets dans les départements. Ces objets trouvés en contravention seront saisis, et ceux qui les auront publiés seront condamnés à un emprisonnement d'un mois à un an et à une amende de 100 fr. à 1,000 fr. (art. 22 du décret du 17 février 1852).

Toute exposition ou distribution de chansons, pamphlets, figures ou images contraires aux bonnes mœurs sera punie d'une amende de 16 fr. à 500 fr., d'un emprisonnement d'un mois à un an et de la confiscation des exemplaires imprimés ou gravés, de chansons, figures ou autres objets du délit (art. 287 du Code pénal).

Dans tous les cas ci-dessus, en matière de presse, les délinquants doivent être arrêtés et déférés aux tribunaux correctionnels.

COMESTIBLES.

258. — Ceux qui falsifieront des substances ou denrées alimentaires ou médicaments destinés à être vendus ; ceux qui vendront ou mettront en vente des substances ou denrées alimentaires qu'ils sauront être falsifiées ou corrompues ; ceux qui auront trompé ou tenté de tromper sur la quantité des choses livrées, les personnes auxquelles ils vendent ou achètent, soit par l'usage de faux poids ou fausses mesures, ou d'instruments inexacts servant au pesage ou au mesurage, soit par des manœuvres tendant à fausser les opérations du pesage et du mesurage ou à augmenter frauduleusement le poids ou le volume de la marchandise, même avant cette opération ; soit enfin par des indications frauduleuses tendant à faire croire à un pesage ou à un mesurage antérieur et exact, seront punis d'un emprisonnement de trois mois à un an et d'une amende de 50 fr. au moins. Les objets du délit, s'ils appartiennent encore aux vendeurs, seront saisis et confisqués (art. 423 du Code pénal et loi du 27 mars 1851).

Toutes ces dispositions sont applicables aux boissons (loi du 5 mai 1855).

Les procès-verbaux sont visés pour timbre, enregistrés en débet et adressés au procureur impérial.

La Cour de cassation a décidé récemment que celui qui vend du lait où se trouve un mélange d'eau ou de toute autre substance commet un délit puni par l'art. 423 du Code pénal ci-dessus relaté.

COMITÉ DE LA GENDARMERIE.

259. — Le comité consultatif de la gendarmerie se réunit chaque année par ordre du ministre de la guerre.

Il examine et discute toutes les questions qui intéressent la constitution, l'organisation, le service, la discipline, l'instruction, l'habillement, l'armement et l'administration de l'arme.

Il donne, sur chaque affaire déférée à son examen, un avis motivé qu'il adresse au ministre (art. 11 du décret du 1er mars 1854).

COMMANDANTS DE BRIGADE.

260. — Le premier soin d'un commandant de brigade doit être de donner à ses subordonnés l'exemple du zèle, de l'activité, de l'ordre et de la subordination. Il doit exercer son autorité envers ses inférieurs avec fermeté, mais sans brusquerie, et ne montrer à leur égard ni hauteur ni familiarité.

Il est personnellement responsable de tout ce qui est relatif au service, à la tenue, à la police et au bon ordre de sa brigade (art. 222 du décret du 1er mars 1854).

Il doit user, au besoin, envers ses subordonnés, des moyens de répression et de discipline que les règlements mettent à sa disposition, et, si ces moyens sont insuffisants, en appeler à l'autorité de ses supérieurs; mais il ne doit jamais oublier que c'est surtout par son ascendant moral qu'il doit s'efforcer de leur inculquer l'amour des devoirs qu'ils sont appelés à remplir, et le sentiment de la dignité personnelle qui doit caractériser des hommes appartenant à une arme d'élite. (art. 223 du décret du 1er mars 1854).

261. — Tous les jours, avant six heures du matin en été et avant huit heures en hiver, le commandant de la brigade règle le service et donne des ordres pour son exécution. La liste de service doit être affichée dans un endroit apparent de la caserne et à portée de tous. Les hommes les premiers à marcher pour le service du dehors font les courses les plus courtes, afin de refaire un deuxième service, s'il y a lieu, sans intervertir les tours. Le commandant de brigade n'est pas astreint à suivre le contrôle d'ancienneté pour régler les tours de service; il fait marcher les nouveaux admis entre deux anciens. Il marche lui-même alternativement avec les moins instruits (V. n° 271).

262. — Dans tous les lieux de résidence d'un commandant d'arrondissement, le maréchal des logis commandant la brigade se rend chaque jour à l'ordre chez cet officier, à l'heure qui lui est indiquée (art. 224 du décret du 1er mars 1854).

263. — Les commandants de brigade rendent compte, par un rapport journalier, de l'exécution du service ; ce rapport contient le détail de tous les événements dont la connaissance leur est parvenue dans les vingt-quatre heures.

264. — Dans les cas urgents, si leur rapport doit éprouver le moindre retard par la transmission hiérarchique, ils peuvent correspondre directement avec le commandant de la compagnie. Ces rapports directs ne les dispensent pas de rendre compte immédiatement des mêmes faits à leur commandant d'arrondissement (art. 225 du décret du 1er mars 1854).

Dans les mêmes cas d'*urgence*, l'autorité judiciaire peut s'adresser directement à eux pour tout objet de service. Les chefs de brigade rendent compte aux commandants d'arrondissement de toutes ces communications directes.

Tous les procès-verbaux qui motivent des poursuites sont adressés ou remis directement à l'autorité judiciaire par les commandants de brigade, alors même qu'il y aurait un officier dans la résidence (circ. min. du 26 novembre 1855).

265. — Les commandants de brigade surveillent l'intérieur des casernes ; ils ont soin de les faire entretenir dans le meilleur état de propreté et ils empêchent qu'il y soit commis aucune dégradation ; celles qui n'auraient pas été réparées avant la radiation des hommes sont à leur charge (art. 226 du décret du 1er mars 1854).

266. — Autant que le service le permet, les chevaux sont pansés à la même heure ; les commandants de brigade sont présents au pansage (*ils pansent eux-mêmes leurs chevaux*), ainsi qu'aux distributions de fourrages.

267. — Ils sont responsables des négligences ou abus qu'ils auraient tolérés ou autorisés dans le régime alimentaire des chevaux (art. 227 du décret du 1er mars 1854).

268. — Les commandants de brigade défendent expressément, sous leur responsabilité personnelle, aux militaires sous leurs ordres, de prêter leurs chevaux ou de les employer à tout autre usage que pour le service. Les gendarmes qui contreviendraient à cette défense seraient punis. Ils encourent la réforme lorsqu'il y a récidive (art. 228 du décret du 1er mars 1854).

269. — Les commandants de brigade veillent à ce que les chevaux des gendarmes malades ou absents reçoivent les soins convenables ; ils les font promener et peuvent les employer pour le service ; dans ce cas, le gendarme qui monte le cheval d'un homme malade ou absent est responsable des accidents qui proviennent de défaut de soin ou de ménagement. Lorsque ce gendarme rentre à la caserne, il doit prévenir sur-le-champ le commandant de brigade, pour que celui-ci inspecte le cheval avant qu'il soit conduit à l'écurie. Chaque gendarme est commandé à tour de rôle, à moins que l'un d'eux ne consente à tout faire (art. 229 du décret du 1er mars 1854).

270. — Les gendarmes commandés pour un service ne doivent jamais sortir de la caserne avant que le commandant de la brigade ait passé l'inspection des hommes, des chevaux et des armes. Au retour, la même inspection est faite pour voir si les hommes rentrent dans une bonne tenue et si les chevaux n'ont pas été surmenés (art. 230 du décret du 1er mars 1854).

271. — Les tournées, conduites, escortes et correspondances périodiques de chaque brigade sont toujours faites par deux hommes au moins ; les maréchaux des logis chefs, les maréchaux des logis et brigadiers roulent avec les gendarmes pour ce service. Il doit être établi de manière que les hommes qui ont été employés hors de la résidence fassent immédiatement le service intérieur de la brigade, à moins que des circonstances particulières de maladies ou autres empêchements ne forcent d'intervertir cet ordre (art. 231 du décret du 1er mars 1854. — V. n° 261).

272. — Le commandant de brigade prépare et régularise les pièces pour le transfèrement des prisonniers et l'exécution des mandats de justice, des réquisitions et des ordres de conduite. Il donne connaissance aux gendarmes des ordres du jour et des signalements des individus dont la recherche est prescrite ; il fixe le service des tournées de communes, courses et patrouilles, et commande en même temps celui de la résidence, en se conformant aux dispositions de l'article précédent (art. 232 du décret du 1er mars 1854).

273. — Les commandants de brigade sont spécialement chargés de tenir constamment à jour, avec soin, avec méthode et sans omission, tous les registres et carnets qui servent à constater les opérations de la brigade. Ces registres sont au nombre de treize, conformément à la nomenclature ci-après :

Nᵒˢ 1. Registre des ordres du jour et circulaires ;
2. — des rapports et de la correspondance ;
3. — des procès-verbaux ;
4. — de l'inscription des mandats de justice ;
5. — des déserteurs signalés ;
6. — des individus en surveillance ;
7. — des transfèrements de prisonniers ;
8. — carnets de correspondance ;
9. — des gardes champêtres ;
10. — des militaires en congé ;
11. — des punitions ;
12. — des fourrages ;
13. — des quittances des fournisseurs de fourrages

(art. 233 du décret du 1ᵉʳ mars 1854).

274. — Indépendamment de ces treize registres , au moyen desquels sont constatées toutes les opérations de l'arme, le service habituel de chaque brigade est relaté par des journaux ou feuilles de service en double expédition, dont l'une est adressée, le premier jour de chaque mois, au commandant de l'arrondissement, avec un état récapitulatif du service fait par la brigade pendant le mois précédent , tandis que l'autre reste déposée aux archives de la brigade. Ces feuilles sont présentées à la signature des maires , adjoints et autres personnes notables des diverses communes, à l'effet de constater officiellement les tournées et autres services faits par les gendarmes.

Les commandants de brigade y inscrivent chaque jour le service fait, tant à la résidence que hors la résidence, et les soumettent au visa des officiers dans leurs tournées, ou lorsqu'ils visitent les points de correspondance (art. 234 du décret du 1ᵉʳ mars 1854. — V. nᵒˢ 481 et suiv.).

275. — Les commandants de brigade sont responsables de l'instruction théorique et pratique de leurs subordonnés : à cet effet, ils exigent que chaque gendarme, encore assez jeune pour améliorer ou compléter son instruction élémentaire, soit pourvu d'un cahier d'écriture, sur lequel il transcrit des articles du règlement ou des modèles de procès-verbaux, dont ils ont indiqué à l'avance le sujet. Ce cahier est soumis chaque semaine au commandant de la brigade, qui, après s'être fait expliquer les articles du règlement qu'il y trouve copiés et s'être assuré par des questions qu'ils ont été suffisamment compris, y appose sa signature.

(Le règlement du 1er mars 1854 n'a pas pu entrer dans tous les détails théoriques ; il ne suffit pas que les gendarmes en connaissent le texte, c'est au commandant de brigade à leur en faire comprendre l'esprit en leur expliquant *le pourquoi* des mesures prescrites.)

Les mêmes cahiers d'écriture sont présentés, dans leurs tournées, à l'examen des officiers, qui les visent à leur tour et émettent leur opinion sur les progrès obtenus. Les sous-officiers et brigadiers qui dirigent avec le plus de zèle ce genre d'instruction dans leur brigade, et les gendarmes qui se font remarquer par leurs progrès, peuvent être proposés par les inspecteurs généraux au ministre de la guerre pour des gratifications spéciales (art. 235 du décret du 1er mars 1854).

276. — En cas de vacance d'emploi, d'absence ou de maladie, le service de la brigade est dirigé par le plus ancien gendarme présent. Si ce gendarme n'est pas en état de tenir les écritures, elles sont confiées à un autre gendarme de la résidence, ou, au besoin, d'une résidence voisine.

Le chef de légion peut, d'ailleurs, si l'importance du service l'exige, charger de la direction momentanée de cette brigade le commandant d'une autre brigade de l'arrondissement (art. 236 du décret du 1er mars 1854). Dans ce dernier cas, l'indemnité de déplacement est due (art. 150 du règlement du 11 mai 1856).

277. — Lors du remplacement d'un commandant de brigade, la remise des registres et documents dont il est dépositaire, ainsi que celle des fourrages existant en magasin, est effectuée entre les mains de son successeur, sur un inventaire dressé en double expédition, dont l'une est adressée au commandant de l'arrondissement et l'autre est déposée aux archives de la brigade (il ne faut pas confondre l'inventaire des archives avec le catalogue) (art. 237 du décret du 1er mars 1854. — V. *Archives*, nos 65 et suiv.)

278. — Les commandants de brigade doivent informer sans retard les commandants d'arrondissement des événements graves qui surviennent dans la circonscription de leur commandement et qui nécessitent la présence des officiers, conformément à l'art. 189 du décret du 1er mars 1854, notamment de ceux énumérés dans l'art. 77 du même décret et dont les officiers doivent rendre compte sur-le-champ aux ministres de la guerre et de l'intérieur, conformément aux art. 76 et 83 dudit décret.

Ces événements sont :

Les *vols* avec effraction, commis par des malfaiteurs au nombre de plus de deux ;

Les *incendies*, les *inondations* et autres sinistres de toute nature ;

Les *assassinats ;*

Les *attaques de voitures* publiques, de *courriers*, des *convois de deniers* de l'État ou de *munitions* de guerre ;

L'enlèvement et le pillage des *caisses publiques* et des *magasins militaires ;*

Les arrestations d'*embaucheurs*, d'*espions* employés à lever le plan des places et du territoire, ou à se procurer des renseignements sur la force et le mouvement des troupes ; la saisie de leur correspondance et de toutes pièces pouvant donner des indices ou fournir des preuves de crimes et complots attentatoires à la sûreté intérieure ou extérieure de l'empire ;

Les *provocations* à la révolte contre le gouvernement ;

Les *attroupements* séditieux ayant pour objet le pillage des convois de grains ou farine ;

Les *émeutes* populaires ;

La découverte d'ateliers et instruments servant à fabriquer la *fausse monnaie ;*

L'arrestation des *faux-monnayeurs ;*

Les *assassinats* tentés ou consommés sur les *fonctionnaires publics ;*

Les *attroupements* armés ou non armés qualifiés séditieux par les lois ;

Les *distributions* d'argent, de vin, de liqueurs enivrantes, et les autres manœuvres tendant à favoriser la désertion ou à empêcher les militaires de rejoindre leurs drapeaux ;

Les *attaques* dirigées et exécutées contre la *force armée* chargée des escortes et des transfèrements des prévenus ou condamnés ;

Les *rassemblements, excursions* et *attaques de malfaiteurs* réunis et organisés en bande, dévastant et pillant les propriétés ;

Les *découvertes de dépôts d'armes cachées*, d'ateliers clandestins de fabrication de poudre, de lettres comminatoires, de signes et de mots de ralliement, d'écrits, d'affiches et de placards incendiaires provoquant à la révolte, à la sédition, à l'assassinat et au pillage :

L'*envahissement*, avec violence, d'un ou plusieurs *postes télégraphiques* et la *destruction*, par des individus ameutés, des appareils de télégraphie, soit électrique, soit aérienne ;

La *dégradation* d'une partie quelconque de la voie d'un chemin de fer, commise en réunion séditieuse, avec rébellion ou pillage ;

Et généralement *tous les événements* qui exigent des mesures promptes et décisives, soit pour prévenir le désordre, soit pour le réprimer (art. 77 du décret du 1er mars 1854).

279. — A défaut d'officier dans la résidence, les commandants de brigade font partie de la commission de vérification des fourrages, en cas de contestation sur la qualité (circ. min. du 9 août 1846).

COMMANDANTS DE PLACE.

280. — Dans les résidences où il y a un commandant de place et où il n'y a pas d'officier de gendarmerie, les commandants de brigade sont subordonnés aux commandants de ces places pour l'ordre qui y est établi.

Dans les cinq premiers jours de chaque mois, le commandant de brigade envoie au commandant de la place l'état de situation numérique de sa brigade (art. 121 du décret du 1er mars 1854).

La subordination du service s'établit comme il suit :

281. — 1° Dans l'état de paix, les commandants de brigade sont subordonnés aux commandants de place pour les objets qui concernent le service particulier de ces places, sans néanmoins être tenus de leur rendre compte du service spécial de la gendarmerie, ni de l'exécution d'ordres autres que ceux qui sont relatifs au service des places et à leur sûreté ;

282. — 2° Dans l'état de guerre, les officiers, et par conséquent les commandants de brigade des arrondissements militaires et des places de guerre dépendent, dans l'exercice de leurs fonctions habituelles, des généraux commandant les divisions et subdivisions militaires, et ils sont tenus, en outre, de se conformer aux mesures d'ordre et de police qui intéressent la sûreté des places et postes militaires ;

283. — 3° Dans l'état de siége, toute l'autorité résidant dans les mains du commandant militaire est exercée par lui sur la gendarmerie comme sur les autres troupes (art. 122 du décret du 1er mars 1854).

284. — La gendarmerie ayant des fonctions essentiellement distinctes du service purement militaire des troupes de la garnison, l'état de siége excepté, elle ne peut être regardée comme portion de la garnison des places dans lesquelles elle est répartie. En conséquence, les généraux et commandants militaires ne passent point de revue de la gendarmerie, ne l'appellent point à la parade et ne peuvent la réunir pour des objets étrangers à ses fonctions (art. 124 du décret du 1er mars 1854).

285. — Dans les places de guerre, les commandants de brigade sont autorisés, pour les cas urgents et extraordinaires, et lorsque les dispositions du service l'exigent, à demander l'ouverture des portes, tant pour leur sortie que pour leur rentrée; ils s'adressent, à cet effet, aux commandants de place.

Les demandes sont toujours faites par écrit, signées, datées et dans la forme suivante :

« *Service extraordinaire de la gendarmerie.*

« Brigade d...

« En exécution (de l'ordre ou de la réquisition) qui nous a été donné par *(indiquer ici l'autorité)*, nous..., commandant la brigade d..., demandons que la porte d... nous soit ouverte à... heure, pour notre service avec..., gendarme de la brigade sous nos ordres, et qu'elle nous soit pareillement ouverte pour notre rentrée.

« Fait à..., le... 18... »

Les commandants de place sont tenus, sous leur responsabilité, de déférer à ces réquisitions (art. 125 du décret du 1er mars 1854).

286. — Les commandants de brigade en résidence dans les places où il y a état-major font connaître au commandant de place les événements qui sont de nature à compromettre la sûreté de la place et celle des postes militaires qui en dépendent (art. 127 du décret du 1er mars 1854).

———

COMMERCE.

287. — La gendarmerie doit protéger le commerce; à cet effet, elle surveille les foires, marchés et fêtes, et, sur le soir, elle fait des patrouilles sur les routes et chemins qui y aboutissent pour protéger le retour des particuliers et marchands (art. 331 du décret du 1er mars 1854).

En tout temps, les sous-officiers, brigadiers et gendarmes doivent faire des patrouilles et des embuscades pour protéger le commerce intérieur, en procurant la plus parfaite sécurité aux négociants, marchands et à tous les individus que leur commerce, leur industrie et leurs affaires obligent à voyager (art. 335 du décret du 1er mars 1854).

288. — Aucun sous-officier, brigadier ou gendarme ne peut faire commerce, tenir cabaret, ni exercer aucun métier ou profession; les femmes ne peuvent également, dans la résidence de leur mari, tenir cabaret, billard, café ou tabagie, ni faire aucun commerce apparent dans l'intérieur de la caserne (art. 542 du décret du 1er mars 1854).

***

COMMISSAIRES DE POLICE.

289. — Les commissaires de police, dans l'exercice de leurs fonctions, peuvent requérir la gendarmerie, en se conformant aux règles établies (art. 118 du décret du 1er mars 1854. — V. *Réquisitions*, n° 916).

290. — Dans aucun cas, ni directement, ni indirectement, la gendarmerie ne doit recevoir de missions occultes des commissaires de police ni de tout autre fonctionnaire, de nature à lui enlever son caractère véritable.

Son action s'exerce toujours en tenue militaire, ouvertement et sans manœuvres de nature à porter atteinte à la considération de l'arme (art. 119 du décret du 1er mars 1854).

291. — Les commandants de brigade adressent aux commissaires de police du chef-lieu de canton les procès-verbaux de contraventions de simple police (art. 268 du décret du 1er mars 1854).

292. — Les individus arrêtés en flagrant délit par la gendarmerie sont conduits devant le commissaire de police du lieu où l'arrestation a été opérée, ou devant tout autre officier de police judiciaire. Dans un chef-lieu d'arrondissement, les individus arrêtés sont conduits devant le procureur impérial (art. 294 et 617 du décret du 1er mars 1854).

293. — Les commissaires de police étant officiers de police judiciaire auxiliaires des procureurs impériaux, lorsqu'ils ont commencé une instruction du ressort de leur ministère, les sous-officiers, brigadiers et gendarmes n'ont plus à intervenir, alors même qu'ils seraient arrivés les premiers sur les lieux de l'opération ; leur rôle se borne à aider l'officier de police judiciaire quel qu'il soit, s'il le juge utile. Ils doivent déférer aux réquisitions qui leur sont faites même verbalement, si le cas est pressant.

294. — Le service de la gendarmerie et celui du commissariat de police sont parfaitement distincts et indépendants l'un de l'autre. Le commissaire de police n'a pas le droit de s'immiscer dans le service de la gendarmerie ; son action sur les militaires de cette arme ne peut s'exercer que par réquisition (art. 91 du décret du 1er mars 1854). Mais les sous-officiers, brigadiers et gendarmes légalement requis doivent lui prêter main-forte dans ses opérations *quand il préside en personne*.

Un commissaire de police n'a pas de règle à tracer à la gendarmerie pour la mise à exécution d'une réquisition, hors sa présence. Il ne peut exiger de la gendarmerie que le rapport de ce qui a été fait en conséquence de sa réquisition (art. 115 du décret du 1er mars 1854).

295. — La gendarmerie ne comprend pas toujours la limite où elle doit s'arrêter dans ses rapports de service avec les commissaires de police. Les sous-officiers, brigadiers et gendarmes doivent bien se pénétrer de ce principe, qu'en opération judiciaire, leur rôle cesse dès que celui du commissaire de police commence, puisque celui ci est officier de police judiciaire. Par exemple, lorsqu'un individu arrêté en flagrant délit par la gendarmerie est conduit devant le commissaire de police, les sous-officiers, brigadiers et gendarmes n'ont plus qu'à fournir à cet officier de police judiciaire les renseignements qu'il a le droit de leur demander ; mais ils ne doivent pas prétendre avoir droit à être présents à l'interrogatoire : ils attendent la décision de ce magistrat qui maintient le prévenu en état d'arrestation ou qui le met en liberté, sans avoir le droit d'intervenir.

CONCUSSION.

296. — Les sous-officiers, brigadiers et gendarmes n'étant point des fonctionnaires publics dans le sens déterminé par l'art. 174 du Code pénal, ne peuvent se rendre coupables du crime de concussion ni de corruption (cass., 4 janv. 1836).

Mais s'ils étaient convaincus d'avoir emprunté ou reçu, à quelque titre que ce fût, de l'argent ou des effets des prévenus ou condamnés dont le transfèrement leur est confié, ils seraient réformés sans préjudice des peines correctionnelles d'un à cinq ans de prison qui peuvent être prononcées contre eux et qui sont déterminées par les art. 401 et 405 du Code pénal (art. 425 du décret du 1er mars 1854).

Ils seraient passibles des mêmes peines, si, dans l'exercice ou à propos de l'exercice de leurs fonctions, ils recevaient de l'argent ou une gratification quelconque pour annuler un procès-verbal déjà fait ou pour ne pas constater une infraction dont ils ont connaissance. En un mot, s'ils vendaient l'impunité.

CONGÉS, DÉMISSIONS, RENVOIS.

297. — Le ministre de la guerre seul, sur la proposition des chefs de légion, accorde, s'il le juge convenable, des congés temporaires avec solde d'absence aux militaires de tout grade de la gendarmerie.

La durée de ces congés ne peut excéder trois mois.

Les inspecteurs généraux en fonctions peuvent accorder des congés ou permissions de quinze jours.

Les chefs de légion sont autorisés à accorder des permissions de huit jours (art. 28 du décret du 1er mars 1854).

298. — Des congés de convalescence de trois mois peuvent être accordés par le ministre aux militaires de la gendarmerie. Toute demande de congé de cette nature doit être accompagnée des certificats de visite et de contre-visite de deux médecins attachés aux hôpitaux civils ou militaires de la localité et transmis hiérarchiquement au ministre par l'intermédiaire des chefs de légion (art. 29 du décret du 1er mars 1854).

299. — Les sous-officiers, brigadiers et gendarmes qui ont à solliciter des prolongations de congé sont tenus de justifier du besoin réel de ces prolongations au commandant de la gendarmerie du département où ils se trouvent ; ces demandes et ces certificats sont transmis directement au ministre par les commandants de compagnie, avec leur avis motivé, lorsque les postulants appartiennent à d'autres légions.

Les demandes doivent être faites assez à temps pour que l'intéressé puisse rejoindre dans les délais prescrits si la prolongation ne lui est pas accordée (art. 30 du décret du 1er mars 1854).

300. — Les militaires de la gendarmerie qui ne sont plus liés au service peuvent demander leur démission à l'époque des revues. Ces demàndes sont examinées par l'inspecteur général et transmises au ministre de la guerre, qui prononce définitivement.

Toutefois, si, dans l'intervalle des inspections, quelques-uns de ces militaires justifient que de puissants motifs les forcent à se retirer de la gendarmerie, leurs demandes sont transmises par les chefs de légion ou de corps avec leurs observations. Le ministre accorde la démission, s'il y a lieu.

Dans aucun cas, il ne peut être donné suite à une demande de démission formée par un militaire qui se trouve débiteur envers la caisse du corps auquel il appartient (art. 31 du décret du 1er mars 1854).

Les militaires qui donnent leur démission, dans les cas prévus par l'article précédent, doivent la formuler par écrit en ces termes :

« Je soussigné..., à la résidence de..., compagnie de..., offre ma démission du grade et de l'emploi dont je suis pourvu dans l'armée et dans la gendarmerie. Je déclare, en conséquence, renoncer volontairement à tous les droits acquis par mes services et demande à me retirer à..., département de...

« A..., le..., 18... »

(art. 32 du décret du 1er mars 1854).

Il est accordé par le ministre de la guerre, aux sous-officiers, brigadiers et gendarmes démissionnaires, des certificats d'*acceptation de démission* (art. 33 du décret du 1er mars 1854).

Les hommes admis étant encore liés au service et qui demandent à quitter la gendarmerie dans les six mois qui suivent leur libération, n'ont droit qu'à des *congés définitifs du service de la gendarmerie*.

Ceux qui ont été admis dans l'arme après libération du service, et qui donnent leur démission dans les six mois de leur admission, sont rayés purement et simplement des contrôles. Il leur est délivré, par le conseil d'administration du corps ou de la compagnie, un certificat constatant la durée de leur présence dans l'arme (art. 34 du décret du 1er mars 1854).

301. — Des *certificats de bonne conduite* sont accordés directement par le ministre aux militaires de l'arme. Ces certificats sont de deux modèles (nos 1 et 2), suivant la nature du témoignage de satisfaction que les hommes ont mérité. Mais il est formellement interdit aux conseils d'administration, ainsi qu'à tout commandant de compagnie, d'arrondissement et de brigade, de jamais délivrer aux hommes démissionnaires ou congédiés aucune attestation particulière de bon service ou de moralité, sous quelque forme et en quelques termes que ce soit (art. 35 du décret du 1er mars 1854).

302. — En tout état de choses, les militaires qui désirent quitter le service doivent absolument attendre, pour se retirer dans leurs foyers, qu'il ait été statué sur leur demande et qu'il leur ait été remis un titre de libération régulier. En agissant autrement, ils s'exposent à être déclarés déserteurs à l'intérieur, et poursuivis comme tels, par application de l'art. 578 du décret du 1er mars 1854 (art. 36 du décret du 1er mars 1854).

303. — Les sous-officiers, brigadiers et gendarmes qui ne conviennent pas au service de la gendarmerie sont congédiés ou réformés lorsqu'ils ont accompli le temps de service voulu par la loi de recrutement.

Les congés de réforme, comme les congés absolus, sont délivrés par le ministre. Les militaires qui en sont l'objet ne peuvent être renvoyés dans leurs foyers sans avoir reçu préalablement le titre régulier qui doit leur être adressé.

Les militaires congédiés par application du présent article (37) ne peuvent plus être réadmis dans la gendarmerie (art. 37 du décret du 1er mars 1854).

Les militaires qui, étant encore liés au service, ne réunissent pas toutes les conditions d'aptitude pour le service de la gendarmerie, peuvent être réintégrés dans les armes d'où ils proviennent; mais ces changements de corps n'ont lieu qu'à l'époque des inspections. Les demandes de réintégration dans la ligne, faites pour *convenance personnelle,* ne sont admissibles qu'autant que les militaires qui les ont formées peuvent s'acquitter envers les caisses de la gendarmerie, et produisent le consentement écrit du chef du corps dans lequel ils désirent passer.

Quant aux militaires de la gendarmerie qui ont été précédemment pourvus d'emplois de sous-officiers dans la ligne, les adhésions des chefs de corps doivent faire connaître s'ils peuvent être reçus dans les régiments en leur ancienne qualité (art. 38 du décret du 1er mars 1854).

304. — Les sous-officiers, brigadiers et gendarmes atteints d'infirmités incurables contractées dans le service, mais qui ne sont pas dans les catégories donnant droit à la pension de retraite, peuvent être proposés pour une gratification temporaire de réforme, calculée sur les deux tiers du minimum de la pension du grade, et payée pendant un nombre d'années égal à la moitié des services accomplis.

Ceux dont les infirmités ne sont pas d'une nature assez grave pour donner droit à la retraite, à l'hôtel des Invalides ou à une gratification temporaire, peuvent être proposés pour la réforme avec l'expectative d'une gratification une fois payée (art. 39 du décret du 1er mars 1854).

Pour faciliter l'application de l'article précédent (39 du décret du 1er mars 1854), tout accident grave doit être constaté (art. 40 du décret du 1er mars 1854. — V. *Accidents dans le service*, nos 10 et suiv.).

305. Ceux des sous-officiers, brigadiers et gendarmes qui ne conservent plus l'activité nécessaire pour le service de la gendarmerie, et qui n'ont pas droit à la retraite, sont susceptibles d'être admis dans la compagnie de vétérans. Toutefois, aucun militaire de l'arme ne peut être admis dans cette compagnie s'il ne compte au moins quinze ans d'activité (art. 41 du décret du 1er mars 1854).

306. — Les sous-officiers, brigadiers et gendarmes qui, ayant accompli les vingt-cinq ans de service exigés par la loi, sont en instance pour la retraite, peuvent, sur leur demande, être autorisés par le ministre de la guerre à se retirer dans leurs foyers pour y attendre la fixation de leur pension (art. 42 du décret du 1er mars 1854).

CONSEILS DE DISCIPLINE.

307. — Tout militaire de la gendarmerie encore lié au service et qui, sans avoir commis des délits justiciables des conseils de guerre, porte habituellement le trouble et le mauvais exemple dans sa brigade par des fautes et contraventions pour lesquelles les peines de simple discipline sont insuffisantes, peut être envoyé, d'après l'avis d'un conseil convoqué à cet effet, et sur l'ordre du ministre de la guerre, dans une compagnie de discipline (art. 582 du décret du 1er mars 1854).

308. — Dans la gendarmerie des départements, le conseil de discipline est composé ainsi qu'il suit :

Le commandant de la compagnie, président;

Le capitaine commandant l'arrondissement du chef-lieu, } à défaut, les plus anciens officiers du grade correspondant.

Le trésorier ayant voix délibérative,

Deux sous-officiers, } pris parmi les plus anciens de la compagnie.
Deux brigadiers,

(art. 583 du décret du 1er mars 1854).

L'inculpé est entendu dans ses défenses devant le conseil (art. 586 du décret du 1er mars 1854).

Si l'avis du conseil est défavorable à l'inculpé, il est conduit à la prison de la place où il attend la décision du ministre (art. 587 du décret du 1er mars 1854).

———

309. — La gendarmerie réprime la contrebande en matière de *douanes* et de *contributions indirectes*, et saisit les marchandises transportées en fraude ; elle dresse procès-verbal de ces saisies, arrête et conduit devant les autorités compétentes les contrebandiers et les délinquants de ce genre, en précisant le lieu où l'arrestation a été faite, les moyens employés et la résistance qu'il a fallu vaincre (art. 302 du décret du 1er mars 1854).

310. — Les procès-verbaux en matière de douanes et de contributions indirectes sont visés pour timbre et enregistrés en débet (art. 492 du décret du 1er mars 1854). Ces procès-verbaux sont faits en triple expédition, dont deux sont remises au directeur des douanes ou des contributions indirectes (art. 495 du décret du 1er mars 1854).

311. — Dans le cas d'arrestation d'un contrebandier et de saisie de ses marchandises et des objets servant à les transporter, le prévenu est conduit devant le directeur de l'administration des douanes ou des contributions indirectes. Les objets saisis sont déposés à la direction. Si le contrebandier n'acquitte pas immédiatement le montant de la transaction qui lui est offerte, ou s'il ne fournit pas bonne et suffisante caution, il est remis à la disposition du procureur impérial, sur la réquisition du directeur (art. 226 de la loi du 28 avril 1816).

Par analogie, à défaut de directeur des douanes ou des contributions indirectes dans l'arrondissement, les prévenus arrêtés dans le cas ci-dessus sont conduits devant l'employé le plus élevé en grade de l'une de ces administrations.

Dans les brigades éloignées des chefs-lieux d'arrondissement, il y a lieu de conduire préalablement devant le maire le contrebandier arrêté, pour être de là conduit comme il est dit ci-dessus. Le maire est invité à constater, par écrit, la quantité et la nature des marchandises et objets saisis qui doivent suivre le prévenu. Cette précaution met la gendarmerie complètement à l'abri de toute réclamation ultérieure et de toute insinuation malveillante dont les contrebandiers font quelquefois usage contre les gendarmes en les accusant directement ou indirectement de détournement de tout ou partie des choses saisies.

312. — Les procès-verbaux en matière de douanes et de contributions indirectes font foi jusqu'à preuve contraire, à l'exception de ceux des douanes quand ils constatent des délits commis sur la ligne frontière; c'est-à-dire jusqu'à vingt kilomètres à l'intérieur des limites du territoire de l'empire. Dans ce cas, ils font foi jusqu'à inscription de faux.

313. — La contrebande en matière de *douanes* s'entend de toutes marchandises prohibées colportées ou transportées, vendues ou déposées en fraude.

314. — La contrebande en matière de *contributions indirectes* s'entend de la fraude commise au préjudice de l'Etat, en faisant fabriquer, circuler, vendre ou débiter des marchandises non prohibées, mais dont on n'a pas préalablement acquitté les droits de régie imposés par les lois à la fabrication, la circulation, la vente et le débit.

315. — La contrebande en matière d'*octroi* s'entend de toutes les marchandises entrées dans une ville ou commune sans acquitter les droits d'entrée au bureau d'octroi.

316. — Les sous-officiers, brigadiers et gendarmes ont qualité pour constater tous les délits commis en matière de douanes et de contributions indirectes, résultant de la circulation, de la vente ou du débit, mais ils n'ont pas le droit de s'introduire dans les domiciles pour contrôler la quantité de boisson existant dans les caves, ni la fabrication des marchandises dans les usines ou ateliers, ni, enfin, la quantité de plants de tabac dans les champs des cultivateurs, ce droit de contrôle appartenant aux employés des contributions indirectes.

La gendarmerie a le droit et le devoir d'indiquer aux employés des contributions indirectes les délits qu'elle n'a pas le droit de constater elle-même.

En matière d'octroi, la gendarmerie doit se borner à indiquer la fraude aux employés, attendu que ses procès-verbaux n'auraient aucune valeur en justice.

317. — Les sous-officiers, brigadiers et gendarmes ont droit à des primes pour saisies de marchandises :

1° Pour saisie par la gendarmerie seule, à la moitié du produit net des amendes et confiscations;

2° Pour dénonciation ou indication officielle et pour saisie faite concurremment avec les employés ou préposés, à une part de préposé par chaque militaire de la gendarmerie, à l'exception du commandant du *détache-ment*, qui a droit à part et demie (art. 357 du règl. du 11 mai 1856).

Pour les saisies de tabacs, la gendarmerie, indépendamment de la part accordée dans les confiscations et amendes, a droit à une prime de 20 centimes par kilogramme de feuilles de tabac, et de 35 centimes par kilogramme de tabacs fabriqués (art. 358 du règl. du 11 mai 1856).

Lorsque la gendarmerie est appelée seulement pour assister à une saisie, elle n'a droit qu'à une gratification qui est réglée d'après l'utilité de son service et prise sur le produit net de la saisie (art. 359 du règl. du 11 mai 1856).

Le conseil d'administration fait la répartition des amendes et saisies dans les proportions suivantes :

Un tiers de la somme reçue est partagé par moitié entre le commandant de la compagnie et le commandant de l'arrondissement où la saisie a été faite. Les deux autres tiers sont distribués d'une manière égale entre les sous-officiers, brigadiers et gendarmes saisissants. Le commandant du *détachement* qui a opéré la saisie a droit à part et demie (art. 361 du règl. du 11 mai 1856).

Le commandant de la brigade qui aurait fourni le détachement et n'aurait pu assister à la saisie entre également en partage, mais comme simple saisissant (art. 362 du règl. du 11 mai 1856).

En outre des primes pour saisie de marchandises, une prime de 15 fr. est allouée à tout sous-officier, brigadier ou gendarme qui a opéré la capture d'un contrebandier ou d'un individu colportant en fraude soit des tabacs, soit des poudres à tirer ; mais cette prime ne lui est acquise qu'autant que le contrevenant a été constitué prisonnier, ou que, amené devant le directeur de l'administration compétente (*douanes ou contributions indirectes*) il a été relâché sous caution. La prime revient entièrement aux capteurs (art. 355 et 356 du règl. du 11 mai 1856).

Si le contrebandier est arrêté hors du rayon des douanes, nanti de 80 kilogrammes de tabacs au moins, la prime de 15 fr. pour l'arrestation est augmentée d'une gratification de 12 fr. (décis. du min. des fin. du 23 avril 1829).

La gendarmerie prête main-forte aux employés des douanes et des contributions indirectes (art. 459 du décret du 1er mars 1854. — V. *Réquisitions*, n° 916).

CONVOIS MILITAIRES.

318. — A l'égard des militaires marchant isolément, et auxquels il est accordé des moyens de transport, la gendarmerie s'assure par l'examen des feuilles de route et des mandats de fournitures dont les conducteurs de convoi doivent être porteurs, s'il n'a pas été donné ou reçu de l'argent en remplacement de ces fournitures.

Tout militaire auquel il a été accordé un transport en est privé, s'il est rencontré faisant sa route à pied, sans être précédé ou suivi de près de la voiture ou du cheval destiné à son transport; à cet effet, le commandant de la brigade (*ou le gendarme, suivant le cas*) lui retire les mandats dont il le trouve porteur, et annote sur sa feuille de route qu'il doit être privé du convoi.

Ces mandats sont transmis aussitôt (avec un procès-verbal) au commandant de la compagnie, et adressés par lui au sous-intendant militaire qui les a délivrés.

Dans le cas où un militaire ayant droit au transport ne serait porteur d'aucun coupon, il est à présumer qu'il en a fait la vente au préposé des convois; cette circonstance est mentionnée sur la feuille de route, et il en est rédigé un procès-verbal qui est transmis par le commandant de la compagnie au sous-intendant militaire (art. 335 du décret du 1ᵉʳ mars 1854).

(Les transports doivent se faire aujourd'hui par les voies rapides, chemins de fer, bateaux à vapeur ou voitures publiques (instr. minist. du 15 juin 1855).

319. — L'intendant militaire peut prononcer une amende de 25 fr. fixée par le règlement du 31 décembre 1823 et les art. 30 de l'instruction ministérielle du 15 juin 1855 et 353 du règlement du 11 mai 1856, pour rachat de mandats de fournitures. (Elle peut être de 50 fr. en cas de récidive.)

Le produit de cette amende revient au verbalisant, à titre de gratification (art. 147 du règl. du 31 déc. 1823).

320. — Les militaires de la gendarmerie qui auront toléré le rachat des fournitures seront rigoureusement punis (art. 148 du règl. du 31 déc. 1823 et note minist. du 14 juill. 1853).

321. — La gendarmerie veille à ce que les officiers, sous-officiers et soldats voyageant en troupe ou isolément, ne surchargent pas les voitures qui leur sont données pour leur transport et celui des bagages, qu'ils n'excèdent ni ne surmènent les chevaux, qu'ils ne maltraitent pas les conducteurs, qu'ils ne menacent ni n'injurient les fonctionnaires publics, non plus que les préposés au service ; qu'ils ne s'emparent, pour les ajouter aux voitures ou pour tout autre usage, d'aucun cheval travaillant dans la campagne ou passant sur la route.

Elle doit prévenir ces désordres et en signaler les auteurs aux commandants des corps ou détachements qui sont chargés, sous leur responsabilité, de réprimer tous les excès et abus qui ont été commis.

Procès-verbal de ces faits doit être adressé immédiatement, par la voie hiérarchique, au commandant de la compagnie (art. 353 du décret du 1er mars 1854).

Les art. 7 et 69 du règlement du 31 décembre 1823 déterminant le nombre de colliers, le poids ou le nombre d'hommes à transporter par chaque collier ont été modifiés ainsi qu'il suit par les art. 12 et 13 de l'instruction ministérielle du 15 juin 1855).

322. — Le poids ou le nombre d'hommes, avec leurs sacs ou portemanteaux, à transporter sur chaque voiture, est fixé comme ci-après, au maximum.

Détachements et militaires escortés.

Voitures à 1 collier, 500 kilogrammes ou de 1 à 4 hommes.

— à 2 — 800 — ou de 5 à 7 —

Ces dispositions sont applicables aux prévenus et accusés, détenus ou condamnés civils (art. 1er de l'instr. min. du 15 juin 1855), mais ces prisonniers ne sont jamais admis dans la voiture destinée aux militaires (art. 11 de la même instr).

Les femmes sont toujours transférées séparément (art. 368 du décret du 1er mars 1854).

Les aliénés sont toujours transférés seuls (art. 24 de la loi du 30 juin 1836).

Le poids à transporter sur chaque cheval ou mulet de bât est fixé, au maximum, à 125 kilogrammes.

Il sera compté une place entière pour chaque enfant de troupe âgé de douze ans et plus.

Une place pour deux enfants âgés de moins de douze ans.

Deux places pour quatre enfants de ce même âge, et ainsi de suite dans les mêmes proportions.

Le transport d'un seul enfant, âgé de moins de douze ans, ne donnera lieu à aucune allocation dans les comptes de l'entrepreneur, s'il est accompagné d'un ou de plusieurs militaires partant le même jour pour la même destination. Dans le cas où il voyagerait seul, il sera alloué une place à l'entrepreneur.

(Ce détail relatif aux enfants de troupe ne concerne que les comptes d'intérêt de l'entrepreneur; mais, chaque enfant de troupe, quel que soit son âge, prenant place dans une voiture, est compté pour *un* militaire (art. 12 de l'instr. minist. du 15 juin 1855).

Les allocations aux corps et détachements sont fixées comme il suit :

De   25 à   149 hommes 1 voiture à 1 collier.

150 à	374	—	1	— à 2	—	
375 à	499	—	2	— à 1	—	
500 à	624	—	1	— à 2	—	et 1 voiture à un collier.
625 à	874	—	2	— à 2	—	
875 à	999	—	1	— à 2	—	et 2 voitures à un collier.
1,000 à	1,124	—	2	— à 2	—	et 1 voiture à un collier.

Et ainsi de suite, suivant l'effectif, en ajoutant un collier pour 125 hommes (art. 13 de l'instr. minist. du 15 juin 1855).

Toutes les voitures sont maintenant à un ou deux colliers, aux termes de l'instruction ministérielle précitée.

Il est important que la gendarmerie connaisse bien les détails qui précèdent puisque, aux termes de l'art. 353 du décret du 1er mars 1854, elle doit exercer sa surveillance sur le service des convois fournis aux corps ou détachements de troupe.

323. — A chaque voiture sera affectée une bâche dont il sera fait usage lorsque le chef de la troupe le jugera convenable, afin que les hommes et les effets soient abrités contre le mauvais temps.

Les voitures qui seront affectées au transport des hommes seront toujours pourvues d'une bâche, et elles seront, en outre, disposées de manière que ceux-ci puissent s'y asseoir commodément, et elles seront garnies de nattes et de paille fraîche en quantité suffisante (art. 8 de l'instr. minist. du 15 juin 1855).

324. — Si un militaire, ayant droit au transport, est retenu en séjour pour toute autre cause que l'entrée à l'hôpital, il reçoit une indemnité de 1 fr. 50 cent. par jour, aux frais de l'entrepreneur.

Cette indemnité sera payée au militaire sur les fonds de l'indemnité de route, par le sous-intendant ou par l'un de ses suppléants légaux, commandants et majors de place, préfets, sous-préfets, conseillers de préfecture, jamais par les maires (art. 3 de l'instr. minist. du 15 juin 1855).

325. — Du 1er octobre au 1er avril, les fournitures ne peuvent être exigées avant six heures ni après huit heures du matin.

Pendant les six autres mois, elles ne peuvent l'être avant quatre heures ni après neuf heures du matin. Néanmoins, dans les cas imprévus et urgents, les préposés sont tenus d'exécuter les transports (art. 84 du règl. du 31 déc. 1823).

326. — Si un préposé refusait le service, il serait fait aux frais de l'entrepreneur par un voiturier désigné par l'autorité locale et au taux fixé par elle (art. 172 du règl. du 31 déc. 1823).

En cas d'interruption du service sur un point quelconque, il y serait pourvu par des marchés d'urgence, ou par tout autre moyen que les autorités locales jugeraient convenable, aux risques et périls de l'entrepreneur, qui serait tenu de payer immédiatement les fournitures faites dans ce cas, aux prix des marchés d'urgence, ou à ceux fixés par les autorités locales (art. 31 de l'instr. minist. du 15 juin 1855).

Ainsi lorsque, pour une cause quelconque, le service des convois n'est pas assuré, la gendarmerie s'adresse à l'autorité locale qui doit y pourvoir.

Le transport d'un prisonnier, d'une commune où il n'y a pas de préposé du service des convois, est requis par le maire de la localité, qui fixe le prix de ce service. Le prix fixé par le maire est payé par l'entrepreneur des transports, sur la remise de la réquisition du magistrat. Dans ce cas, l'entrepreneur a droit à un remboursement de 8 fr. 12 cent. en produisant la réquisition du maire (art. 18 de l'instr. min. du 15 juin 1855).

CORRESPONDANCES PÉRIODIQUES.

327. — Les correspondances périodiques de chaque brigade, et les tournées, conduites et escortes sont toujours faites par deux hommes au moins.

328. — Les maréchaux des logis chefs, les maréchaux des logis et brigadiers roulent avec les gendarmes pour ce service. Il doit être établi de manière que les hommes qui ont été employés hors la résidence fassent immédiatement le service intérieur de la brigade, à moins que des circonstances particulières de maladies ou autres empêchements ne forcent d'intervertir cet ordre (art. 231 du décret du 1er mars 1854).

329. — L'adjudant visite, de temps à autre, les points de correspondance placés sous son commandement. Il constate sa présence par son visa sur les feuilles de service (art. 216 du décret du 1er mars 1854).

330. — Les points de correspondance sont déterminés par les chefs de l'arme, ainsi que les jours et heures de rendez-vous. Ils sont toujours assignés, autant que possible, à égale distance des brigades qui doivent s'y rendre et dans un lieu où les sous-officiers, brigadiers et gendarmes chargés de ce service peuvent trouver un abri momentané pour eux-mêmes et pour les individus confiés à leur garde pendant le temps nécessaire à la remise des prisonniers et des objets (art. 366 du décret du 1er mars 1854).

331. — Les correspondances périodiques ont essentiellement pour objet le transfèrement des prisonniers de brigade en brigade et la remise des pièces qui les concernent (V. *Transfèrement*, n° 1068).

Elles ont également pour objet, de la part des sous-officiers, brigadiers et gendarmes qui s'y rendent, de se communiquer réciproquement les renseignements et avis qu'ils ont pu recevoir, dans l'intervalle d'une correspondance à une autre, sur tout ce qui intéresse la tranquillité publique ; de concerter leurs opérations relativement à la recherche des malveillants de toute espèce dont ils auront connaissance, de se remettre réciproquement les signalements des individus prévenus de crimes et délits, évadés des prisons ou des bagnes ; et enfin de s'éclairer mutuellement sur les moyens à prendre pour concourir à la répression de tout ce qui peut troubler l'ordre social (art. 367 du décret du 1er mars 1854).

332. — Les sous-officiers, brigadiers et gendarmes montés qui sont chargés de conduire des prévenus ou condamnés marchent toujours à cheval, dans une bonne tenue militaire et complètement armés (les armes doivent être chargées, art. 417 du décret du 1er mars 1854). Les sous-officiers, brigadiers et gendarmes à pied sont pareillement armés et équipés complètement (art. 384 du décret du 1er mars 1854).

Les militaires de l'arme à cheval, faisant accidentellement ce service à pied, ne seront point armés du sabre qui, souvent, gêne les mouvements et peut nuire à l'activité des poursuites. Ils emporteront seulement le mousqueton et la giberne, avec le fourreau de baïonnette attaché au ceinturon du sabre placé en ceinture (art. 21 de la circ. min. du 8 mai 1854).

(Les sous-officiers n'ayant point de mousqueton et au sujet desquels la circulaire précitée n'a rien prescrit, seront armés du sabre avec le ceinturon en ceinture. Le sabre ainsi porté, sans mousqueton, ne pourrait nuire en rien à l'activité des poursuites. On ne pourrait, du reste, tolérer l'épée, qui ne peut être portée que pour la tenue de ville.)

333. — Au retour de la correspondance, s'il n'y a pas de prisonniers à ramener, les sous-officiers, brigadiers et gendarmes ne reviennent pas par la même route; il leur est enjoint de se porter dans l'intérieur des terres, de visiter les hameaux, de fouiller les bois et les lieux suspects, et de prendre dans les fermes et maisons isolées toutes les informations qui peuvent leur être utiles. Ce service est constaté sur les feuilles de service par le visa des maires ou personnes notables (art. 383 et 503 du décret du 1er mars 1854).

COSTUME, UNIFORME, DÉCORATIONS PORTÉS SANS DROIT.

334. — Toute personne qui aura, publiquement, porté un costume, un uniforme ou une décoration qui ne lui appartiendra pas, sera punie d'un emprisonnement de deux mois à deux ans (art. 259 du Code pénal).

335. — Le port illégal du costume de prêtre catholique est puni de la même peine (cass., 22 juillet 1837).

336. — Les décorations d'ordres de puissances souveraines étrangères ne peuvent être portées sans l'autorisation de l'Empereur (art. 2 du décret du 13 juin 1853).

Toutes décorations ou tous ordres étrangers, quel qu'en soit la dénomination ou la forme, qui n'auront pas été conférés par une cour souveraine, sont déclarés illégalement et abusivement obtenus et ne pourront être portés (décret du 13 juin 1853).

(Ces décorations ou ces ordres sont ceux des chapitres, corporations, confréries, etc.).

Les procès-verbaux constatant ces délits sont visés pour timbre, enregistrés en débet et adressés au procureur impérial (V. *Masques*, nos 713 et 718).

COUPS ET BLESSURES.

337. — La gendarmerie doit arrêter tout individu qui exerce des voies de fait contre les personnes (art. 300 du décret du 1er mars 1854. — V. *Blessures*, nos 164 et 165, et *Arrestations* no 79 (§ 6).

338. — Les coupables sont conduits devant l'officier de police judiciaire du lieu où le délit a été commis.

Les procès-verbaux sont visés pour timbre, enregistrés en débet et adressés au procureur impérial.

COUTRES DE CHARRUE.

339. — La gendarmerie fait enlever, pour les remettre à l'autorité locale, les coutres de charrue, pinces, barres, barreaux, instruments aratoires, échelles ou autres objets dont peuvent abuser les malfaiteurs, et qui ont été laissés dans les rues, chemins, places, lieux publics, ou soit dans les champs; elle dénonce ceux à qui ils appartiennent, afin qu'ils soient poursuivis par les autorités compétentes (art. 323 du décret du 1er mars 1854 et 471 (n° 7) du Code pénal).

Les procès-verbaux sont visés pour timbre, enregistrés en débet et adressés au ministère public près le tribunal de simple police du canton.

CRIMES ET DÉLITS.

340. — La gendarmerie dresse procès-verbal des effractions, escalades, assassinats et de tous les crimes et délits qui laissent des traces après eux (art. 277 du décret du 1er mars 1854).

(Pour la définition des mots *Crimes* et *Délits*, V. *Infractions*, n°s 611 et suivants.)

341. — Lorsque les sous-officiers, brigadiers et gendarmes sont appelés à constater un crime, ils ne se bornent pas à recueillir les renseignements fournis par les déclarations de tout citoyen, mais encore ils examinent et décrivent avec le plus grand soin toutes les traces qu'ils peuvent remarquer, telles qu'empreintes d'instruments ayant servi à l'effraction; ils font connaître la largeur et la profondeur de ces empreintes, si leur forme est plane ou à vive arête, ou bien si elle est concave, ce qui indique que l'instrument dont on s'est servi est plat, carré ou cylindrique.

342. — On ne saurait trop s'attacher aussi à bien décrire l'empreinte des pas, leur longueur, leur largeur au bout, au gras du pied, à la cambrure; la largeur, la longueur et la profondeur du talon; indiquer la présence, l'absence et la forme des clous; dire aussi si l'appui des pieds se fait en dehors ou en dedans et si la pointe des pieds est elle-même dirigée en dehors ou en dedans, ce qui peut faire reconnaître que l'individu qui a fait les pas est panard ou cagneux.

Les traces d'escalade, les traces de sang, les objets trouvés, en un mot, tout ce qui peut aider à découvrir les coupables est désigné avec le plus grand soin.

En cas d'incendie, la gendarmerie ne saurait expliquer les causes avec trop d'exactitude, décrire les lieux, désigner le foyer, enfin prendre tous les renseignements utiles et recueillir tous les objets qui peuvent servir à la découverte de la vérité; elle s'empare surtout des parcelles d'amadou trouvées, des allumettes chimiques, du souffre, des pipes, etc., qui peuvent servir au moins à la constatation de la cause.

343. — Toute tentative de crime qui aura été manifestée par un commencement d'exécution, si elle n'a été suspendue, ou si elle n'a manqué son effet que par des circonstances indépendantes de la volonté de son auteur, est considérée comme le crime même (art. 2 du Code pénal).

Les tentatives de délit ne sont considérées comme délits que dans les cas déterminés par une disposition spéciale de la loi (art. 3 du Code pénal).

Les complices d'un crime ou d'un délit sont punis de la même peine que les auteurs mêmes de ce crime ou de ce délit, sauf les cas où la loi en aurait disposé autrement (art. 59 du Code pénal).

CRIMES ET DÉLITS COMMIS PAR LA GENDARMERIE.

344. — Les militaires de la gendarmerie sont justiciables des tribunaux ordinaires et des Cours d'assises pour les délits et les crimes commis hors de leurs fonctions ou dans l'exercice de leurs fonctions relatives au service de police administrative ou judiciaire dont ils sont chargés, et des tribunaux militaires pour les délits et les crimes relatifs au service ou à la discipline militaire.

Ils sont réputés être dans l'exercice de leurs fonctions lorsqu'ils sont revêtus de leur uniforme (art. 576 du décret du 1er mars 1854).

345. — Si un militaire de la gendarmerie est accusé tout à la fois d'un délit ou d'un crime militaire et de tout autre délit ou crime de la compétence des tribunaux ordinaires et des Cours d'assises, la compétence en appartient à ces tribunaux ou Cours d'assises. Dans ce cas, les peines portées au Code pénal militaire peuvent être appliquées à ces militaires qui, pour raison de délit ou crime militaire, ont encouru une peine plus forte que celle prévue pour tout autre délit ou crime (art. 577 du décret du 1er mars 1854).

CRIS SÉDITIEUX.

346. — Seront punis d'un emprisonnement de six jours à deux ans et d'une amende de 16 fr. à 4,000 fr. tous auteurs de cris séditieux proférés publiquement (art. 8 de la loi du 25 mars 1822 et 1er de la loi du 17 mai 1819).

La gendarmerie doit arrêter tout auteur de cris séditieux.

Les procès-verbaux sont visés pour timbre, enregistrés en débet et adressés au procureur impérial.

CROIX ET MÉDAILLES DE L'ORDRE DE LA LÉGION D'HONNEUR.

347. — Les honneurs sont rendus aux membres de la Légion d'honneur porteurs de leur croix ou de leur médaille.

Il n'est point rendu d'honneurs avant le lever et après le coucher du soleil (art 276 du règl. du 2 nov. 1833, sur le service intérieur des troupes).

On porte les armes aux officiers et chevaliers de la Légion d'honneur; on les présente aux grand'croix et grands officiers, et aux commandeurs (art. 36 du décret du 16 mars 1852).

Les honneurs à rendre aux décorés de la médaille militaire sont :

Par une sentinelle : régulariser sa position, soit l'arme au bras, soit l'arme au pied, garder l'immobilité et la main dans le rang;

Par les autres militaires : saluer militairement.

348. — Le militaire décoré de la médaille aura, lors de son décès, droit, à titre d'honneurs funèbres, à un quart de détachement (déc. imp. du 2 mars 1853 et circ. min. du 7 mars 1853).

Les honneurs funèbres à rendre aux autres membres de la Légion d'honneur sont déterminés par le décret du 24 messidor an XII et l'art. 37 du décret du 16 mars 1852 (V. *Récompenses*, nos 879 et suiv.; *Légionnaires décédés*, no 632).

CULTES.

349. — La liberté des cultes est un des droits de notre époque. Tous les cultes ont droit à protection.

350. — La gendarmerie doit saisir tous ceux qui portent atteinte à la tranquillité publique en troublant les citoyens dans l'exercice de leur culte (art. 300 du décret du 1er mars 1854. — V. *Arrestations*, n° 79 (§ 6).

Tout particulier qui, par des voies de fait ou menaces, aura contraint ou empêché une ou plusieurs personnes d'exercer l'un des cultes, d'assister aux exercices de ce culte, de célébrer certaines fêtes, d'observer certains jours de repos, et, en conséquence, d'ouvrir ou de fermer leurs ateliers, boutiques ou magasins, et de faire ou quitter certains travaux, sera puni d'une amende de 16 fr. à 200 fr. et d'un emprisonnement de six jours à deux mois (art. 260 du Code pénal).

Ceux qui auront empêché, retardé ou interrompu les exercices d'un culte par des troubles ou désordres causés dans le temple ou autre lieu destiné ou servant actuellement à ces exercices, seront punis d'une amende de 16 fr. à 300 fr. et d'un emprisonnement de six jours à trois mois (art. 261 du Code pénal).

351. — Toute personne qui aura, par paroles ou gestes, outragé les objets d'un culte dans les lieux destinés ou servant actuellement à son exercice, ou les ministres de ce culte dans l'exercice de leurs fonctions, sera punie d'une amende de 16 fr. à 500 fr. et d'un emprisonnement de quinze jours à six mois (art. 262 du Code pénal).

Les procès-verbaux constatant les délits qui précèdent sont visés pour timbre, enregistrés en débet et adressés au procureur impérial.

352. — Quiconque aura frappé le ministre d'un culte dans l'exercice de ses fonctions sera puni de la dégradation civique (art 263 du Code pénal).

La dégradation civique étant une peine infamante (*crime*), les procès-verbaux dressés dans le cas précédent sont exempts du visa pour timbre et de l'enregistrement en débet; ils sont adressés au procureur impérial.

353. — La police des églises et autres temples appartient aux ministres des différents cultes.

354. — La gendarmerie peut faire des arrestations dans les églises et autres temples; mais, à moins d'opérer ces arrestations pour cause de trouble actuellement commis pendant l'exercice du culte, elle doit attendre que ces exercices soient complètement terminés pour éviter de causer elle-même le désordre prévu par l'art. 261 précité du Code pénal. Il est plus convenable qu'elle suive de l'œil l'individu qu'elle recherche pour l'arrêter à la sortie du temple.

355. — Les ministres des cultes qui prononceraient dans l'exercice de leur ministère et en assemblée publique un discours contenant la critique ou la censure du gouvernement, d'une loi, d'un décret ou de tout autre acte de l'autorité publique, seront punis d'un emprisonnement de trois mois à deux ans (art. 201 du Code pénal).

Si le discours contient une provocation directe à la désobéissance aux lois, ou s'il tend à soulever ou à armer une partie des citoyens contre les autres, le ministre qui l'aura prononcé sera puni d'un emprisonnement de deux à cinq ans; si la provocation a été suivie de son effet, la peine sera le bannissement (art. 202 du Code pénal).

DÉCLARATION MENSONGÈRE.

356. — Tout individu qui fait à la gendarmerie une déclaration mensongère d'un délit qui n'a pas été commis est immédiatement arrêté et conduit devant l'officier de police judiciaire du lieu (art. 301 du décret du 1er mars 1854).

La déclaration mensongère constitue le délit d'outrage prévu par les art. 224 et 225 du Code pénal.

L'outrage envers un agent dépositaire de la force publique dans l'exercice de ses fonctions ou à l'occasion de l'exercice de ses fonctions est puni d'une amende de 16 fr. à 200 fr. (art. 224 du Code pénal).

L'outrage envers un commandant de la force publique est puni de six jours à un mois de prison (art. 225 du Code pénal).

Un brigadier de gendarmerie, même lorsqu'il n'est accompagné que d'un gendarme, est un commandant de la force publique (cass., 14 janv. 1826).

Les procès-verbaux sont visés pour timbre, enregistrés en débet et adressés au procureur impérial (V. *Outrages*, nos 765 et suiv.).

GUIDE. — 7.

DÉCOUCHERS.

357. — Les sous-officiers, brigadiers et gendarmes logent dans les casernes ou maisons qui en tiennent lieu ; ils ne peuvent découcher que pour objet de service (art. 540 du décret du 1er mars 1854).

358. — Les sous-officiers, brigadiers et gendarmes obtiennent l'indemnité de découchers pour toutes les nuits qu'ils passent hors de leurs résidences, dans l'arrondissement des brigades de la compagnie à laquelle ils appartiennent. Ils ont droit, en outre, au logement militaire pour eux et leurs chevaux (art. 140 du règl. du 11 mai 1856).

Le cas de découchers est principalement déterminé par la distance des lieux où les sous-officiers, brigadiers et gendarmes requis légalement sont forcés de passer la nuit. Les militaires de l'arme à cheval reçoivent l'indemnité lorsqu'ils se trouvent éloignés de leur résidence, savoir :

Du 1er avril au 30 septembre, de 24 kilomètres ;
Du 1er octobre au 31 mars, de 18 kilomètres.

Ces distances sont réduites de moitié pour l'arme à pied (art. 141 du règl. du 11 mai 1856).

Le cas de découchers peut être aussi déterminé, *sans égard à la distance parcourue*, lorsque, par suite de la position topographique ou par la nature des circonstances, les sous-officiers, brigadiers et gendarmes n'ont pu retourner le même jour à leur résidence. Les sous-intendants militaires apprécient les causes particulières de ces découchers donnant exceptionnellement droit à l'indemnité, et prononcent sur l'allocation à faire pour les déplacements, sans qu'il en soit référé au ministre de la guerre.

Les déplacements des brigades pour les revues annuelles des chefs de légion et des inspecteurs généraux donnent droit à l'indemnité, si les hommes n'ont pas été retenus hors de leurs résidences au-delà de deux jours (art. 143 du règl. du 11 mai 1856).

L'indemnité n'est point accordée pour l'escorte de fonds publics, la translation ordinaire des prisonniers, l'exécution des mandements de justice, la recherche des malfaiteurs, la police des foires et marchés, la surveillance des routes pendant la nuit, et pour d'autres fonctions qui sont également de l'essence du service habituel de la gendarmerie, à moins que les distances parcourues pour l'exécution de ce service n'aient été, pour l'aller et le retour, d'au moins 48 kilomètres pendant l'été et de 36 kilo-

mètres pendant l'hiver pour l'arme à cheval (moitié pour l'arme à pied)
(art. 133 du règl. du 11 mai 1856).

Si des exceptions relatives aux distances devenaient nécessaires en faveur de quelques brigades, soit en raison de la difficulté des communications, soit à cause de la fréquence ou de la rapidité des escortes, il en
serait référé au ministre de la guerre pour l'allocation de l'indemnité
(art. 134 du règl. du 11 mai 1856).

L'emploi des gendarmes pour le transport des dépêches et correspondances des autorités locales étant interdit par les règlements, il est expressément défendu d'allouer l'indemnité pour des motifs de ce genre, sauf
dans les cas d'urgence, dont il est rendu compte aux ministres de la guerre
et de l'intérieur, conformément à l'art. 99 du décret du 1er mars 1854
(art. 135 du règl. du 11 mai 1856).

L'indemnité allouée pour les découchers est fixée comme il suit :

	A cheval.	A pied.
Adjudant.........................	1 fr. 10 c.	1 fr. » c.
Maréchal des logis chef.............	1 »	» 90
Maréchal des logis.................	» 90	» 80
Brigadier........................	» 80	» 70
Gendarme	» 70	» 60

(art. 132 du règl. du 11 mai 1856).

DÉGRADATIONS.

359. — La gendarmerie doit saisir tout individu commettant des
dégâts dans les champs et dans les bois, dégradant la clôture des murs,
haies ou fossés, lors même que ces délits ne seraient pas accompagnés de
vol (art. 322 du décret du 1er mars 1854).

Ceux qui sont surpris coupant ou dégradant d'une manière quelconque
les arbres plantés sur les chemins, promenades publiques, fortifications
et ouvrages extérieurs des places, ou détériorant les monuments qui s'y
trouvent. Ceux qui sont surpris détruisant ou déplaçant des rails d'un
chemin de fer, ou déposant sur la voie des matériaux ou autres objets
dans le but d'entraver la circulation, ainsi que ceux qui, par la rupture
des fils, par la dégradation des appareils, ou par tout autre moyen, tentent d'intercepter les communications ou la correspondance télégraphique
(art. 315 du décret du 1er mars 1854).

Ceux qui détruisent, mutilent ou dégradent les monuments publics, statues ou autres objets destinés à l'utilité ou à la décoration publique (art. 257 du Code pénal).

Enfin, ceux qui détruisent ou dégradent, par un moyen quelconque, les propriétés, de quelque nature qu'elles soient, appartenant à l'Etat, aux établissements publics, aux communes ou à des particuliers (art. 434 et suiv. du Code pénal).

360. — Quand les coupables ne sont pas pris en flagrant délit, la gendarmerie constate ces délits et recherche les auteurs pour les signaler à la justice.

Les procès-verbaux sont visés pour timbre, enregistrés en débet et adressés au procureur impérial.

DÉGUISEMENTS DE LA GENDARMERIE.

361. — L'action de la gendarmerie s'exerce toujours en tenue militaire, ouvertement et sans manœuvres de nature à porter atteinte à la considération de l'arme (art. 119 du décret du 1er mars 1854. — V. *Masques*, nos 712 et 713).

DÉLITS.

362. — La gendarmerie doit rechercher et constater tous les délits (art. 277 du décret du 1er mars 1854. — V. *Infractions*, nos 611 et suiv.).

Les tentatives de délit ne sont considérées comme délits que dans les cas déterminés par une disposition spéciale de la loi (art. 3 du Code pénal).

Les complices sont punis de la même peine que les auteurs principaux (art. 59 du Code pénal).

Les procès-verbaux sont visés pour timbre, enregistrés en débet et adressés au procureur impérial (V. *Crimes*, nos 340 et suiv.).

DEMANDES.

363. — Toute demande adressée au ministre de la guerre doit être faite sur papier de 32 centimètres de hauteur sur 22 centimètres de largeur (circ. min. du 31 mai 1854).

DÉNONCIATIONS, PLAINTES ET DÉCLARATIONS.

364. — Il est indispensable que les sous-officiers, brigadiers et gendarmes distinguent bien les différents caractères d'une plainte, d'une dénonciation et d'une déclaration.

La plainte est l'action de porter à la connaissance d'un officier de police judiciaire tout dommage qui nuit au plaignant personnellement, en réclamant justice dans son intérêt.

La plainte ne peut être faite que par l'intéressé ou un fondé de pouvoirs muni d'une procuration.

La dénonciation, c'est l'action de porter à la connaissance d'un officier de police judiciaire tout dommage qui nuit à autrui, en réclamant justice dans l'intérêt de la vindicte publique.

La dénonciation peut et doit être faite par tout citoyen (Code d'instr. crim.).

La dénonciation calomnieuse faite par écrit aux officiers de justice ou de police administrative ou judiciaire est un délit puni d'un mois à un an de prison et d'une amende de 100 fr. à 3,000 fr. (art. 373 du Code pénal).

La déclaration n'a que le caractère d'un simple renseignement propre à éclairer la justice; mais ce n'est pas faire appel direct à la justice.

La déclaration peut être faite par tout citoyen à tout sous-officier, brigadier et gendarme.

365. — Les sous-officiers, brigadiers et gendarmes n'étant point officiers de police judiciaire, n'ont point qualité pour recevoir les *plaintes* et *dénonciations* ayant pour objet des infractions punissables de peines correctionnelles, afflictives ou infamantes (*Délits* et *Crimes*).

Pourtant, ils ne doivent pas rester inactifs en présence d'un délit ou d'un crime qu'on leur signale: ils recueillent tous les renseignements que les plaignants ou dénonciateurs veulent bien leur donner, et les adressent, sous forme de rapport ou de procès-verbal de renseignements, au commandant de l'arrondissement.

Ils guident les plaignants et les dénonciateurs dans ce qu'ils ont à faire; ils les engagent à se présenter soit devant le procureur impérial, soit devant l'officier de gendarmerie, soit enfin devant le maire, l'adjoint ou le commissaire de police, pourvu que le délit ou le crime dont il s'agit ait été commis dans leur juridiction.

Mais, si les sous-officiers, brigadiers et gendarmes n'ont pas qualité pour recevoir *officiellement* les plaintes et les dénonciations, il entre essentiellement dans leurs attributions de recevoir et de dresser procès-verbal de toutes *déclarations* touchant les crimes et les délits. Il doivent rechercher, par tous les moyens légaux, tous les renseignements nécessaires à la justice. Ils engagent les déclarants à signer les procès-verbaux, sans cependant pouvoir les y contraindre; si les déclarants ne veulent ou ne peuvent signer, il en est fait mention dans le procès-verbal (art. 274 du décret du 1er mars 1854).

366. — Une déclaration mensongère d'un délit ou d'un crime qui n'a pas été commis est un outrage fait à la gendarmerie (art. 301 du décret du 1er mars 1854. — V. *Outrages*, nos 765 et suiv.).

Si les délits et les crimes portés à la connaissance de la gendarmerie, par un moyen quelconque, ont été commis dans le ressort d'un tribunal autre que celui de l'arrondissement, les commandants de brigade n'en informent pas moins le commandant de l'arrondissement, qui en informe lui-même qui de droit, afin que des poursuites puissent être dirigées. Les services de la gendarmerie n'ont pas de limites.

DENTISTES.

367. — Un dentiste peut exercer sa profession sans diplôme de médecin, de chirurgien ni d'officier de santé, pourvu qu'il ne fasse pas d'opération chirurgicale (cass., 23 fév. 1827. — V. *Charlatans et empiriques*, nos 215 et suiv.).

DÉPÊCHES DES AUTORITÉS.

368. — La gendarmerie ne peut être distraite de son service ni détournée de ses fonctions, qui font l'objet principal de son institution, pour porter les dépêches des autorités civiles ou militaires ; l'administration des postes devant expédier des estafettes extraordinaires, à la réquisition des agents du gouvernement, quand le service ordinaire de la poste ne fournit pas des moyens de communication assez rapides.

Ce n'est donc que dans les cas d'extrême urgence et quand l'emploi des moyens ordinaires amènerait des retards préjudiciables aux affaires, que les autorités peuvent recourir à la gendarmerie pour la communication d'ordres et d'instructions qu'elles ont à donner.

Hors de ces circonstances exceptionnelles et très-rares, il ne leur est point permis d'adresser des réquisitions abusives qui fatiguent inutilement les hommes et les chevaux.

369. — La gendarmerie obtempère aux réquisitions qui lui sont faites par écrit, et lorsque l'urgence est indiquée ; mais elle rend compte immédiatement de ce déplacement aux ministres de la guerre et de l'intérieur. Copie de ces réquisitions est adressée au chef de légion (art. 99 du décret du 1er mars 1854).

Le cas échéant, les commandants des brigades externes se bornent à rendre compte de ce service au commandant de l'arrondissement auquel ils adressent copie de ces réquisitions.

DÉSERTEURS DE LA GENDARMERIE.

370. — Les militaires de la gendarmerie qui n'ont pas rejoint leur poste dans les *dix jours* qui suivent l'expiration de leurs congés ou permissions, et ceux qui, ayant quitté leur poste sans autorisation, ne l'ont pas rejoint dans les deux jours de leur disparition, sont réputés déserteurs et poursuivis comme tels, lors même qu'ils ont accompli le temps de service voulu par la loi de recrutement (art. 578 du décret du 1er mars 1854).

Ces dispositions s'appliquent aux militaires de la gendarmerie démissionnaires ou réformés (art. 36 et 37 du décret du 1er mars 1854).

DÉSERTEURS ET INSOUMIS DE L'ARMÉE DE TERRE ET DE MER.

371. — Il est spécialement prescrit à toutes les brigades de gendarmerie de rechercher avec soin et d'arrêter, partout où ils sont rencontrés, les déserteurs et insoumis signalés, ainsi que les militaires qui sont en retard de rejoindre à l'expiration de leurs congés ou permissions.

Elle arrête également les militaires de l'armée de terre et de mer qui ne sont pas porteurs de feuilles de route, de congés en bonne forme ou d'une permission d'absence signée de l'autorité compétente (art. 336 du décret du 1ᵉʳ mars 1854).

372. — Sont qualifiés insoumis, le jeune soldat, le remplaçant et l'engagé volontaire, auxquels un ordre de route a été notifié, et qui, sans en avoir reçu l'autorisation, ne se présentent pas, au jour fixé par cet ordre, au chef-lieu du département, pour y être passés en revue, ou qui, s'étant rendus à l'appel, ont abandonné en route le détachement dont ils font partie (art. 337 du décret du 1ᵉʳ mars 1854).

373. — L'arrestation, par la gendarmerie, des déserteurs de l'armée de terre et de mer et des insoumis, donne droit à une prime de 25 fr. Le droit à la prime est acquis lorsque l'arrestation a été opérée, savoir :

1° Pour un déserteur de l'armée de terre ou de mer, quarante-huit heures après son absence illégale, et s'il s'agit d'un déserteur arrêté dans le lieu de sa garnison, lorsque les délais de repentir sont expirés ;

2° Pour un insoumis, quarante-huit heures après le jour fixé par l'ordre de route, ou quarante-huit heures après le jour de sa disparition du détachement ;

3° Pour l'arrestation d'un jeune soldat qui, malgré l'ordre qu'il en aurait reçu, ne se serait pas présenté devant l'officier général pour être visité définitivement pour être mis en route.

La prime pour un déserteur de l'armée de mer supporte une retenue de 5 pour 100 au profit de la caisse des invalides de la marine (art. 326 du règl. du 11 mai 1856).

La capture d'un prisonnier de guerre déserteur d'un dépôt de l'intérieur, et celle d'un condamné évadé des ateliers des travaux publics ou du boulet, donnent droit à la prime de 25 fr. sans condition de temps d'absence (art. 327 du règl. du 11 mai 1856).

L'arrestation d'un déserteur ou d'un insoumis qui se présente volontairement à la gendarmerie ne donne plus droit à la prime de 25 fr.

374. — Si le prévenu n'a pas été arrêté par la gendarmerie, le commandant de brigade devant lequel il a été amené rédige, sur la déclaration et en présence du capteur, ainsi qu'en présence du détenu, le procès-verbal d'arrestation. Si le capteur est dans l'intention de réclamer du préfet la gratification qui est accordée par la loi (décret du 12 janv. 1811), il fait viser ce procès-verbal par le commandant de la gendarmerie du département (art. 341 du décret du 1ᵉʳ mars 1854).

A cet effet il est délivré au capteur une expédition spéciale du procès-verbal.

375. — Le délit de désertion et d'insoumission ne se prescrivant pas, les signalements doivent être conservés et les poursuites continuées, jusqu'à ce que l'arrestation soit opérée ou jusqu'à l'arrivée du signalement n° 2, qui indique l'arrestation ou la présentation volontaire (art 343 du décret du 1er mars 1854).

376. — Les brigades vérifient avec le plus grand soin les passeports des voyageurs qui, par leur âge, paraissent appartenir aux classes appelées.

Elles se concertent avec les maires, qui sont obligés de leur communiquer tous les renseignements et indices qu'ils ont recueillis sur le lieu présumé de la retraite des insoumis (art. 345 du décret du 1er mars 1854).

377. — La gendarmerie dresse procès-verbal contre tout individu qui a recélé sciemment la personne d'un déserteur ou insoumis, qui a favorisé son évasion, ou qui, par des manœuvres coupables, a empêché ou retardé son départ (art. 338 du décret du 1er mars 1854).

Ce procès-verbal est visé pour timbre, enregistré en débet et adressé au procureur impérial.

La gendarmerie est autorisée à faire des recherches, avec l'assistance du maire, de l'adjoint ou du commissaire de police, dans les maisons des particuliers prévenus de recéler des réfractaires ou déserteurs (décret du 4 août 1806).

DETTES.

378. — Les sous-officiers, brigadiers et gendarmes qui font des dettes se mettent dans le cas d'être punis. Celles qui ont pour objet leur subsistance ou des fournitures relatives au service, sont payées au moyen d'une retenue ordonnée par les chefs de légion. Les commandants de brigade doivent informer les commandants d'arrondissement des dettes contractées par les gendarmes sous leurs ordres, et ils doivent s'observer eux-mêmes (art. 545 du décret du 1er mars 1854).

DEUIL DE FAMILLE.

379. — Les sous-officiers, brigadiers et gendarmes en deuil de famille peuvent porter le crêpe au bras gauche (art. 309 de l'ord. du 2 nov. 1833).

DEVINS, PRONOSTIQUEURS.

380. — Les gens qui font métier de deviner, pronostiquer ou expliquer les songes, commettent une contravention prévue par l'art. 479 (n° 7) du Code pénal.

Tous les objets et instruments servant à ces espèces d'industries doivent être saisis (art. 481 du Code pénal).

Les procès-verbaux constatant ces contraventions sont visés pour timbre, enregistrés en débet et adressés au ministère public près le tribunal de simple police du canton.

DIFFAMATION.

381. — La diffamation est une injure qualifiée; c'est l'allégation ou l'imputation d'un fait qui porte atteinte à l'honneur et à la considération de la personne ou du corps auquel le fait est imputé. Ce délit est grave, surtout quand il attaque les dépositaires ou agents de l'autorité publique pour des faits relatifs à leurs fonctions (V. *Presse*, n°ᵒˢ 839 à 842).

DISCIPLINE MILITAIRE.

382. — La discipline faisant la force des armées, il importe que tout supérieur obtienne de ses subordonnés une obéissance entière et une soumission de tous les instants; que les ordres soient exécutés littéralement, sans hésitation ni murmure; l'autorité qui les donne en est responsable, et la réclamation n'est permise à l'inférieur que lorsqu'il a obéi.

Si l'intérêt du service demande que la discipline soit ferme, il veut en même temps qu'elle soit paternelle; toute rigueur qui n'est pas de nécessité, toute punition qui n'est pas déterminée par le règlement, ou que ferait prononcer un sentiment autre que celui du devoir, tout acte, tout geste, tout propos outrageant d'un supérieur envers son subordonné sont sévèrement interdits.

Les membres de la hiérarchie militaire, à quelque degré qu'ils y soient placés, doivent traiter leurs inférieurs avec bonté, être pour eux des guides bienveillants, leur porter tout l'intérêt et avoir envers eux tous les égards dus à des hommes dont la valeur et le dévouement procurent leurs succès et préparent leur gloire.

La subordination doit avoir lieu de grade à grade; l'exacte observation des règles qui la garantissent, en écartant l'arbitraire, doit maintenir chacun dans ses droits comme dans ses devoirs (règl. du 2 nov. 1833, sur le service intérieur des troupes).

Ces principes de subordination sont applicables à la gendarmerie, à la magistrature armée (*qualification de M. Dupin aîné*). Les militaires de cette arme doivent se rappeler toujours que le plus beau fleuron de leur couronne est encore d'appartenir à l'armée (V. *Fautes contre la discipline*, n°s 454 et suiv.).

DOMICILE.

383. — Le domicile de chaque citoyen est inviolable.

384. — La gendarmerie ne peut y pénétrer sans se rendre coupable d'abus de pouvoir, sauf les cas déterminés ci-après :

1° Pendant le jour, elle peut y entrer pour un motif formellement exprimé par une loi, en vertu d'un mandat spécial de perquisition décerné par l'autorité compétente (elle peut y entrer, sans mandat, dans le cas de flagrant délit);

2° Pendant la nuit, elle peut y pénétrer dans les cas d'incendie, d'inondation ou de réclamation venant de l'intérieur de la maison.

(Dans les maisons ouvertes au public, la gendarmerie a le droit d'y entrer, même la nuit, jusqu'à l'heure de la fermeture, fixée par l'autorité locale.)

Dans tous les autres cas, elle doit prendre seulement, jusqu'à ce que le jour ait paru, les mesures nécessaires pour cerner la maison et empêcher d'échapper à ses recherches l'individu qui en fait l'objet (V. n° 387).

385. — Le temps de nuit est ainsi réglé :

Du 1er octobre au 31 mars, depuis six heures du soir jusqu'à six heures du matin;

Du 1er avril au 30 septembre, depuis neuf heures du soir jusqu'à quatre heures du matin (art. 291 du décret du 1er mars 1854).

386. — Hors le cas de flagrant délit défini ci-après, la gendarmerie ne peut s'introduire dans une maison sans la volonté du maître. Lorsqu'elle est chargée d'exécuter les notifications de jugements (et autres mandements de justice), elle doit toujours exhiber les extraits de mandats ou de jugements (art. 292 du décret du 1er mars 1854).

Définition du flagrant délit.

Il y a flagrant délit :

Lorsque le crime se commet actuellement ;

Lorsqu'il vient de se commettre ;

Lorsque le prévenu est poursuivi par la clameur publique (V. n° 78).

Lorsque, dans un temps voisin du délit, le prévenu est trouvé muni d'instruments, d'armes, d'effets ou papiers faisant présumer qu'il est auteur ou complice (art. 249 du décret du 1er mars 1854).

387. — Lorsqu'il y a lieu de supposer qu'un individu déjà frappé d'un mandat d'arrestation, ou prévenu d'un crime ou délit pour lequel il n'y aurait pas encore de mandat décerné, s'est réfugié dans la maison d'un particulier, la gendarmerie peut seulement (soit de jour, soit de nuit) garder à vue cette maison et l'investir, en attendant les ordres nécessaires pour y pénétrer, ou l'arrivée de l'autorité qui a le droit d'exiger l'ouverture de la maison pour y faire l'arrestation de l'individu réfugié (art. 293 du décret du 1er mars 1854).

Les dispositions de l'art. 293 précité du décret du 1er mars 1854 exigent, de la part de la gendarmerie, une parfaite connaissance de ses droits et de ses devoirs.

Si l'individu réfugié dans une maison *autre que la sienne* fait l'objet d'un mandat, d'un jugement ou de tout autre ordre d'arrestation de l'autorité compétente, la gendarmerie demande au propriétaire l'autorisation d'entrer, de rechercher et d'arrêter le prévenu. S'il y consent, l'arrestation a lieu. S'il refuse, la maison est gardée à vue, on requiert le maire de faire ouvrir les portes, *si c'est de jour*, et on opère l'arrestation ; si c'est de nuit, il faut attendre que l'heure légale soit venue pour faire ouvrir.

Si, au contraire, l'individu réfugié dans une autre maison que la sienne n'est point sous le coup d'un ordre d'arrestation, il ne doit être arrêté qu'autant qu'il y a flagrant délit, alors même que le propriétaire permettrait l'entrée de sa maison. Dans ce cas, la gendarmerie garde la maison à vue, et prévient immédiatement l'autorité judiciaire, afin qu'elle puisse décerner de suite l'ordre d'arrestation.

388. — Si l'individu réfugié dans la maison d'un autre particulier est recherché à raison d'un crime emportant peine afflictive (V. *Infractions*, n° 611), le propriétaire qui refuserait l'entrée de sa maison après avoir été informé que celui à qui il donne asile est un criminel, commet un délit punissable d'un emprisonnement de trois mois à deux ans, à moins qu'il ne soit ascendant ou descendant, époux ou épouse même divorcés, frère ou sœur du criminel, ou son allié aux mêmes degrés (art. 248 du Code pénal).

Dans ce cas, la gendarmerie arrête aussi le propriétaire pour recèlement de criminel.

DUEL.

389. — L'homicide commis et les blessures faites en duel, si ces blessures ont occasionné une incapacité de travail de plus de vingt jours, constituent un crime punissable d'après les art. 295, 296 et 309 du Code pénal (cass., 11 déc. 1839).

Les procès-verbaux constatant ces crimes ne sont pas soumis au visa pour timbre, ni à l'enregistrement en débet; ils sont adressés au procureur impérial.

Les blessures faites en duel ne constituent qu'un délit puni par l'art. 311 du Code pénal, quand elles n'ont occasionné qu'une incapacité de travail de moins de vingt jours (cass., 11 déc. 1839).

Les témoins sont considérés comme complices et punis comme tels (cass., 11 déc. 1839).

Les procès-verbaux sont visés pour timbre, enregistrés en débet et adressés au procureur impérial.

EAUX THERMALES.

390. — Tous les ans, des militaires de tous grades de la gendarmerie sont admis à faire usage des eaux thermales, quand le besoin en est régulièrement constaté.

Les formalités à remplir sont toujours prescrites en temps utile par des ordres spéciaux des chefs de légion.

391. — Les militaires de la gendarmerie qui vont aux eaux doivent emporter les effets désignés ci-après :

> Un chapeau,
> Un képy,
> Un habit,
> Une veste,
> Un pantalon de drap,
> Un manteau (*cavalerie*),
> Une capote (*infanterie*).

Ces militaires laisseront à leur compagnie le sabre et le ceinturon ou baudrier (note minist. du 18 juillet 1853. — V. *Hôpitaux*, n° 594).

ÉCHENILLAGE.

392. — Dans toutes les communes, les maires, d'après l'ordre des préfets, doivent publier, le 20 janvier de chaque année, la loi du 26 ventose an IV, sur l'échenillage (art. 8 de ladite loi).

La gendarmerie dénonce à l'autorité locale tous ceux qui, dans les délais prescrits, ont négligé d'écheniller (art. 327 du décret du 1er mars 1854).

Le défaut d'échenillage est une contravention punie d'une amende de 1 fr. à 5 fr. (art. 471 (n° 8) du Code pénal).

Les procès-verbaux sont visés pour timbre, enregistrés en débet et adressés au ministère public près le tribunal de simple police du canton.

EFFETS MILITAIRES VENDUS OU ACHETÉS.

393. — Tout militaire qui aura vendu son cheval, ou des effets d'armement, d'habillement et d'équipement, sera puni de la peine des travaux publics. Les militaires qui les auront achetés seront punis de la même peine (loi du 15 juillet 1829).

Tout militaire qui aura détourné, dissipé ou mis en gage des effets d'armement, de grand et de petit équipement, sera puni de prison. Les militaires qui les auront achetés seront punis de la même peine (loi du 15 juillet 1829).

Les procès-verbaux sont dispensés du visa pour timbre et de l'enregistrement en débet ; ils sont adressés à l'autorité militaire.

394. — Tout individu non militaire qui achètera des effets militaires sera puni de prison et d'amende (lois des 22 juillet 1791 et 28 mars 1793. — Cass., 2 sept. 1836).

Les procès-verbaux sont visés pour timbre, enregistrés en débet et adressés au procureur impérial.

ÉLECTIONS.

395. — Les militaires en activité de service ne peuvent être portés sur les listes électorales que dans les communes où ils étaient domiciliés avant leur entrée au service, ou avant leur entrée dans la gendarmerie, s'ils ont été libérés du service régimentaire.

Ils ne pourront voter pour les députés au Corps législatif que lorsqu'ils seront présents, au moment de l'élection, dans la commune où ils seront inscrits (art. 14 du décret organique sur les élections, du 2 fév. 1852).

396. — Sont électeurs, sans condition de cens, tous les Français âgés de vingt-un ans accomplis jouissant de leurs droits civils et politiques (art. 12 du décret du 2 fév. 1852).

397. — Le décret organique du 2 février 1852 punit d'amende et de peines correctionnelles :

1° Celui qui se sera fait inscrire sur la liste électorale sous de faux noms ou de fausses qualités, ou qui se sera fait inscrire sur plusieurs listes, et aussi celui qui se sera fait inscrire étant frappé d'*incapacité* prévue par la loi, et ceux qui auront voté illégalement ;

2° Celui qui, étant chargé par un électeur d'écrire son suffrage, aura écrit sur le bulletin un nom autre que celui qui lui était désigné ;

3° L'entrée dans l'assemblée électorale avec armes apparentes ;

4° Quiconque aura donné, promis ou reçu des deniers, effets ou valeurs quelconques, sous la condition soit de donner ou de procurer un suffrage, soit de s'abstenir de voter, et ceux qui, sous les mêmes conditions, auront fait ou accepté l'offre ou la promesse publics ou privés ;

5° Ceux qui, soit par des voies de fait, violences ou menaces contre un électeur, soit en lui faisant craindre de perdre son emploi, ou d'exposer à un dommage sa personne, sa famille ou sa fortune, l'auront déterminé à s'abstenir de voter ou auront influencé un vote ;

6° Ceux qui, à l'aide de fausses nouvelles, bruits calomnieux ou autres manœuvres frauduleuses, auront surpris ou détourné des suffrages, déterminé un ou plusieurs électeurs à s'abstenir de voter ;

7° Lorsque, par attroupement, clameurs ou démonstrations menaçantes, on aura troublé les opérations d'un collége électoral, porté atteinte à l'exercice du droit électoral ou à la liberté du vote ;

8° Toute irruption dans un collége électoral consommée ou tentée avec violence, en vue d'empêcher un choix ;

9° Les membres d'un collége électoral qui, pendant la réunion, se seront rendus coupables d'outrages ou de violences soit envers le bureau, soit envers l'un de ses membres, ou qui, par voies de fait ou menaces, auront retardé ou empêché les opérations électorales. Il y a aggravation de peine dans le cas de violation du scrutin ;

10° L'enlèvement de l'urne contenant les suffrages émis et non encore dépouillés.

Les procès-verbaux constatant ces délits sont visés pour timbre, enregistrés en débet et adressés au procureur impérial.

398. — Les infractions ci-après désignées sont des crimes, savoir :

1° Toute irruption dans un collége électoral tentée ou consommée avec armes, en vue d'empêcher un choix, ou la même irruption sans armes, si le scrutin a été violé.

2° L'enlèvement de l'urne contenant les suffrages émis et non encore dépouillés, si le fait a eu lieu en réunion ou avec violences ;

3° La violation du scrutin faite soit par les membres du bureau, soit par les agents de l'autorité préposés à la garde des bulletins non encore dépouillés.

Les procès-verbaux constatant ces crimes sont exempts du visa pour timbre et de l'enregistrement en débet ; ils sont adressés au procureur impérial.

399. — Le président du collége électoral ou de la section a seul la police de l'assemblée. Nulle force armée ne peut, sans son autorisation, être placée dans la salle des séances, ni aux abords du lieu où se tient l'assemblée. Les autorités civiles et les commandants militaires (en conséquence, les commandants de brigade) sont tenus de déférer à ses réquisitions (art. 11 du décret réglementaire du 2 fév. 1852).

EMBAUCHAGE, PROVOCATION A LA DÉSERTION, ESPIONNAGE.

400. — Tout embaucheur pour l'ennemi, pour l'étranger ou pour les rebelles sera puni de mort (art. 4 de la loi du 4 nivose an IV).

Seront réputés embaucheurs, ceux qui, par argent, par des liqueurs enivrantes ou tout autre moyen, cherchent à éloigner les militaires de leurs drapeaux pour les faire passer à l'ennemi, à l'étranger ou aux rebelles (art. 2 de la loi du 4 nivose an IV).

401. — Celui qui, sans être embaucheur pour l'ennemi, l'étranger ou les rebelles, engagerait cependant les militaires à quitter leurs drapeaux, sera puni de neuf années de détention (art. 4 de la loi du 4 niv. an IV).

402. — Tout individu, quel que soit son état, qualité ou profession, convaincu d'espionnage pour l'ennemi, et tout étranger surpris à lever les plans des camps, quartiers, cantonnements, fortifications, magasins, manufactures, usines, canaux, rivières, et généralement de tout ce qui tient à la défense et à la conservation du territoire de l'empire et à ses communications, sera arrêté et puni de mort (art. 2 et 3 du titre IV de la loi du 19 brum. an V).

La gendarmerie doit arrêter les auteurs de ces crimes. S'ils sont militaires, ils sont déférés aux conseils de guerre ; s'ils sont civils, ils sont mis à la disposition du procureur impérial.

Les militaires en congé, étant justiciables des tribunaux ordinaires, sont également mis à la disposition du procureur impérial.

Les commandants de brigade doivent rendre compte immédiatement de ces événements aux commandants d'arrondissement.

EMBUSCADES.

403. — En tout temps, les sous-officiers, brigadiers et gendarmes doivent faire des patrouilles et des embuscades de nuit pour protéger le commerce intérieur, en procurant la plus parfaite sécurité aux négociants, marchands, artisans, et à tous les individus que leur commerce, leur industrie et leurs affaires obligent à voyager (art. 335 du décret du 1er mars 1854).

(A l'égard des embuscades à faire en remplacement d'escortes de fonds, V. *Escortes de fonds*, nos 418 et suiv.)

ENFANTS DE TROUPE DE LA GENDARMERIE.

404. — L'organisation de la gendarmerie (décrets des 22 déc. 1851 et 19 fév. 1852) comporte cinq enfants de troupe par compagnie départementale, y compris la légion d'Afrique.

Le décret du 10 juillet 1852 a fixé comme il suit le nombre d'enfants de troupe pour les autres corps de la gendarmerie :

Cinq par compagnie pour la gendarmerie coloniale ;

Deux par compagnie de la gendarmerie mobile (aujourd'hui régiment de gendarmerie de la garde impériale) ;

Deux par compagnie ou escadron de la garde de Paris.

Le décret du 12 août 1854 a fixé à deux le nombre d'enfants de troupe dans l'escadron de gendarmerie de la garde impériale.

Le décret du 15 février 1854 en accorde huit pour la compagnie des gendarmes vétérans.

405. — Aux termes de l'arrêté ministériel du 16 juillet 1852, les enfants de troupe de la gendarmerie ne peuvent être admis s'ils ne sont fils de militaires de l'arme en activité.

Les admissions sont prononcées par le ministre, sur la proposition des chefs de légion qui présentent un nombre de candidats double de celui des places à concéder.

Les mêmes militaires ne peuvent obtenir la nomination que d'un seul de leurs fils, et, aux termes de la circulaire ministérielle du 18 mars 1856, ils sont tenus de s'engager à ne pas se soustraire à l'obligation de mettre leurs enfants en subsistance dans les régiments quand ils ont atteint l'âge de huit ans.

406. — Les enfants de troupe sont admissibles à l'âge de deux ans révolus.

407. — Depuis l'âge de deux ans jusqu'à huit, ils restent dans leurs familles et reçoivent les prestations réglementaires.

408. — A l'âge de huit ans, les enfants des corps ayant une organisation régimentaire sont soumis, chacun dans ces corps, au régime des enfants des autres régiments de l'armée, réglé par l'ordonnance des 4 août 1832 et 10 juillet 1837.

A partir du même âge, les enfants de troupe des légions sont placés en subsistance dans les régiments de l'armée à proximité, auxquels chaque compagnie de gendarmerie rembourse la valeur des prestations.

Ces enfants ne suivent pas les mouvements des corps ; ils sont successivement versés du corps qui part dans celui qui arrive.

Les enfants de troupe ainsi placés en subsistance dans les régiments de l'armée y seront soumis au même régime que les autres enfants de troupe. Toutefois, ceux qui montreront une aptitude spéciale pour la comptabilité, pourront, sans changer de position et sans cesser de suivre les cours de l'école régimentaire, être employés, à partir de l'âge de quatorze ans, dans les bureaux du trésorier de gendarmerie résidant dans la localité.

Les enfants de troupe de la gendarmerie ont un uniforme spécial.

409. — Les enfants des militaires de la gendarmerie décédés, retraités ou réformés pour infirmités ne sont pas rayés des contrôles ; mais les enfants des militaires démissionnaires ou réformés par mesures disciplinaires sont immédiatement rayés des contrôles s'ils sont âgés de moins de huit ans ; s'ils ont dépassé cet âge, ils restent dans les corps de troupe où ils ont été mis en subsistance (arrêté minist. du 20 mai 1855).

(Tarif)

410. — *TARIF de la solde et de la masse attribuées aux enfants de troupe de la gendarmerie par le décret du 21 novembre 1852 et des retenues prescrites par la circulaire ministérielle du 9 janvier 1855 et art. 275 et 284 du règlement du 11 mai 1856.*

DÉSIGNATION de l'âge DES ENFANTS DE TROUPE.	Solde de présence par jour Sans le pain.	Avec le pain.	Supplément de solde dans Paris.	Solde par jour en congé ou à l'hôpital.	Masse individuelle. (B) Fixation de la 1re mise.	Prime journalière.	Sur leur solde, les enfants de troupe versent par jour A la masse.	A l'ordinaire.	Reste par jour, pour centimes de poche.	OBSERVATIONS.
	f. c.	f. c.	f. c.	f. c.	f. c.	f. c.	f. c.	f. c.	f. c.	
Avant l'âge de 8 ans (A)......	» 35	» »	» 12	» 17	» »	» »	» »	» »	» »	(A) Les enfants au-dessous de l'âge de 8 ans reçoivent une indemnité représentative de pain, fixée à 15 cent. par jour.
De 8 à 14 ans.............	» »	» 35	» 12	» 17	60	» 07	» 15	» 15	» 05	(B) La masse individuelle est affectée à l'achat, à l'entretien et au renouvellement de l'habillement, de l'équipement, du linge et de la chaussure.
A 14 ans.............	» »	» 53	» 18	» 25	60	» 07	» 15	» 33	» 05	

Les allocations faites aux enfants âgés de moins de huit ans sont remises à leurs parents.

La masse des enfants de troupe leur appartient s'ils contractent un engagement ; mais, s'ils quittent le service, elle est versée à la masse d'entretien. Il en est de même en cas de décès (art. 699 du règl. du 11 mai 1856).

ENFANTS ABANDONNÉS.

411. — L'abandon d'un enfant au-dessous de l'âge de sept ans, dans un
lieu solitaire, est un délit puni par les art. 349, 350, 351, 352 et 353 du
Code pénal.

Conformément à l'art. 58 du Code civil, quand la gendarmerie trouve un
enfant abandonné, elle le remet au maire de la localité, avec une expédition
du procès-verbal qui doit désigner avec précision le lieu où l'enfant a été
trouvé, attendu que la peine est bien différente selon que le lieu est solitaire ou non solitaire. Elle désigne les vêtements dont il est couvert, la
marque du linge, les papiers et autres objets trouvés en sa possession, et
généralement tout ce qui peut faire reconnaître l'enfant.

Le procès-verbal est visé pour timbre, enregistré en débet et adressé au
procureur impérial.

La gendarmerie cherche ensuite à connaître les auteurs de cet abandon.
Si elle obtient des renseignements, elle en dresse un nouveau procès-verbal, qui doit être visé pour timbre, enregistré en débet et adressé au procureur impérial.

ENLÈVEMENT DE MINEURS.

412. — Quiconque aura, par fraude ou violence, enlevé ou fait enlever
des mineurs, ou les aura entraînés, détournés ou déplacés, ou les aura
fait détourner, entraîner ou déplacer des lieux où ils étaient mis par ceux
à l'autorité ou à la direction desquels ils étaient soumis ou confiés, subira
la peine de la réclusion (art. 354 du Code pénal).

Si la personne ainsi enlevée est une fille au-dessous de seize ans accomplis, le peine sera celle des travaux forcés à temps (art. 355 du Code pénal).

Quand la fille au-dessous de seize ans aurait consenti à son enlèvement
ou suivi volontairement son ravisseur, si celui-ci était majeur de vingt-un

ans ou au-dessus, il sera condamné aux travaux forcés à temps (art. 356 du Code pénal).

Les procès-verbaux sont dispensés du visa pour timbre et de l'enregistrement en débet; ils sont adressés au procureur impérial.

Si le ravisseur n'avait pas encore vingt-un ans, il sera puni de deux à cinq ans (art. 356 du Code pénal). Dans ce cas, les procès-verbaux sont visés pour timbre, enregistrés en débet et adressés au procureur impérial.

Dans le cas où le ravisseur aurait épousé la fille qu'il a enlevée, il ne pourra être poursuivi que sur la plainte des personnes qui, d'après le Code Napoléon, ont le droit de demander la nullité du mariage, ni condamné qu'après que la nullité du mariage aurait été prononcée (art. 357 du Code pénal).

ÉPIDÉMIE.

413. — On appelle *épidémie* les maladies qui attaquent en même temps et dans un même lieu un grand nombre de personnes, ou qui deviennent beaucoup plus fréquentes qu'elles ne le sont ordinairement.

Les commandants de brigade rendent compte aux commandants d'arrondissement des invasions épidémiques dont ils ont connaissance, afin que ces officiers en informent hiérarchiquement l'administration départementale, qui prend les mesures qu'elle croit utiles pour rechercher les causes de la maladie et en arrêter les effets (V. *Salubrité*, nos 1021 et suiv.).

ÉPIZOOTIE.

414. — On appelle *épizootie* les maladies qui attaquent à la fois un grand nombre d'animaux domestiques de même espèce ou d'espèces différentes. Ces maladies ne sont pas toujours contagieuses. Il est rendu compte de ces invasions comme dans le cas d'épidémie.

A l'égard des maladies contagieuses, la gendarmerie constate les infractions ci-après :

415. — Tout détenteur ou gardien d'animaux ou de bestiaux soupçonnés d'être infectés de maladies contagieuses, qui n'aura pas averti sur-le-champ le maire de la commune où ils se trouvent, et qui, même avant que le maire ait répondu à l'avertissement, ne les aura pas tous renfermés, sera puni d'un emprisonnement de six jours à deux mois et d'une amende de 16 fr. à 200 fr. (art. 459 du Code pénal).

Seront également punis d'un emprisonnement de deux à six mois et d'une amende de 200 fr. à 500 fr. ceux qui, au mépris des défenses de l'administration, auront laissé leurs animaux ou bestiaux infectés communiquer avec d'autres (art. 460 du Code pénal).

Si, de la communication mentionnée ci-dessus, il est résulté une contagion parmi les autres animaux, la peine sera de deux à cinq ans d'emprisonnement et d'une amende de 100 fr. à 1,000 fr.

Tous ces délits sont constatés par des procès-verbaux visés pour timbre, enregistrés en débet et adressés au procureur impérial (V. *Salubrité*, nᵒˢ 1021 et suiv.).

ESCORTES.

416. — La gendarmerie fournit les escortes légalement demandées, notamment celles pour la sûreté des recettes générales, convois de poudres et armes de guerre, courriers de malles, voitures et messageries publiques chargées des fonds du gouvernement (art. 460 du décret du 1ᵉʳ mars 1854).

Les réquisitions, pour ce service extraordinaire, sont adressées aux commandants de brigade, dans les résidences où il n'y a pas d'officier (art. 461 du décret du 1ᵉʳ mars 1854. — V. *Escortes de fonds*, nᵒˢ 418 et suiv.).

ESCORTES D'HONNEUR.

417. — (V. *Honneurs à rendre*, nᵒˢ 579 et suiv.).

ESCORTES DE FONDS.

418. — Lorsque la gendarmerie doit pourvoir à la sûreté des diligences et malles chargées de fonds de l'Etat, les officiers (ou les commandants de brigade) ont à se concerter avec les autorités qui font la réquisition pour remplacer, par des patrouilles ou embuscades, dans l'intérêt de la conservation des chevaux, les escortes qui ne sont point indispensables, et qui dérangent le service habituel des brigades.

419. — Ces patrouilles ou embuscades, qui ont lieu plus particulièrement la nuit, sont combinées suivant la longueur du trajet que parcourent les diligences ou malles et suivant les dangers prévus (art. 462 du décret du 1ᵉʳ mars 1854).

420. — Lorsque l'escorte de fonds est reconnue indispensable par les préfets ou sous-préfets, elle ne peut être refusée ; dans ce cas, si les gendarmes ne trouvent pas place à côté du conducteur, sur la voiture, ils la suivent, sans pouvoir l'abandonner avant l'arrivée à destination ou avant d'avoir été relevés.

421. — Ils ne doivent se placer ni en avant ni sur les côtés de la voiture, mais se tenir en arrière à une distance de 100 mètres environ, afin de ne pas la perdre de vue, et d'être à même d'arriver subitement en cas d'attaque.

422. — Pour ces escortes, les armes doivent être chargées (art. 463 du décret du 1ᵉʳ mars 1854).

Dans le cas où l'escorte n'a pas été jugée nécessaire au moment du départ des fonds, la réquisition est remise au conducteur de la voiture, lequel peut en faire usage, au besoin, dans toute l'étendue de la route à parcourir (art. 464 du décret du 1ᵉʳ mars 1854).

423. — La gendarmerie est également chargée de fournir des escortes pour la surveillance des transports et mouvements d'espèces entre les départements et les hôtels des monnaies, lorsque des réquisitions lui en sont faites par les autorités.

Mais cette surveillance ne doit s'exercer, en général, qu'au moyen de patrouilles et embuscades ; elle n'a lieu que dans les circonstances et sur les points des grandes routes où il y a quelque danger à craindre.

Il n'est fourni d'escorte que dans le très-petit nombre de cas où ce service est le seul qui offre une garantie réelle. Ce service doit être combiné avec les autorités, pour le temps et les moyens, de manière à n'occasionner à la gendarmerie que le moins de dérangement possible (art. 465 du décret du 1ᵉʳ mars 1854).

424. — Lorsque la gendarmerie se trouve dans l'impossibilité absolue d'escorter, elle en mentionne les causes sur la réquisition même (art. 466 du décret du 1ᵉʳ mars 1854).

425. — Les percepteurs des communes n'ont pas le droit de requérir la gendarmerie de les escorter : s'ils ont à craindre une attaque contre les fonds dont ils sont chargés, ils s'adressent au maire, et le prient de requérir cette escorte (art. 459 du décret du 1er mars 1854. — V. *Réquisitions*, n° 916).

___

ESCORTES DE POUDRES PAR TERRE.

426. — La gendarmerie fournit les escortes aux convois de poudres, et, en cas d'insuffisance, le chef d'escorte requiert de la municipalité la garde nécessaire : cette garde est aux ordres du commandant du convoi (art. 467 du décret du 1er mars 1854).

427. — Le commandant de l'escorte affecte un homme de sa troupe à chaque voiture, et visite fréquemment toutes les voitures, pour s'assurer si le tout est en bon état, s'il n'y a aucun accident à craindre et si l'on prend toutes les mesures de précaution nécessaires pour les éviter (art. 468 du décret du 1er mars 1854).

Non-seulement il peut faire refaire le chargement, s'il y a nécessité, mais encore s'il reconnaît que l'emballage ou l'encaissement a souffert, il fait procéder au reconditionnement, après constatation par le sous-intendant militaire ou son suppléant, dans la localité, de la nécessité du travail. La dépense qui doit en résulter sera remboursée aux entrepreneurs des transports, sur pièces justificatives, s'il n'est pas établi que le dommage provient du fait du transporteur (art. 40 du cahier des charges du marché passé le 31 déc. 1855).

Aucune voiture de roulage affectée au transport des poudres ou autres matières explosibles y assimilées, ne doit recevoir plus de quatre rangs de barils enchappés de 50 kil. ou trois rangs de barils de 100 kil.

Les barils doivent être assujettis de manière à prévenir tout frottement (les cales doivent être en bois).

On n'admet sur les voitures affectées au transport des poudres, ni voyageurs, ni marchandises (art. 41 du cahier des charges précité).

428. — Il fait marcher autant que possible le convoi sur la terre, jamais plus vite que le pas, et sur une seule file de voitures.

429. — Il ne souffre près du convoi aucun fumeur, soit de la troupe d'escorte, soit étranger. Il est responsable des accidents qui peuvent provenir de cette cause et de tous autres qui peuvent être attribués à sa négligence (art. 469 du décret du 1er mars 1854).

430. — Le commandant de l'escorte empêche que rien d'étranger aux poudres ne soit sur les voitures, particulièrement des métaux et des pierres, qui, par leur choc, peuvent produire du feu : que personne n'y monte qu'en cas de dérangement ou de réparations indispensables à faire à un baril (ce qui doit avoir lieu très-rarement et avec les plus grandes précautions, en descendant à cet effet le baril de la voiture et se servant d'un maillet en bois) que toutes les voitures étrangères à celles du convoi n'approchent pas de celui-ci : il les fait au besoin détourner ou arrêter (art. 470 du décret du 1er mars 1854).

Il ne laisse approcher personne du convoi, et il veille à ce qu'il ne soit pas fait de feu dans les environs.

431. — Il fait passer les convois en dehors des communes, lorsqu'il y a possibilité, et quand on est forcé de les faire entrer dans les villes, bourgs ou villages, il requiert la municipalité de faire fermer les ateliers et boutiques d'ouvriers dont les travaux exigent du feu, et de faire arroser, si la route est sèche, les rues par où l'on doit passer (art. 471 du décret du 1er mars 1854).

432. — Le convoi n'est jamais arrêté ni stationné dans les villes, bourgs ou villages, et on le fait parquer au-dehors, dans un lieu isolé des habitations, sûr, convenable, et reconnu à l'avance (art. 472 du décret du 1er mars 1854).

433. — Le commandant de l'escorte requiert le maire, à défaut de troupe de ligne, de fournir un poste suffisant de garde nationale, pour veiller à la sûreté du convoi jusqu'au moment du départ.

A défaut de troupe de ligne et de garde nationale, le maire requiert quelques habitants pour garder le convoi.

434. — Dans le cas seulement où le convoi n'est pas gardé par la troupe de ligne, le commandant de l'escorte est tenu de s'assurer par lui-même, pendant la nuit, si ce service se fait avec exactitude (art. 473 du décret du 1er mars 1854).

435. — La gendarmerie chargée de fournir les escortes de poudre a le droit d'empêcher la circulation des convois pendant la nuit (art. 474 du décret du 1er mars 1854).

436. — La réquisition, pour l'escorte, faite par l'agent chargé d'expédier les poudres, est adressée au commandant de la gendarmerie du lieu du départ, qui ne peut refuser d'obtempérer, et donnera à cet agent un reçu de la réquisition.

Cette réquisition est remise par le commandant de l'escorte à celui qui le relève, et il en tire reçu et ainsi de suite de brigade en brigade, jusqu'à l'arrivée à sa destination, où cette réquisition est remise à l'agent en chef chargé de recevoir les poudres, lequel l'adresse au ministre ou à l'administration dont il dépend, avec tous les renseignements qui y sont mentionnés (art. 475 du décret du 1er mars 1854).

437. — Tout transport de poudre dont le poids excède 500 kil. doit être escorté.

438. — Tout individu chargé de faire un transport pour le compte du département de la guerre doit être porteur d'une lettre de voiture revêtue du visa du fonctionnaire qui a signé l'ordre d'exécution, soit du maire ou adjoint de la commune où s'opère le chargement de la voiture, afin qu'il soit toujours facile de reconnaître en route l'origine et la destination du matériel. Le cachet du signataire de l'ordre ou le cachet de la mairie doit être joint au visa (art. 476 du décret du 1er mars 1854).

439. — Cette disposition est applicable aux transports de poudres du poids de 500 kil. et au-dessous, bien qu'ils soient dispensés de marcher habituellement sans escorte. L'escorte doit être requise et accordée partout où la nécessité est reconnue, lors même que le transport a déjà été mis en route sans escorte (art. 477 du décret du 1er mars 1854).

440. — Les gendarmes chargés de ces escortes ne peuvent abandonner les voitures confiées à leur garde avant d'avoir été relevés (art. 478 du décret du 1er mars 1854).

ESCORTES DE POUDRES PAR EAU.

441. — La gendarmerie est également chargée de la surveillance du transport des convois de poudres par eau; elle exige que les barils soient arrangés et empilés d'une manière convenable sur les bateaux, et qu'ils soient entièrement isolés de tout autre objet transporté à bord du même bateau; enfin qu'ils soient entourés de tous côtés par de la paille et recouverts partout d'une toile bien serrée ou goudronnée (art. 479 du décret du 1er mars 1854).

L'art. 42 du marché passé le 31 décembre 1855 dit :

« Les barils doivent être empilés avec solidité sur des planches ou pièces
« de bois, de manière que les barils des rangs inférieurs soient au moins
« à 10 centimètres au-dessus du fond de la barque.

« Des espaces sont réservés pour les eaux qui doivent être écopées.

« Les chargements sont isolés de tous objets mis à bord des barques. »

(Pour l'emballage ou l'encaissement qui ne présenteraient pas toutes les
garanties nécessaires pour assurer la sécurité et la conservation des munitions, V. l'art. 427 de cet ouvrage.)

442. — Le commandant de l'escorte affecte un ou plusieurs hommes à
chaque bateau, suivant la force dont il peut disposer ; il ne souffre pas
qu'on fasse du feu à bord, ni qu'on y fume. Il est responsable des accidents qui proviennent par suite de contravention à ces instructions
(art. 480 du décret du 1er mars 1854).

443. Il veille à ce qu'on jette exactement l'eau que le bateau est dans
le cas de faire et même que l'on bouche ou diminue la voie.

S'il fait travailler avec quelques outils, on ne se sert que de maillets de
bois comme il est prescrit pour réparer les barils (V. n° 430), et on ôte
avec précaution les barils de poudre des endroits où l'on travaille et des
parties qui les environnent (art. 481 du décret du 1er mars 1854).

444. — Lorsqu'un convoi par eau traverse une ville, un bourg ou un
village, le commandant de l'escorte se détache et requiert la municipalité
de faire fermer les ateliers et les boutiques des ouvriers dont les travaux
exigent du feu, ainsi qu'il est prescrit pour les convois par terre.

445. — Les bateaux chargés de poudre doivent toujours être isolés,
soit dans la marche, soit lorsqu'ils sont amarrés. En conséquence, le commandant de l'escorte fait éloigner tous les autres bateaux qui veulent s'en
approcher (art. 483 du décret du 1er mars 1854).

446. — Il ne laisse pas amarrer les bateaux chargés de poudre près
des communes ou habitations ; il veille à ce qu'aucun étranger n'approche
du convoi, et à ce qu'on ne fasse pas de feu dans les environs.

Lorsqu'un bateau est amarré, il doit rester le jour et la nuit au moins
un gendarme à bord, et le commandant de l'escorte exige qu'il y reste un
marinier pour parer aux événements qui pourraient arriver (art. 484 du
décret du 1er mars 1854).

(Il est important que le commandant de l'escorte oblige les bateaux chargés de poudre à s'arrêter pendant la nuit, pour éviter les accidents.)

447. — Dans le cas où des événements extraordinaires, tels qu'inondations, glaces et fermeture des canaux, empêchent des poudres de suivre leur destination, le commandant de l'escorte en prévient de suite le commandant de la place, ou, à son défaut, le maire, qui les fait emmagasiner dans un lieu sec et sûr, jusqu'à ce qu'elles puissent repartir ; le chef de l'escorte remet la réquisition et les instructions qui l'accompagnent à ces autorités ; il en tire reçu, prévient la brigade la plus voisine, rend compte immédiatement à ses chefs, et l'escorte rentre à sa résidence.

Lorsque les poudres peuvent suivre leur destination, l'une ou l'autre de ces autorités requiert l'escorte d'usage, lui remet les pièces et en tire reçu (art. 485 du décret du 1er mars 1854).

ESCORTES DE POUDRES EN CHEMINS DE FER.

448. — Les dispositions à prendre pour la surveillance des transports de poudres par les chemins de fer sont déterminées par un règlement spécial en date du 10 novembre 1852. Les gendarmes chargés de l'escorte veillent scrupuleusement à l'exécution des mesures de précaution prescrites par ce règlement (art. 486 du décret du 1er mars 1854).

Règlement du 10 novembre 1852 sur le transport des poudres et munitions de guerre, par les chemins de fer.

Nota. — Quelques modifications ont été apportées par le marché du 31 décembre 1855. Elles sont ici consignées.

Art. 1er. Conformément à l'art. 21 du règlement général du 15 novembre 1846, les poudres de guerre, de mine ou de chasse ne pourront jamais être transportées par les trains de voyageurs ou par des trains de marchandises qui remorquent un ou plusieurs wagons de voyageurs.

Art. 2. Les poudres de guerre seront toujours livrées aux chemins de fer dans des doubles barils ; les poudres de mine ou de chasse seront enfermées dans un sac de toile ou dans des cartouches de papier et placées dans un baril ou dans une caisse en bois. Les munitions confectionnées seront enfermées dans des caisses ou barils, selon l'espèce, le tout conformément à l'usage pour le transport ordinaire des poudres. (Pour l'emballage et l'encaissement qui ne présenteraient pas toutes les garanties de sécurité nécessaires, V. l'art. 427 de cet ouvrage.)

Art. 3. Les barils ou les caisses de poudre seront chargés sur des wagons à ressorts de choc, attelés au contact, avec caisses fermées, à pavillons couverts en feuilles métalliques.

Art. 4. Lorsqu'un wagon servira au transport de la poudre, son plancher devra être recouvert d'un prélart imperméable, de manière à prévenir le tamisage sur la voie.

Art. 5. Les surfaces des ferrures des axes ou leviers de transmission de mouvement des trains qui pourraient êtres apparentes dans les wagons seront soigneusement recouvertes d'étoffes ou enveloppées par des manchons en bois.

Art. 6. Il est interdit de faire usage du frein que pourrait porter un wagon chargé de poudre.

Art. 7. Les personnes préposées à la garde des poudres par l'administration de la guerre se placeront avec les conducteurs du convoi de marchandises.

Il leur sera formellement interdit, ainsi qu'aux agents de la compagnie, de monter, pendant le trajet, sur les wagons chargés de poudre.

Art. 8. La charge, y compris les fûts (ou caisses) d'un wagon à poudre, ne dépassera pas 3,000 kil.

Le poids brut d'une livraison ne sera jamais supérieur à la charge de quatre wagons.

(L'art. 43 du marché passé le 31 décembre 1855, dit qu'en cas d'urgence des envois supérieurs à 12,000 kilog. peuvent être ordonnés.)

(Le nombre de wagons composant les convois n'est pas limité.)

Art. 9. Les compagnies seront toujours prévenues vingt-quatre heures à l'avance des livraisons de poudre que l'administration aura à leur faire.

Chaque livraison ne devra séjourner dans les gares, au départ ou à l'arrivée, que le temps strictement nécessaire soit au chargement, soit au déchargement et à l'enlèvement des poudres.

Dans le cas où le transport des magasins de l'Etat ou de celui de la gare au lieu de destination devrait être effectué par les wagons qui sont propres à l'administration de la guerre, cette dernière sera tenue de prendre des mesures pour que son matériel ne séjourne pas au-delà de deux heures dans les locaux de la compagnie.

Art. 10. Les wagons à prendre seront placés à l'extrémité du convoi, du côté opposé à la locomotive. Ils seront cependant toujours suivis de trois wagons ordinaires qui formeront la queue du train.

Dans les mouvements de gare à opérer pour la composition et la décomposition des trains, les wagons à prendre ne pourront être manœuvrés par des machines locomotives.

449. — Conformément au marché passé le 31 décembre 1855, le commandant de la gendarmerie (même le commandant de brigade) chargé des escortes aux points de départ doit prévenir en temps utile les commandants de la gendarmerie de chacune des villes sur le parcours de la ligne où l'escorte doit être relevée. En même temps, l'administration des chemins de fer, avec laquelle la gendarmerie doit s'être préalablement entendue pour connaître l'heure du départ, donne le même avis par le télégraphe électrique aux chefs de gare, qui sont tenus de le faire parvenir de suite aux commandants de la gendarmerie des résidences où l'escorte doit être relevée (art. 44).

Les gendarmes qui relèvent l'escorte ne doivent jamais se faire attendre. S'ils faisaient défaut, l'escorte précédente continuerait le service (art. 45).

Les militaires chargés de l'escorte jouissent, à l'aller et au retour, de la gratuité du transport. Des sièges doivent être fournis dans les wagons (art. 46).

Les poudres ne devant séjourner dans les gares que le temps normal nécessaire à leur chargement, déchargement ou enlèvement, les compagnies des chemins de fer, afin d'obtenir ce résultat, doivent se prévenir, en temps utile et par le télégraphe, quand les envois auront à parcourir plusieurs lignes ferrées (art. 48).

Si les expéditions ont un parcours de terre qui oblige à diviser l'envoi, l'autorité militaire devra, sur la demande qui lui en sera faite, fournir aux entrepreneurs des locaux où les poudres seront déposées jusqu'à leur enlèvement, et prendre toutes les mesures de surveillance qu'elle jugera nécessaires pour la sûreté des munitions (art. 49).

Lorsque la nécessité du service exige que les transports de poudres et munitions aient lieu en infraction des règlements de police, le sous-intendant militaire ou son suppléant (même le maire), après s'être concerté avec l'autorité militaire et civile locale, requiert, par écrit, les compagnies des chemins de fer chargées des transports pour l'exécution immédiate des dispositions jugées nécessaires pour éviter l'encombrement et assurer la conservation des poudres et munitions (art. 50).

450. — *Observations.* — La gendarmerie ne peut pas trop étudier les prescriptions précitées, car c'est elle qui est responsable de tout accident qui pourrait résulter de l'inobservation de ses devoirs.

Il est très-essentiel que la gendarmerie du point de départ annote, en marge des réquisitions, le numéro et la lettre des wagons chargés de munitions. Il faut aussi annoter en *toutes lettres* le nombre de wagons composant le convoi. Si, en route, il survient quelques changements dans la composition du convoi, il faut encore les annoter sur la réquisition, de manière que cette réquisition soit toujours en rapport parfait avec le chargement en circulation, quant au nombre de wagons. L'expérience a démontré trop souvent que la plupart des sous-officiers, brigadiers et gendarmes ne savent pas même combien de wagons ils doivent remettre à ceux qui les remplacent sur les grandes lignes des voies ferrées, ou à leur arrivée à destination.

Souvent aussi les réquisitions n'indiquent pas exactement le poids des chargements, et présentent des différences notables avec les lettres de voiture ; dans ce cas, il faut, au point de départ, annoter sur les réquisitions le poids réel des chargements, en se basant sur la lettre de voiture. Cette appréciation de la différence de poids est toujours facile, puisque chaque wagon ne peut être chargé que de 3,000 kilogrammes. En supposant qu'une réquisition porte un poids de 5,000 kilogrammes, s'il y a trois wagons chargés, il est évident que la réquisition est inexacte et que le poids total du chargement dépasse 6,000 kilogrammes.

ESCROQUERIE, ABUS DE CONFIANCE.

451. — Quiconque, soit en faisant usage de faux noms ou fausses qualités, soit en employant des manœuvres frauduleuses pour persuader l'existence de fausses entreprises, d'un pouvoir ou d'un crédit imaginaire, ou pour faire naître l'espérance ou la crainte d'un succès, d'un accident ou de tout autre événement chimérique, se sera fait remettre ou délivrer des fonds, des meubles ou des obligations, dispositions, billets, promesses, quittances ou décharge, et aura, par un de ces moyens, escroqué ou tenté d'escroquer la totalité ou partie de la fortune d'autrui, sera coupable du délit d'escroquerie, et puni d'un emprisonnement d'un an à cinq ans et d'une amende de 50 fr. à 3,000 fr. (art. 405 du Code pénal).

Le délit d'escroquerie est souvent difficile à bien définir, et, d'après

Duvergier, la jurisprudence n'est pas toujours bien assise à cet endroit ; mais pour la gendarmerie, qui se borne à constater des faits, il suffit que le coupable ait, par des moyens frauduleux, soustrait ou obtenu des valeurs, marchandises, titres, effets ou objets quelconques, pour rédiger procès-verbal.

Quiconque aura abusé des besoins, des faiblesses ou des passions d'un mineur pour lui faire souscrire, à son préjudice, des obligations, quittances ou décharges pour prêt d'argent ou de choses mobilières, ou de tous autres effets obligatoires, sous quelque forme que cette négociation ait été faite ou déguisée, commet un abus de confiance puni de deux mois à deux ans de prison, d'amende, restitution et dommages-intérêts (art. 406 du Code pénal).

Quiconque, abusant d'un blanc-seing qui lui aura été confié, aura frauduleusement écrit au-dessus une obligation ou décharge, commet aussi un abus de confiance puni d'un emprisonnement d'un an à cinq ans et d'une amende de 50 fr. à 3,000 fr. (art. 407 du Code pénal).

Quiconque aura détourné ou dissipé, au préjudice des propriétaires, possesseurs ou détenteurs, des effets, deniers, marchandises, billets, quittances et autres écrits qui ne lui auraient été remis qu'à titre de dépôt, de louage ou de mandat, ou de toute autre manière, à la charge de les représenter, commet aussi un abus de confiance puni de deux mois à deux ans de prison (art. 408 du Code pénal).

Tous ces délits sont constatés par des procès-verbaux visés pour timbre, enregistrés en débet et adressés au procureur impérial.

EXÉCUTIONS DE CRIMINELS CIVILS.

452. — Les détachements de gendarmerie requis lors des exécutions des criminels condamnés par les cours d'assises sont uniquement préposés pour maintenir l'ordre, prévenir ou empêcher les émeutes, et protéger, dans leurs fonctions, les officiers de justice chargés de mettre à exécution les jugements de condamnation (art. 109 du décret du 1er mars 1854).

EXÉCUTIONS DE JUGEMENTS MILITAIRES.

453. — Lors de l'exécution des jugements des tribunaux militaires, soit dans les divisions de l'intérieur, soit dans les camps ou armées, la gendarmerie, s'il y en a, ne peut être commandée que pour assurer le maintien de l'ordre, et reste étrangère à tous les détails de l'exécution.

Un détachement de troupe de ligne est toujours chargé de conduire les condamnés au lieu de l'exécution, et si la peine que doivent subir les condamnés n'est pas capitale, ils sont, après que le jugement a reçu son effet, remis à la gendarmerie, qui requiert qu'une partie du détachement lui prête main-forte pour assurer le transfèrement et la réintégration des condamnés dans la prison (art. 134 du décret du 1er mars 1854).

FAUTES CONTRE LA DISCIPLINE ET PUNITIONS.

Section 1re. — *Fautes contre la discipline.*

454. — Sont réputés fautes contre la discipline.

De la part des supérieurs :

Tout propos injurieux ou humiliant envers un subordonné; toute punition injustement infligée et tout abus d'autorité à son égard;

Toute négligence de leur part à punir les fautes de leurs subordonnés et à rendre compte à leurs chefs.

455. — De la part de l'inférieur :

Tout défaut d'obéissance, tant qu'il n'a pas le caractère d'un délit, tout murmure, mauvais propos, signe de mécontentement envers ses supérieurs; tout manquement au respect qui lui est dû; toute violation des punitions; tout dérèglement de conduite; la passion du jeu et l'habitude de contracter des dettes; les querelles, soit entre hommes de la gendarmerie, soit avec d'autres militaires, soit avec des habitants des villes et des campagnes.

456. — L'ivresse, lors même qu'elle ne trouble point l'ordre public ou militaire.

(Quand un gendarme est en état d'ivresse, le commandant de brigade le fait coucher. S'il trouble l'ordre, il charge les autres gendarmes de s'en rendre maîtres et, au besoin, ils le conduisent à la salle de police. L'on doit écarter d'un soldat ivre l'action immédiate des chefs. A moins de nécessité absolue, la punition encourue par un homme ivre ne doit lui être infligée qu'après que l'état d'ivresse a cessé (art. 210 du régl. du 2 nov.

1833, sur le service intérieur des troupes, et circ. minist. des 23 déc. 1831, 12 nov. 1832 et 30 déc. 1844. — V. *Ordre intérieur*, n° 762).

Le manquement aux appels et toute absence non autorisée; toute contravention aux règlements sur la police, la discipline et les différentes parties du service.

Enfin tout ce qui, dans la conduite ou dans la vie habituelle du militaire, s'écarte de la règle, de l'ordre, de l'esprit d'obéissance et de la déférence que le subordonné doit à ses chefs.

457. — Les fautes deviennent plus graves quand elles se réitèrent, et surtout quand elles ont lieu pendant la durée du service, ou lorsqu'il s'y joint quelque circonstance qui peut porter atteinte à l'honneur ou entraîner du désordre (art. 553 du décret du 1er mars 1854).

Les sous-officiers, brigadiers et gendarmes sont soumis, chacun en ce qui le concerne, aux règlements de discipline militaire et aux peines que les supérieurs sont autorisés à infliger à leurs inférieurs pour les fautes et négligences dans le service (art. 554 du décret du 1er mars 1854).

En ce qui concerne le service de l'ordre public, tout sous-officier, brigadier et gendarme peut être puni par un militaire de l'arme du grade supérieur ou qui en exerce temporairement les fonctions (art. 555 du décret du 1er mars 1854).

458. — Les chefs de légion peuvent, d'après le compte qui leur est rendu, restreindre ou augmenter les punitions prononcées par les officiers et chefs de brigades sans leurs ordres, sans s'écarter, dans aucun cas, des règles qui sont prescrites ci-après à l'article *punitions*, pour la nature et la durée des punitions.

Ils peuvent en changer la nature et même les faire cesser: dans ce cas, ils font apprécier à celui qui a puni l'erreur qu'il a commise, et le chargent de lever la punition. Ils le punissent lui-même, s'ils reconnaissent qu'il y ait eu de sa part abus d'autorité (art. 556 du décret du 1er mars 1854).

459. — Les punitions infligées par leurs chefs aux militaires de la gendarmerie, devant être examinées chaque année par les inspecteurs généraux de l'arme et pouvant motiver de leur part une répression nouvelle, sont inscrites sur les registres à ce destinés, avec des détails suffisants pour faire apprécier la nature et la gravité des fautes qui les ont provoquées (art. 557 du décret du 1er mars 1854).

Punitions.

460. — Les punitions de discipline à infliger aux sous-officiers, brigadiers et gendarmes, sont :

La consigne à la caserne ;
La salle de police ;
La prison du corps ou de la place.

461. — Ces punitions ne peuvent être infligées pour plus de quinze jours (art. 564 du décret du 1er mars 1854).

Les punitions sont infligées de la manière suivante :

Par les sous-officiers et brigadiers, huit jours de consigne et quatre jours de salle de police ;

Par les commandants d'arrondissement, dix jours de consigne, huit jours de salle de police et quatre jours de prison ;

Par les commandants de compagnie, quinze jours de consigne, quinze jours de salle de police et huit jours de prison ;

Le chef de légion peut ordonner jusqu'à quinze jours de salle de police et quinze jours de prison.

Dans les corps de gendarmerie ayant une organisation régimentaire, les punitions infligées par les sous-officiers et brigadiers sont les mêmes que celles déterminées par l'ordonnance du 2 novembre 1833 sur le service intérieur des corps (art. 565 du décret du 1er mars 1854).

Cependant, si un sous-officier, brigadier ou gendarme commet contre la discipline une faute de nature à mériter une plus forte punition, les chefs de légion sont autorisés à prolonger la peine de la prison jusqu'à ce que le ministre de la guerre ait prononcé. Ils sont tenus de lui adresser leur rapport à cet effet, dans les trois jours à compter de celui où ils ont cru devoir prolonger la durée de cette peine.

462. — Les punitions de salle de police et de prison, pour les commandants de brigade, sont toujours subies au chef-lieu de l'arrondissement ou de la compagnie.

463. — Les punitions à infliger aux maréchaux des logis adjoints aux trésoriers sont prononcées, en ce qui concerne leur service spécial, par l'officier qui en a la direction, ou par le commandant de la compagnie ; pour tout autre objet, elles le sont par tout supérieur en grade (art. 566 du décret du 1er mars 1854).

464. — Les sous-officiers, brigadiers et gendarmes consignés ne sont dispensés d'aucun service; les sous-officiers, brigadiers et gendarmes punis de salle de police ne font aucun service (art. 567 du décret du 1er mars 1854).

465. — Les commandants de compagnie peuvent augmenter les punitions infligées par leurs inférieurs dans les limites déterminées par l'article 565 du décret du 1er mars 1854 (n° 461). Lorsqu'il y a lieu de diminuer une punition, ils en font la demande au chef de légion, par la voie du rapport journalier.

466. — Le chef de légion seul peut ordonner que les sous-officiers, brigadiers et gendarmes punis de prison subissent leur peine à la prison de la place. Il rend compte immédiatement au général commandant la division des mesures qu'il a cru devoir prescrire à cet égard (art. 568 du décret du 1er mars 1854).

467. — Tout sous-officier, brigadier et gendarme, lors même qu'il se croit injustement puni, doit d'abord se soumettre à la punition disciplinaire prononcée contre lui; mais il peut, après avoir obéi, faire des réclamations auprès de l'officier immédiatement supérieur en grade à celui qui a puni, ou auprès du commandant si la punition a été infligée par un sous-officier ou brigadier du même arrondissement.

Ces réclamations sont transmises au chef de légion par la voie hiérarchique, avec l'avis des commandants de compagnie.

Les punitions contre lesquelles on a réclamé sans de justes motifs peuvent être augmentées par le chef de légion (art. 562 et 569 du décret du 1er mars 1854).

Nota. — La réclamation est permise avant l'expiration de la punition, mais l'homme puni continue de subir sa punition jusqu'à ce qu'il soit fait droit à sa réclamation, s'il y a lieu.

En fait, ce ne serait pas permettre la réclamation à l'homme puni, s'il fallait (comme l'entendent plusieurs auteurs) qu'il attendît que la punition fût expirée. Les art. 562 et 569 du décret du 1er mars 1854 ne peuvent être autrement interprétés.

A l'égard de ces réclamations, l'art. 355 de l'ordonnance du 2 novembre 1833, sur le service intérieur des troupes, est fort explicite; il prévoit les cas où les punitions sont injustement infligées, trop sévères, ou infligées par suite de rapports inexacts, d'informations mal prises, ou pour des motifs particuliers étrangers au service. Or, pour redresser ces abus en temps utile et faire équitablement l'application de l'art. 556 du règlement du 1er mars 1854, il faut bien que la réclamation arrive au chef de légion avant l'expiration de la punition, pour la modifier ou la faire cesser, s'il y a lieu.

A l'égard des suspensions, rétrogradations et cassations des sous-officiers et brigadiers, V. *Cassation*, n⁰ˢ 198 et suivants.

FAUX EN ÉCRITURES.

468. — Il serait difficile d'énumérer les cas qui constituent *le crime ou le délit de faux en écritures publiques ou authentiques, de commerce ou de banque, et privée.*

469. — Le *crime de faux* se commet par tout fonctionnaire ou officier public dans l'exercice de ses fonctions :

Par fausses signatures, altération des actes, écritures ou signatures ; par écritures faites ou intercalées sur des registres ou d'autres actes publics depuis leur confection ou leur clôture ;

En rédigeant des actes de son ministère, si, frauduleusement, il en dénature la substance ou les circonstances, soit en écrivant des conventions autres que celles qui auraient été tracées ou dictées par les parties, soit en constatant comme vrais des faits faux, ou comme avoués des faits qui ne l'étaient pas ;

Par la délivrance d'un passeport ou d'une feuille de route à une personne qui prend un nom supposé, s'il est instruit de la supposition de nom ; ou s'il délivre un certificat faux d'où il peut résulter soit lésion envers des tiers, soit préjudice envers le trésor public.

470. — Le *crime de faux* se commet aussi par toute autre personne :

Par faux en écriture authentique et publique, de commerce ou de banque, ou privée, soit par contrefaçon ou altération d'écritures ou de signatures, soit par fabrication de conventions, dispositions, obligations ou décharges, ou par insertion après coup dans ces actes, soit par addition ou altération de clauses ou tout autre moyen frauduleux, soit en faisant usage de ces actes ;

Par tout individu qui aura fabriqué des certificats faux ou qui en aura fait usage, quand il en sera résulté soit lésion envers des tiers, soit préjudice envers le trésor public.

Les peines varient depuis le bannissement jusqu'aux travaux forcés à perpétuité ; une amende est toujours prononcée.

Les procès-verbaux constatant ces crimes sont dispensés du visa pour timbre et l'enregistrement en débet ; ils sont adressés au procureur impérial.

471. — Les autres *faux*, qui ne constituent que des *délits*, peuvent être commis par tout individu :

Par la fabrication de faux passeports ou feuilles de route, ou par leur falsification ;

Par la demande d'un passeport sous un nom supposé. Les témoins qui concourent sciemment à faire délivrer ce passeport sont également coupables.

Et généralement par la fabrication, l'altération, la falsification et l'usage de tout acte ou certificat faux, ayant pour objet de tromper la surveillance publique, ou pour but de faire obtenir crédit, secours ou place, ou de s'affranchir d'un service public.

Les logeurs et aubergistes qui, sciemment, inscriront sur leurs registres, sous des noms faux ou supposés, les personnes logées chez eux (art. 145 à 162 du Code pénal).

Ces délits sont constatés par des procès-verbaux visés pour timbre, enregistrés en débet et adressés au procureur impérial.

FAUX MONNAYEURS ET CONTREFAÇON DE SCEAUX, TIMBRES ET POINÇONS.

472. — Les commandants de brigade rendent compte immédiatement aux commandants d'arrondissement de la découverte d'ateliers et d'instruments servant à fabriquer la fausse monnaie, et de l'arrestation des faux monnayeurs (art. 77 du décret du 1er mars 1854).

473. — Toutes les pièces fausses, les matières et les instruments servant à la fabrication doivent être saisis.

474. — Quiconque aura contrefait ou altéré les monnaies d'or ou d'argent ayant cours légal en France, ou participé à l'émission ou exposition desdites monnaies contrefaites ou altérées, ou à leur introduction sur le territoire de l'empire français, sera puni des travaux forcés à perpétuité (art. 132 du Code pénal. — V. *Monnaies*, n° 746).

Pour la monnaie de cuivre, la peine sera des travaux forcés à temps (art. 136 du Code pénal).

475. — A l'égard des monnaies étrangères, la contrefaçon, l'altération, l'émission, l'exposition ou l'introduction en France seront punies des travaux forcés à temps (art. 134 du Code pénal).

476. — Ceux qui auront contrefait des sceaux de l'Etat; contrefait ou falsifié des effets émis par le trésor public; contrefait des timbres nationaux, des marteaux servant aux marques forestières, des poinçons servant à marquer des matières d'or et d'argent, ou qui auront fait usage de papiers, effets, timbres, marteaux ou poinçons falsifiés ou contrefaits, seront punis des travaux forcés à temps ou à perpétuité, selon le cas (art. 139 et 140 du Code pénal).

Sera puni de la réclusion, quiconque s'étant indûment procuré les vrais timbres, marteaux ou poinçons, en aura fait un usage préjudiciable aux droits ou aux intérêts de l'État (art. 141 du Code pénal).

477. — Ceux qui auront contrefait les marques distinctives destinées à être apposées au nom du gouvernement sur les diverses espèces de denrées ou marchandises, ou qui auront fait usage de ces fausses marques; ceux qui auront contrefait le sceau, le timbre ou marque d'une autorité quelconque ou d'un établissement particulier de banque ou de commerce, ou qui auront fait usage de sceaux, marques ou timbres contrefaits, seront punis de la réclusion (art. 142 du Code pénal).

Les procès-verbaux constatant ces crimes sont dispensés du visa pour timbre et de l'enregistrement en débet; ils sont adressés au procureur impérial.

FEU.

478. — L'incendie des propriétés mobilières et immobilières d'autrui qui aura été causé par la vétusté ou le défaut soit de réparations, soit de nettoyage des fours, cheminées, forges, maisons ou usines prochaines, ou par des feux allumés dans les champs à moins de 100 mètres des maisons, édifices, forêts, bruyères (1), bois, vergers, plantations, haies, meules, tas de grains, paille, foin, fourrages, ou tout autre dépôt de matières combustibles, ou par des feux ou lumières portés ou laissés sans précautions suffisantes, ou par des pièces d'artifice allumées ou tirées par négligence ou imprudence, sera puni d'une amende de 50 fr. à 500 fr. (art. 458 du Code pénal).

Les procès-verbaux sont visés pour timbre, enregistrés en débet et adressés au procureur impérial.

479. — Allumer du feu dans un bois, ou à une distance de moins de

(1) On ne peut allumer de feu qu'à 200 mètres des bois ou forêts (art. 148 du Code forestier).

200 mètres est un délit, alors même qu'il n'y aurait pas incendie (art. 148 du Code forestier). Les procès-verbaux sont visés pour timbre, enregistrés en débet et adressés à l'inspecteur des forêts chargé de réclamer les poursuites.

Les autres feux allumés à moins de 100 mètres des maisons, haies, meules, etc., sont des contraventions prévues par la loi du 28 sept. 1791.

480. — Ceux qui auront négligé d'entretenir, nettoyer ou réparer les fours, cheminées ou usines où l'on fait du feu, commettent une contravention prévue par l'art. 471 (n° 1) du Code pénal.

Dans le cas de feu de cheminée, la gendarmerie s'attache à constater la cause.

Les procès-verbaux constatant ces contraventions sont visés pour timbre, enregistrés en débet et adressés au ministère public près le tribunal de simple police du canton (V. *Incendies,* n°⁵ 601 et suiv.).

FEUILLES DE SERVICE.

481. — Le service journalier des brigades est relaté sur des feuilles de service tenues en double expédition par les commandants de brigade (V. *Commandants de brigade*, n° 274).

482. — Indépendamment du service journalier, les commandants de brigade inscrivent sur les feuilles de service les jours où les commandants d'arrondissement se sont présentés, soit dans leurs résidences, soit aux lieux de correspondance, pour leurs tournées et autres objets de service (art. 500 du décret du 1ᵉʳ mars 1854).

483. — Les deux feuilles de service doivent être constamment au courant et présenter entre elles une parfaite concordance; les commandants de brigade y indiquent succinctement, avec ordre, précision et clarté, le service de toute nature fait chaque jour par les hommes de la brigade désignés nominativement, au dehors et dans la résidence; ils y font mention des crimes, délits, contraventions et événements graves qui ont été constatés, des arrestations qui ont été opérées, soit en flagrant délit, soit en vertu de réquisitions de l'autorité, des notifications qui ont été faites aux électeurs, témoins et jurés, et enfin de tout le service exécuté par la brigade dans les vingt-quatre heures (art. 501 du décret du 1ᵉʳ mars 1854).

Les commandants de brigade inscrivent également sur les feuilles de service les correspondances qui ont été faites, les noms des gendarmes chargés des escortes, les noms des prisonniers transférés, les destinations assignées, et le nombre de pièces jointes aux ordres de conduite.

Dans le cas où le nombre des prisonniers est trop considérable et dépasse quatre, ils sont indiqués numériquement (art. 502 du décret du 1er mars 1854)

484. — Lorsque la gendarmerie fait certifier, par la signature des maires. adjoints ou autres personnes notables, le service qu'elle fait dans les communes, il lui est interdit de demander cette signature ailleurs que sur le lieu où le service qu'elle constate s'est exécuté.

Les patrouilles faites en correspondance de nuit sont inscrites, conformément à la circulaire du 24 novembre 1855, dans la 3e colonne. (Les signatures échangées sont apposées dans la dernière colonne).

485. — Si, pour une cause quelconque, un sous-officier, brigadier ou gendarme se trouve dans la nécessité d'opérer seul, il doit faire constater cette circonstance par le maire, l'adjoint ou le notable, pour qu'à son retour son chef puisse apprécier les raisons de cette dérogation à la règle générale.

486. — Le cachet de la mairie doit être apposé au bas de la signature du fonctionnaire, à moins d'impossibilité constatée et dont il est rendu compte (art. 503 du décret du 1er mars 1854).

487. — Lorsque, dans une même journée, il y a deux services, ce qui arrive fréquemment, la feuille est donnée de préférence aux hommes qui vont en tournée de communes; le service de correspondance est toujours constaté par les signatures données sur le carnet; l'autre expédition, qui n'est que la copie littérale de la feuille signée par les autorités, reste dans les archives de la brigade et ne doit jamais être confiée aux gendarmes chargés d'un service, afin d'éviter qu'elle puisse être égarée (art. 504 du décret du 1er mars 1854).

488. — La première expédition de la feuille de service est adressée à la fin de chaque mois, avec les états mensuels, au commandant de l'arrondissement (art. 199 du décret du 1er mars 1854).

FORCE PUBLIQUE.

489. — La gendarmerie fait spécialement partie de la force publique. Tous les militaires de cette arme ont mission d'agir coërcitivement au nom de la loi et dans les limites qui leur sont tracées.

Les brigadiers de gendarmerie sont des commandants de la force publique, même lorsqu'ils ne sont accompagnés que d'un seul gendarme (cass., 14 janv. 1826).

Les forces publiques composant les détachements de gendarmerie pour le service des camps et armées stationnés dans l'intérieur, ont droit à l'indemnité de déplacement pour chaque journée de présence (art. 155 du règl. du 11 mai 1856). Les sous-officiers, brigadiers et gendarmes reçoivent, en outre, le pain gratuitement ou une indemnité équivalente (art. 381 du règl. du 11 mai 1856).

FORCE PUBLIQUE AUX ARMÉES.

490. — La gendarmerie remplit aux armées des fonctions analogues à celles qu'elle exerce dans l'intérieur : la surveillance des délits, la rédaction des procès-verbaux, la poursuite et l'arrestation des coupables, la police, le maintien de l'ordre, sont de sa compétence et constituent ses devoirs (art. 505 du décret du 1er mars 1854).

Elle n'est employée au service d'escorte et d'ordonnance que dans le cas de la plus absolue nécessité (art. 506 du décret du 1er mars 1854).

491. — Les officiers et les sous-officiers de troupe sont tenus de déférer à la demande de la gendarmerie, lorsqu'elle croit avoir besoin d'appui (art. 507 du décret du 1er mars 1854).

492. — Le commandant de la gendarmerie d'une armée reçoit le titre de grand prévôt; le commandant de la gendarmerie d'une division celui de prévôt (art. 508 du décret du 1er mars 1854).

493, — Les attributions du grand prévôt embrassent tout ce qui est relatif aux crimes et aux délits commis dans l'arrondissement de l'armée; son devoir est surtout de protéger les habitants du pays contre le pillage et toute autre violence.

Les prévôts ont les mêmes attributions, chacun dans l'arrondissement de la division à laquelle il est attaché (art. 509 du décret du 1er mars 1854).

Tout militaire employé à l'armée qui a connaissance d'un crime ou d'un délit, doit en donner sur-le-champ avis au grand prévôt ou à un prévôt, ou à quelque autre officier de gendarmerie. Il est tenu de répondre catégoriquement à toutes les questions que lui adresse le prévôt (art. 510 du décret du 1er mars 1854).

Le grand prévôt, ou le prévôt, dès qu'il a eu connaissance d'un crime ou d'un délit, commence les informations nécessaires.

Dans le cas de flagrant délit entraînant peine afflictive ou infamante, il se transporte immédiatement sur les lieux ; il y opère la saisie des pièces de conviction et y dresse procès-verbal de toutes les dépositions et de tous les renseignements qu'il peut recueillir (art. 511 du décret du 1er mars 1854).

Il fait procéder à la recherche et à l'arrestation des prévenus, et, dans ce dernier cas, les fait conduire devant le général de la division à laquelle ils appartiennent.

Il donne aux commissaires impériaux et aux rapporteurs près des conseils de guerre tous les documents que ceux-ci lui demandent et qu'il est en son pouvoir de leur procurer.

Il est tenu de déférer à la réquisition de comparaître comme témoin quand elle lui est faite régulièrement (art. 512 du décret du 1er mars 1854).

Il visite fréquemment les lieux qu'il juge avoir plus spécialement besoin de surveillance ; il informe de son itinéraire les généraux près desquels il est placé (art. 513 du décret du 1er mars 1854).

494. — Le grand prévôt a une garde à son logement ; dans les marches et dans ses tournées, il est escorté de deux brigades.

Un prévôt, dans le même cas, est accompagné d'une brigade (art. 514 du décret du 1er mars 1854).

495. — La gendarmerie a dans ses attributions spéciales la police relative aux individus non militaires, aux marchands, aux vivandiers et aux domestiques qui suivent l'armée.

En conséquence, le grand prévôt et le prévôt de la division inscrivent sur un registre les noms et les signalements des secrétaires, interprètes et employés que les généraux et les fonctionnaires de l'armée ont à leur suite (art. 515 du décret du 1er mars 1854).

496. — Le grand prévôt reçoit et examine les demandes des personnes qui désirent exercer une profession quelconque à l'armée ; il accorde des permissions et délivre des patentes à celles qui justifient de leur bonne conduite, et qui offrent toutes les garanties pour le genre d'industrie auquel elles désirent se livrer (art. 516 du décret du 1er mars 1854).

497. — Le prévôt de la division fait traduire devant lui les individus qui seraient trouvés à la suite des troupes sans en avoir l'autorisation. Il les condamne, s'il y a lieu, à une amende de 50 fr. et les renvoie de l'armée, sans préjudice de peines plus fortes, s'il est reconnu qu'ils s'y soient introduits avec de mauvaises intentions (art. 517 du décret du 1er mars 1854).

498. — La gendarmerie signale au chef d'état-major les employés de l'administration qui ne portent pas habituellement le costume que leur affectent les règlements (art. 518 du décret du 1er mars 1854).

499. — Les prévôts délivrent, avec l'approbation des chefs d'état-major, des patentes aux vivandiers des quartiers généraux, et ils visent celles qui ont ont été délivrées par les conseils d'administration aux cantiniers des régiments (art. 519 du décret du 1er mars 1854).

500. — La gendarmerie veille à l'exécution des ordres des généraux concernant les vivandiers et les cantiniers, qui, indépendamment d'une plaque indiquant leur emploi et qu'ils portent d'une manière ostensible, sont forcés d'en avoir une à leur voiture, indiquant leur nom, le numéro de leur patente, et le quartier général ou le régiment auquel ils appartiennent.

501. — Elle exige que les comestibles et les liquides, dont ils doivent être pourvus, soient de bonne qualité, en quantité suffisante et au moindre prix possible.

502. — Elle fait souvent des perquisitions dans les voitures de marchands, vivandiers et cantiniers, pour empêcher qu'elles servent à transporter d'autres objets que ceux qu'elles doivent contenir.

Elle dresse procès-verbal des infractions qu'elle remarque ; elle en prévient les corps auxquels les délinquants appartiennent, et rend compte, par la voie hiérarchique, aux chefs d'état-major général ou de la division (art. 520 du décret du 1er mars 1854).

503. — Les officiers et les sous-officiers de gendarmerie vérifient souvent les poids et mesures ; ils confisquent, conformément aux lois, ceux qui ne sont pas étalonnés ; le grand prévôt inflige aux contrevenants la peine disciplinaire qu'il juge applicable à leur délit ; il les prive pour un temps de leur patente, et il peut, en cas de récidive, les renvoyer de l'armée ; le tout sans préjudice des restitutions auxquelles ils peuvent être obligés, ni des autres châtiments qu'ils peuvent avoir encourus pour fraude (art. 521 du décret du 1er mars 1854).

504. — Le grand prévôt et les prévôts peuvent infliger des amendes aux personnes qui suivent l'armée sans permission, aux vivandiers, aux cantiniers et marchands qui se servent de poids et mesures non étalonnés, ou qui contreviennent aux règlements de police de l'armée.

Le produit de ces amendes, dont aucune ne peut excéder 100 fr., est versé dans une caisse publique. L'emploi en est réglé ultérieurement, d'une manière officielle et régulière (art. 522 du décret du 1ᵉʳ mars 1854).

505. — La gendarmerie arrête comme vagabond tout domestique qui abandonne son maître pendant la campagne.

Elle arrête également les domestiques des officiers et des fonctionnaires de l'armée qui, sur sa réquisition, ne lui présentent pas le congé en règle dont ils doivent être porteurs, et l'attestation signée de leur maître constatant qu'ils sont à son service. Ce congé et cette attestation sont visés, dans les corps, par les colonels; dans les états-majors et les administrations, ils sont visés par le prévôt (art. 523 du décret du 1ᵉʳ mars 1854).

506. — Des prisons destinées à recevoir les militaires de tout grade, les gens sans aveu ou suspects, etc., sont établies dans les quartiers généraux de division, par les soins des prévôts. Elles sont sous l'autorité de ces officiers, et sous la surveillance des commandants des quartiers (art. 524 du décret du 1ᵉʳ mars 1854).

La gendarmerie reconduit à leurs corps les militaires qu'elle arrête, à moins que l'inculpation élevée contre eux ne soit de la compétence des conseils de guerre; dans ce dernier cas, les pièces de conviction sont remises au chef d'état-major de la division, qui prend les ordres du général pour faire informer.

507. — Le signalement des déserteurs et des prisonniers évadés est envoyé, dans les vingt-quatre heures au plus tard, au prévôt de la division, lequel prend les ordres nécessaires pour leur arrestation (art. 525 du décret du 1ᵉʳ mars 1854).

508. — Les commandants de la gendarmerie, après avoir reçu du chef d'état-major général l'état des officiers et des fonctionnaires de l'armée ayant droit à des voitures ou fourgons, s'assurent, dans les quartiers généraux, que les voitures des officiers généraux, celles des fonctionnaires de l'armée, portent le chiffre de leurs propriétaires; que leurs fourgons portent leur nom; que les fourgons et les voitures des régiments sont marqués du numéro du régiment; enfin que les voitures des marchands, des vivandiers et cantiniers, ont une plaque, comme il a été prescrit à l'art. 520 du décret du 1er mars 1854 (n° 500) (art. 526 du décret du 1er mars 1854).

509. — Dans les marches, la gendarmerie suit les colonnes, arrête les pillards et fait rejoindre les traînards; elle fournit des détachements aux équipages pour y maintenir une police sévère, mais elle n'y sert jamais à titre d'escorte (art. 527 du décret du 1er mars 1854).

Des sous-officiers ou brigadiers de gendarmerie peuvent être mis à la disposition des vaguemestres de l'armée pour maintenir l'ordre dans la marche des équipages; ils s'assurent si les individus qui s'y trouvent ont le droit d'y être et même d'être à l'armée.

Ils sont autorisés à employer tous les moyens coërcitifs envers les cochers, les domestiques et les charretiers qui conduisent mal leurs équipages, maltraitent leurs chevaux ou s'écartent pour boire.

Ceux qui résistent avec violence, qui se livrent au pillage, ou qui, au moment d'une attaque, cherchent à s'enfuir, doivent être conduits devant un conseil de guerre (art. 528 du décret du 1er mars 1854).

Tous les officiers, sous-officiers et brigadiers ont les mêmes droits que les vaguemestres du grand quartier général et de la division (à l'égard des équipages dont ils ont la police et la surveillance), pour vérifier si l'on se conforme aux règlements, quant au nombre et à la nature des transports.

Dans les cas urgents, ils arrêtent les voitures non autorisées, et remettent les chevaux à l'artillerie sur reçu. Ils en rendent compte au chef d'état-major (art. 529 du décret du 1er mars 1854).

510. — La gendarmerie dresse procès-verbal contre tout officier ou fonctionnaire de l'armée qui a requis, sans autorisation, chevaux ou voitures; elle est chargée de recevoir les plaintes des propriétaires, tant sur cet objet que sur tout autre, et, au besoin, d'y donner suite (art. 530 du décret du 1er mars 1854).

511. — Elle signale les militaires de tout grade qui, à la guerre, sont trouvés chassant, ainsi que les officiers qui, dans les cantonnements, chassent sans la permission du propriétaire et l'autorisation du général commandant sur les lieux.

512. — Les prévôts et autres officiers de gendarmerie sont spécialement chargés d'empêcher les jeux de hasard qui sont formellement défendus. Les individus qui se livrent à ces jeux sont sévèrement punis; ceux qui les tiennent, s'ils ne sont pas militaires, sont chassés de l'armée.

513. — La gendarmerie écarte de l'armée les femmes de mauvaise vie (art. 531 du décret du 1ᵉʳ mars 1854).

514. — La gendarmerie veille à ce qu'il ne soit pas acheté de chevaux à des personnes inconnues. Ceux qui sont trouvés sans maîtres sont conduits au prévôt; il les fait rendre si on les réclame; dans le cas contraire, ils sont remis, d'après l'ordre du chef d'état-major, à l'arme à laquelle ils conviennent. Les chevaux volés ou trouvés sont rendus à leur propriétaire, quand il est connu (art. 532 du décret du 1ᵉʳ mars 1854).

515. — Le grand prévôt est chargé de la surveillance et de la police générale des sauvegardes, soit qu'elles soient prises dans la gendarmerie de l'armée, soit qu'elles soient tirées des régiments. Ces sauvegardes lui obéissent, ainsi qu'aux officiers de gendarmerie.

Ces officiers s'assurent que les sauvegardes suivent exactement les instructions qu'elles ont reçues des généraux; ils rendent compte des difficultés qu'elles rencontrent dans l'exécution de leur mission et des violences qu'elles peuvent éprouver de la part des habitants (art. 533 du décret du 1ᵉʳ mars 1854).

516. — Indépendamment des rapports que les prévôts doivent au grand prévôt sur tous les objets de leur service, ils en font journellement un aux généraux commandant le corps de troupe auquel ils sont attachés; ils les informent surtout des ordres du commandant en chef, en ce qui concerne la police.

Ils reçoivent des ordres des généraux et chefs d'état-major pour leur service journalier; ils leur rendent compte de leur exécution. Dans une brigade détachée, le commandant de la gendarmerie remplit les mêmes devoirs envers le général de brigade (art. 534 du décret du 1ᵉʳ mars 1854).

Le grand prévôt transmet, en y joignant ses propres instructions, les ordres qu'il reçoit du commandant en chef, ou du chef d'état-major général, aux prévôts et aux officiers de gendarmerie répartis dans les divisions; les uns et les autres sont tenus de les exécuter et d'en informer le chef d'état-major de la division.

Le grand prévôt rend compte chaque jour au commandant en chef et prend ses ordres. Tous les huit jours, et plus souvent s'il y a lieu, il présente un rapport général sur son service au chef de l'état-major général, qui le soumet au général en chef (art. 535 du décret du 1ᵉʳ mars 1854).

517. — Indépendamment du service qu'elle est appelée à faire aux

armées, comme force publique, la gendarmerie peut être organisée en bataillons, escadrons, régiments ou légions, pour faire partie des brigades
de l'armée active tant à l'intérieur qu'à l'extérieur (art. 536 du décret du
1er mars 1854).

La force publique aux armées a droit aux vivres de campagne et à toutes
les distributions extraordinaires allouées aux autres troupes (art. 383 du
règl. du 11 mai 1856).

FORCES SUPPLÉTIVES.

518. — Les militaires de la gendarmerie ne peuvent être détachés dans
les postes provisoires ou temporaires qu'en vertu d'une décision spéciale
du ministre de la guerre.

Il est interdit aux chefs de légion de placer ou d'entretenir des forces
supplétives, à moins que le ministre n'en ait ordonné l'établissement
(art. 27 du décret du 1er mars 1854).

La circulaire interprétative du ministre de la guerre, en date du 1er juillet
1854, autorise les chefs de légion à détacher, de leur propre autorité, des
gendarmes d'une brigade à une autre, quand ils en reconnaissent le besoin.
Il en est de même du remplacement, après trois mois, des militaires qui
occupent des postes provisoires.

519. — Les militaires détachés aux forces supplétives ou aux postes
provisoires ont droit à l'indemnité de déplacement (art. 152 du règl. du
11 mai 1856).

La même indemnité est due pour les cas de remplacements provisoires,
hors la résidence, pendant les vacances d'emploi d'officiers, de sous-officiers et de brigadiers (art. 150 du règl. du 11 mai 1856).

Les militaires de la gendarmerie détachés comme force supplétive dans
les brigades ou dans les postes provisoires ont droit à l'indemnité de
literie, fixée à 30 fr. par an (art. 246 du règl. du 11 mai 1856. — V. *Literie*,
n° 638).

FORTIFICATIONS.

520. — Tout étranger surpris à lever les plans des camps, quartiers,
cantonnements, fortifications, arsenaux, magasins, manufactures, usines,
canaux, rivières, et généralement tout ce qui tient à la défense et à la

conservation du territoire de l'empire français et de ses communication sera arrêté et puni de mort (art. 3, titre IV de la loi du 21 brum. an v).

Les procès-verbaux sont dispensés du visa pour timbre et de l'enregistrement en débet; il sont adressés au procureur impérial.

521. — Ceux qui mutilent, abattent, détruisent ou dégradent des monuments, statues ou autres objets destinés à l'utilité et à la décoration publique, sont punis d'un emprisonnement d'un mois à deux ans (art. 257 du Code pénal).

Les procès-verbaux constatant ces délits sont visés pour timbre, enregistrés en débet et adressés au procureur impérial.

522. — Le décret du 16 juin 1853, portant règlement d'administration publique sur la zone frontière dans laquelle les travaux susceptibles d'influer sur la défense du territoire ne peuvent être exécutés sans l'assentiment du ministre de la guerre, contient, en ce qui concerne le service de la gendarmerie, des dispositions dont la portée et les moyens d'exécution ont été déterminés par la circulaire ministérielle du 10 août 1854.

Aux termes du décret précité, la gendarmerie de chaque arrondissement compris dans la zone frontière est tenue de signaler sans retard aux officiers du génie, en même temps qu'aux préfets, les travaux qui s'exécutent sur les routes, sur les chemins vicinaux ou forestiers, ou sur les cours d'eau navigables ou flottables.

Pour l'exécution de ces prescriptions, la circulaire du 10 août 1854 enjoint aux officiers du génie d'établir, pour la gendarmerie, des états descriptifs indiquant les limites des territoires réservés.

Munie de ces états, la gendarmerie exerce sa surveillance sur tout ce qui touche à la fois à l'intérêt public et à la défense. Son attention doit se fixer particulièrement sur les chemins vicinaux de toute classe, les chemins forestiers, et les communications de terre et d'eau, toutes les fois qu'elles ne sont pas exécutées directement par l'Etat ou à ses frais; sur les ponts établis sur les cours d'eau navigables ou flottables, par des communes, des compagnies ou des concessionnaires.

Pour tous ces ouvrages, les seuls travaux d'entretien analogues à ceux qu'exécutent les cantonniers, et n'ayant d'autre but que de maintenir l'état des lieux, peuvent être faits sans l'acquiescement du service militaire; mais tous les travaux de construction ou d'amélioration, y compris ceux qui ont pour objet de rectifier, d'élargir ou d'empierrer les communications existantes, et à plus forte raison de les prolonger, ne peuvent être entreprises qu'après que le ministre de la guerre a fait délivrer l'autorisation nécessaire par la voie du service du génie.

Lorque, dans leurs tournées, les gendarmes reconnaîtront qu'on exécute des travaux dont la nature est spécifiée ci-dessus, ils en informent leur chef de brigade qui en fera mention sur son rapport journalier, à la case : *Objets divers.*

Le commandant de l'arrondissement en informe ensuite qui de droit.

FOURRIÈRE.

523. — Chaque maire désigne le lieu de la fourrière dans sa commune.

La fourrière est destinée à recevoir les animaux, voitures et autres objets trouvés sans maître connu ou dont le maître ou conducteur est retenu comme prévenu de crime ou délit ou pour toute autre cause qui déterminerait l'abandon de chevaux, voitures, troupeaux, etc., etc. (art. 12 de la loi des 28 sept.-6 oct. 1791).

524. — La gendarmerie remet à la disposition du juge de paix, du maire, de l'adjoint ou du commissaire de police, les chevaux et autres animaux, voitures ou autres objets qu'il y a lieu de mettre en fourrière. La mise en fourrière n'est pas dans ses attributions directes; pourtant, si dans son service de nuit, elle se trouvait dans la nécessité d'user de ce moyen, elle devrait le faire sans hésiter, mais elle aurait à en informer l'autorité, le lendemain matin, pour régulariser ce dépôt.

FOUS.

525. — Ceux qui auront laissé divaguer des fous ou des furieux étant sous leur garde, seront punis d'une amende de 6 fr. à 10 fr. (art. 475 (n° 7) du Code pénal).

Les procès-verbaux sont visés pour timbre, enregistrés en débet et adressés au ministère public près le tribunal de simple police du canton.

526. — Les aliénés errants doivent être arrêtés par la gendarmerie et conduits devant le maire du lieu, pour être envoyés dans un hospice, en attendant les ordres de l'administration supérieure départementale pour leur admission dans une maison de santé, s'il y a lieu.

527. — Dans les communes où il y a des hospices ou des hôpitaux civils, les aliénés ne pourront être déposés ailleurs que dans ces hospices ou hôpitaux. Dans les lieux où il n'en existe pas, les maires devront pourvoir à leur logement, soit dans une hôtellerie, soit dans un local loué à cet effet. Ces dispositions sont applicables aux aliénés transférés.

528. — Dans aucun cas, les aliénés ne pourront être conduits avec les condamnés ou prévenus, ni déposés dans une prison.

Ces dispositions sont applicables à tous les aliénés dirigés par l'administration sur un établissement public ou privé (art. 24 de la loi du 30 juin 1838).

FRAIS DE BUREAU DES BRIGADES.

529. — Il est alloué aux commandants de brigade 24 fr. par an à titre d'indemnité pour frais de bureau, à charge, par eux, de fournir les imprimés de procès-verbaux, rapports et états réglementaires, et de se pourvoir de papier, plumes, encre, etc., pour leur usage personnel (art. 187 du règl. du 11 mai 1856).

Dans les résidences où il y a plusieurs commandants de brigade, les frais de bureau sont payés entre tous.

Les registres prescrits par l'art. 233 du décret du 1er mars 1854 et les feuilles de service sont fournis gratuitement aux brigades, qui les reçoivent de la compagnie.

Les gendarmes ne contribuent en rien au paiement des dépenses faites dans les bureaux des commandants de brigade: mais ils paient les cahiers d'écriture et se fournissent eux-mêmes le papier qu'ils sont souvent obligés d'employer pour établir les brouillons de leurs procès-verbaux, et pour tout autre besoin, ainsi que l'encre, les plumes, crayons, etc., qui leur sont personnellement nécessaires.

Les frais de timbre pour l'établissement des mémoires donnant droit à primes sont payés par les intéressés au profit desquels ils sont établis.

FRANCHISE ET CONTRE-SEING.

530. — L'ordonnance du 17 novembre 1844 donne aux commandants de brigade le droit de correspondre en franchise, pour objet de service et en contre-signant leurs dépêches, avec les fonctionnaires ci-après désignés.

La correspondance est mise sous bandes ou sous enveloppe. Le droit de la mettre sous bandes est permanent. Le droit de la mettre sous enveloppe n'est qu'éventuel; pourtant les commandants de brigade doivent en faire usage toutes les fois que leurs dépêches sont relatives à des objets de police (art. 22 de l'ord. précitée).

Lorsque les commandants de brigade expédient leurs dépêches sous enveloppe, ils doivent, indépendamment de leur contre-seing, mettre ces mots : *Nécessité de fermer* (art. 23 de la même ordonnance).

Les dépêches ne doivent contenir aucune pièce de correspondance étrangère au service.

Le contre-seing doit toujours faire connaître la qualité et la résidence de l'expéditeur.

Les dépêches qui doivent circuler en franchise doivent être remises au bureau de la poste ; celles qui seraient jetées dans les boîtes seraient taxées; toutefois, dans les communes dépourvues d'établissement de poste aux lettres, ces dépêches peuvent être déposées dans les boîtes rurales de ces communes, sans être assujetties à la taxe.

581. — *Désignation des fonctionnaires avec lesquels les commandants de brigade ont correspondance en franchise.*

FONCTIONNAIRES auxquels les dépêches peuvent être adressées en franchise.	Sous bandes ou sous enveloppe.	CIRCONSCRIPTION dans l'étendue de laquelle les dépêches contre-signées circulent en franchise.
Chefs du service des chiourmes.	Sous bandes.	Dép. et dans les dép. limitr.
Chefs du service de la marine.	Id.	Tout l'empire.
Colonel chef d'état-major de la division militaire	Id.	Division militaire.
Commandants des dépôts de recrutement.	Id.	Département.
Id. id. de remonte.	Id.	Circonscription du dépôt.
Id. des succursales des dépôts de remonte.	Id.	Id.
Id. de brigade de la garde de Paris.	Id.	Légion de gendarmerie.
Id. de brigade de gendarmerie.	Id.	Lég. de gend. et arr. limitr.
Id. de brigade de gendarmerie belge.	Id.	1er et 2e rayons sur le territoire [belge.
Commissaires de l'inscription maritime.	Id.	Tout l'empire.
Id. aux revues.	Id.	Id.
Id. du gouvernement près les conseils de guerre.	Id.	Division militaire.
Id. aux armements.	Id.	Tout l'empire.
Id. de police.	Id.	Arrond. de sous-préfecture.
Les commandants de brigade de la compagnie de la Meurthe correspondent tous avec les commissaires de police de Dieuze et de Vic.	Id.	
Le commandant de brigade de St-Chamas (Bouches-du-Rhône) correspond avec le commissaire de police d'Istres.	Id.	
Les commandants de brigade de l'île d'Oléron (Char.-Inf.) correspondent avec le commandant de la place de l'île d'Oléron	Id.	
Directeurs des postes.	Id.	Id.
Directeur de la santé à Pouillac (Gironde).	Id.	Département de la Gironde.
Généraux de division, commandant les divisions militaires.	Id.	Division militaire.
Généraux de brigade, commandant les subdivisions.	Id.	Circonscription de la subdiv.
Inspecteurs des postes.	Id.	Département.
Inspecteurs généraux d'armes.	Id.	Arrond. d'insp. générale.
Inspecteurs généraux de gendarmerie.	Id.	Tout l'empire.
Intendants militaires.	Id.	Id.
Maires.	Id.	Arrond. de sous-préfecture.
Officiers de la garde de Paris.	Id.	Tout l'empire.
Officiers de gendarmerie.	Id.	Id.
Officiers de gendarmerie belge.	Id.	1er et 2e rayons sur le territoire [belge.
Préfets des départements.	Id.	Département.
Préfets maritimes.	Id.	Tout l'empire.
Procureurs généraux.	Id.	Id.
Procureurs impériaux.	Id.	Id.
Rapporteurs près les conseils de guerre.	Id.	Division militaire.
Sous-intendants militaires.	Id.	Tout l'empire.
Sous-intendants militaires adjoints.	Id.	
Sous-préfets.	Id.	Arrond. de sous-préfecture.

532. — Lorsqu'un commandant de brigade recevra une dépêche non contre-signée et taxée, et qu'il la refusera à cause de la taxe, il pourra, sur une déclaration signée de lui, et motivée sur la présomption que le contenu de cette dépêche est relatif au service, en demander l'ouverture et la vérification au directeur de la poste, qui ne peut se refuser à cette double formalité.

S'il est reconnu que la dépêche est relative au service, elle est remise au commandant de brigade.

Si la dépêche ne concerne pas directement le service, et si le destinataire persiste à ne pas acquitter la taxe, elle sera classée dans les rebuts.

Si, enfin, la dépêche contient des pièces relatives au service avec d'autres pièces étrangères, celles relatives au service sont remises en franchise au destinataire et les autres sont mises aux rebuts, à moins que le destinataire ne consente à en acquitter le port.

Le résultat de ces opérations est constaté par un procès-verbal dressé par le directeur de la poste et signé par ce fonctionnaire et le destinataire ou son délégué.

Les pièces et autres objets étrangers au service, trouvés dans les dépêches ainsi ouvertes, ne sont passibles que de la taxe ordinaire (ordonn. du 27 nov. 1845).

533. — Les militaires de tout grade de la gendarmerie qui abusent de la franchise pour une correspondance étrangère à leurs fonctions sont envoyés dans un autre département, et, en cas de récidive, ils encourent une punition plus sévère (art. 637 du décret du 1er mars 1854).

GARDE DE PARIS.

534. — La garde de Paris est spécialement chargée du service de surveillance de la capitale : elle est placée, pour l'exécution de ce service, sous la direction du préfet de police (art. 67 du décret du 1er mars 1854).

La garde de Paris conserve, en raison de la spécialité de son service, la constitution particulière qui lui a été donnée par les décrets d'organisation.

Elle est, d'ailleurs, soumise aux mêmes règles que la gendarmerie pour la police, la discipline, l'avancement etc. (art. 643 du décret du 1er mars 1854. — V. *Gendarmerie*, nos 548 et suiv.).

GARDES CHAMPÊTRES.

535. — Les gardes champêtres des communes sont placés sous la surveillance des commandants de brigade de gendarmerie; ces derniers inscrivent, sur le registre à ce destiné, le nom, l'âge et le domicile de ces gardes champêtres, avec des notes sur leur conduite et leur manière de servir (art. 624 du décret du 1er mars 1854).

Les sous-officiers, brigadiers et gendarmes s'assurent, dans leurs tournées, si les gardes champêtres remplissent bien les fonctions dont ils sont chargés; ils donnent connaissance aux commandants d'arrondissement de ce qu'ils ont appris sur la moralité et le zèle de chacun d'eux. Ces officiers en informent qui de droit (art. 625 du décret du 1er mars 1854).

536. — Dans les cas urgents ou pour des objets importants, les sous-officiers et brigadiers de gendarmerie peuvent mettre en réquisition les gardes champêtres de leur circonscription de surveillance, soit pour les seconder dans l'exécution des ordres qu'ils ont reçus, soit pour le maintien de la police et de la tranquillité publique; mais ils sont tenus de donner avis de cette réquisition aux maires et de leur en faire connaître les motifs généraux. Ils en rendent compte immédiatement aux commandants d'arrondissement qui en informent les sous-préfets (art. 626 du décret du 1er mars 1854).

537. — Les sous-officiers et brigadiers adressent, au besoin, aux maires, pour être remis aux gardes champêtres, le signalement des individus qu'ils ont l'ordre d'arrêter (art. 627 du décret du 1er mars 1854).

538. — Les gardes champêtres sont tenus d'informer les maires, et ceux-ci les officiers ou sous-officiers et brigadiers de gendarmerie, de tout ce qu'ils découvrent de contraire au maintien de l'ordre et de la tranquillité publique; ils leur donnent avis de tous les délits qui ont été commis dans leurs territoires respectifs (art 628 du décret du 1er mars 1854).

539. — Les gardes champêtres sont tenus de se présenter devant les commandants de brigade dans les huit jours de leur prestation de serment, pour faire inscrire leur nom, âge et domicile sur le registre n° 9 (art. 1er du décret du 11 juin 1806).

540. — Un garde champêtre chargé de l'exécution d'un arrêté municipal est agent de la force publique dans le sens de l'art. 230 du Code pénal (cass., 2 mai 1839).

541. — Un garde champêtre est officier de police judiciaire, mais il n'est pas auxiliaire du procureur impérial (art. 9 et 48 du Code d'instr. crim.).

GARDES FORESTIERS.

542.—Les gardes forestiers étant appelés, au besoin, à concourir avec la gendarmerie pour le maintien de l'ordre et de la tranquillité publique, et les brigades de gendarmerie devant les seconder et leur prêter main-forte pour la répression des délits forestiers, les inspecteurs et sous-inspecteurs des eaux et forêts et les commandants de la gendarmerie se donnent réciproquement connaissance des lieux de résidence des gardes forestiers et des brigades et postes de gendarmerie pour assurer, de concert, l'exécution des mesures et réquisitions, toutes les fois qu'ils doivent agir simultanément (art. 613 et 623 du décret du 1er mars 1854. — V. *Réquisitions*, nos 916 et 917).

543. — Les gardes forestiers sont officiers de police judiciaire, mais ils ne sont pas auxiliaires du procureur impérial (art. 9 et 48 du Code d'instr. crim.).

GARDE NATIONALE.

544. — La gendarmerie peut être chargée de l'exécution des jugements des conseils de discipline de la garde nationale ; les mandats d'exécution sont délivrés par le maire, dans la même forme que ceux des tribunaux de simple police (art. 106 du décret du 1er mars 1854).

La gendarmerie peut aussi être chargée, sur la réquisition de l'autorité municipale, de porter à domicile toute citation à comparaître devant un conseil de discipline de la garde nationale (art. 97 de la loi du 12 janv. 1852).

La gendarmerie n'a droit à aucune indemnité pour la notification des actes des conseils de discipline de la garde nationale, ni pour les arrestations opérées en vertu de jugements rendus par ces mêmes conseils.

Les mandats d'exécution de jugements sont délivrés dans la même forme que ceux des tribunaux de simple police (art. 103 de la loi du 12 janv. 1852).

545. — Les commandants des corps de troupe et de la garde nationale ne peuvent s'immiscer en aucune façon dans le service de la gendarmerie (art. 135 du décret du 1er mars 1854).

546. — A défaut, ou en cas d'insuffisance de la troupe de ligne, les commandants de la gendarmerie requièrent main-forte de la garde nationale; à cet effet, ils s'adressent aux autorités locales. Les détachements de la garde nationale requis sont toujours aux ordres du commandant de la gendarmerie qui a fait la réquisition (art. 139, 140, 467 et 473 du décret du 1er mars 1854. — V. *Réquisitions*, n° 917; *Escortes de poudres*, n° 426, 433 et 434).

GARNISAIRES.

547. — Dans aucun cas, la gendarmerie ne peut être employée comme garnisaire (art. 107 du décret du 1er mars 1854).

GENDARMERIE.

Section 1re. — *But de son institution.*

548. — La gendarmerie est instituée pour veiller à la sûreté publique et pour assurer le maintien de l'ordre et l'exécution des lois.

Une surveillance continue et répressive constitue l'essence de son service.

Son action s'exerce dans toute l'étendue du territoire continental et colonial de l'empire, ainsi que dans les camps et armées.

Elle est particulièrement destinée à la sûreté des campagnes et des voies de communication (art. 1er du décret du 1er mars 1854).

549. — Dans aucun cas, ni directement, ni indirectement, la gendarmerie ne doit recevoir de missions occultes de nature à lui enlever son caractère véritable.

550. — Son action s'exerce toujours en tenue militaire, ouvertement et sans manœuvres de nature à porter atteinte à la considération de l'arme (art. 119 du décret du 1er mars 1854).

551. — Le corps de la gendarmerie est une des parties intégrantes de l'armée; les dispositions générales des lois militaires lui sont applicables, sauf les modifications et les exceptions que son organisation et la nature mixte de son service rendent indispensables (art. 2 du décret du 1er mars 1854).

552. — Le corps de la gendarmerie prend rang, dans l'armée, à la droite de toutes les troupes de ligne (art. 3 du décret du 1er mars 1854).

553. — Les sous-officiers, brigadiers et gendarmes sont nommés par le ministre de la guerre et commissionnés par lui (art. 4 du décret du 1er mars 1854. — V. *Admission*, n° 36 et suiv.; *Avancement*, n°s 151 à 157.

554. — En raison de la nature mixte de son service, la gendarmerie se trouve placée dans les attributions des ministres de la guerre, de l'intérieur, de la justice, de la marine et des colonies (art. 5 du décret du 1er mars 1854).

Section 2e. — *Organisation.*

555. — La gendarmerie est répartie par brigades sur tout le territoire de la France, de l'Algérie et des colonies.

Ces brigades sont à cheval ou à pied.

556. — L'effectif des brigades à cheval est de cinq ou de six hommes, y compris le chef de poste. Les brigades de cinq hommes sont commandées par un brigadier; celles de six hommes par un sous-officier.

Les brigades à pied sont toutes de cinq hommes, commandées, soit par un brigadier, soit par un sous-officier, sauf la 17e légion (Corse), dont l'organisation spéciale a été arrêtée par le décret du 24 octobre 1851 (art. 12 du décret du 1er mars 1854).

Nota. — Les adjudants et les maréchaux des logis chefs commandent la première brigade au chef-lieu de chaque compagnie.

557. — Le commandement et la direction du service appartiennent, dans chaque arrondissement administratif, à un officier du grade de capitaine ou de lieutenant; dans chaque département, à un officier du grade de chef d'escadron.

558. — La gendarmerie d'un département forme une compagnie qui prend le nom de ce département.

559. — Plusieurs compagnies, selon l'importance du service et de l'effectif, forment une légion.

Par exception, la gendarmerie de la Corse constitue une légion.

560. — Le corps de la gendarmerie se compose :

1° De vingt-six légions pour le service des départements et de l'Algérie;

2° De la gendarmerie coloniale ;

3° De deux bataillons de gendarmerie d'élite (*ces deux bataillons sont supprimés et remplacés par le régiment de gendarmerie de la garde impériale* (décret du 1ᵉʳ mai 1854);

4° De la garde de Paris, chargée du service spécial de surveillance dans la capitale ;

5° D'une compagnie de gendarmes vétérans ;

6° Et, par décret du 12 août 1854, d'un escadron de gendarmerie de la garde impériale pour le service des forêts comprises dans le domaine de la couronne.

L'organisation de la gendarmerie comporte des enfants de troupe. Leur nombre et les conditions de leur admission sont déterminés par des décisions spéciales (art. 14 du décret du 1ᵉʳ mars 1854. — V. *Enfants de troupe*, nᵒˢ 404 et suiv.).

561. — La hiérarchie militaire, dans la gendarmerie des départements, de l'Algérie et des colonies, se compose des grades ci-après :

Brigadier, commandant de brigade (à pied ou à cheval) ;

— secrétaire du chef de légion (à pied) ;

Maréchal des logis, commandant de brigade (à pied ou à cheval) ;

— adjoint au trésorier (à pied) ;

— chef ;

Adjudant ;

Sous-lieutenant ou lieutenant, commandant d'arrondissement ;

— — trésorier ;

Capitaine, commandant d'arrondissement ou trésorier ;

— commandant de compagnie ;

Chef d'escadron commandant de compagnie ;

Lieutenant-colonel ou colonel, chef de légion (art. 15 du décret du 1ᵉʳ mars 1854).

Le nombre des emplois de maréchal des logis, dans l'une et l'autre arme, est dans la proportion du tiers du nombre des brigades.

Il n'est dérogé à ce principe que pour la gendarmerie de la Corse.

Le sous-lieutenant et le lieutenant sont chargés indistinctement des mêmes fonctions.

Le capitaine trésorier est affecté à la compagnie où se trouve le chef de la légion (à l'exception de la compagnie de Seine-et-Oise, où le trésorier est capitaine).

Une légion est commandée par un colonel ou par un lieutenant-colonel.

La hiérarchie des grades pour le régiment et l'escadron de la gendarmerie de la garde impériale et pour la garde de Paris est la même que pour la gendarmerie des départements, sauf les exceptions qui résultent de l'organisation régimentaire de ces corps (art. 16 du décret du 1er mars 1854).

Sections 3e, 4e, 5e et 6e.

562. — (V. *Admission*, nos 36 et suiv.)

563. — (V. *Changement de résidence*, nos 210 et suiv.)

564. — (V. *Congés, démissions, renvois*, nos 297 et suiv.)

565. — (V. *Avancement*, nos 151 à 157.)

GENDARMERIE DE LA GARDE IMPÉRIALE.

566. — Le régiment (à pied) de la gendarmerie de la garde impériale, créé par le décret du 1er mai 1854 (*autrefois bataillon de gendarmerie d'élite*), conserve, en raison de la spécialité de son service, la constitution particulière qui lui a été donnée.

Il est soumis, d'ailleurs, aux règles établies pour la gendarmerie des départements pour la police, la discipline, l'avancement, etc.

Il en est de même de l'escadron de gendarmerie de la garde impériale, créé par le décret du 12 août 1854 (V. *Gendarmerie*, nos 548 et suiv.).

GENDARMERIE COLONIALE.

567. — Les compagnies de la gendarmerie coloniale, bien que continuant à appartenir à l'armée de terre, quant à l'organisation et au personnel, ressortissent au département de la marine, pour la direction du service, pour l'administration et la comptabilité (art. 89 du décret du 1er mars 1854).

(Pour le reste, V. *Gendarmerie*, nos 548 et suiv.)

GENDARMES VÉTÉRANS.

568. — Les sous-officiers, brigadiers et gendarmes qui ne conservent plus l'activité nécessaire pour le service de la gendarmerie, et qui n'ont pas droit à la retraite, sont susceptibles d'être admis dans la compagnie de vétérans. Toutefois, aucun militaire de l'arme ne peut être admis dans cette compagnie s'il ne compte au moins quinze années d'activité (art. 41 du décret du 1er mars 1854).

GLANAGE, GRAPPILLAGE, RATELAGE.

569. — Seront punis d'une amende de 1 fr. à 5 fr., ceux qui auront glané, ratelé ou grappillé dans les champs non encore entièrement dépouillés et vidés de leurs récoltes, ou avant le moment du lever ou après le coucher du soleil (art. 471 (n° 10) du Code pénal).

Les contraventions sont constatées par des procès-verbaux visés pour timbre, enregistrés en débet et adressés au ministère public près le tribunal de simple police du canton.

GRATIFICATIONS.

570. — Les sous-officiers, brigadiers et gendarmes ne doivent accepter aucune espèce de rémunération offerte à l'occasion du service, soit par des administrations publiques ou privées, soit par des propriétaires ou autres particuliers.

Si, à raison de services éminents rendus dans des cas exceptionnels, des gratifications étaient offertes, les commandants de brigade en référeraient aux commandants d'arrondissement avant d'accepter. Il convient que la question soit soumise au chef de légion.

La gendarmerie ne doit pas perdre de vue que l'acceptation pure et simple porterait atteinte à sa dignité; que les populations ne verraient plus dans le gendarme l'homme de la loi pour tous, du moment où il spéculerait sur les services rendus. Enfin elles pourraient croire qu'on peut acheter son silence aussi bien et au même prix que sa surveillance.

Les gratifications, indemnités et primes légalement acquises à la gendarmerie sont déterminées par les lois et règlements spéciaux et réglées par les conseils d'administration (V. *Indemnités*, n°ˢ 609 et 610).

GUET-APENS.

571. — Le guet-apens consiste à attendre plus ou moins de temps dans un ou divers lieux un individu, soit pour lui donner la mort, soit pour exercer sur lui des actes de violence (art. 298 du Code pénal).

Le guet-apens est une circonstance aggravante des coups et blessures volontaires (art. 310 du Code pénal), ainsi que des violences commises envers un dépositaire de l'autorité ou de la force publique (art. 232 du Code pénal).

Le guet-apens donne au crime de meurtre le caractère d'assassinat (art. 296 du Code pénal).

La gendarmerie fait mention du guet-apens dans ses procès-verbaux.

HOMICIDE.

572. — L'homicide commis volontairement est qualifié meurtre (art. 295 du Code pénal).

573. — L'homicide commis avec préméditation est qualifié assassinat (art. 296 du Code pénal).

574. — L'homicide involontaire est celui commis par maladresse, imprudence, inattention, négligence ou inobservation des règlements (art. 319 du Code pénal).

575. — Est qualifié paricide le meurtre des pères ou mères légitimes, naturels ou adoptifs, ou de tout autre ascendant légitime (art. 299 du Code pénal).

576. — Est qualifié infanticide le meurtre d'un enfant nouveau-né (art. 300 du Code pénal).

Le meurtre et l'assassinat sont des crimes. Les procès-verbaux qui les constatent ne sont pas visés pour timbre ni enregistrés en débet. Ils sont adressés au procureur impérial.

L'homicide involontaire n'est qu'un délit punissable de peines correctionnelles. Les procès-verbaux qui les constatent sont visés pour timbre, enregistrés en débet et adressés au procureur impérial. (V. *Cadavres*, n°s 182 et suiv.).

577. — L'homicide commis dans le cas de légitime défense de soi ou d'autrui, n'est ni crime ni délit (art. 328 du Code pénal).

Sont compris dans le cas de nécessité actuelle de défense, les deux cas suivants :

1° Si l'homicide a été commis en repoussant, pendant la nuit, l'escalade ou l'effraction de clôtures, murs ou entrée d'une maison ou d'un appartement habité ou de leurs dépendances ;

2° Si le fait a eu lieu contre les auteurs de vols ou de pillages exécutés avec violences (art. 329 du Code pénal).

578. — Bien que, dans ce dernier cas, l'homicide ne constitue ni un crime ni un délit, la gendarmerie n'en dresse pas moins procès-verbal pour constater le crime d'attaque, d'escalade, d'effraction, de vol ou de pillage. Elle s'attache à préciser le corps du délit, son état, l'état des lieux, ainsi que la position et l'état du cadavre dont il est fait mention dans le procès-verbal.

Elle doit aussi rechercher, poursuivre et arrêter les complices (V. *Crimes*, n°s 340, 348 et suiv.).

Les procès-verbaux sont dispensés du visa pour timbre et de l'enregistrement en débet. Ils sont adressés au procureur impérial.

HONNEURS A RENDRE.

579. — Lors des voyages de l'Empereur dans les départements, des détachements de gendarmerie sont placés sur la route qu'il doit parcourir, soit pour faire des escortes, soit pour assurer la libre circulation des voitures et équipages des personnes qui l'accompagnent.

Dans le cas où l'Empereur voyage par la voie des chemins de fer, les détachements de gendarmerie sont placés aux gares de départ et d'arrivée, ainsi qu'aux stations intermédiaires.

Les chefs de légion reçoivent à cet égard des ordres particuliers (art. 142 du décret du 1er mars 1854).

580. — Lorsque les ministres se rendent officiellement dans les départements et que leur voyage est annoncé, chaque commandant de la gendarmerie en résidence dans les communes situées sur la route se trouve au relais de poste, ou à la station du chemin de fer, sur la ligne qu'ils doivent parcourir, afin de se tenir prêts à recevoir leurs ordres.

A l'arrivée des ministres au lieu de leur mission, le commandant de la gendarmerie du département, ou de l'arrondissement si ce n'est pas un chef-lieu de préfecture, se porte à leur rencontre, à deux kilomètres de la place, avec cinq brigades, pour les escorter jusqu'au logement qui leur est préparé et où doit se rendre le chef de la légion ; il leur est fourni un gendarme de planton.

Les mêmes honneurs sont rendus aux ministres pour leur retour (art. 143 du décret du 1er mars 1854).

581. — Lorsque les maréchaux de France, pourvus de commandement, se rendent pour la première fois dans la circonscription de leur commandement, le commandant de la gendarmerie du département se porte à leur rencontre, à un kilomètre de la place, avec cinq brigades, et les escorte jusqu'à l'hôtel du quartier général où doit se trouver le chef de la légion, s'il réside sur ce point.

Ces honneurs leur sont également rendus à leur départ.

Les maréchaux de France qui sont envoyés en mission dans les départements reçoivent ces mêmes honneurs à leur arrivée au lieu de destination ainsi qu'à leur départ (art. 144 du décret du 1er mars 1854).

582. — Lors de la première entrée des généraux de division dans le chef-lieu de leur commandement, les commandants de gendarmerie se portent à leur rencontre, à un kilomètre de la place, avec trois brigades, et les escortent jusqu'à leur quartier général (art. 145 du décret du 1er mars 1854).

583. — Lors de la première entrée des généraux de brigade commandant les subdivisions militaires dans le chef-lieu de leur commandement, les commandants de gendarmerie vont à leur rencontre, à un kilomètre de la place, avec deux brigades, et les escortent jusqu'à leur hôtel (art. 146 du décret du 1er mars 1854).

584. — Les inspecteurs généraux de gendarmerie, pendant le temps de leur revue, reçoivent, chacun suivant son grade, et dans l'étendue de l'arrondissement d'inspection qui lui est assigné, les mêmes honneurs militaires qui sont accordés par les règlements aux inspecteurs généraux d'armes (art. 147 du décret du 1er mars 1854).

(Les honneurs à rendre aux inspecteurs généraux d'armes sont les mêmes que ceux dus aux généraux commandant les divisions ou subdivisions. Il leur est fait des visites de corps. Les généraux de division ont une garde de trente hommes commandés par un officier, et deux sentinelles tirées des grenadiers; les généraux de brigade ont une garde de quinze hommes commandés par un sous-officier, et deux sentinelles tirées des fusiliers (décret du 24 messidor an XII).

Dans les villes où il n'y a pas de troupes de ligne, la gendarmerie fournit les gardes d'honneur aux inspecteurs généraux *du corps*, mais avec les restrictions que la position des brigades commande (circ. du 10 avril 1821).

585. Lors de la première entrée des préfets dans le chef-lieu de leur département, les commandants de gendarmerie vont à leur rencontre, à un kilomètre de la ville, avec deux brigades, et les escortent jusqu'à l'hôtel de la préfecture (art. 148 du décret du 1er mars 1854).

Lorsque les préfets font des tournées administratives dans leurs départements, la gendarmerie des localités où ils passent exécute ou fait exécuter ce qui lui est demandé par ces magistrats pour la sûreté de leurs opérations et le maintien du bon ordre.

En conséquence, les commandants d'arrondissement et de brigade, prévenus de l'arrivée des préfets, sont tenus de se trouver au logement qui leur est destiné, pour savoir si le service de la gendarmerie leur est nécessaire.

Dans le cas où les préfets, en tournées administratives dans leurs départements, font des réquisitions pour qu'il leur soit fourni une escorte, deux gendarmes sont mis à leur disposition pour ce service spécial (art. 149 du décret du 1er mars 1854).

586. — Dans toute commune où se tient la Haute Cour de justice, le commandant de la gendarmerie se porte, avec cinq brigades, à un kilomètre de la ville, au devant du magistrat chargé de présider cette cour souveraine et l'escorte jusqu'à son domicile. Les mêmes honneurs lui sont rendus lors de son départ.

Immédiatement après l'arrivée du président de la Haute Cour, tous les officiers supérieurs et autres de la gendarmerie sont tenus de lui rendre visite (art. 150 du décret du 1er mars 1854).

587. — Dans les communes où se tiennent les assises, une brigade de gendarmerie se porte à cent pas au-delà des portes la ville au devant du magistrat qui vient les présider et l'accompagne jusqu'au logement qui lui est destiné. Une brigade de gendarmerie l'accompagne également lors de son départ.

Les officiers supérieurs et autres de la gendarmerie lui rendent visite (art. 151 du décret du 1er mars 1854).

588. — La gendarmerie est toujours en grande tenue pour les honneurs à rendre (art. 152 du décret du 1er mars 1854. — V. *Cérémonies publiques*, nos 202 et suiv.).

589. — Il est expressément défendu à la gendarmerie de rendre d'autres honneurs que ceux déterminés par le décret du 1er mars 1854, art. 142 et suivants, et dans les cas qui y sont spécifiés, ni de fournir des escortes personnelles sous quelque prétexte que ce soit.

590. — Les gendarmes ne doivent point le salut aux sous-officiers de l'armée (art. 160 du décret du 1er mars 1854).

591. — En général, et sauf les cas déterminés par les articles 142 et suivants du décret du 1er mars 1854 (*Honneurs à rendre* et *Cérémonies publiques*), les gardes et escortes d'honneur pour les autorités ne sont fournies par la gendarmerie *qu'à défaut de troupe de ligne*, et en ayant, d'ailleurs, égard aux besoins du service de sûreté publique.

592. — Dans le cas où les réquisitions pour cet objet paraissent mal fondées, les chefs de corps font les représentations convenables, avec tous les égards dus aux autorités constituées. Toutefois, si leurs représentations ne sont pas écoutées, ils obtempèrent aux réquisitions, sauf à rendre compte au ministre de la guerre des irrégularités qui ont pu avoir lieu (art. 161 du décret du 1er mars 1854).

HÔPITAUX.

1° *Militaires de la gendarmerie.*

593. — Dès qu'un militaire de la gendarmerie est sérieusement malade, le commandant de brigade le fait visiter par un médecin, qui délivre, s'il y a lieu, un certificat constatant qu'il est dans le cas d'entrer à l'hôpital. Le commandant d'arrondissement ou de compagnie, dans leur résidence respective, signent un billet d'entrée à l'hôpital auquel ils joignent ce certificat (circulaire du 15 juin 1834).

594. — Les militaires de la gendarmerie peuvent aussi être envoyés aux eaux thermales (V. *Eaux thermales*, n⁰ˢ 390 et 391).

595. — Ceux qui sont admis aux hôpitaux et aux eaux, dans les établissements militaires, ont droit à la solde d'hôpital affectée à leur grade et à leur corps.

Ceux qui rentrent des hôpitaux ou établissements thermaux militaires externes sont, en outre, rappelés de la solde de présence, tant pour l'aller que pour le retour (art. 86 et 92 du règl. du 11 mai 1856).

Lorsqu'ils sortent de leur département, ils ont droit à l'indemnité ordinaire de route pour l'aller et le retour ; ils sont, en outre, rappelés de leur solde de présence et de leur solde d'hôpital à leur retour aux compagnies. Ils peuvent obtenir les moyens de transport (art. 232 du règl. du 11 mai 1856).

Lorsque des sous-officiers, brigadiers ou gendarmes ont besoin d'aller prendre les eaux dans les lieux où il n'existe pas d'établissement militaire, ils peuvent y être autorisés par le ministre et jouir de leur solde de présence en justifiant par certificat des officiers de santé de l'hôpital militaire, ou, à défaut, de l'hospice civil le plus voisin du lieu de la résidence, que l'usage des eaux auxquelles ils veulent se rendre leur est indispensable. Pour obtenir le rappel de leur solde, ils doivent produire un certificat du médecin en chef de l'établissement constatant le temps pendant lequel ils y ont été traités. Ce certificat doit être visé par le sous-intendant militaire ou le maire du lieu (art. 94 du règl. du 11 mai 1856).

Les militaires faisant le service de la résidence ont la faculté de se faire traiter dans les hospices civils. Dans ce cas, leur admission dans ces hospices, par suite de convention avec les directeurs, n'occasionne aucune mutation, et la solde de présence continue d'être allouée aux hommes malades comme s'ils étaient présents (art. 89 du règl. du 11 mai 1856).

596. — Les militaires qui tombent malades étant en permission ou en congé, sont admis dans les hôpitaux avec un billet d'entrée délivré par l'autorité compétente, sur la présentation du titre régulier dont ils doivent être porteurs.

Le jour de l'admission et celui de la sortie sont annotés sur le congé par le sous-intendant militaire ou son suppléant.

A leur retour, ils sont rappelés, pour le temps de leur séjour à l'hôpital, de la solde affectée à leurs congés, déduction faite des retenues ordinaires pour frais de traitement. Ils sont également rappelés de la solde de leurs congés pour les journées antérieures à leur entrée et pour celles postérieures à leur sortie (art. 96 du règl. du 11 mai 1856).

Si, pour une des causes prévues par les art. 71 et 72 du règlement du 11 mai 1856, un sous-officier, brigadier ou gendarme entrait à l'hôpital étant en congé sans solde, il ne lui serait fait aucune retenue sur la solde courante (art. 99 du règl. du 11 mai 1856).

Pour les militaires en congé qui se font traiter hors des hôpitaux, il ne peut être fait aucun rappel de solde, s'ils ne sont pas rentrés au corps à l'expiration de leurs congés, à moins d'une décision spéciale du ministre de la guerre. Les motifs qui les ont empêchés d'entrer dans les hôpitaux doivent être justifiés par certificats des maires, indépendamment des certificats de médecins et des attestations des officiers de la gendarmerie locale (art. 100 du règl. du 11 mai 1856).

2° *Militaires des autres armes.*

597. — A défaut de commandant de place et d'officier de gendarmerie, les commandants de brigade ont qualité pour délivrer des billets d'hôpital aux militaires marchant isolément.

598. — Ils doivent faire des visites tous les cinq jours au plus dans les hôpitaux, dans le but de prévenir tout séjour abusif des militaires admis dans ces établissements.

La circulaire ministérielle du 17 juillet 1850 leur prescrit ce double devoir et leur indique les moyens d'exécution (V. au *Mémorial de la Gendarmerie*, 4° vol., p. 300).

HUISSIERS.

599. — La gendarmerie, quand elle est légalement requise, prête main-forte aux huissiers et autres exécuteurs de mandements de justice, porteurs de réquisitions ou de jugements spéciaux dont ils doivent justifier (art. 459 du décret du 1er mars 1854. — V. *Réquisitions*, n° 916).

Ce service ne donne pas lieu à procès-verbal. Il est inscrit sur la feuille de service.

La gendarmerie n'a droit à aucune indemnité pour la main-forte prêtée aux huissiers.

Un huissier ne peut s'introduire dans une caserne de gendarmerie pour y exercer des poursuites qui ressortissent à son ministère, sans être préalablement muni d'une permission écrite du commandant de la compagnie (circ. minist. du 6 nov. 1855).

———

HUIS-CLOS.

600. — Cette expression sert à indiquer qu'une audience a lieu les portes fermées et sans que le public y soit admis (*Huis*, vieux mot qui signifie *porte*).

Il y a lieu à huis-clos, lorsque la discussion publique pourrait entraîner du scandale, ou engendrer des inconvénients,

Le huis-clos, qui ordinairement s'applique aux débats des cours d'assises, peut être ordonné par les juges correctionnels, et même par un tribunal de simple police.

———

INCENDIES, INONDATIONS, NAUFRAGES ET AUTRES ÉVÉNEMENTS.

601. — En cas d'incendie, d'inondation et d'autres événements de ce genre, les sous-officiers, brigadiers et gendarmes se rendent sur les lieux au premier avis ou signal qui leur est donné, et préviennent, sans délai, le commandant de l'arrondissement.

602. — S'il ne s'y trouve aucun officier de police judiciaire ou autre autorité civile, les commandants de brigade ordonnent et font exécuter toutes les mesures d'urgence; ils font tous leurs efforts pour sauver les individus en danger (c'est toujours par le sauvetage des personnes qu'ils doivent commencer); ils peuvent requérir le service personnel des habitants qui sont tenus d'obtempérer sur-le-champ à leur sommation, et même de fournir les chevaux, voitures, bateaux et autres objets nécessaires pour secourir les personnes et les propriétés (art. 278 du décret du 1er mars 1854).

603. — Le refus de prêter secours est une contravention punie par l'art. 475 (n° 12) du Code pénal. Les procès-verbaux sont visés pour timbre, enregistrés en débet et adressés au ministère public près le tribunal de simple police du canton.

604. — Lors d'un incendie, le commandant de brigade prend, dès son arrivée, toutes les mesures possibles pour le combattre; il distribue ses gendarmes de manière qu'ils puissent empêcher le pillage des meubles et effets qu'ils font évacuer de la maison incendiée; ils ne laissent circuler dans les maisons, greniers, caves et bâtiments, que les personnes de la maison et les ouvriers appelés pour éteindre le feu; ils protégent l'évacuation des meubles et effets dans les dépôts qui ont été désignés par les propriétaires ou intéressés (art. 279 du décret du 1er mars 1854).

605. — Les sous-officiers, brigadiers et gendarmes s'informent ensuite, auprès des propriétaires et des voisins, des causes de l'incendie, s'il provient du défaut d'entretien de cheminée (V. *Feu*, nos 478 et suiv.), de la négligence ou de l'imprudence de quelques personnes de la maison qui auraient porté et laissé du feu près des matières combustibles, ou par suite d'autres causes qui pourraient faire présumer qu'il y a eu malveillance (art. 280 du décret du 1er mars 1854).

Lorsque l'incendie est attribué à la malveillance, et qu'il n'y a aucun indice du crime, il est du devoir de la gendarmerie de combattre, avec convenance et modération, tous les bruits de cette nature qui inquiétent inutilement les populations. Toutefois, elle recherche très-sérieusement la cause du sinistre.

606. — Si les déclarations inculpent quelques particuliers, et s'ils sont sur les lieux, le commandant de la brigade les fait venir sur-le-champ et les interroge; si leurs réponses donnent à croire qu'ils ont participé au crime d'incendie, il s'assure de leur personne et attend l'arrivée de l'officier de police judiciaire ou du commandant de l'arrondissement, auquel il remet le procès-verbal qu'il a dressé de tous les renseignements parvenus à sa connaissance, pour être, ensuite, pris telles mesures qu'il appartiendra.

Dans le cas d'absence du juge de paix et du commandant de l'arrondissement, les prévenus sont conduits devant le procureur impérial (art. 281 du décret du 1er mars 1854).

607. — Les brigades qui se sont transportées sur les lieux où un incendie a éclaté, ne rentrent à la résidence qu'après l'extinction du feu, et après s'être assurées que leur présence n'est plus nécessaire pour la conservation de propriétés, pour le maintien de la tranquillité publique et pour l'arrestation des délinquants (art. 282 du décret du 1er mars 1854).

608. — Dans les procès-verbaux d'incendie, quelle que soit la cause, la gendarmerie doit toujours faire connaître approximativement le montant de la perte en valeur mobilière et immobilière, et si les meubles et immeubles sont assurés ; elle doit demander à voir la police d'assurance et relater le chiffre de l'assurance mobilière et immobilière en indiquant la compagnie.

S'il y a lieu de penser que , par spéculation , le propriétaire ait fait son assurance sur un chiffre beaucoup plus élevé que la valeur des choses assurées , il faut, autant que possible, indiquer leur valeur approximative avant l'incendie. Tous ces renseignements sont nécessaires à la justice pour apprécier s'il y a lieu de rechercher le propriétaire pour s'être incendié lui-même.

INDEMNITÉS , PRIMES , SUPPLÉMENTS DE SOLDE, PARTS D'AMENDE, PRESTATIONS EN NATURE.

609. — La gendarmerie , par la nature mixte de ses fonctions ressortissantes aux services de la guerre et de la marine, et à ceux de l'ordre administratif et judiciaire, a droit, dans certains cas, à des bonifications de solde et des prestations en nature , réglées par les conseils d'administration (V. le *Tableau des allocations* , n° 610 , et *Gratifications* n° 570).

TABLEAU

DES INDEMNITÉS, PRIMES, SUPPLÉMENT DE SOLDE,
PARTS D'AMENDES, PRESTATIONS EN NATURE
DUS A LA GENDARMERIE
DANS CERTAINS CAS.

610. — TABLEAU des indemnités, primes, suppléments de solde, parts d'amendes, prestations en nature dus à la gendarmerie dans certains cas.

DATES. (Lois, décrets, règlements et ordonn. détermin. les fixations)	ART.	CAS DONNANT DROIT AUX ALLOCATIONS.	ALLOCATIONS. (fr. c.)	OBSERVATIONS.
6 août 1823, 25 février 1832 et 11 mai 1856.	» » 335 388	Arrestation en vertu d'un jugement de simple police et pour délits forestiers ou contrainte par corps, à la requête des receveurs d'enregistrement, pour dettes envers l'État.... Dans Paris.... Dans les villes de 40,000 âmes et au-dessus.... Au-dessous de 40,000 âmes....	5 » 4 » 3 »	
7 avril 1813 et 11 mai 1856.	» 335	Arrestation en vertu d'un mandat d'arrêt, ou d'un jugement ou arrêt correctionnel.... Dans Paris.... Dans les villes de 40,000 âmes et au-dessous.... Au-dessous de 40,000 âmes....	18 » 15 » 12 »	
Id.	6 335	Arrestation en vertu d'une ordonnance de prise de corps ou arrêt portant condamnation à la réclusion	21 »	
Id.	6 335	Arrestation en vertu d'un mandat d'arrêt de condamnation aux travaux forcés ou à une peine plus forte.... Dans Paris.... Dans les villes de 40,000 âmes.... Au-dessous de 40,000 âmes....	18 » 15 » 30 »	
12 janvier 1811 et 11 mai 1856. 18 octobre 1832 et 11 mai 1856.	» 326	Arrestation d'un déserteur de l'armée de terre ou de mer (le droit est acquis après quarante-huit heures d'absence illégale).... Dans Paris.... Au-dessous de 40,000 âmes....	25 » 20 »	La prime est réduite de 5 p. 100 p. l'armée de mer
19 mars 1827 et 11 mai 1856.	326	Arrestation d'un insoumis (idem)....	25 »	
6 brum. an XII et 11 mai 1856.	» 327	Arrestation d'un prisonnier de guerre ou d'un condamné évadé des ateliers des travaux publics et du boulet (il n'y a pas de délai pour les évadés).... Repris hors des murs de la ville....	25 »	
6 brum. an XII et 11 mai 1856.	» 331	Arrestation d'un forçat évadé du bagne.... — dans la ville.... — dans le port.... Repris hors des murs de la ville....	100 » 50 » 25 »	
18 vent. an XII et 11 mai 1856.	» 333	Arrestation d'un condamné aux travaux forcés ou à la détention évadé de prison.... Repris hors des murs de la ville.... — dans la ville....	100 » 50 »	

Date	Article	Désignation	Indemnité (fr.)	Observations
31 déc. 1817, 17 nov. 1819 et 11 mai 1856.	» » 355	Arrestation d'un contrebandier en matière de douanes ou de contributions indirectes	15 »	La prime est augmentée de 15 fr. si le contreban-dier est arrêté hors du rayon des douanes nanti de 80 kil. de tabacs au moins (23 avril 1829).
7 avril 1813 et 11 mai 1856.	2 147	Témoins entendus dans le lieu de leur résidence, ou ne se transportant pas à plus de dix kilom. par jour......... { Dans Paris......; Dans les villes de 40,000 âmes et au-dessus.,; Au-dessous de 40,000 âmes.... }	2 » / 1 50 / 1 »	
	2 et 3 147	Témoins entendus à plus de dix kilom., mais dans leur arrondissement, pour cha-que dix kilom. parcourus.....	1 »	
Id.	3 147	Témoins entendus à plus de dix kilom. et hors de leur arr., pour chaque dix kilom. parcourus et pour chaque journée de séjour (indépendamment de l'indem-nité de route accordée par l'art. 226, s'ils sortent de leur département......	1 50 / 3 »	
Id.	3 147	Témoins. — Pour chaque journée de séjour dans la ville où se fait l'instruction et qui n'est pas celle de leur résidence { Dans les villes de 40,000 âmes et au-dessus....; Au-dessous de 40,000 âmes.... }	2 » / 1 50	
25 nov. 1808 et 11 mai 1856.	15 226	Témoins cités à la requête des tribunaux militaires { Adjudants....; Mar. des log., ch. et mar. des log.; Brig., gend. et enfants de troupe } Pour chaque journée de route et de séjour ...	1 50 / 1 25 / 1 »	
11 mai 1856.	363	Escortes par ordre du ministre de la guerre et de l'intérieur, jusqu'à destination ; pour aller, par jour..... { Aux sous-officiers.....; Aux brigadiers.....; Aux gendarmes..... }	6 » / 5 » / 4 »	Pour le retour, l'indem-nité est réduite de moitié et calculée d'après le nombre de journées d'é-tape.
Id.	365	Escortes extraordinaires par ordre du ministre de la justice ou à la requête du pré-sident de la Haute Cour de justice et des magistrats de l'ordre judiciaire, pour aller	(remboursement des dépenses sur mémoires et quittances.)	Pour le retour, même indemnité que ci-dessus.
Id.	367	Escortes particulières obtenues dans l'intérêt des familles ou des prévenus ou accusés (ils doivent payer d'avance) { Aux sous-officiers.....; Aux brigadiers.....; Aux gendarmes..... }	6 » / 5 » / 4 »	Pour le retour, même indemnité que ci-dessus.
Id.	370	Escortes en voitures cellulaires, hors du départe-ment (l'escorte dans le département ne donne droit qu'à l'indemnité de service extraordinaire) { Aux sous-officiers.....; Aux brigadiers.....; Aux gendarmes..... }	6 » / 5 » / 4 »	Pour le retour, elle est la même que ci-dessus. Toutefois, si le retour s'effectue en chemin de fer, l'indemnité est cal-culée sur le nombre réel de journées de route.

Date	Art.	Objet		Bénéficiaires		Taux	Observations
11 mai 1856.	129	Indemnité de service extraordinaire ou de découcher.	1° Pour service hors la compagnie; 2° Pour découcher; 3° Pour missions spéciales et service hors la rés. (le serv. au rccr. y donne droit); 4° Pour garde de police des dépôts et ateliers de condamnés civils et militaires; 5° Pour dét. extr. dans l'int. (les revues de col. et d'insp. généraux y donnent droit; 6° Pour réunion en force publique dans les camps et armées.	Aux adjudants de l'armée à chev. Aux mar. des log. ch. Aux mar. des logis Aux brigadiers Aux gendarmes Aux adjudants de l'arme à pied Aux mar. des log. ch. Aux mar. des logis Aux brigadiers Aux gendarmes	id. id. id. id. id. id. id. id.	1 10 1 » » 90 » 80 » 70 1 » » 90 » 80 » 70 » 60	Les militaires dans l'une ou l'autre de ces positions peuvent recevoir, par les sous-intendants militaires, des avances en argent et en effets de petit équipement, sauf imputation sur la masse individuelle (art. 241).
Id.	226 et suiv.	Indemnité de route aux militaires de la gendarmerie.	1° Rayé des contrôles en vertu d'un ordre ministériel (art. 227); 2° Qui changent de résidence pour des causes de service (les changements pour mesure de discipline ou pour convenance personnelle n'y donnent pas droit) (article 230); 3° Allant aux eaux ou aux hôpitaux, ou en revenant, hors de leur département (art. 232); 4° Allant isolément aux dépôts de remonte, et en revenant, même en détachement, s'ils ramènent des chevaux (art. 233); 5° Aux s.-offic. en service pour les appels de la réserve (si l'appel est fait par eux), indépendamment du 5e de solde en sus qui leur est alloué par l'art. 123 (art. 234); 6° Qui vont en Corse ou qui en reviennent (deux jours de traversée) (art. 235); 7° Se rendant aux forces publiques et rassemblements extraordinaires dans l'intérieur, aller et retour (art. 226); 8° Appelés à faire partie des conseils de guerre ou d'enquête, aller et retour (art. 226); 9° Appelés en témoignage devant les tribunaux militaires, aller et retour (art. 226); 10° Appelés à faire le service dans une autre résidence; pendant la route, aller et retour (art. 228).	Aux adjudants. Aux maréchaux des logis chefs. Aux maréchaux des logis et fourriers. Aux brigadiers. Aux gendarmes. Aux enfants de troupe.		1 50 1 25 » » 1 25 1 » 1 »	Les militaires qui vont aux hôpitaux ou aux eaux peuvent obtenir les moyens de transport (article 232).

Date	N°	Désignation	Montant	Observations
11 mai 1856.	158	Indemnité de fourrages en route (on peut prendre le fourrage en nature au lieu de l'indemnité)	1 »	
Id.	187	Indemnité de frais de bureau aux commandants de brigade, par an	24 »	
Id.	194	Indemnité en remplacement de vivres de campagne, de l'eau-de-vie ou du vin (hors le cas de force majeure, l'indemnité ne peut être allouée que par décis. minist. { arme à cheval. / arme à pied...	300 » / 150 »	
Id.	200	Indemnité pour perte d'effets aux armées, aux prisonn. de guerre { arme à cheval. / arme à pied...	300 » / 150 »	
Id.	381	Indemnité en remplacement de pain, sur le pied de paix, dans le cas de rassemblement ou de service comme force publique à l'intérieur (le pain peut être reçu en nature)	Prix des tarifs.	
Id.	384	Indemnité en remplacement de distributions extraordinaires de vivres et liquides faites à la troupe de ligne, quand la gend. fait concurremment le service avec elle.	Prix tarif.	
Id.	384 à 386	Indemnité en remplacement de liquides accordés pendant les chaleurs, ou à l'occasion des fêtes ou cérémonies publiques.	Prix des tarifs.	
Id.	198	Indemnité pour perte de chevaux à l'armée (le prix d'achat si le cheval a moins de trois ans de durée; passé ce terme, l'indemnité est fixée à 700 fr., si cette somme ne dépasse pas le prix d'achat...	Prix du tarif.	Déduction faite du produit de la vente du cheval ou de sa dépouille.
Id.	211	Indemnité pour perte de chevaux, à l'intérieur, par suite de maladie ou de réforme (V. n° 900).	700 max.	
Id.	212	Indemnité pour perte de chevaux tués ou mis hors de service, par suite de résistance armée ou d'un accident dans l'exécution du service (le prix d'achat, si le cheval a été admis depuis moins de trois ans; passé ce temps, l'indemnité est fixée au prix d'estimation du cheval à la dernière inspect., mais sans dépasser 700 fr.	700 max.	
Id.	213		700 max.	
Id.	244	Indemnité de literie due aux nouveaux admis pendant deux ans, et aux hommes détachés en force supplétive et dans les postes provisoires, par an	30 »	
Id.	246	Indemnité de première mise d'équipement aux sous-officiers promus { montés / non montés	800 » / 600 »	
Id.	248	Indemnité de première mise d'équipement aux sous-officiers promus officiers.		
Id.	276	Indemnité de première mise d'équipement aux nouveaux admis { arme à cheval. / arme à pied... (les militaires qui n'ont pas d'interruption de service y ont doit.)	300 » / 150 »	
Id.	286	Indemnité de première mise aux hommes passant aux vétérans.	40 »	
Id.	115	Supplément à la solde de route (étant en détachement) pour les distances parcourues en sus de la première. Aux adjudants de l'arme à chev.	» 44	
		Aux mar. des log. ch. id.	» 40	
		Aux mar. des log. id.	» 36	
		Aux brigadiers id.	» 32	
		Aux gendarmes id.	» 28	
		Aux enfants de troupe id.		
		Aux adjudants de l'arme à pied. id.	» 40	
		Aux mar. des log. ch. id.	» 36	
		Aux mar. des log. id.	» 32	
		Aux brigadiers id.	» 28	
		Aux gendarmes id.	» 24	
		Aux enfants de troupe id.	» 08	

Dates	Articles	Désignation	Montant	Observations
11 mai 1856.	116	Supplément de la solde, le jour de la fête de l'Empereur, pour chaque grade et selon la position de chacun, le jour même.	1/2 journée de solde.	Dans la répartition des sommes dues à la gend., les offic. ont droit à un tiers. Le reste est distribué également, sauf pour le command. du détach. qui a opéré la saisie qui a droit à une part et demie. Le command. de brigade qui aurait fourni le détach. sans assister à la saisie a droit au partage, mais pour une part seulem. (art. 361 et 362). Si la gend. est seulement appelée pour assister à la saisie, elle n'a droit qu'à une gratification indéterminée et réglée selon l'utilité de son service (art. 359).
Id.	123	Supplément de solde aux sous-offic. chargés de concourir aux appels de la réserve (appel fait par eux), indépendamment de l'indemnité de route fixée par l'art. 234.	1/5 de solde en sus.	
5 mai 1845.	342	Prime pour délits de chasse constatés (la prime est due lors même que les délinquants ne sont condamnés qu'aux frais). — Application de l'art. 11 de la loi de 1844.	8 »	
11 mai 1856.	324	Application de l'art. 12 et § 1er de l'art. 13.	15 »	
		Application du § 2 de l'art. 13.	25 »	
17 oct. 1846.	»	Prime pour saisie en matière de douanes et de contributions indirectes. Par la gendarmerie seule.	Moitié du prod. des am. et conf.	
11 mai 1856.	357	Prime pour saisie en matière de douanes et de contributions indirectes, faite concurremment avec les employés.	Une part de saisissant.	
17 oct. 1846.	»	Prime pour indication de la fraude en matière de douanes et de contributions indirectes.	Id.	
17 oct. 1846.	»	Prime supplémentaire pour saisie de tabacs. — Par kilog. de tabacs en feuilles.	» 20	
11 mai 1856.	357	Id. fabriqués.	» 35	
11 mai 1856.	358			
30 mai 1851.	15, 28	Part d'amende pour contraventions de roulage, aux brigadiers et gendarmes (les contraventions aux art. 10 et 11 de la loi du 30 mai 1854 n'y donnent pas droit.	1/3 de l'amende.	
11 mai 1856.	345			
6 déc. 1811.	115	Part d'amende pour contraventions de grande voirie.	Id.	
11 mai 1856.	345			
27 prair. an IX.	»	Part d'amende pour saisie de lettres transportées en fraude.	Id.	
11 mai 1856.	350			
8 juill. 1852.	»	Part d'amende pour contravention à la loi sur les affiches peintes.	1/4 de l'amende.	
11 mai 1856.	348			
26 mess. an XIII, 14 fév. 1817 et 11 mai 1856.	» 346	Part d'amende pour saisie de lettres de voiture non timbrées (le défaut de lettre de voiture n'est point une contravention).	Moitié de l'amende.	

Dates	Art.	
31 déc. 1823, 15 juin 1855 et 11 mai 1856.	143 30 353	Part d'amende pour constatation de rachat de coupon de fourniture des convois militaires (l'amende revient tout entière au verbalisant... { première fois........ 25 / en récidive........ 50
9 juill. 1818.	»	Prime départementale pour la destruction des loups... { Pour une louve pleine........ 18 / Pour une louve non pleine........ 15 / Pour un loup........ 12 / Pour un louveteau........ 6

PRESTATIONS EN NATURE.

PAIN SUR LE PIED DE PAIX.

11 mai 1856.	380	Le pain est dû aux militaires détachés de leurs résidences pour la garde des dépôts de condamnés civils ou militaires, dans leur département ou hors de leur département.
Id.	381	Le pain est dû dans le cas de rassemblement ou de service comme force publique dans l'intérieur. La distribution peut être remplacée par une indemnité équivalente.

VIVRES DE CAMPAGNE.

Id.	383	La gendarmerie aux armées reçoit les vivres et toutes les distributions extraordinaires, comme les autres troupes, pendant tout le temps qu'elle reçoit la solde de campagne. L'indemnité en remplacement ne peut être payée que dans le cas de force majeure ou en vertu d'une décision ministérielle (art. 194).

DISTRIBUTIONS EXTRAORDINAIRES.

Id.	384	Les vivres et liquides distribués extraordinairement à la troupe de ligne à l'occasion d'un service fait dans l'intérieur sont dûs à la gendarmerie organisée en rassemblement ou en force publique et qui fait le service concurremment avec elle. Elle peut recevoir une indemnité en remplacement.
Id.	385	Des distributions de liquides peuvent être faites localement, à titre hygiénique, en vertu d'une décision ministérielle. Cette allocation n'est pas remplacée par une indemnité.
Id.	385 386	Pendant les chaleurs, et à l'occasion des fêtes et cérémonies publiques, la gendarmerie a droit aux distributions de liquides comme les autres troupes. Ces distributions peuvent être remplacées par des indemnités équivalentes.

FOURRAGES.

Id.	387 388	Les fourrages sont dus en nature, dans toutes les positions. En route, si les fourrages ne sont pas pris dans les magasins, le cavalier a droit à une indemnité représentative de 1 fr. par ration.

CHAUFFAGE.

Id. Id.	389 391	Aux armées, la gendarmerie a droit au chauffage comme les autres troupes. La compagnie de vétérans a droit au chauffage comme les autres troupes.

COMPOSITION DES LOGEMENTS.

Id.	393	Le commandant de brigade doit avoir deux chambres, dont une à feu et un cabinet, et chacun des gendarmes au moins une chambre à feu et un cabinet. L'eau doit être assurée pour les hommes et pour les chevaux.

INFRACTIONS AUX LOIS ET RÈGLEMENTS.

611. — Toute violation ou inobservation des lois, règlements, décrets, ordonnances ou arrêtés de l'autorité publique est une *infraction*.

612. — Les infractions se divisent en trois catégories, selon la pénalité y attachée et la compétence des tribunaux :

1° Les contraventions;

2° Les délits ;

3° Les crimes.

Les contraventions sont punies de peines de simple police. Elles sont de la compétence des tribunaux de simple police; à l'exception de celles de grande voirie et de quelques-unes de roulage, qui sont de la compétence des conseils de préfecture.

Les délits sont punis de peines correctionnelles. Ils sont de la compétence des tribunaux correctionnels.

613. — Les crimes sont punis de peines afflictives et infamantes, ou infamantes seulement. Ils sont de la compétence des cours d'assises ou des hautes cours de justice (à l'exception des crimes et délits de presse, qui sont de la compétence des tribunaux correctionnels) (décret du 17 février 1852).

Les peines afflictives et infamantes sont :

1° La mort;

2° Les travaux forcés à perpétuité ;

3° La déportation ;

4° Les travaux forcés à temps ;

5° La détention ;

6° La réclusion.

Les peines infamantes seulement sont :

1° Le bannissement;

2° La dégradation civique.

Les peines en matière correctionnelle sont :

1° L'emprisonnement à temps dans un lieu de correction ;

2° L'interdiction à temps de certains droits civiques, civils et de famille ;

3° L'amende.

Les peines en matière de simple police ne peuvent pas excéder cinq jours de prison ni 15 fr. d'amende (art. 1er à 9 et 465 du Code pénal. — V. *Prescription*, nos 828 et suiv.).

INSPECTEURS GÉNÉRAUX.

614. — Les différents corps de la gendarmerie sont inspectés annuellement par des inspecteurs généraux spécialement désignés à cet effet, et pris parmi les généraux de division et de brigade (art. 8 du décret du 1er mars 1854).

615. — Les inspections générales de la gendarmerie ont essentiellement pour objet, non-seulement de constater en détail la situation du personnel et du matériel de cette arme, en s'assurant que les règlements sont partout observés et que le corps répond entièrement au but de son institution, mais encore de stimuler par de justes récompenses l'émulation et l'activité des officiers, sous-officiers, brigadiers et gendarmes (art. 9 du décret du 1er mars 1854).

Le ministre de la guerre détermine chaque année, par des instructions spéciales, les attributions des inspecteurs généraux de gendarmerie (art. 10 du décret du 1er mars 1854).

616. — Les inspecteurs généraux de gendarmerie reçoivent les mêmes honneurs que les inspecteurs généraux d'armes (art. 147 du décret du 1er mars 1854. — V. *Honneurs à rendre*, n° 584).

617. — Ils peuvent faire des propositions au ministre pour des gratifications spéciales en faveur des commandants de brigade qui dirigent avec le plus de zèle l'instruction, notamment la tenue des cahiers d'écriture, et aussi en faveur des gendarmes qui se font remarquer par leurs progrès (art. 235 du décret du 1er mars 1854).

INSTRUCTION SPÉCIALE ET MILITAIRE.

618. — L'instruction théorique des sous-officiers et brigadiers doit comprendre particulièrement les titres III, IV et V du décret du 1er mars 1854, et spécialement la connaissance approfondie des fonctions qu'ils sont journellement appelés à remplir, soit comme chefs de brigade, soit comme commandants de la force publique (art. 549 du décret du 1er mars 1854).

619. — L'instruction spéciale des gendarmes doit avoir pour objet l'exposé sommaire des devoirs imposés aux militaires de l'arme par le titre IV du même décret, et notamment la connaissance du service ordinaire et extraordinaire des brigades.

620. — Il est fréquemment donné lecture à chaque brigade assemblée des prescriptions du décret du 1er mars 1854 concernant la discipline de l'arme, les règles particulières et les dispositions générales qui sont d'une application journalière dans l'exécution du service (art. 550 du décret du 1er mars 1854). Il ne suffit pas de savoir qu'une mesure est prescrite; les commandants de brigade doivent en expliquer le but aux hommes sous leurs ordres.

621. — Les commandants de brigade ne doivent négliger aucun moyen de fortifier et d'entretenir l'instruction militaire de l'arme. A cet effet, d'après les ordres des chefs de légion, des réunions de plusieurs brigades ont lieu, deux fois par mois, dans la saison d'été, sur des points intermédiaires déterminés. Ces brigades sont exercées à cheval, sous les ordres des commandants d'arrondissement.

Ces réunions de brigades ne doivent, sous aucun prétexte, motiver la suspension ou l'interruption du service habituel.

Les brigades à pied sont toujours exercées dans leur résidence.

622. — Tout sous-officier ou brigadier doit pouvoir commander l'école du peloton (art. 551 du décret du 1er mars 1854).

623. — Chaque année, à l'époque des inspections générales, des gratifications sont accordées, dans chaque compagnie, par le ministre de la guerre, aux sous-officiers, brigadiers et gendarmes qui ont le plus contribué aux progrès des diverses parties de l'instruction spéciale et militaire. (art. 235 et 552 du décret du 1er mars 1854).

JET DE PIERRES, AUTRES CORPS DURS OU IMMONDICES.

624. — Ceux qui auront jeté des pierres ou d'autres corps durs ou immondices contre les maisons, édifices et clôtures d'autrui, ou dans les jardins ou enclos; et ceux qui auront volontairement jeté des corps durs ou immondices sur quelqu'un seront punis d'une amende de 6 fr. à 10 fr., et pourront l'être de 3 jours de prison (art. 475 (n° 8) et 476 du Code pénal).

Les procès-verbaux constatant ces contraventions sont visés pour timbre, enregistrés en débet et adressés au ministère public près le tribunal de simple police du canton.

JEUX DE HASARD.

625. — La gendarmerie saisit ceux qui , dans les foires , marchés et autres rassemblements , tiennent des jeux de hasard et autres jeux défendus par les lois et règlements de police (art. 332 du décret du 1ᵉʳ mars 1854. — V. *Arrestations*, n° 79 (§ 15).

Ces contraventions sont punies par l'art. 475 (n° 5) du Code pénal.

Seront saisis et confisqués les tables , instruments , appareils des jeux ou des loteries établies dans les rues , chemins et voies publiques , ainsi que les enjeux , les fonds , denrées , objets ou lots proposés aux joueurs (art. 477 du Code pénal).

Les procès-verbaux constatant ces contraventions sont visés pour timbre , enregistrés en débet et adressés au ministère public près le tribunal de simple police du canton.

626. — Les loteries de toute espèce sont prohibées (art. 1ᵉʳ de la loi des 21-23 mai 1836).

627. — Ceux qui auront tenu une maison de jeu de hasard et y auront admis le public , soit librement , soit sur la présentation des intéressés ou affiliés , les banquiers de cette maison , tous ceux qui auront établi ou tenu des loteries non autorisées par la loi , tous administrateurs , préposés ou agents de ces établissements , seront punis de deux à six mois de prison et d'une amende de 100 fr. à 6,000 fr.

Seront confisqués tous les fonds ou effets qui seront trouvés exposés au jeu ou à la loterie , les meubles , instruments , ustensiles , appareils employés ou destinés au service des jeux ou des loteries , les meubles et effets mobiliers dont les lieux sont garnis ou décorés (art. 410 du Code pénal).

Ces délits sont constatés par des procès-verbaux visés pour timbre , enregistrés en débet et adressés au procureur impérial.

Il faut remarquer que la gendarmerie ne peut constater ces sortes de délits, de son propre mouvement, que dans les maisons ou établissements ouverts au public ; ailleurs, elle ne peut que prêter main-forte à l'autorité chargée des opérations. Toutefois , la gendarmerie doit signaler ces maisons dangereuses à l'autorité judiciaire.

JOURNAUX, POLÉMIQUE.

628. — Il est formellement interdit aux militaires de tous grades et de toutes armes en activité de service, de publier leurs idées ou leurs reclamations, soit dans les journaux, soit dans les brochures, sans la permission de l'autorité supérieure.

Les militaires de la gendarmerie qui veulent faire imprimer un écrit doivent donc en demander l'autorisation au ministre, lequel accorde ou refuse, suivant qu'il le juge convenable.

Ceux qui contreviennent à ces prescriptions se mettent dans le cas d'être sévèrement punis (art. 642 du décret du 1er mars 1854).

JUGES DE PAIX.

629. — Les juges de paix sont officiers de police judiciaire, et, comme els, ils ont le droit de requérir la gendarmerie de les accompagner quand il s agissent comme auxiliaires des procureurs impériaux.

630. — La gendarmerie n'est pas tenue de faire la police aux audiences de simple police : c'est l'affaire des huissiers ; mais dans le cas de difficultés prévues soit par la nature des affaires appelées à l'audience, soit à raison du nombre d'affaires à juger, les juges de paix et les huissiers peuvent requérir la gendarmerie de prêter main-forte pour assurer le maintien de l'ordre.

Il est important que les commandants de brigade aient de bons rapports avec les juges de paix, qui, dans les cantons, représentent le procureur impérial de l'arrondissement.

JURÉS.

631. — La notification des citations adressées aux jurés appelés à siéger dans les hautes cours de justice ou dans les cours d'assises est une des attributions essentielles de la gendarmerie. Cette notification a lieu sur la réquisition de l'autorité administrative (art. 108 du décret du 1er mars 1854).

LÉGIONNAIRES MILITAIRES DÉCÉDÉS.

632. — Les commandants de brigade adressent chaque mois aux commandants d'arrondissement, avec le résumé du service fait, l'état des légionnaires militaires décédés ; cet état doit comprendre les noms et prénoms des légionnaires, la date et le lieu de leur décès, leur position militaire (activité, non activité, traitement de réforme, retrait d'emploi ou retraite), ainsi que le grade dans la Légion d'honneur, et, autant que possible, la date de leur nomination à ce grade (art. 185 du décret du 1er mars 1854).

Il doit être rendu compte du décès des militaires décorés de la médaille militaire, puisque cette distinction relève de l'administration de l'ordre impérial de la Légion d'honneur.

Les commandants de brigade doivent s'adresser au secrétariat de la mairie, dans chaque commune, pour avoir le relevé mensuel de ces décès.

LETTRES DE VOITURE.

633. — Les lettres de voiture, connaissements, chartes-parties et polices d'assurance doivent être inscrits sur papier timbré (art. 5 de la loi du 6 prairial an VII et art. 1er du décret du 3 janvier 1809):

634. — Ne sont point assujettis à se pourvoir de lettres de voiture timbrées, les propriétaires qui font conduire par leurs voitures et propres domestiques ou fermiers les produits de leurs récoltes (art. 2 du décret du 3 janvier 1809).

635. — Il est accordé aux gendarmes qui constatent ces contraventions une prime de la moitié de l'amende prononcée (décret du 16 messidor an XIII et art. 346 du règl. du 11 mai 1856).

636. — La gendarmerie doit annexer au procès-verbal de constatation de la contravention la lettre de voiture non timbrée (décision du ministre des finances du 29 octobre 1810). Dans ce cas, elle ne peut refuser au voiturier copie de ladite lettre, afin de le mettre à même de faire, sans difficulté, la remise des marchandises qui lui ont été confiées.

Les procès-verbaux sont visés pour timbre, enregistrés en débet et adressés au directeur de l'enregistrement, chargé des poursuites.

637. — Les lettres de voiture ne sont pas obligatoires : le voiturier qui n'en a pas ne commet pas de contravention.

La loi fiscale semble n'avoir voulu frapper d'impôt que le *contrat* écrit passé entre l'expéditeur et le voiturier. En même temps, le législateur paraît n'avoir pas voulu gêner en quoi que ce soit la confiance mutuelle de l'expéditeur, du voiturier et du destinataire.

(Pour les lettres dont le transport doit s'effectuer par le service de la poste — V. *Poste aux lettres*, n°s 816 et suiv.)

LITERIE.

638. — Les nouveaux admis dans la gendarmerie, sortant des corps de l'armée ou rentrés dans leurs foyers en congé définitif, ont droit pendant deux ans à une indemnité de literie fixée à 30 fr. par homme et par an (art. 244 du règl. du 11 mai 1856).

Cette indemnité est payée sur les fonds des départements.

La même indemnité est accordée aux militaires de la gendarmerie détachés en force supplétive, et dans les résidences où sont établis des postes provisoires (art. 246 du règl. du 11 mai 1856).

LOGEMENT MILITAIRE.

639. — Les lois des 25 janvier 1790 et 23 mai 1792 obligent tous les citoyens, sauf quelques exceptions, à fournir personnellement en nature le logement aux gens de guerre. Ces lois, dont le principe existe toujours, ne sont pas exactement observées, et, par l'usage, l'exception est devenue la règle.

La circulaire du ministre de l'intérieur en date du 15 mars 1845, tout en maintenant le principe desdites lois, a prescrit aux administrations municipales des mesures nouvelles dont voici le sens :

640. — Des casernes de passage ou des maisons de logeurs, reconnues ou désignées par l'administration, doivent *seules* servir de logement aux militaires de passage, quand ils ne sont pas logés dans les maisons particulières. Les autres maisons ouvertes au public sont interdites comme logements militaires, à moins pourtant que les chefs d'établissement n'aient reçu personnellement, et pour leur compte, les billets de logement.

A cet effet, les maires doivent prendre des arrêtés qu'ils communiquent à la gendarmerie.

641. — Aux termes de la circulaire du ministre de la guerre en date du 17 avril 1845, la gendarmerie doit s'assurer :

1° Si l'ordre et les bonnes mœurs règnent dans les auberges désignées pour recevoir les militaires qui ne peuvent être logés chez l'habitant ;

2° S'il ne se trouve pas des militaires logés dans les maisons publiques autres que celles désignées par le maire. Dans ce dernier cas, et s'il existe un arrêté spécial, elle dresse procès-verbal de contravention de simple police, prévue par l'art. 475 (n° 15) du Code pénal.

Ces procès-verbaux sont visés pour timbre, enregistrés en débet et adressés au ministère public près le tribunal de simple police du canton.

LOUPS.

642. — Les loups sont des animaux essentiellement nuisibles et sont au nombre de ceux qui, aux termes de la loi du 3 mai 1844, peuvent être détruits par le propriétaire, possesseur ou fermier, même avec des armes à feu, s'ils portent dommage à ses propriétés.

643. — Les préfets, dans le but de détruire les loups, peuvent ordonner des battues qui sont dirigées par les officiers de louveterie. Des habitants sont désignés pour assister à ces battues et sont tenus de s'y rendre et d'y rester jusqu'à la fin, sous peine d'une condamnation à 10 fr. d'amende (arrêts du conseil des 26 fév. 1697 et 25 fév. 1787; circ. min. du 9 juill. 1818; cass., 13 juillet 1810).

Lorsque la gendarmerie est requise pour surveiller les traqueurs, elle constate l'absence des défaillants. Les procès-verbaux sont visés pour timbre, enregistrés en débet et adressés au ministère public près le tribunal de simple police du canton.

644. — Il est accordé à tout individu qui détruit un loup, en remplissant les formalités prescrites pour la constatation (formalités qui peuvent varier dans chaque département), une prime de :

                18 fr. pour une louve pleine,
                15 — pour une louve non pleine,
                12 — pour un loup,
                6 — pour un louveteau
(circ. du min. de l'intérieur du 9 juillet 1818).

MALADES.

645. — Dans chaque place de garnison où se trouvent des médecins militaires, l'un d'eux ou plusieurs même sont désignés par le général commandant la division ou la subdivision, pour donner gratuitement et à domicile les soins médicaux nécessaires aux malades de la gendarmerie employés dans la place, ainsi qu'à leurs femmes et à leurs enfants.

646. — Dans les places où il y a un hôpital militaire, les médicaments seront fournis par cet établissement sur des bons des médecins appelés à traiter les gendarmes.

Ces bons seront admis par les comptables des hôpitaux. Le montant de la dépense, réglée administrativement, sera payé par les trésoriers des compagnies sur les fonds de secours (circ. des 1er fév. 1853 et 11 juill. 1854, et art. 303 du règl. du 11 mai 1856).

MAIN-FORTE.

647. — La main-forte est accordée toutes les fois qu'elle est requise par ceux qui ont le droit de la requérir (art. 93 du décret 1er mars 1854. — V. *Réquisitions*, n° 908).

MAIRES ET ADJOINTS.

648. — Les maires et les adjoints sont des magistrats de l'ordre administratif et en même temps ils sont officiers de police judiciaire auxiliaires du procureur impérial. En cette double qualité, ils peuvent requérir la gendarmerie soit pour l'exécution de mesures d'ordre public, soit pour les assister dans les opérations judiciaires.

649. — En vertu des lois des 16-24 août 1790 et 19-22 juillet 1791, les maires peuvent prendre des arrêtés de police locale dont la gendarmerie doit assurer l'exécution.

650. — L'action des maires sur la gendarmerie, en ce qui concerne son emploi, ne peut s'exercer que par réquisition (art. 91 du décret du 1er mars 1854. — V. *Réquisitions*, n° 916, *Autorités*, n°s 145 et suiv.).

651. — Les relations de la gendarmerie avec les maires sont très-fréquentes et très-importantes. Dans les tournées de communes, les sous-officiers, brigadiers et gendarmes doivent se présenter à eux pour avoir des renseignements sur tout ce qui concerne l'ordre et la tranquillité publics, sur les crimes, les délits, etc. (art. 628 du décret du 1er mars 1854).

652. — Les feuilles de service sont visées par les maires, qui y apposent leur cachet (V. *Feuilles de service*, n°s 484 et suiv.).

653. — C'est encore aux maires que la gendarmerie s'adresse pour avoir la mercuriale des différentes denrées, dont elle doit rendre compte à la fin de chaque mois; la liste de décès de légionnaires militaires, etc.

654. — Les sous-officiers, brigadiers et gendarmes ont le droit de requérir le maire de les accompagner pour faire ouvrir les portes lorsqu'ils rencontrent des difficultés à l'occasion de la mise à exécution d'un ordre légal d'arrestation.

655. — La gendarmerie a encore le droit de requérir le maire de fournir le nombre de gardes nationaux nécessaire à l'escorte des poudres lorsque la gendarmerie et la troupe de ligne ne peuvent suffire (art. 467 du décret du 1er mars 1854).

656. — Quand les convois de poudres doivent stationner dans une commune où il n'y a pas de troupe de ligne, le maire est requis de faire fournir un poste de garde nationale pour la garde pendant la nuit. A défaut de garde nationale, il désigne quelques habitants (art. 473 du décret du 1er mars 1854. — V. *Escortes de poudres*, n° 433).

657. — Si un prisonnier tombe malade en route, le maire est tenu, sur la réquisition de la gendarmerie, de faire fournir une voiture pour le transporter (V. *Convois militaires*, n°s 318 et suiv.).

Il est très-important que la gendarmerie gagne la confiance des maires, dans l'intérêt de la surveillance générale.

MAISONS DE PRÊT SUR GAGES.

658. — Ceux qui auront établi une maison de prêt sur gages ou nantissements, sans autorisation légale, ou qui, ayant une autorisation, n'auront pas tenu un registre conforme aux règlements, contenant de suite, sans aucun blanc ni interligne, les sommes ou les objets prêtés, les nom, domicile et profession des emprunteurs, la nature, la quantité et la valeur des objets mis en nantissement, seront punis d'un emprisonnement de quinze jours à trois mois, et d'une amende de 100 fr. à 2,000 fr. (article 411 du Code pénal).

Les procès-verbaux constatant ces délits sont visés pour timbre, enregistrés en débet et adressés au procureur impérial.

MAISONS D'ARRÊT, MAISONS DE JUSTICE.

659. — On appelle *maison d'arrêt* la prison destinée, dans chaque arrondissement, à retenir les prévenus et à recevoir les transférés.

On appelle *maison de justice* la prison établie près de chaque cour d'assises pour y retenir les accusés contre lesquels il a été rendu une ordonnance de prise de corps, jusqu'à l'exécution de l'arrêt qui doit les juger.

Ces prisons sont sous la surveillance de l'autorité administratrative.

(On appelle *chambre de sûreté* la prison de la caserne dans laquelle on dépose provisoirement les individus arrêtés. En ville, les prisons qui ont la même destination s'appellent *violon*.)

MANDEMENTS DE JUSTICE.

1re Partie. — *Mandats*.

660. — Il y a quatre sortes de mandats de justice qui sont :
1° Le mandat de comparution ;
2° Le mandat d'amener ;
3° Le mandat de dépôt ;
4° Le mandat d'arrêt.

Le mandat de comparution est la première mesure dirigée contre un inculpé ; vient ensuite le mandat d'amener. Le mandat de dépôt est décerné après l'interrogatoire de l'inculpé, lorsqu'il ne s'est pas complètement justifié. Le mandat d'arrêt s'emploie lorsque le mandat d'amener est resté sans effet ; il réunit à la fois les effets des mandats d'amener et de dépôt.

661. — On appelle *prévenus* ceux qui sont sous le coup de mandats.

On appelle *accusés* ceux contre lesquels est intervenu un arrêt qui les renvoie devant une cour d'assises.

662. — Les mandats de comparution, d'amener, de dépôt et d'arrêt, doivent être signés par le magistrat qui les décerne, et munis de son sceau ; ils doivent être datés ; les prévenus doivent être désignés le plus clairement possible.

De plus, le mandat d'arrêt contient l'énonciation du fait pour lequel il est décerné et l'énonciation de la loi qui déclare que ce fait est un crime ou un délit (art. 289 du décret du 1er mars 1854 et Code d'instr. crim.).

663. — Lorsque la gendarmerie est chargée de mettre un mandat ou autre ordre de justice à exécution, elle doit toujours les exhiber. (art. 292 du décret du 1er mars 1854).

En cas de non exhibition, la résistance du prévenu, avec violences et voies de fait, ne peut être considérée comme constituant le délit de rébellion. Le 26 novembre 1826, la Cour de Nîmes a rendu un arrêt dans ce sens à propos d'une ordonnance de prise de corps.

664. — Les ordres d'arrestation sont exécutoires dans toute l'étendue du territoire de l'empire français (art. 98 du Code d'instr. crim.).

665. — Les arrestations à domicile ne peuvent être faites que de jour (V. *Domicile*, nos 383 et suiv.).

666. — Les procès-verbaux d'arrestation ou de recherches, en exécution d'ordres de justice, ne sont pas soumis au visa pour timbre, ni à l'enregistrement en débet.

667. — Toutes les fois qu'il s'agit d'arrestations à faire en vertu d'ordres de justice, la gendarmerie doit être assez prudente pour prendre les mesures nécessaires pour assurer la réussite de ses démarches ; elle s'éclaire avant d'agir ; elle ajourne, au besoin, l'exécution des mandats ou jugements, sauf à rendre compte de la cause du retard au commandant de l'arrondissement. Elle doit se pénétrer que toute démarche irréfléchie peut faire prendre la fuite aux individus dangereux pour la société, dont elle doit sauvegarder les intérêts et la sécurité.

668. — Le signalement de l'individu arrêté doit toujours être mis au bas du procès-verbal d'arrestation. Il n'est pas moins important de le mettre, autant que possible, au bas des procès-verbaux de recherches infructueuses ou de renseignements, afin de mettre les procureurs impériaux à même de signaler le plus complètement possible les prévenus, accusés ou condamnés au ministre de l'intérieur, pour être compris sur les cahiers mensuels de signalements (V. *Signalements*, nos 1036 et suiv.).

Mandat de comparution.

669. — Le mandat de comparution est une simple citation donnée par un magistrat pour prévenir l'individu qui en fait l'objet de se rendre librement devant lui au jour indiqué.

670. — Les sous-officiers, brigadiers et gendarmes chargés de la notification l'exhibent en original à la personne désignée, lui en donnent lecture et copie, et dressent le procès-verbal de notification.

671. — Si l'individu désigné au mandat ne peut être trouvé, la notification est faite de la même manière, à son domicile, à la personne qui le représente soit comme parent, soit comme serviteur. Cette circonstance est mentionnée dans le procès-verbal.

672. — Si l'individu désigné au mandat ne peut être trouvé et si on ne trouve personne pour le représenter, la notification est faite au maire ou à l'adjoint, qui vise le procès-verbal de notification.

673. — L'original du mandat de comparution sera retourné au magistrat qui l'aura adressé à la gendarmerie. On y joindra la première expédition du procès-verbal de notification.

Mandat d'amener.

674. — Le mandat d'amener est un ordre écrit adressé aux agents de la force publique par un magistrat, à l'effet d'amener devant lui l'individu qui en fait l'objet.

675. — Les sous-officiers, brigadiers et gendarmes chargés de la notification d'un mandat d'amener se rendent au domicile de la personne désignée. Si le prévenu est trouvé, on lui exhibe le mandat en original, on lui en donne lecture et copie, et on lui demande s'il entend y obéir; s'il se soumet, on s'assure de sa personne et on dresse procès-verbal de notification; s'il refuse d'obéir, il y est contraint par la force, et il en est fait mention dans le procès-verbal.

(Peu de sous-officiers, brigadiers et gendarmes comprennent pourquoi il faut demander à l'individu désigné au mandat d'amener *s'il entend y obéir :* c'est que le mandat d'amener est moins un ordre d'arrestation qu'un ordre de conduite. C'est toujours à tort que, dans les procès-verbaux de notification de mandats d'amener, on met : *nous l'avons arrêté*, quand l'individu se soumet à l'ordre de justice; mieux vaut mettre : *nous nous sommes assurés de sa personne.* Mais si l'individu désigné au mandat déclare *ne pas vouloir y obéir, s'il fait résistance ou s'il tente de s'évader*, la gendarmerie alors l'arrête pour refus d'obéissance à la loi, puisque le mandat est décerné légalement, et que la force publique est chargée de son exécution.)

676. — Le prévenu est ensuite conduit ou dirigé devant le juge mandant, auquel sont remis l'original du mandat et la première expédition du procès-verbal de notification.

Si, à son arrivée à destination, le prévenu ne peut être entendu de suite par le juge, il est déposé à la maison d'arrêt pour être à sa disposition.

677. — Si le prévenu est absent, et si toutes les mesures de précaution pour le saisir sont épuisées, la notification du mandat est faite à une personne qui le représente à son domicile. Dans ce cas, il est fait exacte perquisition dans le domicile et toutes ses dépendances pour rechercher le prévenu. Les sous-officiers, brigadiers ou gendarmes se rendent ensuite chez le maire, l'adjoint ou le commissaire de police, auquel ils exhibent et font viser l'original de l'acte de notification.

Si on refuse de laisser faire les perquisitions, les sous-officiers, brigadiers et gendarmes requièrent le maire, l'adjoint ou le commissaire de police de les accompagner, et, au besoin, de faire ouvrir les portes. Ces circonstances sont mentionnées dans le procès-verbal.

678. — Si le prévenu est inconnu, ou s'il n'a plus de domicile dans la commune désignée, ou encore si on ne trouve personne à son domicile, la notification du mandat est faite, dans la forme ordinaire, au maire, à l'adjoint ou au commissaire de police, qui vise l'original de l'acte de notification.

679. — Si le prévenu est arrêté hors de l'arrondissement du juge qui a décerné le mandat, à plus de cinquante kilomètres de distance, et si le mandat a plus de deux jours de date, il est conduit (*s'il le demande*) devant le procureur impérial de l'arrondissement où il a été arrêté. Le refus constituerait un abus de pouvoir.

Toutefois, le mandat devra être pleinement exécuté si le prévenu est trouvé muni d'effets, de papiers, d'instruments ou autres objets qui font présumer qu'il est auteur ou complice du délit ou du crime pour lequel il est recherché, quelle que soit la date du mandat et la distance de la résidence du juge.

Mandat de dépôt.

680. — Le mandat de dépôt est un ordre écrit donné par un magistrat pour retenir provisoirement en prison le prévenu qui en fait l'objet, et dont l'interrogatoire n'a pas détruit les indices de culpabilité.

Les sous-officiers, brigadiers et gendarmes chargés de l'exécution d'un mandat de dépôt remettent le prévenu au gardien de la maison d'arrêt, auquel ils exhibent le mandat. Le gardien remet aux gendarmes une reconnaissance de la remise du prévenu.

Mandat d'arrêt.

681. — Le mandat d'arrêt est un ordre écrit d'arrestation donné aux agents de la force publique pour arrêter et écrouer à la maison d'arrêt désignée l'inculpé qui en fait l'objet.

682. — Les sous-officiers, brigadiers et gendarmes chargés de l'exécution d'un mandat d'arrêt se rendent au domicile de l'individu désigné ; s'il y est trouvé, ils lui exhibent le mandat en original, lui en font lecture, lui en donnent copie, l'arrêtent et le conduisent à la maison d'arrêt indiquée.

Le gardien de la maison d'arrêt, sur l'exhibition du mandat, est tenu de recevoir et de garder le prévenu, dont il donne décharge aux gendarmes. Le gardien dresse l'acte d'écrou, que les gendarmes doivent signer.

Les sous-officiers, brigadiers et gendarmes portent ensuite au greffe du tribunal le mandat, le procès-verbal, les pièces de conviction, en un mot toutes les pièces relatives à l'arrestation. Le greffier leur en donne une reconnaissance.

La reconnaissance du greffier et la décharge du gardien de la prison sont exhibées par les gendarmes, dans les vingt-quatre heures, au juge d'instruction, qui vise, date et signe l'une et l'autre pièce (Code d'instr. crim.).

683. — Si le prévenu est trouvé hors de l'arrondissement de l'officier de justice qui a décerné le mandat, il est conduit devant le juge de paix ou son suppléant, et, à leur défaut, devant le maire, l'adjoint ou le commissaire de police du lieu, lequel vise le mandat, sans pouvoir en empêcher l'exécution. Dans ce cas, toutes les pièces relatives à l'arrestation suivent le prévenu dans son transfèrement, et sont annexées à l'ordre de conduite sur lequel elles sont mentionnées. C'est la brigade qui écroue le prévenu à la maison d'arrêt désignée au mandat qui est chargée de produire la décharge et la reconaissance au juge d'instruction, comme il est dit ci-dessus.

684. — Si le prévenu ne peut être saisi, le mandat sera notifié à sa dernière habitation, dans les dépendances de laquelle les gendarmes, accompagnés des deux plus proches voisins du prévenu qu'ils pourront trouver, feront une exacte perquisition. Le procès-verbal sera signé par les deux témoins : s'ils ne veulent ou ne peuvent signer, il en sera fait mention dans le procès-verbal, ainsi que de l'interpellation qui en sera faite.

Les sous-officiers, brigadiers et gendarmes se rendront ensuite chez le juge de paix ou son suppléant, ou, à son défaut, chez le maire, l'adjoint ou le commissaire de police, pour faire viser leur procès-verbal, et lui en laisseront copie.

Le mandat d'arrêt et le procès-verbal sont ensuite remis au greffe du tribunal.

Si on s'opposait à la perquisition, les sous-officiers, brigadiers ou gendarmes requerraient le maire, l'adjoint ou le commissaire de police de les accompagner, et, au besoin, de leur faire ouvrir les portes. Il en serait fait mention dans le procès-verbal.

685. — Si le prévenu est inconnu, ou s'il n'a plus de domicile, ou s'il ne s'y trouve personne, le mandat est notifié, dans la forme ordinaire, au maire, à l'adjoint ou au commissaire de police qui signe le procès-verbal de notification dont on lui donne copie, ainsi que copie du mandat.

Le mandat d'arrêt doit être notifié au prévenu lors même qu'il serait déjà détenu.

686. — Il est dû aux sous-officiers, brigadiers ou gendarmes, pour arrestation en vertu de mandat d'arrêt, une prime de :

A Paris...	18 fr.
Dans les villes de 40,000 âmes et au-dessus.............	15
Au-dessous de 40,000 âmes...........................	12

(art. 335 du règl. du 11 mai 1856. — V. *Indemnités*, n° 610).

Ordonnance de prise de corps.

687. — On appelle ordonnance de prise de corps, la décision prise contre le prévenu, soit par la chambre du conseil d'un tribunal, lorsqu'un ou plusieurs de ses membres pensent qu'il y a charges suffisantes pour l'accuser d'un crime, soit par la chambre des mises en accusation d'une cour impériale, lorsqu'elle renvoie aux assises un accusé contre lequel la chambre du conseil d'un tribunal n'avait pas décerné régulièrement une pareille ordonnance ou lorsqu'elle juge elle-même comme chambre du conseil.

688. — L'ordonnance de prise de corps est mise à exécution comme le mandat d'arrêt.

689. — Il est dû aux sous-officiers, brigadiers et gendarmes, pour arrestation en vertu d'une ordonnance de prise de corps, une prime de :

A Paris... 21 fr.
Dans les villes de 40,000 âmes et au-dessus.............. 18
Au-dessous de 40,000 âmes........................... 15

(art. 335 du règl. du 11 mai 1856. — V. *Indemnités*, n° 610).

2ᵉ Partie. — *Jugements, réquisitoires, contraintes par corps.* Jugement de simple police.

690. — Les sous-officiers, brigadiers et gendarmes chargés de l'exécution d'un jugement de simple police portant condamnation à l'emprisonnement, se rendent au domicile du condamné, lui exhibent le jugement (ou extrait) en original, lui en donnent lecture et copie, l'arrêtent et le conduisent à la maison d'arrêt ou prison désignée au jugement. Le concierge ou gardien dresse l'acte d'écrou que les gendarmes doivent signer.

691. — L'original du jugement et la première expédition du procès-verbal d'arrestation sont remis au greffe du tribunal de simple police.

692. — L'arrestation en vertu de jugement de simple police donne droit à une prime de :

A Paris... 5 fr.
Dans les villes de 40,000 âmes et au-dessus.............. 4
Au-dessous de 40,000 âmes........................... 3

(art. 335 du règl. du 11 mai 1856).

693. — Si le condamné n'est point trouvé à son domicile, après avoir préalablement pris toutes les mesures possibles pour l'arrêter, le jugement est signifié audit domicile, à quelqu'un chargé de le représenter, et il est fait perquisition dans la maison et toutes ses dépendances, comme il est dit au *Mandat d'amener*, n° 677.

Si le condamné n'a plus de domicile dans la commune indiquée au jugement ou si on n'y trouve personne, les sous-officiers, brigadiers ou gendarmes dressent un procès-verbal de recherches infructueuses et fournissent tous les renseignements possibles sur la résidence actuelle du condamné.

Il est toujours utile de faire viser ce procès-verbal par le maire, l'adjoint ou le commissaire de police, pour établir que les recherches ont été complètement faites.

Jugement de police correctionnelle.

694. — Les jugements de police correctionnelle portant condamnation à l'emprisonnement sont mis à exécution de la même manière que ceux de simple police. Mais les pièces sont remises au greffe du tribunal de 1re instance.

(Voir jugement de simple police, n° 690 et suivants.)

695. — Les arrestations opérées en vertu de jugements de police correctionnelle donnent droit à des primes fixées comme il suit :

Pour condamnation en matière forestière :

A Paris.. 5 fr.
Dans les villes de 40,000 âmes et au-dessus............. 4
Au-dessous de 40,000 âmes........................... 3

Pour tout autre délit la prime est de :

A Paris... 18 fr.
Dans les villes de 40,000 âmes et au-dessus............. 15
Au-dessous de 40,000 âmes........................... 12

(art. 335 du règl. du 11 mai 1856. — V. *Indemnités*, n° 610).

Contraintes par corps en vertu de jugements civils ou de commerce.

696. — Les contraintes par corps en exécution de jugements civils ou de commerce sont signifiées dans les formes ordinaires, sauf les règles ci-après dont il faut bien se pénétrer.

697. — Tout exécuteur de mandements de justice, qui, lors de l'arrestation d'un débiteur, se refuserait à le conduire en référé devant le président du tribunal de 1re instance, aux termes de l'art. 786 du Code de procédure civile, sera condamné à 1,000 fr. d'amende, sans préjudice des dommages-intérêts (art. 22 de la loi du 17 avril 1832).

L'ordonnance du président, sur le référé, sera consignée sur le procès-verbal, ainsi que l'exécution qui doit avoir lieu sur-le-champ (art. 787 du Code de proc. civ.).

(La gendarmerie n'est pas tenue de demander au débiteur s'il veut être conduit en référé.)

698. — Le débiteur ne pourra être arrêté :

1° Avant le lever ni après le coucher du soleil ;

2° Les jours de fêtes légales (c'est-à-dire le dimanche et les jours de l'Ascension, de l'Assomption, de la Toussaint et de Noël) ;

3° Dans les édifices consacrés au culte et pendant les exercices religieux (ce principe est absolu et s'applique à tous les cultes reconnus et permis) ;

4° Dans le lieu et pendant la tenue des séances des autorités constituées ;

5° Dans une maison quelconque, même dans son domicile, à moins que l'ordre ou l'autorisation en soit donné dans le jugement (art. 781 du Code de proc. civ.).

Le débiteur ne pourra non plus être arrêté lorsqu'il sera cité à comparaître comme témoin devant un juge ou un tribunal, s'il est porteur d'un sauf-conduit. Le sauf-conduit doit indiquer la durée de son effet, à peine de nullité. En vertu du sauf-conduit, le débiteur ne pourra être arrêté, ni le jour fixé pour la comparution, ni pendant le temps nécessaire pour aller et pour revenir (art. 782 du Code de proc. civ.).

699. — Pour les arrestations faites en vertu de contrainte par corps et par jugements civils ou de commerce, les sous-officiers, brigadiers et gendarmes ont droit :

A Paris .... 18 fr.

Dans les villes de 40,000 âmes et au-dessus........ 15

Au-dessous de 40,000 âmes...................... 12

(art 335 du règl. du 11 mai 1856. — V. *Indemnités*, n° 610).

Ces primes sont payées par les créanciers qui font faire l'arrestation.

Toutefois, lorsque c'est le procureur impérial qui, en vertu d'un jugement du tribunal de commerce, requiert l'arrestation, par exemple, d'un individu déclaré en faillite, alors la prime est payée sur le budget du ministère de la justice.

Réquisitions à l'effet de contraindre, par corps, au paiement des amendes et frais dus à l'État, les condamnés en matière criminelle, correctionnelle et de police.

700. — Ces réquisitions sont adressées à la gendarmerie par les procureurs impériaux, sur la demande des receveurs d'enregistrement chargés du recouvrement des sommes à payer par les condamnés, pour être versées dans les caisses de l'État, par suite des condamnations en matière criminelle, correctionnelle et de police, lorsque lesdits condamnés ne se sont pas acquittés après commandement (art. 33 de la loi du 17 avril 1832).

701. — Ces réquisitions sont mises à exécution dans les formes prescrites pour les jugements de simple police, sauf l'exception suivante, dont il faut bien se pénétrer (V. *Jugements de simple police*, n°ˢ 690 et suiv.).

Tout exécuteur de mandements de justice qui, lors de l'arrestation d'un débiteur, se refuserait à le conduire en référé devant le président du tribunal de 1ʳᵉ instance, aux termes de l'art. 786 du Code de procédure civile, sera condamné à 1,000 fr. d'amende, sans préjudice des dommages-intérêts (art. 22 et 41 de la loi du 17 avril 1832).

L'ordonnance du président, sur le référé, sera consignée dans le procès-verbal, ainsi que l'exécution qui doit avoir lieu sur-le-champ (art. 787 du Code de procédure civ.).

(La gendarmerie n'est pas tenue de demander au débiteur s'il veut être conduit en référé.)

702. — Si le débiteur arrêté demandait à être conduit devant le receveur d'enregistrement, soit pour s'acquitter, soit pour demander un délai, bien que la loi soit muette à cet égard, la gendarmerie doit déférer à cette demande, puisque le paiement est le but de la réquisition.

703. — Les arrestations donnent droit à la même prime que celles opérées en vertu de jugement de simple police (V. n° 692).

Ces primes sont dues à la gendarmerie quand le débiteur arrêté demande à être conduit devant le receveur d'enregistrement pour s'acquitter, alors même qu'il est mis en liberté.

MARAUDAGE.

704. — Seront punis d'une amende de 6 fr. à 10 fr. ceux qui déroberont, sans aucune circonstance prévue en l'art. 388 du Code pénal, des récoltes ou autres productions utiles de la terre, qui, avant d'être soustraites, n'étaient pas encore détachées du sol (art. 475 (n° 15) du Code pénal).

Les procès-verbaux sont visés pour timbre, enregistrés en débet et adressés au ministère public près le tribunal de simple police du canton (V. *Vols*, n°⁵ 1169 et suiv.).

Les procès-verbaux sont visés pour timbre, enregistrés en débet et adressés au ministère public près le tribunal de simple police du canton (V. *Vols*, nᵒˢ 1169 et suiv.).

MARÉCHAUX DES LOGIS.

705. — Les maréchaux des logis sont nommés par le ministre de la guerre (art. 4 du décret du 1ᵉʳ mars 1854).

706. — Dans la hiérarchie des grades, ils prennent rang entre les brigadiers et les maréchaux des logis chefs (art. 15 du décret du 1ᵉʳ mars 1854).

707. — Pour les attributions des maréchaux des logis, V. *Commandants de brigade*, nᵒˢ 260 et suivants.

708. — Pour les changements de résidence ou de légion, V. *Changements de résidence*, nᵉˢ 210 et suivants.

709. — Pour l'avancement, V. *Avancement des sous-officiers*, nᵒˢ 150 et suivants.

710. — Les maréchaux des logis remplacent provisoirement, dans les arrondissements autres que ceux des chefs-lieux de compagnie, les officiers malades ou absents, dans le commandement de l'arrondissement, à moins qu'il n'en soit autrement ordonné (art. 211 du décret du 1ᵉʳ mars 1854).

MARÉCHAUX DES LOGIS CHEFS.

711. — Les fonctions des maréchaux des logis chefs sont les mêmes que celles d'adjudant (art. 219 du décret du 1ᵉʳ mars 1854), à l'exception pourtant qu'ils roulent, avec les maréchaux des logis, brigadiers et gendarmes, pour le service des correspondances, tournées, conduites et escortes (art. 231 du décret du 1er mars 1854. — V. *Adjudants*, nos 22 et suiv., et *Correspondances*, nos 327 et suiv.).

MASQUES.

712. — Pendant le carnaval, on tolère à peu près partout l'usage des déguisements et des masques.

Toutefois, l'autorité locale a le droit d'interdire ces travestissements, par mesure d'ordre public, et, si elle prenait un arrêté dans ce sens, l'art. 471 (n° 15) du Code pénal serait applicable aux contrevenants.

Dans ce cas, les procès-verbaux sont visés pour timbre, enregistrés en débet et adressés au ministère public près le tribunal de simple police du canton.

713. — Dans le cas où ces divertissements seraient tolérés, la gendarmerie doit les surveiller attentivement ; elle doit arrêter et conduire devant le maire, l'adjoint ou le commissaire de police, tout individu travesti qui, soit isolément, soit en réunion, insulterait les personnes, blesserait les mœurs ou troublerait l'ordre public, de quelque manière que ce soit.

MÉDECINS, PHARMACIENS, SAGES-FEMMES.

714. — Nul ne peut exercer la médecine ou la chirurgie sans un diplôme de docteur en médecine ou en chirurgie, ou d'officier de santé (loi du 17 vent. an XI. — V. *Charlatans*, nos 215 et suiv.).

Nul ne peut exercer la profession de pharmacien sans diplôme (loi du 21 germ. an XI).

Nulle ne peut exercer la profession de sage-femme sans diplôme (loi du 19 vent. an XI).

715. — Les sages-femmes ne peuvent employer les instruments, dans les cas d'accouchements laborieux, sans appeler un docteur ou un médecin, ou un chirurgien anciennement reçu (art. 33 de la loi du 19 vent. an XI).

A défaut de ces précautions, s'il survient des accidents graves, elles sont passibles des peines correctionnelles portées aux art. 319 et 320 du Code pénal (cass., 18 sept. 1817).

Les procès-verbaux constatant ces délits sont visés pour timbre, enregistrés en débet et adressés au procureur impérial.

MENACES.

716. — Quiconque aura menacé, par écrit anonyme ou signé, d'assassinat, d'empoisonnement ou de tout autre attentat contre les personnes, avec ordre de déposer une somme d'argent dans un lieu indiqué, ou de remplir toute autre condition, sera puni de la peine des travaux forcés à temps (art. 305 du Code pénal).

Si cette menace n'a été accompagnée d'aucun ordre ou condition, la peine sera d'un emprisonnement de deux ans au moins et de cinq ans au plus, et d'une amende de 100 fr. à 600 fr. (art. 306 du Code pénal).

Si la menace faite avec ordre ou condition a été verbale, le coupable sera puni d'un emprisonnement de six mois à deux ans et d'une amende de 25 fr. à 300 fr. (art. 307 du Code pénal).

717. — Les menaces d'incendier une habitation ou toute autre propriété sont punies des mêmes peines que les menaces contre les personnes (art. 436 du Code pénal).

Les procès-verbaux sont adressés au procureur impérial. Ceux qui constatent les crimes prévus par l'art. 305 du Code pénal, ci-dessus relatés, sont dispensés du visa pour timbre et de l'enregistrement en débet.

MENDIANTS ET VAGABONDS.

718. — La gendarmerie surveille les mendiants, vagabonds et gens sans aveu qui parcourent les communes et les campagnes.

Elle arrête ceux qui ne sont pas connus de l'autorité locale et qui ne sont porteurs d'aucun papier constatant leur identité, mais surtout les mendiants valides qui peuvent être saisis et conduits devant l'officier de police judiciaire du lieu, pour être statué, à leur égard, conformément aux lois sur la répression de la mendicité,

719. — 1° Lorsqu'ils mendient avec violences ou menaces;

2° Lorsqu'ils mendient avec armes;

3° Lorsqu'ils mendient nuitamment ou s'introduisent dans les maisons;

4° Lorsqu'ils mendient plusieurs ensemble;

5° Lorsqu'ils mendient avec de faux certificats ou faux passeports , ou infirmités supposées, ou déguisement;

6° Lorsqu'ils mendient après avoir été repris de justice;

7° Enfin, lorsque d'habitude ils mendient hors du canton de leur domicile (art. 333 du décret du 1er mars 1854).

La mendicité est un délit (art. 274 et suiv. du Code pénal).

720. — Le vagabondage est aussi un délit (art. 269 du Code pénal).

Les vagabonds et gens sans aveu sont ceux qui n'ont :

1° Ni domicile certain;

2° Ni moyens de subsistance;

3° Et qui n'exercent habituellement ni métier ni profession (art. 270 du Code pénal).

Les vagabonds et gens sans aveu qui auront été légalement déclarés tels seront, pour ce seul fait, punis de trois mois à six mois d'emprisonnement et de cinq ans à dix ans de surveillance. Néanmoins, les vagabonds âgés de moins de seize ans ne pourront être condamnés à l'emprisonnement, mais ils seront sous la surveillance de la haute police jusqu'à l'âge de vingt ans accomplis, à moins qu'avant cet âge ils ne contractent un engagement régulier pour les armées de terre ou de mer (art. 271 du Code pénal).

721. — Les individus dépourvus de papiers peuvent n'être pas en état de vagabondage, dans le sens de la loi; mais après examen fait par la gendarmerie, si elle les tient pour suspects, elle les conduit chez l'officier de police judiciaire du lieu, qui ordonne leur arrestation ou leur mise en liberté (V. *Passeports*, nᵒˢ 769 et suiv.).

722. — Tout mendiant ou vagabond qui aura été trouvé travesti d'une manière quelconque , ou muni d'armes, de limes, crochets ou autres instruments propres à commettre des vols ou à pénétrer dans les maisons, sera puni de deux ans à cinq ans d'emprisonnement (art. 277 du Code pénal).

723. — Tout mendiant ou vagabond qui sera trouvé porteur d'un ou plusieurs effets d'une valeur supérieure à 100 fr., et qui ne justifiera point d'où ils lui proviennent , sera puni d'un emprisonnement de six mois à deux ans (art. 278 du Code pénal).

Les procès-verbaux constatant ces délits sont visés pour timbre , enregistrés en débet et adressés au procureur impérial.

MILITAIRES.

1º *Militaires demandant à entrer dans la gendarmerie.*

724. — Les militaires de l'armée, en activité de service, qui demandent à entrer dans la gendarmerie, sont proposés par les inspecteurs généraux d'armes. Ceux qui ont été envoyés dans la réserve en attendant la libération de la classe à laquelle ils appartiennent, et ceux libérés définitivement du service sont proposés par les chefs de légion, sur la présentation des commandants de compagnie (art. 19, 20 et 21 du décret du 1er mars 1854. — V. *Admissions*, nos 36 et suiv.).

2º *Militaires en congé.*

725. — Les militaires en congé pour un temps déterminé sont tenus, lors de leur arrivée dans la commune où ils doivent résider, de faire viser leur congé par le commandant de la brigade qui en a la surveillance. Les commandants de brigade en font inscription sur le registre nº 10. Quand ces militaires passent dans la réserve, ils sont inscrits sur le nº 10 *bis*.

Les commandants de brigade rendent compte au commandant d'arrondissement de toutes ces mutations, et indiquent l'époque à laquelle ces congés doivent expirer (art. 348 du décret du 1er mars 1854).

726. — (Il est nécessaire que les commandants de brigade se fassent représenter la feuille de route avec le congé. Le congé et la feuille de route n'ont pas toujours la même date, et c'est sur la feuille de route qu'il faut se baser pour la date de jouissance et d'expiration du congé.)

(Pour les militaires venant d'outre-mer, la jouissance du congé ne compte que du jour du débarquement en France, ou de la sortie du lazaret. A l'égard des militaires faisant partie d'un rassemblement hors du territoire français, la durée du congé ne commence que le jour du passage à la frontière. Cette date est toujours portée sur la feuille de route. Pour rejoindre, ces militaires sont en règle quand ils sont rendus, à l'expiration de leur congé, au port d'embarquement ou à la frontière (art. 67 du règl. du 11 mai 1856).

727. — Avant l'expiration de leurs congés, les commandants de brigade font prévenir ces militaires qu'ils doivent rejoindre, et s'assurent qu'ils se mettent en route de manière à arriver à leur corps dans le délai prescrit par leur feuille de route (art. 349 du décret du 1er mars 1854).

Les commandants de brigade rendent compte au commandant d'arrondissement du départ, pour rejoindre, des militaires en congé (art. 74 du décret du 1er mars 1854).

La gendarmerie surveille les militaires en congé appartenant à l'armée de terre et de mer (art. 74 et 88 du décret du 1er mars 1854).

La gendarmerie arrête les militaires de l'armée de terre et de mer qui, à l'expiration de leur congé, sont en retard de rejoindre (art. 336 du décret du 1er mars 1854. — V. *Arrestations*, nos 86 et 89).

3o *Militaires en congé demandant une prolongation à titre de convalescence.*

728. — Les sous-officiers et brigadiers de gendarmerie, dans les communes où il n'existe point d'hôpital civil ou militaire, se rendent, sur l'ordre du général commandant la subdivision, au domicile des militaires en congé, autres que ceux de la gendarmerie qui, par suite de maladie, ont besoin d'une prolongation à titre de convalescence, afin de constater qu'ils ne sont pas transportables à l'hôpital le plus voisin.

Il est du devoir de la gendarmerie de faire connaître aux intéressés que c'est au général commandant la subdivision qu'ils doivent s'adresser, tout d'abord, en joignant à leur demande un certificat de médecin et une attestation du maire de la commune établissant l'impossibilité de leur déplacement (art. 350 du décret du 1er mars 1854).

4o *Militaires qui commettent des délits ou des crimes étant en congé.*

729. — Les militaires arrêtés pour délits ou crimes par eux commis étant en congé, sont justiciables des tribunaux ordinaires (cass., 2 oct. 1828).

En conséquence, ils doivent être mis à la disposition du procureur impérial, comme s'ils étaient civils (V. *Arrestations*, nos 86 et 92).

5o *Militaires en congé commettant des désordres non qualifiés crimes ou délits.*

730. — Les militaires en congé qui commettent des désordres non qualifiés crimes ou délits, sont arrêtés par la gendarmerie. Si des plaintes sont portées contre ces militaires, la gendarmerie ne doit les arrêter que sur la déclaration écrite du maire ou de l'adjoint, dont il est fait mention dans le procès-verbal qu'elle est tenue de dresser.

Ces militaires sont conduits devant le commandant de l'arrondissement avec le procès-verbal d'arrestation et la plainte de l'autorité (art 199 de l'ord. du 29 oct. 1820).

Nota. Cette disposition de l'ancien règlement n'a pas été reproduite dans le décret du 1er mars 1854, mais l'art. 644 de ce décret la maintient implicitement en vigueur (V. Arrestations, nos 86 et 93).

6° Militaires vendant des effets militaires.

731. — (V. Effets militaires, n° 393).

7° Militaires d'un corps de troupe s'écartant de leur route ou commettant des désordres, soit dans les marches, soit dans les gîtes d'étape. — Traînards.

732. — La gendarmerie doit se porter en arrière et sur les flancs de tout corps de troupe en marche; elle arrête les traînards ainsi que ceux qui s'écartent de leur route, et les remet au commandant du corps, ainsi que ceux qui commettent des désordres, soit dans les marches, soit dans les lieux de gîte ou de séjour (art. 352 du décret du 1er mars 1854. — V. Arrestations, nos 86 et 91).

8° Militaires déserteurs de l'armée de terre et de mer, ou absents sans congés ni permissions.

733. — La gendarmerie doit arrêter les militaires de l'armée de terre et de mer en état de désertion ou absents sans congés ni permissions (art. 74, 88 et 336 du décret du 1er mars 1854. — V. Arrestations, nos 86 et 87, et Déserteurs, nos 371 et suiv.).

9° Militaires voyageant en corps ou en détachement, avec voitures allouées pour le transport des bagages et des militaires blessés ou malades.

734. — (V. Convois militaires, nos 321 et suiv.).

10° Militaires voyageant isolément, ayant droit au transport par les convois militaires.

735. — (V. Convois militaires, nos 318 et suiv.).

11° *Militaire voyageant isolément ayant perdu sa feuille de route.*

736. — Lorsqu'un militaire voyageant isolément déclare avoir perdu sa feuille de route, la gendarmerie le conduit devant le commandant de l'arrondissement, qui, après avoir examiné sa position, s'il reconnaît que la déclaration de ce militaire est exacte, lui fait délivrer une nouvelle feuille de route par le sous-intendant militaire ou son suppléant (circul. minist. du 17 juin 1826).

12° *Militaires remis entre les mains de la gendarmerie.*

737. — Les officiers ou les commandants de brigade ne peuvent recevoir des chefs de corps ou de détachements, en garnison ou en marche, aucun militaire pour être conduit sous l'escorte de la gendarmerie, sans un ordre écrit du général commandant la division ou la subdivision militaire (art. 354 du décret du 1er mars 1854).

13° *Militaires voyageant isolément ayant besoin d'entrer à l'hôpital.*
Séjour abusif dans les hôpitaux.

738. — (V. *Hôpitaux*, n°ˢ 597 et 598).

14° *Militaires sous le coup de mandats de justice.*

739. — Le décret du 1er mars 1854, ni aucune autre instruction n'ont tracé de marche particulière à suivre pour mettre à exécution un mandat décerné contre un militaire logé dans une caserne.

Nul doute que les sous-officiers, brigadiers et gendarmes porteurs d'un mandat d'arrestation peuvent se présenter à la caserne sans formalité préalable, et que l'entrée ne peut légalement leur être refusée; mais pour sauvegarder toutes les convenances et prévenir toutes les difficultés d'exécution, la gendarmerie doit s'adresser d'abord au chef du corps pour l'aviser de l'ordre d'arrestation qu'elle lui exhibe, et pour le prier de donner les ordres nécessaires pour en faciliter l'exécution.

(Pour les cédules à notifier, voir le n° 248.)

15° *Militaires en congé décédés dans leurs foyers.*

740. — Attendu que les effets appartenant à l'Etat doivent rentrer dans ses magasins après le décès d'un militaire en congé; bien que le décret du

1er mars 1854 n'ait pas prévu ce cas, il y a lieu, par analogie, de faire application de l'art. 409 dudit décret. A cet effet, la gendarmerie doit, lors du décès d'un militaire en congé, se rendre à sa demeure, dresser en triple expédition l'inventaire des effets militaires qu'il a laissés et qui appartiennent à l'Etat. Ces trois expéditions de l'inventaire sont signées par le sous-officier, brigadier ou gendarme et par le chef de famille du militaire décédé ou tout autre le représentant.

Une expédition de cet inventaire est laissée à la famille.

741. — Les effets sont transportés sans délai, par la voie de la correspondance des brigades, jusqu'à l'hôpital militaire le plus voisin, et remis, avec la deuxième expédition de l'inventaire, au comptable de l'hôpital, qui, après vérification, donne reçu au bas de la troisième expédition, laquelle reste entre les mains du commandant de la brigade de la circonscription où l'hôpital est situé, pour servir à la décharge de ce militaire. Il est fait inscription de l'inventaire sur le registre d'ordres de la brigade.

A défaut d'hôpital militaire dans le département, les effets sont déposés, en suivant les mêmes formalités, dans les mains des administrateurs de l'hospice civil le plus voisin, pourvu toutefois que cet établissement soit du nombre de ceux qui reçoivent des militaires malades (art. 409 du décret du 1er mars 1854).

16° *Militaires transférés, évadés des mains de la gendarmerie, d'une prison ou d'un hôpital ; ou décédés en route ou dans un hôpital ou dans une prison, ou tombant malades en route.*

742. — (V. *Transfèrements*, nos 1095 et suiv.).

17° *Militaires de la réserve.*

743. — (V. *Réserve*, nos 918 et suiv.).

MINES, CARRIÈRES ET AUTRES EXPLOITATIONS ANALOGUES.

744. — Les homicides, blessures et autres accidents déterminés par la maladresse, l'imprudence, l'inattention ou l'inobservation des règlements sont punis des peines correctionnelles prévues par les art. 319 et 320 du Code pénal.

La gendarmerie doit dresser procès-verbal de ces accidents et en faire connaître la cause. Elle examine et constate s'ils ont été déterminés par la faute des entrepreneurs.

Ces procès-verbaux sont visés pour timbre, enregistrés en débet et adressés au procureur impérial.

745. — Les carrières à ciel ouvert ne peuvent être établies près des routes et des chemins de fer, à une distance moindre de 60 mètres des bords extérieurs. Cette infraction constitue une contravention de grande voirie (arrêté du conseil du 5 avril 1772 et loi du 21 avril 1810. — V. *Voirie*, n° 1164 (§ 4).

MONNAIE.

746. — Seront punis d'une amende de 6 à 10 fr., ceux qui auront refusé de recevoir les espèces et monnaies nationales non fausses ni altérées, selon la valeur pour laquelle elles ont cours (art. 475 (n° 11) du Code pénal).

Les procès-verbaux sont visés pour timbre, enregistrés en débet et adressés au ministère public près le tribunal de simple police du canton. — (V. *Faux monnayeurs*, n°s 472 et suiv.).

ORDONNANCES.

747. — Les militaires de la gendarmerie ne peuvent être distraits de leurs fonctions pour être employés à des services personnels. Les commandants de compagnie seuls ont le droit de disposer d'un gendarme de l'une des brigades du chef-lieu, pour les travaux d'écritures de la compagnie (art. 638 du décret du 1er mars 1854).

Tout officier de gendarmerie de service à cheval a le droit de se faire accompagner par un gendarme d'ordonnance dans ses courses et tournées, mais il ne peut conserver le même gendarme pour l'accompagner dans toute sa tournée; ce gendarme est relevé de brigade en brigade et ne doit pas découcher (art. 639 du décret du 1er mars 1854).

748. — La gendarmerie ne peut être distraite de son service ni détournée de ses fonctions que dans des cas exceptionnels et très-rares, pour porter les dépêches des autorités civiles et militaires (art. 99 du décret du 1er mars 1854. — V. *Dépêches*, n° 368).

749. — Les commandants de brigade sont dispensés du service d'ordonnance qui roule sur les gendarmes seuls (art. 231 du décret du 1er mars 1854).

———

ORDRES DE CONDUITE.

750. — Les sous-officiers, brigadiers et gendarmes n'ont pas qualité pour donner des ordres de conduite : ce droit n'appartient qu'aux officiers (art. 368 du décret du 1er mars 1854).

———

ORDRE INTÉRIEUR.

751. — Les sous-officiers, brigadiers et gendarmes ne peuvent se marier sans en avoir obtenu la permission du conseil d'administration de la compagnie à laquelle ils appartiennent, approuvée par le chef de légion. Indépendamment des garanties morales exigées en pareil cas, le conseil d'administration doit s'assurer que la future possède des ressources suffisantes pour ne pas être à la charge du militaire qui doit l'épouser.

Dans le cas où le conseil d'administration croit devoir refuser son assentiment, il est tenu de faire connaître les motifs de son refus au chef de légion ou du corps, qui en réfère au ministre.

Si le chef de légion ou du corps refuse son approbation, il est tenu d'en rendre compte au ministre (art. 539 du décret du 1er mars 1854).

752. — Les sous-officiers, brigadiers et gendarmes logent dans les casernes ou maisons qui en tiennent lieu; nul ne peut changer de logement ou de dépendance sans l'autorisation du commandant d'arrondissement.

753. — Ils ne peuvent découcher que pour objet de service.

754. — A moins que des circonstances n'exigent l'emploi de la brigade tout entière, il y a toujours un gendarme de garde à la caserne (art. 540 du décret du 1er mars 1854).

755. — Les femmes et les enfants des sous-officiers, brigadiers et gendarmes peuvent habiter les casernes; ils doivent y tenir une conduite régulière, sous peine d'être renvoyés d'après les ordres du chef de légion.

756. — Un père infirme, une mère ou une sœur, peuvent y être admis exceptionnellement, avec l'autorisation du chef de légion (art. 541 du décret du 1er mars 1854).

757. — Aucun sous-officier, brigadier ou gendarme ne peut faire commerce, tenir cabaret, ni exercer aucun métier ou profession.

Les femmes ne peuvent également, dans la résidence de leur mari, tenir cabaret, café, billard ou tabagie, ni faire aucun commerce apparent dans l'intérieur de la caserne (art. 542 du décret du 1er mars 1854).

758. — Hors le service, les sous-officiers, brigadiers et gendarmes sont tenus de rentrer à la caserne à neuf heures du soir en hiver et à onze heures en été (art. 543 du décret du 1er mars 1854).

759. — Les gendarmes ne peuvent s'absenter de la caserne sans en prévenir le commandant de la brigade et sans lui dire où ils vont, afin qu'on puisse les trouver au besoin.

760. — Il leur est enjoint d'être constamment dans une bonne tenue militaire (art. 544 du décret du 1er mars 1854).

761. — Les officiers doivent tenir sévèrement la main à ce que les sous-officiers, brigadiers et gendarmes ne se livrent point à des dépenses qui les mettraient dans le cas de contracter des dettes ; celles qui ont pour objet leur subsistance ou des fournitures relatives au service sont payées au moyen d'une retenue ordonnée par les chefs de légion, et donnent lieu, en outre, à des punitions disciplinaires (art. 545 du décret du 1er mars 1854).

(Les commandants de brigade doivent veiller sur leurs sous ordres et s'observer eux-mêmes. Ils doivent rendre compte au commandant d'arrondissement des dettes contractées par les gendarmes.)

762. L'habitude de s'enivrer, quand bien même elle n'est pas accompagnée de circonstances aggravantes, suffit pour motiver l'exclusion du corps de la gendarmerie. En conséquence, cette exclusion peut être prononcée contre tout sous-officier, brigadier ou gendarme qui, en peu d'années, aura subi trois punitions pour cause d'ivrognerie (art. 547 du décret du 1er mars 1854).

763. — Quand un gendarme est en état d'ivresse, le commandant de brigade doit le faire coucher. S'il trouble l'ordre, il charge les autres gendarmes de s'en rendre maîtres, et, au besoin, ils le conduisent à la salle de police. On doit écarter d'un soldat ivre l'action immédiate des chefs. A moins de nécessité absolue, la punition qu'aura encourue un homme ivre ne doit lui être infligée qu'après que l'état d'ivresse aura disparu (art. 210

du règl. du 2 nov. 1833 sur le service intérieur des troupes, et circ. min. des 23 déc. 1831, 12 nov. 1833 et 30 déc. 1844).

OR ET ARGENT.

764. — Quiconque aura trompé l'acheteur sur le titre des matières d'or et d'argent (le titre est le rapport dans lequel le métal fin doit se trouver avec l'alliage), sur la qualité d'une pierre fausse vendue pour fine et sur la nature de toutes marchandises, sera puni de trois mois à un an de prison (art. 423 du Code pénal).

Les procès-verbaux sont visés pour timbre, enregistrés en débet et adressés au procureur impérial.

OUTRAGES, MENACES ET VIOLENCES ENVERS LA GENDARMERIE.

765. — Tout outrage fait par paroles, gestes ou menaces à un agent dépositaire de la force publique, dans l'exercice ou à l'occasion de l'exercice de ses fonctions, sera puni d'une amende de 16 fr. à 200 fr. (art. 224 du Code pénal).

La peine sera de six jours à un mois de prison si l'outrage a été dirigé contre un commandant de la force publique (art. 225 du Code pénal).

766. — Un brigadier de gendarmerie, même lorsqu'il n'est accompagné que d'un gendarme, est un commandant de la force publique (cass., 14 janv. 1826).

767. — C'est outrager la gendarmerie que de lui faire, par dérision, la déclaration d'un délit qui n'a pas été commis (cass., 9 déc. 1808 et art. 301 du décret du 1er mars 1854).

768. — Tout individu qui, même sans armes, et sans qu'il soit résulté de blessures, aura frappé un agent de la force publique dans l'exercice ou à l'occasion de l'exercice de ses fonctions, sera puni d'un emprisonnement d'un mois à six mois (art. 230 du Code pénal).

Si les coups ont été portés avec préméditation ou guet-apens, la peine sera la réclusion (art. 232 du Code pénal).

S'il y avait intention de donner la mort, le coupable sera puni de mort (art. 233 du Code pénal).

Les procès-verbaux constatant les délits sont visés pour timbre et enregistrés en débet; ceux constatant les crimes en sont dispensés. Les uns et les autres sont adressés au procureur impérial (V. *Rébellion,* n°s 886 et suiv., et *Arrestations,* n° 79 (§ 7).

PASSEPORTS.

769. — La gendarmerie s'assure de la personne des étrangers et de tout individu circulant dans l'intérieur de la France sans passeports ou avec des passeports qui ne sont pas conformes aux lois, à la charge de les conduire sur-le-champ devant le maire, l'adjoint ou le commissaire de police de la commune la plus voisine. En conséquence, les sous-officiers, brigadiers et gendarmes se font représenter les passeports des voyageurs, et nul ne peut en refuser l'exhibition lorsque ceux qui en font la demande sont revêtus de leur uniforme et déclinent leur qualité.

770. — Il est enjoint à la gendarmerie de se comporter, dans l'exécution de ce service, avec politesse, et de ne se permettre aucun acte qui puisse être qualifié de vexation et d'abus de pouvoir (art. 287 du décret du 1er mars 1854).

771. — Les brigades vérifient avec le plus grand soin les passeports des voyageurs qui, par leur âge, paraissent appartenir aux classes appelées à faire partie des contingents militaires et qui pourraient être insoumis ou déserteurs (art. 345 du décret du 1er mars 1854).

772. — L'exhibition des passeports est une mesure salutaire laissée à la prudence et au discernement de la gendarmerie, et non une consigne absolue qu'il n'est pas permis de modifier ou d'interpréter.

773. — La gendarmerie ne peut, sous le simple prétexte de visiter le passeport d'un individu, pénétrer dans la chambre où il est logé; elle doit attendre, pour faire cet examen, le moment de son départ ou de son stationnement dans la salle ouverte aux voyageurs, si c'est une auberge ou une hôtellerie.

774. — A moins de circonstances extraordinaires ou d'ordres spéciaux, les passeports des personnes voyageant en voitures particulières ne doivent être demandés que dans les auberges, hôtelleries et relais de poste (art. 288 du décret du 1er mars 1854). (La gendarmerie doit agir de même à l'égard des voyageurs en voitures publiques ou en chemins de fer).

775. — Tout Français âgé de quinze ans, qui veut sortir de son canton, circuler dans l'intérieur de l'empire, ou qui veut en sortir, doit être muni d'un passeport (loi sur les passeports).

776. — Le passeport est valable pour un an.

777. — Il doit être signé par le titulaire.

778. — Les passeports d'indigents doivent contenir l'itinéraire à suivre par ceux qui en sont porteurs. Ces passeports sont de véritables feuilles de route; ils doivent préciser la durée et le terme du voyage (circ. min. du 23 mars 1810).

779. — Pour bien vérifier la validité d'un passeport, après avoir examiné la date, la gendarmerie l'examine en face de la lumière ou du grand jour afin de s'assurer qu'il n'a pas été gratté, surchargé ou falsifié. Dans le cas où elle douterait qu'il appartient bien au porteur, elle fait faire à celui-ci sa signature qu'elle confronte avec celle du titulaire déjà apposée sur le passeport.

Au moyen de procédés chimiques, on peut enlever l'encre sans gratter le papier; mais en regardant attentivement le passeport en face de la lumière ou du grand jour, on reconnaît souvent les caractères de l'ancienne écriture (V. *Faux en écritures*, n°s 468 et suiv.).

PATENTES.

780. — A l'armée, les patentes sont délivrées par le grand prévôt et par les prévôts (art. 516 et 519 du décret du 1er mars 1854).

781. — Tout individu, Français ou étranger, qui exerce en France un commerce ou une industrie, est assujetti à la contribution des patentes (art. 1er de la loi du 25 avril 1844).

Tout patentable est tenu d'exhiber sa patente quand il en est requis par les militaires de tous grades de la gendarmerie (art. 27 de la loi du 25 avril 1844). Toutefois, il est convenable que la gendarmerie se borne à demander celles des colporteurs seulement (V. *Colporteurs*, n°s 253 et suiv.).

PATROUILLES.

782. — En tout temps, les sous-officiers, brigadiers et gendarmes doivent faire des patrouilles et des embuscades de nuit pour protéger le commerce intérieur, en procurant la plus parfaite sécurité aux négociants, marchands, artisans et à tous les individus que leur commerce et leur industrie ou leur affaires obligent à voyager (art. 335 du décret du 1er mars 1854).

783. — La gendarmerie peut aussi être appelée à faire des patrouilles et des embuscades pour la sûreté du transport des fonds de l'Etat (V. *Escortes de fonds*, nos 418 et suiv.).

784. — Les patrouilles doivent se faire lentement et en silence, et à des heures variées de la nuit; il ne faut pas que le maraudeur ou le malfaiteur puisse jamais compter que la gendarmerie est rentrée pour ne plus ressortir. Les hommes de patrouille doivent avoir l'oreille et l'œil attentifs; il ne suffit pas que par leur présence ils éloignent les malfaiteurs, il faut que par leur prudence et leur activité ils puissent les saisir.

785. — Les patrouilles n'ont pas seulement pour objet la sûreté des routes, elles ont aussi pour but la répression du braconnage, du maraudage et de tout ce qui peut porter atteinte à la propriété.

786. — Les patrouilles constituent une des plus importantes parties du service de la gendarmerie, car tout le monde sait que les crimes et les délits se commettent en grande partie la nuit.

PÉAGE.

787. — Les sous-officiers, brigadiers et gendarmes sont exempts des droits de péage sur les ponts, bateaux et bacs, ainsi que les voitures, chevaux et personnes qui marchent sous leur escorte (art. 636 du décret du 1er mars 1854).

PÊCHE FLUVIALE.

788. — Le droit de pêche appartient à l'Etat, dans tous les fleuves, rivières, canaux et contre-fossés navigables ou flottables avec bateaux, trains et radeaux, et dont l'entretien est à la charge de l'Etat.

Il appartient encore à l'Etat, dans les bras, noues, boires et fossés qui tirent leurs eaux des fleuves et rivières navigables ou flottables, dans lesquels on peut, en tout temps, passer ou pénétrer librement en bateau de pêcheur, et dont l'entretien est aussi à la charge de l'Etat.

Sont toutefois exceptés, les canaux et les fossés existants ou qui seront creusés dans des propriétés particulières et entretenus aux frais des propriétaires (art. 1er du Code de la pêche fluviale).

789. — Dans toutes les rivières et canaux autres que ceux désignés ci-dessus, le droit de pêche appartient aux propriétaires riverains ; chacun de son côté a le droit de pêcher jusqu'au milieu du cours d'eau (art. 2 du Code de la pêche fluviale).

790. — La police de la pêche appartient au gouvernement, dans l'intérêt général (art. 36 du Code de la pêche fluviale).

791. — La gendarmerie seconde les agents des eaux et forêts dans la poursuite et la répression des délits forestiers et de pêche (art. 330 du décret du 1er mars 1854).

792. — Les délits qui portent préjudice aux fermiers de la pêche, aux porteurs de licences et aux propriétaires riverains seront constatés par leurs gardes, lesquels sont assimilés aux gardes-bois des particuliers (art. 65 du Code de la pêche fluviale).

En conséquence du paragraphe qui précède, la gendarmerie ne doit pas demander aux pêcheurs s'ils pêchent avec l'autorisation des propriétaires riverains ou des fermiers de la pêche.

Pourtant, si le propriétaire ou fermier requérait la gendarmerie *présente* de constater un délit de cette nature qui se commet à l'*instant*, elle doit déférer immédiatement à la réquisition. Le poisson, dans ce cas, est restitué au propriétaire du droit de pêche.

793. — La gendarmerie dresse procès-verbal de tous les délits prévus par les lois, ordonnances, décrets et règlements préfectoraux dûment homologués et qui ont pour objet la conservation du poisson et le repeuplement des rivières.

Nomenclature des délits principaux à constater.

794. — 1° Contre ceux qui établiraient des barrages, appareils ou établissements quelconques de pêcherie ayant pour objet d'empêcher entièrement le passage du poisson (art. 24 du Code de la pêche fluviale) ;

2° Contre ceux qui auront jeté dans les eaux des drogues ou appâts qui sont de nature à enivrer ou à détruire le poisson (art. 25 du Code de la pêche fluviale) :

3° Contre ceux qui pêcheraient avec des filets traînants (art 1ᵉʳ de l'ord. du 15 nov. 1830);

4ᵉ Contre ceux qui pêcheraient avec des filets dont les mailles carrées, sans accrues et non tendues ni tirées en losanges, auraient moins de 30 centimètres de chaque côté, après que le filet aura séjourné dans l'eau (art. 1ᵉʳ de l'ord. du 15 nov. 1830);

5° Contre ceux qui pêcheraient avec des bires, nasses ou autres engins dont les verges en osier seraient écartées entre elles de moins de 30 millimètres (art. 1ᵉʳ de l'ord. du 15 nov. 1830);

6° Contre ceux qui, pour la pêche aux goujons, ablettes, loches, vérons, vaudoises et autres poissons de *petite espèce*, pêcheraient avec des filets dont les mailles auraient moins de 15 millimètres de largeur, et avec des nasses d'osier ou autres engins dont les baguettes ou verges seraient écartées de moins de 15 millimètres.

Toutefois, les pêcheurs auront la faculté de se servir de toute espèce de nasses en jonc à jour, quel que soit l'écartement des verges (art. 2 du Code de la pêche fluviale).

Pour la pêche aux ablettes, la largeur des mailles de filets et l'écartement des baguettes ou verges d'osier ou autres engins pourra être réduite à 8 millimètres par arrêtés des préfets (ord. du 28 fév. 1842).

Aucune restriction, ni pour le temps de la pêche, ni pour l'emploi des filets ou engins, n'est imposée aux pêcheurs du Rhin (art. 4 de l'ord. du 15 nov. 1830);

7° Contre ceux qui pêcheraient pendant les temps, saisons et heures interdits par les règlements préfectoraux (art. 26 du Code de la pêche fluviale et art. 5 de l'ord. du 15 nov. 1830);

8° Contre ceux qui auront appâté les hameçons, nasses, filets et autres engins avec des poissons prohibés (art. 26 du Code de la pêche fluviale et art. 7 de l'ord. du 15 nov. 1830);

9° Contre ceux qui seraient trouvés munis ou porteurs, hors de leur domicile, d'engins ou instruments de pêche prohibés, à moins qu'ils ne soient destinés à la pêche dans les étangs ou réservoirs (art. 29 du Code de la pêche fluviale);

10° Contre ceux qui pêcheraient, colporteraient ou débiteraient des poissons qui n'auraient pas les dimensions déterminées par les ordonnances, à moins qu'ils ne proviennent des étangs ou réservoirs. Sont considérés comme étangs et réservoirs, les fossés et canaux appartenant à des particuliers, dès que leurs eaux cessent naturellement de communi-quer avec les rivières (art. 30 du Code de la pêche fluviale);

11° Contre les fermiers de la pêche, porteurs de licences, leurs associés, compagnons et gens à gages et tous autres pêcheurs qui pêcheraient avec des filets ou engins qui n'auraient pas été plombés et marqués par les agents de l'administration de la pêche. Cette obligation s'étend sur tous les points où la pêche appartient à l'État (art. 32 du Code de la pêche flu-viale) ;

12° Contre les mariniers qui fréquentent les cours d'eau où le droit de pêche appartient à l'État, qui auraient dans leurs bateaux ou équipages des filets ou engins de pêche, *même non prohibés* ; ils sont tenus de souffrir la visite sur leurs bateaux ou équipages aux lieux où ils abordent (art. 33 du Code de la pêche fluviale);

13° Contre les fermiers de la pêche, les porteurs de licences et tous pêcheurs en général, dans les eaux où le droit de pêche appartient à l'État, qui refuseraient d'amener leurs bateaux et de faire l'ouverture de leurs loges, hangars, bannetons, hûches, et autres réservoirs ou boutiques à poisson, sur leurs cantonnements, à l'effet de constater les délits qu'ils pourraient avoir commis (art. 34 du Code de la pêche fluviale);

14° Contre tout pêcheur qui ne se conformerait pas aux règlements pré-fectoraux homologués par décret impérial, déterminant les temps, saisons et heures pendant lesquels la pêche sera interdite dans les rivières et cours d'eau, les engins et procédés de pêche prohibés et généralement tout ce qui touche à la conservation du poisson et au repeuplement des rivières (art. 5, 6, 7 et 8 de l'ordonn. du 15 nov. 1830).

795. — La pêche à la ligne flottante tenue à la main est permise, le temps de frai excepté (art. 5 du Code de la pêche fluviale).

796. — La gendarmerie est autorisée à saisir les filets et autres engins de pêche prohibés ainsi que le poisson pêché en délit. Elle fait somma-tion au délinquant de lui remettre immédiatement les filets déclarés pro-hibés ; si le délinquant refuse, elle ne peut l'y contraindre, mais elle en fait mention dans le procès-verbal en désignant le filet d'une manière pré-cise. Pour ce refus, le délinquant est condamné à 50 fr. d'amende (art. 39 et 41 du Code de la pêche fluviale).

797. — La gendarmerie ne peut, sous aucun prétexte. s'introduire dans les maisons et enclos y attenant pour la recherche des engins prohibés (art. 40 du Code de la pêche fluviale).

798. — Les filets et engins prohibés seront déposés au greffe et y demeureront jusqu'après jugement pour être détruits. Les filets non prohibés, dont la confiscation aurait été prononcée, seront vendus au profit du Trésor (art. 41 du Code de la pêche fluviale). Mais la loi ne dit pas que ces filets non prohibés seront saisis. En conséquence, dans le cas de délit de pêche avec engins non prohibés, la gendarmerie ne doit pas saisir ces dits engins, mais elle les signale avec précision dans son procès-verbal afin ne pouvoir les reconnaître en justice si la confiscation était prononcée.

799. — Le poisson saisi pour cause de délit est vendu sans délai au profit du Trésor dans la commune la plus voisine du lieu de la saisie, à son de trompe et aux enchères publiques, en vertu d'une ordonnance du juge de paix ou de son suppléant, si la vente a lieu dans un chef-lieu de canton, ou, dans le cas contraire, d'après l'autorisation du maire de la commune. Ces ordonnances ou autorisations sont délivrées à la requête des capteurs. Dans tous les cas, la vente aura lieu en présence du receveur des domaines, et, à son défaut, du maire, de l'adjoint ou du commissaire de police (art. 42 du Code de la pêche fluviale).

800. — Les procès-verbaux pour délits de pêche sont visés pour timbre, enregistrés en débet et adressés à l'inspecteur des eaux et forêts chargé de requérir les poursuites.

801. — Les délits de pêche se prescrivent par un mois, si le délinquant est connu, et par trois mois, s'il est inconnu (art. 62 du Code de la pêche fluviale).

PERQUISITIONS.

802. — L'art. 109 du Code d'instruction criminelle prescrit de faire perquisition, en présence de deux témoins, au domicile d'un prévenu sous le poids d'un mandat, s'il n'a pu être saisi. A cet égard, il ne peut y avoir aucun doute.

803. — Le même code est moins explicite à l'égard des mandats d'amener, mais il ne contient aucune disposition restrictive à l'endroit de la perquisition au domicile du prévenu à l'effet de le rechercher s'il n'a pas été saisi. En conséquence, et de l'avis de plusieurs membres de différents parquets, la gendarmerie, dans ce cas, doit faire perquisition.

804. — Il en est de même lorsqu'elle est chargée de l'exécution de tout autre ordre légal d'arrestation. (V. *Mandements de justice*, nᵒˢ 660 et suiv.).

805. — Dans le cas de flagrant délit et hors le temps de nuit, les sous-officiers, brigadiers et gendarmes peuvent aussi faire des perquisitions au domicile d'un prévenu pour le rechercher et même pour saisir les pièces de conviction.

806. — Dans toutes ces perquisitions, si on leur oppose des difficultés, ils requièrent l'assistance du maire, de l'adjoint ou du commissaire de police, qui doit faire lever tout obstacle.

807. — Lorsque, dans les perquisitions, n'importe pour quel objet, les sous-officiers, brigadiers ou gendarmes trouvent des engins de chasse ou de pêche prohibés, des armes ou des munitions de guerre qu'ils ne recherchent pas, ils doivent les saisir et en dresser procès-verbal séparé.

PERTURBATEURS.

808. — La gendarmerie saisit tous ceux qui portent atteinte à la tranquillité publique, en troublant les citoyens dans l'exercice de leur culte, ainsi que ceux qui sont trouvés exerçant des voies de fait ou des violences contre les personnes (art. 300 du décret du 1ᵉʳ mars 1854. — V. *Arrestations*, nᵒ 79 (§ 6).

PIÈCES DE CONVICTION.

809. — Les pièces de conviction sont les objets susceptibles de servir à la preuve d'un crime ou d'un délit ; il est utile et important de les saisir immédiatement afin qu'on ne puisse les faire disparaître : il en est toujours fait mention avec description exacte dans les procès-verbaux. Elles suivent le prévenu et sont déposées au greffe.

PIGEONS.

810. — L'autorité municipale peut prescrire par un arrêté de tenir les pigeons renfermés à certaines époques de l'année. Ceux qui contreviennent à ces arrêtés, dont la gendarmerie doit assurer l'exécution, sont passibles d'une amende de 1 fr. à 5 fr. (art. 471 (n° 15) du Code pénal et arrêts de la Cour de cassation des 5 janv.1836 et 27 sept. 1837).

Les pigeons, dans le cas précédent, peuvent être tués par le propriétaire du champ où ils s'abattent (cass., 5 janv. 1836).

Les procès-verbaux constatant ces contraventions sont visés pour timbre, enregistrés en débet et adressés au ministère public près le tribunal de simple police du canton.

811. — Les pigeons sont réputés gibier et peuvent être tirés au profit du chasseur dans le temps où il est ordonné de les tenir enfermés ; mais, dans les autres temps, ils reprennent leur caractère de propriété particulière, et ceux qui les tuent alors et se les approprient contre le gré du propriétaire, commettent un véritable vol dans le sens de l'art. 379 du Code pénal (cass., 20 sept. 1823).

POIDS ET MESURES.

812. — Quiconque, par usage de faux poids et fausses mesures, aura trompé sur la quantité des choses vendues, sera puni d'un emprisonnement de trois mois à un an, d'amende et restitution (art. 423 du Code pénal et loi du 27 mars 1851. — V. *Comestibles*, n° 258).

813. — Seront punis d'une amende de 16 fr. à 25 fr., et d'un emprisonnement de six à dix jours, ou de l'une de ces peines seulement, ceux qui, sans motifs légitimes, auront dans leurs magasins, boutiques, ateliers et maisons de commerce, ou dans les halles, foires ou marchés, soit des poids ou mesures faux ou autres appareils inexacts servant au pesage ou au mesurage (art. 423 du Code pénal et 3 de la loi du 27 mars 1851).

Les procès-verbaux constatant ces délits sont visés pour timbre, enregistrés en débet et adressés au procureur impérial.

814. — Les boulangers et les bouchers qui vendent le pain ou la viande au-dessus de la taxe légalement fixée et publiée commettent des contraventions prévues par l'art. 479 (n° 6) et 480 du Code pénal.

(Il ne faut pas confondre la vente à faux poids avec la vente au-dessus de la taxe légale).

Les procès-verbaux sont visés pour timbre, enregistrés en débet et adressés au ministère public près le tribunal de simple police du canton.

PONTS SUSPENDUS.

815. — Les chefs de corps ou de détachements de troupe à pied doivent faire rompre le pas en passant sur les ponts suspendus, afin de prévenir les accidents (circul. du min. de la guerre du 25 fév. 1838).

POSTE AUX LETTRES.

816. — La gendarmerie est autorisée à faire directement ou en prêtant main-forte aux inspecteurs, directeurs et employés des postes, des visites et perquisitions sur les messagers et commissionnaires allant habituellement d'une ville à une autre; sur les voitures de messageries et autres de cette espèce portant les dépêches, et à saisir tous les objets transportés en fraude au préjudice des droits de l'administration des postes (art. 303 du décret du 1er mars 1854 et arrêté du 27 prairial an ix).

(L'administration des postes est *seule* chargée du transport des lettres, journaux, feuilles à la main et ouvrages périodiques, paquets et papiers du poids d'un kilogramme et au-dessous (art. 1er de l'arrêté du 27 prairial an ix).

817. — Afin de ne pas retarder la marche de celles de ces voitures qui transportent des voyageurs, les visites n'ont habituellement lieu qu'à l'entrée ou à la sortie des villes et aux relais (art. 304 du décret du 1er mars 1854).

Il n'est fait de visites sur les routes qu'autant qu'un ordre de l'administration des postes le prescrit (art. 305 du décret du 1er mars 1854).

818. — Toutes visites et perquisitions doivent, quand bien même elles ne sont suivies d'aucune saisie, être constatées par un procès-verbal conforme au modèle de l'administration.

Lorsque le procès-verbal ne donne lieu à aucune poursuite devant les tribunaux, il n'a pas besoin d'être timbré ni enregistré. Il en est donné copie au particulier qui a été soumis à la visite, s'il le requiert (art. 306 du décret du 1er mars 1854).

819. — Si les visites et perquisitions ont fait découvrir des lettres, journaux et autres objets transportés en fraude, le procès-verbal dressé à l'instant de la saisie doit contenir l'énumération de ces lettres, journaux ou autres objets, reproduire leur adresse et mentionner, autant que possible, le poids de chaque lettre (art. 307 du décret du 1er mars 1854).

820. — Les procès-verbaux de saisie doivent être visés pour timbre et enregistrés dans les quatre jours qui suivent la saisie. Ces formalités s'accomplissent soit dans la résidence des gendarmes qui ont procédé aux saisies, soit dans le lieu même où le procès-verbal a été dressé. Le procès-verbal, avec les objets saisis, est remis au directeur des postes, qui acquitte les frais de timbre et d'enregistrement (art. 308 du décret du 1er mars 1854).

821. — La gendarmerie ne peut, dans l'intérêt de l'administration des postes, faire des perquisitions sur des voyageurs étrangers au service des postes et n'exerçant pas une des professions spécifiées à l'art. 303 précité du décret du 1er mars 1854 (V. le n° 816). La saisie opérée sur eux dans cet intérêt serait nulle (art. 309 du décret du 1er mars 1854).

822. — Le voiturier trouvé porteur de lettres cachetées contenues dans des boîtes fermées ne peut être excusé de la contravention sous prétexte que les lettres avaient été renfermées dans ces boîtes à son insu, la bonne foi n'étant pas admissible comme excuse aux contraventions à l'arrêté du 27 prairial an ix (art. 310 du décret du 1er mars 1854).

823. — Tout commissionnaire ou messager portant une lettre décachetée qui n'est pas exclusivement relative aux commissions dont il est chargé, est passible des peines portées par la loi, en vertu des art. 1er, 2 et 5 de l'arrêté du 27 prairial an ix (art. 311 du décret du 1er mars 1854).

Les lettres et papiers uniquement relatifs au service des voitures publiques ne peuvent être saisis par la gendarmerie, qui ne dresse procès-verbal que lorsqu'elles sont fermées et cachetées, alors même qu'elles seraient en effet relatives au service (art. 312 du décret du 1er mars 1854).

824. — Les sous-officiers, brigadiers et gendarmes verbalisants ont droit au tiers de l'amende prononcée contre le contrevenant (arrêté du 27 prairial an ix et art. 350 du règl. du 11 mai 1856).

825. — Toute suppression ou toute ouverture de lettres confiées à la poste, commise ou facilitée par un fonctionnaire ou un agent du gouvernement ou de l'administration des postes, sera punie d'une amende de 16 fr. à 500 fr. et d'un emprisonnement de trois mois à cinq ans. Le coupable sera, de plus, interdit de toute fonction ou emploi public pendant cinq ans au moins et dix ans au plus (art. 187 du Code pénal).

Les procès-verbaux constatant ces délits de violation sont visés pour timbre, enregistrés en débet et adressés au procureur impérial.

Cependant, dans le cas d'une information criminelle, un juge d'instruction peut ordonner la saisie et l'ouverture des lettres.

(Pour les lettres de voiture, V. *Lettres de voiture*, n°ˢ 633 et suiv.).

POUDRES.

826. — Tout individu qui, sans y être légalement autorisé, aura fabriqué, débité ou distribué de la poudre, ou sera détenteur d'une quantité quelconque de poudre de guerre, ou de plus de deux kilogrammes de toute autre poudre, ou qui aura fabriqué, débité ou distribué des cartouches ou autres munitions de guerre, ou sera détenteur d'armes de guerre, cartouches ou munitions de guerre, ou d'un dépôt d'armes quelconques sera puni de peines correctionnelles (loi du 24 mai 1834).

Les procès-verbaux sont visés pour timbre, enregistrés en débet et adressés au procureur impérial.

827. — La saisie de poudre à tirer transportée en fraude donne droit à moitié du produit des amendes et confiscations (27 fructidor an v et art. 357 du règl. du 11 mai 1856. — V. *Escortes de poudres*, n°ˢ 426 et suiv.).

PRESCRIPTION.

828. — On appelle *prescription* le temps au delà duquel les poursuites ne peuvent plus être dirigées contre un prévenu, et aussi le temps au delà duquel les arrêts ou jugements ne peuvent plus recevoir leur exécution.

829. — En matière *criminelle*, le droit de poursuites se prescrit après dix ans (art. 637 du Code d'instr. crim.).

Les arrêts ou jugements, après vingt ans (art. 635 du Code d'instr. crim.).

830. — En matière *correctionnelle*, le droit de poursuites se prescrit après trois ans (art. 638 du Code d'instr. crim.), sauf les exceptions prévues par quelques lois spéciales.

Les arrêts ou jugements, après cinq ans (art. 636 du Code d'instr. crim.).

831. — En matière de *simple police*, le droit de poursuites se prescrit après un an (art. 640 du Code d'instr. crim.), sauf les exceptions prévues par les lois spéciales.

Le jugements, après deux ans (art. 639 du Code d'instr. crim. — V. *Infractions*, n°* 611 et suiv.).

—

PRESSE.

832. — Toute publication ou distribution d'ouvrages, écrits, avis, bulletins, affiches, journaux, feuilles périodiques ou autres imprimés dans lesquels ne se trouvera pas l'indication vraie des noms, profession et demeure de l'imprimeur ou de l'auteur sera, pour ce seul fait, puni de peines correctionnelles (art. 283 du Code pénal.

833. — Quiconque soit par des discours, des cris ou menaces proférés dans les lieux ou réunions publics, soit par des écrits, des imprimés des dessins, des gravures, des peintures ou emblêmes vendus ou distribués, mis en vente ou exposés au regard du public, aura provoqué l'auteur ou les auteurs de toute action qualifiée crime ou délit à le commettre, sera réputé complice et puni comme tel (art. 1er de la loi du 17 mai 1819).

Sont qualifiés délits :

La provocation seule par l'un des moyens ci-dessus, alors même qu'elle ne serait pas suivie d'effet (art 2 et 3 de la loi du 17 mai 1819).

834. — La provocation, par l'un des mêmes moyens, à la désobéissance aux lois (art. 6 de la loi du 17 mai 1819).

835. — Tout outrage à la morale publique et religieuse ou aux bonnes mœurs, par l'un des mêmes moyens (art. 8 de la loi du 17 mai 1819).

836. — Quiconque, par l'un des mêmes moyens, se sera rendu coupable d'offense envers la personne de l'Empereur, les membres de la famille impériale, les membres du Sénat et du Corps législatif (art. 9, 10 et 11 de la loi du 17 mai 1819).

837. — L'offense, par l'un des mêmes moyens, envers les souverains étrangers.

838. — La diffamation, par l'un des mêmes moyens, envers les ambassadeurs, ministres plénipotentiaires, chargés d'affaires ou autres agents diplomatiques accrédités près de l'Empereur (art. 12 et 17 de la loi du 17 mai 1819).

(La gendarmerie n'a pas à s'occuper des délits d'offense et de diffamation envers les souverains étrangers et leurs agents diplomatiques accrédités près de l'Empereur. Les poursuites ne peuvent être dirigées qu'à leur requête (art. 3 et 5 de la loi du 17 mai 1819).

839. — La diffamation et l'injure publiques, par l'un des mêmes moyens, envers tout dépositaire ou agent de l'autorité publique pour des faits relatifs à ses fonctions (art. 16 de la loi du 17 mai 1819).

840. — La diffamation envers les particuliers (art. 18 de la loi du 17 mai 1819).

841. — La diffamation est une allégation ou imputation d'un fait qui porte atteinte à l'honneur ou à la considération de la personne ou du corps auquel le fait est imputé.

842. — L'injure est une expression outrageante, terme de mépris ou invective qui ne renferme l'imputation d'aucun fait (art. 13 de la loi du 17 mai 1819).

L'injure qui ne renfermerait pas l'imputation d'un vice déterminé ou qui ne serait pas publique, n'est qu'une contravention de simple police (art. 20 de la loi du 17 mai 1832).

843. — L'attaque, par un des mêmes moyens, contre la liberté des cultes, le principe de la propriété et les droits de la famille (décret du 11 août 1848).

844. — Quiconque, par l'un des mêmes moyens, aura excité à la haine ou mépris du gouvernement, ou aura cherché à troubler la paix publique en excitant le mépris ou la haine des citoyens les uns contre les autres (art. 4 et 6 du décret du 11 août 1848).

845. — Toute provocation, par l'un des mêmes moyens, adressée aux militaires de l'armée de terre et de mer dans le but de les détourner de leurs devoirs militaires et de l'obéissance qu'ils doivent à leurs chefs (art. 2 de la loi du 27 juillet 1849).

846. — La distribution ou le colportage de livres, écrits, brochures, gravures et lithographies, sans autorisation délivrée, dans le département de la Seine, par le préfet de police, et dans les autres départements par les préfets (art. 6 de la loi du 27 juillet 1849).

La publication, exposition ou mise en vente, sans l'autorisation préalable du ministre de la police générale à Paris (ce ministère fait actuellement partie de celui de l'intérieur) et des préfets dans les départements, de tous dessins, gravures, lithographies, médailles, estampes ou emblêmes de quelque nature et espèce qu'ils soient (art. 22 du décret du 17 fév. 1852).

(La circulaire du ministre de la police générale en date du 28 juillet 1852 dispose que tout exemplaire d'un ouvrage quelconque, écrit ou gravure, doit être revêtu d'une estampille spéciale apposée dans chaque préfecture avant d'être colporté ou distribué. — V. *Colporteurs*, n° 257.)

Les crimes, délits et contraventions en matière de *presse* et de tous autres moyens de publication seront poursuivis devant les tribunaux correctionnels (art. 25 du décret du 17 fév. 1852).

Les procès-verbaux sont visés pour timbre, enregistrés en débet et adressés au procureur impérial.

PROCÈS-VERBAUX.

847. — Toutes les fois que la gendarmerie est requise pour une opération quelconque, elle en dresse procès-verbal, même en cas de non réussite, pour constater son transport et ses recherches (art. 487 du décret du 1er mars 1854).

Elle dresse également procès-verbal des crimes, délits et contraventions de toute nature qu'elle découvre, des crimes et délits qui lui sont dénoncés, de tous les événements importants dont elle a été témoin, de tous ceux qui laissent des traces après eux et dont elle va s'enquérir sur les lieux, de toutes les déclarations qui peuvent lui être faites par les fonctionnaires publics et les citoyens qui sont en état de fournir des indices sur les crimes ou délits qui ont été commis, enfin de toutes les arrestations qu'elle opère dans son service (art. 488 du décret du 1er mars 1854).

848. — Un gendarme peut verbaliser seul, et son procès-verbal est toujours valable; mais il n'en est pas moins à désirer que tous les actes de la gendarmerie soient constatés par deux gendarmes au moins, afin de leur donner toute la force possible en opposant en justice leurs témoignages aux dénégations des délinquants (art. 489 du décret du 1er mars 1854).

849. — Les sous-officiers, brigadiers et gendarmes requis de prêter main-forte aux fonctionnaires et agents de l'autorité administrative ou judiciaire peuvent signer les procès-verbaux dressés par ces fonctionnaires et agents, après en avoir pris connaissance, mais ils ne dressent pas procès-verbal de ces opérations; ils en font seulement mention sur les feuilles et rapports de service (art. 490 du décret du 1er mars 1854).

850. — Les procès-verbaux des sous-officiers, brigadiers et gendarmes sont faits sur papier libre; ceux de ces actes qui sont de nature à donner lieu à des poursuites judiciaires sont visés pour timbre et enregistrés en débet ou gratis, suivant les distinctions établies par les lois de finances ou règlements spéciaux (les procès-verbaux constatant les crimes ne sont pas soumis à cette double formalité fiscale, à moins qu'ils ne contiennent l'inventaire d'effets).

Ils sont présentés à cette formalité par les gendarmes dans le délai de quatre jours (sauf ceux en matière de douanes, de roulage et de grande voirie, qui doivent être enregistrés dans les trois jours), lorsqu'il se trouve un bureau d'enregistrement dans le lieu de leur résidence; dans le cas contraire, l'enregistrement a lieu à la diligence du ministère public chargé des poursuites (art. 491 du décret du 1er mars 1854).

Les procès-verbaux constatant des contraventions du ressort des tribunaux de simple police sont essentiellement soumis à la double formalité du timbre et de l'enregistrement en débet.

Il en est de même de ceux qui constatent des faits intéressant l'État, les communes et les établissements publics, enfin de ceux rédigés pour mort violente (même lorsqu'il y a crime) quand ils contiennent l'inventaire des effets trouvés sur le décédé ou près de lui.

Sont également soumis aux droits de timbre et d'enregistrement, les procès-verbaux de délits en matière de douanes et de contributions indirectes (art. 492 du décret du 1er mars 1854).

851. — Les procès-verbaux de la gendarmerie en matière de contraventions aux lois et règlements sur la grande voirie et sur la police du roulage sont visés pour timbre et enregistrés en débet dans les trois jours de leur date à peine de nullité (art. 413 du décret du 1er mars 1854).

852. — L'art. 494 du décret du 1er mars 1854, relatif à l'affirmation, est maintenant sans objet. La gendarmerie n'affirme plus ses procès-verbaux (loi du 17 juillet 1856).

853. — Tous les procès-verbaux dressés par les brigades sont généralement établis en double expédition, dont l'une est remise, dans les vingt-quatre heures, à l'autorité compétente, par les commandants de brigade, et l'autre est adressée au commandant de l'arrondissement. Cet officier, après avoir examiné ce qui peut se trouver de défectueux ou d'omis dans la rédaction de ces procès-verbaux, les transmet avec ses observations au commandant de la compagnie.

Les procès-verbaux d'arrestation des forçats évadés et des déserteurs de l'armée de terre et de mer sont en quadruple expédition.

854. — Le signalement des individus arrêtés doit être inscrit au bas du procès-verbal.

(Il est essentiel aussi de porter le signalement, autant que possible, sur les procès-verbaux de recherches faites, soit en vertu d'ordre de justice, soit dans tout autre cas, quand les prévenus ou condamnés échappent à la vigilance de la gendarmerie, afin de mettre les procureurs impériaux à même de les signaler au ministre de l'intérieur pour être ensuite portés sur les feuilles mensuelles de signalements.)

855. — Les procès-verbaux en matière de roulage et de grande voirie doivent être faits en triple expédition ; deux expéditions sont remises au préfet ou au sous-préfet, et la troisième est adressée au commandant de la compagnie (par la voie hiérarchique).

856. — Les procès-verbaux relatifs à la contrebande sont en triple expédition, dont deux sont adressées au directeur des douanes ou des contributions indirectes (art. 495 du décret du 1er mars 1854).

857. — Dans les résidences où il n'y a pas d'officier de gendarmerie, les procès-verbaux rédigés par les militaires de cette arme sont adressés directement aux autorités compétentes, pour accélérer la transmission des dépêches ; mais les commandants de brigade n'en sont pas moins tenus d'en adresser immédiatement une expédition au commandant de l'arrondissement (art. 496 du décret du 1er mars 1854).

Ce principe est complètement applicable aux commandants de brigade des résidences où il y a un officier (circul. du 26 nov. 1855).

858. — L'une des expéditions des procès-verbaux dressés par la gendarmerie en matière de simple police est transmise par le commandant de brigade au commissaire de police ou au maire remplissant les fonctions du ministère public près le tribunal de simple police du canton ; l'autre expédition est transmise au commandant de l'arrondissement, qui doit adresser, le 1er et le 15 de chaque mois, au procureur impérial, un état sommaire des contraventions, avec la date des procès-verbaux qui les ont constatées, ainsi que les noms des contrevenants et celui du fonctionnaire auquel la remise en a été faite (art. 497 du décret du 1er mars 1854).

859. — Les procès-verbaux de la gendarmerie font foi en justice jusqu'à preuve contraire (ceux en matière de douanes, pour délits constatés sur la ligne frontière, c'est-à-dire à 20 kilomètres à l'intérieur des limites du territoire de l'empire, font foi jusqu'à inscription de faux). Ils ne peuvent être annulés sous prétexte de vice de forme, notamment pour omission ou irrégularité de l'affirmation qui n'est exigée, au surplus, que dans le petit nombre de cas prévus par les articles précédents.

.. Il en est de même pour défaut d'enregistrement, les droits pouvant être perçus avant ou après le jugement (art. 498 du décret du 1er mars 1854).

860.—Les gendarmes, étant chargés par les lois et règlements de police de constater, dans la circonscription de leurs brigades respectives, les contraventions qui peuvent être commises, doivent, comme tous les officiers de police judiciaire, être entendus à l'appui de leurs procès-verbaux (art. 499 du décret du 1er mars 1854).

PROVOCATION.

861. — La provocation, dans certains cas, est une excuse atténuante en faveur de celui qui l'a subie.

L'art. 321 du Code pénal dit que le meurtre ainsi que les blessures et les coups sont excusables, s'ils ont été provoqués par des violences graves envers les personnes.

L'individu accusé de meurtre d'un agent de l'autorité publique dans l'exercice de ses fonctions ne peut invoquer l'excuse de provocation (cass., 13 mars 1817), tandis que l'agent accusé de meurtre peut l'invoquer (cass., 30 janv. 1835).

PRYTANÉE MILITAIRE IMPÉRIAL.

862. — Les fils des sous-officiers morts au champ d'honneur peuvent être admis au prytanée militaire impérial établi à La Flèche, s'ils réunissent, d'ailleurs, les conditions exigées par l'instruction ministérielle du 8 mai 1853.

———

RAPPORTS.

863. — Dans tous les lieux de résidence d'un commandant d'arrondissement, le maréchal des logis commandant la brigade se rend chaque jour à l'ordre chez cet officier, à l'heure qui lui est indiquée (art. 224 du décret du 1er mars 1854).

864. — Les commandants de brigade rendent compte, par un rapport journalier, à leur chef immédiat, de l'exécution du service; ce rapport contient le détail de tous les événements dont la connaissance leur est parvenue dans les vingt-quatre heures.

Dans les cas urgents, et spécialement ceux prévus par l'art. 77 du décret du 1er mars 1854 (V. *Commandants de brigade*, n° 278), ils rendent compte immédiatement au commandant d'arrondissement des événements qui surviennent et qui nécessitent des mesures promptes.

865. — Dans ces mêmes cas, et suivant l'urgence, si leur rapport doit éprouver le moindre retard par la transmission hiérarchique, ils peuvent correspondre directement avec le commandant de la compagnie. Ces rapports directs ne les dispensent pas de rendre immédiatement les mêmes comptes à leur commandant d'arrondissement (art. 225 du décret du 1er mars 1854. — V. *Commandants de brigade*, nos 264 et 278.).

———

RÉBELLION.

866. — Toute attaque, toute résistance avec violence et voies de fait envers la gendarmerie dans l'exercice de ses fonctions, est qualifiée, selon les circonstances, crime ou délit de rébellion (art 209 du Code pénal).

Si la rébellion a été commise par plus de vingt personnes armées, les coupables seront punis des travaux forcés à temps; et s'il n'y a pas eu port d'armes, ils seront punis de la réclusion (art. 210 du Code pénal).

Si elle a été commise par une réunion de trois à vingt personnes armées, la peine sera la réclusion; s'il n'y a pas eu de port d'armes, la peine sera l'emprisonnement (art. 211 du Code pénal).

Si la rébellion a été commise par une ou deux personnes armées, la peine sera l'emprisonnement de six mois à deux ans ; et si elle a eu lieu sans armes, la peine sera de six jours à six mois d'emprisonnement (art. 212 du Code pénal).

867. — Toute réunion d'individus pour un crime ou délit est réputée *réunion armée* lorsque plus de deux portent des armes ostensibles (article 214 du Code pénal).

868. — Sont compris dans le mot *armes*, toutes machines, tous instruments ou ustensiles tranchants, perçants ou contondants. Les couteaux et ciseaux de poche, les cannes simples ne sont réputés *armes* qu'autant qu'il en aura été fait usage pour tuer, blesser ou frapper quelqu'un (art. 101 du Code pénal).

869. — La peine étant graduée selon les différents cas, la gendarmerie doit préciser, autant que possible, dans ses procès-verbaux, le nombre de personnes qui ont commis l'attaque ou la rébellion, et faire connaître si la réunion était ou non armée.

Tous les individus doivent être arrêtés (V. *Attroupements*, n°s 126 et suiv.; *Arrestations*, n° 79 (§§ 1er, 5 et 7); *Outrages*, n°s 762 et suiv.).

Les commandants de brigade rendent compte immédiatement de ces rébellions au commandant d'arrondissement, quand elles ont le caractère d'un rassemblement ou d'un attroupement combiné pour entraver le service ou pour s'opposer à l'exécution d'une loi, d'un ordre de service émanant de l'autorité, à la circulation des subsistances, etc.

———

RECÉLEURS.

870. — Ceux qui, sciemment, auront recélé, en tout ou en partie, des choses enlevées, détournées ou obtenues à l'aide d'un crime ou d'un délit, seront punis comme complices (art. 62 du Code pénal).

Les procès-verbaux sont visés pour timbre et enregistrés en débet, s'il s'agit d'un délit; ils en sont dispensés s'il s'agit d'un crime. Ils sont adressés au procureur impérial.

871. — Tout individu qui recèle sciemment un déserteur ou un insoumis, qui favorise son évasion, ou qui, par des manœuvres coupables, empêche ou retarde son départ, commet un délit (art. 338 du décret du 1er mars 1854).

872. — Ceux qui auront recélé ou fait recéler des personnes qu'ils savaient avoir commis des crimes emportant peine afflictive, seront punis de trois mois à deux ans de prison (**V.** *Infractions*, n°° 671 et suiv.).

Sont exceptés de cette disposition, les ascendants ou descendants, époux ou épouses, mêmes divorcés, frères ou sœurs des criminels recélés, ou leurs alliés au même degré (art. 248 du Code pénal).

Les procès-verbaux sont visés pour timbre, enregistrés en débet et adressés au procureur impérial.

RÉCIDIVE.

873. — La récidive est, en droit criminel, la rechute, après une première condamnation pour crime, délit ou contravention, dans un nouveau crime ou délit, ou dans une nouvelle contravention.

L'état de récidive influe sur la peine qui doit être prononcée pour le second fait; en conséquence, la gendarmerie doit en faire mention dans ses procès-verbaux.

RÉCLAMATIONS.

874. — Les demandes ou réclamations que les militaires de la gendarmerie sont dans le cas d'adresser au ministre de la guerre doivent lui parvenir, savoir :

Pour ce qui concerne le personnel, par les chefs de légion ;

Pour des réclamations relatives à des pertes ou d'autres objets administratifs, par le conseil d'administration du corps ou de la compagnie auquel l'homme appartient.

Seulement en cas de déni de justice et après avoir épuisé tous les degrés de la hiérarchie, les militaires de la gendarmerie peuvent réclamer directement au ministre de la guerre le redressement des griefs ou abus dont ils ont à se plaindre ; ils joignent à leur réclamation toutes les pièces justificatives, pour qu'il y soit fait droit, s'il y a lieu.

(Dans les pièces justificatives, si la réclamation est relative à l'administration, on doit y comprendre la décision du sous-intendant militaire (ou de l'intendant) auquel le conseil d'administration est tenu d'adresser la réclamation.)

(La copie de la décision des membres de l'intendance ne peut être refusée au réclamant par le conseil d'administration (art. 540 du règl. du 11 mai 1856.)

875. — Toute demande ou réclamation faite directement au ministre peut donner lieu à une punition sévère, si elle est reconnue mal fondée (art. 641 du décret du 1er mars 1854).

876. — Les réclamations individuelles sont les seules permises (art. 334 de l'ordonn. du 2 nov. 1833 sur le service intérieur des troupes).

877. — Les demandes ou réclamations adressées au ministre de la guerre sont établies sur papier du format de 32 centimètres sur 22 (circul. min. du 1er mai 1854).

878. — Pour les réclamations contre les punitions infligées, V. *Fautes contre la discipline*, n° 467.

RÉCOMPENSES.

879. — Lorsqu'un militaire de la gendarmerie se signale par un acte de courage et de dévouement, le rapport de l'événement est adressé par le commandant de la compagnie au chef de légion ou de corps (on doit suivre la hiérarchie avant d'arriver au commandant de la compagnie) qui le transmet au ministre de la guerre avec les pièces justificatives à l'appui.

880. — Si ce militaire a agi en dehors du service et couru des dangers sérieux, il peut être adressé en même temps, en sa faveur, une demande de médaille d'honneur ou de sauvetage, établie conformément au modèle annexé à la circulaire ministérielle du 11 juin 1844.

Il est fait mention sur les matricules, et, par suite, sur les états de services, des médailles d'honneur ou de sauvetage accordées à titre de récompenses civiles à des militaires de la gendarmerie pour des traits de courage et de dévouement (art. 69 du décret du 1er mars 1854).

881. — Les militaires de la gendarmerie concourent, comme ceux des autres corps de l'armée, et dans les mêmes conditions, pour l'admission ou l'avancement dans la Légion d'honneur. Le nombre des propositions à établir en faveur des officiers, sous-officiers, brigadiers et gendarmes, est déterminé, chaque année, par des instructions ministérielles sur les inspections générales de l'arme (art. 70 du décret du 1er mars 1854).

Les sous-officiers, brigadiers et gendarmes concourent pour la médaille militaire dans les mêmes conditions que les militaires des autres corps de l'armée.

Le nombre des candidats est déterminé, chaque année, par les instructions ministérielles sur les inspections générales (art. 71 du décret du 1er mars 1854).

Des propositions spéciales de récompenses, de gratifications ou d'indemnités pécuniaires peuvent être faites pour des services importants rendus par des militaires de la gendarmerie, ou pour des pertes qu'ils auraient éprouvées dans l'exercice de leurs fonctions. Ces propositions sont transmises au ministre de la guerre par les chefs de légion ou de corps avec un avis motivé (art. 72 du décret du 1er mars 1854 et art. 220, 221 et 259 du règl. du 11 mai 1856).

RECRUTEMENT.

882. — Les sous-officiers, brigadiers et gendarmes de service (hors la résidence) près des conseils de recrutement ou de révision ont droit à l'indemnité de service extraordinaire comme pour les découchers (art. 145 du règl. du 11 mai 1856. — V. *Réserve*, nos 918 et suiv.).

REFUS D'ASSISTANCE PAR LA GENDARMERIE.

883. — Une des pricipales obligations de la gendarmerie étant de veiller à la sûreté individuelle, elle doit assistance à toute personne qui réclame son secours. Dans un moment de danger, tout militaire de la gendarmerie qui ne satisfait pas à cette obligation, lorsqu'il en a la possibilité, se constitue en état de prévarication dans l'exercice de ses fonctions (art. 613 du décret du 1er mars 1854).

REFUS DE PRÊTER SECOURS A LA GENDARMERIE.

884. — Si la gendarmerie est attaquée dans l'exercice de ses fonctions, elle requiert, de par la loi, l'assistance des citoyens présents, à l'effet de lui prêter main forte, tant pour repousser les attaques dirigées contre elle que pour assurer l'exécution des réquisitions et ordres dont elle est chargée (art. 621 du décret du 1er mars 1854).

Ceux qui, le pouvant, auront refusé ou négligé de faire les travaux, le service, ou de prêter le secours dont ils auront été requis dans les circonstances d'accidents, tumulte, naufrage, inondations, incendies ou autres calamités, ainsi que dans le cas de brigandages, pillages, flagrant délit, clameur publique, ou d'exécution judiciaire, seront punis d'une amende de 6 fr. à 10 fr. (art. 475 (n° 12) du Code pénal).

Les procès-verbaux sont visés pour timbre, enregistrés en débet et adressés au ministère public près le tribunal de simple police du canton.

REFUS DE SERVICE LÉGALEMENT DU.

885. — Tout commandant, tout officier ou sous-officier de la force publique qui, après en avoir été légalement requis par l'autorité civile, aura refusé de faire agir la force publique à ses ordres, sera puni d'un emprisonnement d'un mois à trois mois, sans préjudice des réparations civiles qui pourraient être dues aux termes de l'art. 10 du Code pénal (art. 234 du Code pénal).

Les militaires de la gendarmerie peuvent, en outre, être réformés pour refus de cette nature (art. 622 du décret du 1er mars 1854).

REMONTE.

(V. aussi *Chevaux*, n°s 231 et suiv.)

886. — Tout militaire admis dans la gendarmerie à cheval, et tout sous-officier, brigadier ou gendarme démonté, est tenu de se pourvoir à ses frais, dans le délai d'un mois, d'un cheval d'origine française et réunissant les conditions ci-après (art. 600 du décret du 1er mars 1854).

887. — Aucun cheval ne peut être admis, s'il n'est d'origine française dûment constatée ;

De l'âge de quatre ans au moins et de huit ans au plus ;

De la taille de 1 mètre 52 centimètres à 1 mètre 60 centimètres.

L'origine est constatée par un certificat délivré en double expédition par le maire de la localité, sur les déclarations de deux propriétaires ou cultivateurs s'occupant de l'élève des chevaux, mais n'en faisant pas le commerce.

Tout cheval entier est rigoureusement exclu (art. 590 du décret du 1er mars 1854).

Les juments seront reçues comme des chevaux hongres; aucune proportion n'est fixée à cet égard (art. 7 de la circ. min. du 11 juill. 1853).

888. — Les chevaux achetés directement sont reçus par le conseil d'administration, assisté d'un vétérinaire civil ou militaire. Aussitôt après la réception, ils sont signalés sur les contrôles de la compagnie, et les fourrages leur sont fournis par les magasins des brigades (art. 601 du décret du 1er mars 1854 et art. 743 du règl. du 11 mai 1856).

Les sous-officiers, brigadiers et gendarmes débattent eux-même les prix des chevaux qu'ils achètent directement; néanmoins, le conseil peut en refuser la réception si le prix paraît exagéré (art. 744 du règlement du 11 mai 1856).

Les honoraires des vétérinaires civils pour l'examen des chevaux de remonte directe ou provenant des dépôts sont à la charge de la masse d'entretien et de remonte (art. 747 du règl. du 11 mai 1856).

Les vétérinaires militaires n'ont pas droit à honoraires; ils sont même tenus, en tous temps, de donner gratuitement leurs soins aux chevaux de la gendarmerie en résidence dans la localité (art. 756 du règlement du 11 mai 1856).

889. — Lorsqu'un sous-officier, brigadier ou gendarme n'a pas trouvé à se remonter dans le délai d'un mois, ou lorsqu'il a renoncé à jouir de ce délai, il est remonté d'office au dépôt de remonte affecté à la compagnie (art. 602 du décret du 1er mars 1854).

Un officier de gendarmerie de la résidence du dépôt, ou, à défaut, d'une résidence voisine, est spécialement désigné par le ministre de la guerre pour procéder à la réception des chevaux destinés à la gendarmerie. Ces chevaux sont choisis, sous la direction du commandant de l'établissement, sur la totalité des chevaux disponibles réunissant les conditions fixées ci-dessus.

Les sous-officiers, brigadiers et gendarmes exercent librement leur choix d'après leur grade ou leur ancienneté; ils sont informés de la valeur des chevaux, qui sont, d'ailleurs, livrés par le dépôt au prix coûtant (art. 603 du décret du 1er mars 1854).

Lorsque la résidence n'est pas éloignée de plus de 60 kilomètres de l'établissement de remonte, chaque sous-officier, brigadier ou gendarme emmène son cheval aussitôt après l'avoir reçu.

Si la distance est de plus de 60 kilomètres, le commandant du dépôt, sur la demande qui lui en est faite, se charge de faire conduire le cheval à destination, en se conformant aux prescriptions du règlement du 20 mars 1837 (art. 604 du décret du 1er mars 1854).

Les dépenses et autres frais accessoires des chevaux de remonte en route sont payés sur les fonds de la solde et ne sont pas à la charge des cavaliers. Il est fait des avances calculées à raison de 2 fr. par cheval et par jour ; c'est un tarif qu'on ne peut dépasser et qu'on doit même éviter d'atteindre, s'il est possible de donner, à un prix inférieur, une bonne nourriture aux chevaux (art. 748 du règl. du 11 mai 1856).

890. — Les militaires se rendant *isolément* aux dépôts de remonte ont droit, pour l'aller, pour le retour et pour le séjour, à l'indemnité de route de leur grade (1 fr. 50 cent. aux adjudants, 1 fr. 25 cent. aux maréchaux des logis chefs et maréchaux des logis, 1 fr. aux brigadiers et gendarmes).

Ceux qui sont formés en détachement reçoivent, pour l'aller et pour le séjour, la solde de route ; mais pour le retour, s'ils ramènent des chevaux, l'indemnité de route leur est allouée cumulativement avec la solde de station (art. 233 du règl. du 11 mai 1856).

891. — Les dépenses provenant des pertes ou dépréciations des chevaux pendant la route seront supportées par le fonds d'entretien et de remonte de la gendarmerie (art. 12 de la circ. min. du 11 juill. 1853).

Les dispositions qui précèdent ne sont point applicables à la 17e légion (Corse) (art. 605 du décret du 1er mars 1854).

892. — Les sous-officiers, brigadiers et cavaliers des corps de troupe passant dans la gendarmerie peuvent y emmener, en en payant la valeur au prix d'estimation, le cheval immatriculé à leur nom au moment de leur admission, ou tout autre cheval disponible dans le corps qui est reconnu plus convenable que ce dernier au service spécial de la gendarmerie.

Une commission composée du chef du corps auquel appartient le cavalier, de l'officier commandant la gendarmerie de la localité et d'un vétérinaire militaire, procède, en pareil cas, à l'estimation du cheval (art 606 du décret du 1er mars 1854).

Au moment de leur arrivée au chef-lieu de la compagnie, les chevaux provenant des dépôts de remonte ou des corps de cavalerie sont examinés et immatriculés par les soins du conseil d'administration de la compagnie (art. 607 du décret du 1er mars 1854 et art 746 du règlement du 11 mai 1856).

893. — Dans l'intervalle des inspections, aucun sous-officier, brigadier ou gendarme ne peut vendre ni échanger son cheval.

Cependant, si d'importantes considérations de service nécessitent la prompte réforme d'un cheval, le chef de légion, sur la demande du commandant d'arrondissement, et d'après l'avis du commandant de la compagnie, peut en autoriser l'échange ou la vente; mais, à la prochaine revue, il en est rendu compte à l'inspecteur général, qui vérifie l'exactitude des motifs d'urgence, et, s'il y a abus, il en fait un rapport spécial au ministre de la guerre (art. 608 du décret du 1er mars 1854 et art. 752 et 754 du règl. du 11 mai 1856).

894. — Les chevaux réformés sont, autant que possible, maintenus au service jusqu'au moment de leur remplacement (art. 609 du décret du 1er mars 1854).

La vente des chevaux réformés a lieu aux enchères publiques (art. 753 du règl. du 11 mai 1856).

895. — Il est expressément défendu aux sous-officiers, brigadiers et gendarmes de prêter leurs chevaux ou de les employer à tout autre usage que pour le service; ceux qui contreviendraient à cette défense seraient passibles de peines disciplinaires (art. 610 du décret du 1er mars 1854).

896. — Les sous-officiers, brigadiers et gendarmes ne peuvent, en quittant l'arme, disposer de leurs chevaux qu'avec l'agrément du conseil d'administration de la compagnie, qui est également juge de l'opportunité de conserver les chevaux des militaires décédés. Ces chevaux sont reçus jusqu'à l'âge de douze ans, s'ils sont reconnus propres à faire encore quatre ans de bon service.

La valeur en est fixée à l'amiable ou à dire d'experts (art. 611 du décret du 1er mars 1854 et 749 du règl. du 11 mai 1856).

Ces chevaux ont droit à la ration de fourrages pendant un mois après la radiation du cavalier (art. 319 du règl. du 11 mai 1856).

897. — Si une jument devient pleine, le commandant de l'arrondissement est tenu d'en rendre compte au conseil d'administration, qui procède immédiatement à sa vente et à son remboursement.

S'il s'agit d'une jument du dépôt de remonte, et si l'état de gestation remonte à une époque antérieure à la livraison, le chef de légion propose immédiatement au ministre de faire remplacer cette monture par le dépôt qui l'a livrée (art. 612 du décret du 1er mars 1854).

898. — Les sous-officiers, brigadiers et gendarmes qui ont perdu leurs chevaux par maladie ou réforme reçoivent une indemnité sur la masse d'entretien et de remonte. Le sous-officier nommé sous-lieutenant avant d'avoir été remonté conserve ses droits à l'indemnité.

Pour déterminer cette indemnité, on déduit, pour chaque année de service du cheval, un douzième du prix d'achat.

Le décompte de la dernière se fait par trimestre, et la déduction ne porte pas sur un trimestre commencé (art. 211 du règl. du 11 mai 1856).

Indépendamment de l'indemnité, il est alloué une prime, qui ne peut être moindre de 60 fr., à l'homme qui a conservé son cheval pendant huit années révolues. Cette prime est augmentée de 20 fr. pour chaque année complète de service du cheval en sus de la huitième, sans que, *dans aucun cas*, cette augmentation puisse excéder 200 fr.

Le maximum de l'indemnité totale est fixé à 700 fr.

Le prix de la vente du cheval réformé (la vente est faite publiquement et à l'enchère (art. 753 du règl. du 11 mai 1856) ou le produit de la vente de la dépouille d'un cheval mort ou abattu (le cheval abattu pour morve doit être enfoui avec son cuir) est déduit du montant de l'indemnité, mais jamais de celui de la prime (art. 212 du règl. du 11 mai 1856).

899. — Le cheval tué ou abattu à la suite d'un accident ou d'un événement résultant de la résistance armée qu'un sous-officier, brigadier ou gendarme aurait éprouvée dans l'exécution d'un service, donne lieu à une indemnité égale au prix d'achat, s'il a été admis depuis moins de trois ans. Passé ce temps de service, l'indemnité est fixée au prix d'estimation du cheval à l'époque de la dernière inspection générale, sans que cette indemnité puisse dépasser 700 fr. Le produit de la dépouille est compris dans le montant de l'indemnité (art. 213 du règl. du 11 mai 1856).

La femme ou les orphelins d'un militaire décédé en activité de service reçoivent l'indemnité à laquelle ce militaire aurait eu droit.

La durée des services et la situation du compte du militaire décédé, après la vente du cheval ou de sa dépouille et de ses effets, sont prises en considération pour la fixation de l'indemnité, qui ne peut excéder l'allocation à laquelle aurait pu prétendre le militaire (art. 214 du règl. du 11 mai 1856).

900. — *Exemple d'un décompte d'indemnité pour un cheval mort ou abattu.*

Nombre d'années de service du cheval.	Prix d'achat du cheval mort ou réformé.	Perte successive, d'année en année.	Montant de l'indemnité.	Prime à 8 ans (cette prime peut être augmentée).	Addition à la prime, pour chaque année en sus de la huitième.	TOTAL GÉNÉRAL DE L'INDEMNITÉ.	OBSERVATIONS.
		fr. c.	fr. c.	fr. c.	fr. c.	fr. c.	
1		65 »	700 »	» »	» »	700 »	Le maximum.
2		130 »	650 »	» »	» »	650 »	
3		195 »	585 »	» »	» »	585 »	(Le décompte, par tri-
4		260 »	520 »	» »	» »	520 »	mestre, de la dernière
5		325 »	455 »	» »	» »	455 »	année, a été négligé
6	780 francs.	390 »	390 »	» »	» »	390 »	dans ce tableau.)
7		455 »	325 »	» »	» »	325 »	
8		520 »	260 »	60 »	» »	320 »	
9		585 »	195 »	60 »	20 »	275 »	
10		650 »	130 »	60 »	40 »	230 »	
11		715 »	65 »	60 »	60 »	185 »	
12		» »	» »	60 »	80 »	110 »	
13		» »	» »	60 »	100 »	160 »	
14		» »	» »	60 »	120 »	180 »	
15		» »	» »	60 »	140 »	200 »	

Le tableau qui précède, exact comme chiffres, n'est pas une règle absolue pour l'allocation de l'indemnité, puisque la prime allouée après huit ans de durée peut être de plus de 60 fr.

Il y a lieu de penser que le ministre, en allouant une indemnité plus forte pour les chevaux de quinze ans de durée que pour ceux de quatorze, treize, douze et onze ans, a eu en vue la longue conservation des chevaux.

Toutefois, ce tableau indique plutôt le mécanisme du décompte que le décompte lui-même.

901. — Les chevaux de remonte destinés aux corps de cavalerie, tombant malades en route, peuvent être placés sous la surveillance de la gendarmerie (V. *Chevaux*, n° 239).

REPRIS DE JUSTICE. — SURVEILLANCE.

902. — Dans ses tournées, correspondances, patrouilles et service habituel à la résidence, la gendarmerie exerce une surveillance active et persévérante sur les repris de justice, sur les condamnés libérés, sur ceux qui sont internés et qui font de la propagande révolutionnaire; elle rend compte immédiatement de la disparition de ceux qui ont quitté, sans autorisation, la résidence qui leur est assignée; elle envoie leur signalement aux brigades voisines, ainsi qu'à celles qui ont la surveillance des communes où l'on suppose qu'ils se sont retirés.

903. — Elle se met à leur poursuite, et, si elle les arrête, elle les conduit devant un officier de police judiciaire du lieu où l'arrestation a été opérée (art. 286 du décret du 1er mars 1854).

Elle arrête de même tout individu en rupture de ban, qu'il soit ou non signalé et de quelque pays qu'il vienne.

904. — L'effet du renvoi sous la surveillance de la haute police sera de donner au gouvernement le droit de déterminer certains lieux dans lesquels il sera interdit au condamné de paraître après qu'il aura subi sa peine. En outre, le condamné devra déclarer, avant sa mise en liberté, le lieu où il veut fixer sa résidence; il recevra une feuille de route réglant l'itinéraire dont il ne pourra s'écarter et la durée de son séjour dans chaque lieu de passage. Il sera tenu de se présenter au maire de la commune, dans les vingt-quatre heures de son arrivée; il ne pourra changer de résidence, sans avoir indiqué, trois jours à l'avance, à ce fonctionnaire, le lieu où il se propose d'aller habiter, et sans avoir reçu de lui une nouvelle feuille de route (art. 44 du Code pénal).

En cas de désobéissance aux dispositions de l'article précédent (44 du Code pénal), l'individu mis sous la surveillance de la haute police sera condamné par les tribunaux correctionnels à un emprisonnement qui ne pourra excéder cinq ans (art. 45 du Code pénal),

905. — Les individus en surveillance doivent fixer sérieusement l'attention de la gendarmerie qui ne doit jamais les perdre de vue. Déjà suspects, ils le deviennent davantage s'ils vivent dans l'oisiveté ou dans le désordre; mais, s'ils se conduisent bien, il ne faut pas trop les rechercher. Une surveillance tracassière leur ôterait le travail dont ils ont besoin pour vivre, et, dès lors, ils redeviendraient dangereux pour la société.

RÉQUISITIONS.

906. — Les réquisitions sont toujours adressées au commandant de la gendarmerie du lieu où elles reçoivent leur exécution, et, en cas de refus, à l'officier sous les ordres duquel est immédiatement placé celui qui n'a pas obtempéré à ces réquisitions.

907. — Elles ne peuvent être données ni exécutées que dans l'arrondissement de celui qui les donne et de celui qui les exécute (art. 92 et 620 du décret du 1er mars 1854).

908. — La main-forte est accordée toutes les fois qu'elle est requise par ceux à qui la loi donne le droit de requérir (art. 93 du décret du 1er mars 1854).

909 — Les cas où la gendarmerie peut être requise sont tous ceux prévus par les lois et les règlements, ou spécifiés par les ordres particuliers de service (art. 94 du décret du 1er mars 1854).

910. — Les réquisitions doivent énoncer la loi qui les autorise, le motif, l'ordre, le jugement ou l'acte administratif en vertu duquel elles sont faites (art. 95 du décret du 1er mars 1854).

Les réquisitions sont faites par écrit, signées, datées et dans les formes ci-après :

« DE PAR L'EMPEREUR.

« Conformément à la loi... en vertu de... (loi, arrêté, règlement), nous requérons le (grade et lieu de résidence) de commander... faire... se transporter... arrêter, etc., et qu'il nous fasse part (si c'est un officier) et qu'il nous rende compte (si c'est un sous-officier) de l'exécution de ce qui est par nous requis au nom de l'Empereur (art. 96 du décret du 1er mars 1854).

911. — Les réquisitions ne doivent contenir aucun terme impératif tel que : *Ordonnons, voulons, enjoignons, mandons*, etc., ni aucune expression ni formule pouvant porter atteinte à la considération de l'arme et au rang qu'elle occupe parmi les corps de l'armée (art. 97 du décret du 1er mars 1854).

912. — Lorsque la gendarmerie est légalement requise pour assister l'autorité dans l'exécution d'un acte ou d'une mesure quelconque, elle ne doit être employée que pour assurer l'effet de la réquisition, et pour faire cesser, au besoin, les obstacles et empêchements (art. 98 du décret du 1er mars 1854).

913. — Lorsque les autorités administratives ont adressé leurs réquisitions aux commandants de la gendarmerie, conformément à la loi, elle ne peuvent s'immiscer en aucune manière dans les opérations militaires ordonnées par ces officiers pour l'exécution de ces réquisitions. Les commandants de la force publique sont, dès lors, seuls chargés de la responsabilité des mesures qu'ils ont cru devoir prendre, et l'autorité civile qui a requis ne peut exiger d'eux que le rapport de ce qui aura été fait en conséquence de sa réquisition (art. 115 du décret du 1er mars 1854).

914. — A l'égard des réquisitions faites par les autorités civiles et militaires pour porter leurs dépêches, V. *Dépêches*, nos 368 et 369.

915. — Les militaires de la gendarmerie qui refusent d'obtempérer aux réquisitions légales de l'autorité civile peuvent être réformés, d'après le compte qui en est rendu au ministre de la guerre, sans préjudice des peines dont ils sont passibles, si, par suite de leur refus, la sûreté publique a été compromise, et aussi sans préjudice des réparations civiles qui pourraient être dues aux termes de l'art. 10 du Code pénal (art. 622 du décret du 1er mars 1854 et 234 du Code pénal).

916. — *Du droit de réquisition à faire à la gendarmerie.*

L'autorité militaire donne plutôt des ordres que des réquisitions.

Les officiers de police judiciaire ont droit de requérir la gendarmerie pour l'exécution de tous actes de justice, et pour les assister dans les opérations judiciaires.

Les magistrats de l'ordre administratif ont aussi le droit de requérir la gendarmerie pour tout objet d'ordre public.

Les commissaires de police dans l'exercice de leurs fonctions.

Les présidents des colléges électoraux (décret du 2 fév. 1852).

La gendarmerie peut aussi être requise de prêter main-forte :

1° Aux préposés des douanes pour la perception des droits d'importation, pour la répression de la contrebande ou de l'introduction, sur le territoire français, de marchandises prohibées;

2° Aux administrateurs et agents forestiers, ainsi qu'aux gardes-pêche qui y sont assimilés, pour la répression du maraudage dans les forêts et sur les fleuves, lacs et rivières :

3° Aux inspecteurs, receveurs des deniers de l'État et autres préposés pour la rentrée des contributions directes et indirectes.

Les commandants de brigade ne doivent pas acquiescer aux demandes d'escorte que leur font directement les percepteurs des communes ; mais, dans le cas où ces fonctionnaires ont de justes raisons de craindre une attaque sur les fonds existant entre leurs mains, ils s'adressent aux maires et les prient de requérir cette escorte ;

4° Aux huissiers et autres exécuteurs de mandements de justice, porteurs de réquisitions et de jugements spéciaux dont ils doivent justifier ;

5° Aux commissaires et sous-commissaires, gardes-barrières et autres agents préposés à la surveillance des chemins de fer (art. 459 du décret du 1er mars 1854) ;

6° Aux employés des postes pour la recherche des lettres transportées en fraude (V. *Poste aux lettres*, nos 816 et suiv.).

La gendarmerie doit non-seulement déférer aux réquisitions qui lui sont faites par les autorités, fonctionnaires ou agents ci-dessus désignés, et qui ont pour objet l'ordre public ou l'exécution des lois, mais encore elle doit assistance à toute personne qui réclame son secours (art. 613 du décret du 1er mars 1854. — V. *Refus d'assistance*, n° 883).

917. — *Du droit de réquisition à faire par la gendarmerie.*

1° Dans les places de guerre, la gendarmerie peut requérir le commandant de la place de faire ouvrir les portes, si le service l'exige (V. *Commandants de place*, n° 285) ;

2° Dans les cas urgents, la gendarmerie peut requérir directement l'assistance de la troupe de ligne qui est tenue de déférer à ses réquisitions et de lui prêter main-forte.

Les demandes contiennent l'extrait de l'ordre ou de la réquisition, ou les motifs pour lesquels la main forte est demandée (art. 137 du décret du 1er mars 1854).

Lorsqu'un détachement de troupe de ligne est employé conjointement avec la gendarmerie, pour un service de la gendarmerie, le commandement appartient, à grade égal, au commandant de cette dernière arme. Si le chef du détachement est d'un grade supérieur à celui du commandant de la gendarmerie, il prend le commandement, mais il est obligé de se conformer aux réquisitions qui lui sont faites par le commandant de la gendarmerie, lequel demeure responsable de l'exécution de son mandat, lorsque l'auxiliaire s'est conformé à sa réquisition (art. 138 du décret du 1ᵉʳ mars 1854).

Ces réquisitions sont adressées au commandant de la place ;

3° Dans les cas urgents, à défaut de troupe de ligne, la gendarmerie peut requérir main-forte de la garde nationale. A cet effet, elle s'adresse aux autorités locales.

(Il est évident que si un poste militaire est occupé par la garde nationale, la gendarmerie doit s'adresser directement au chef de poste pour réclamer main-forte, si le cas est pressant ; le poste ainsi occupé relève du service de la place comme ceux de la troupe de la garnison ; mais la gendarmerie doit s'adresser au maire quand il s'agit de commander un détachement exprès pour le service de la gendarmerie.)

Les détachements de la garde nationale requis sont toujours sous les ordres du commandant de la gendarmerie qui a fait la réquisition (art. 139, 140, 298, 467 et 473 du décret du 1ᵉʳ mars 1854. — V. *Garde nationale*, nᵒˢ 544 et suiv.) ;

4° Dans les incendies, inondations, naufrages et autres événements, la gendarmerie peut requérir, non-seulement le service personnel des citoyens, mais aussi tous autres moyens de secours et de sauvetage (art 298 du décret du 1ᵉʳ mars 1854. — V. *Incendies*, nᵒˢ 601 et suiv.) ;

5° Dans le cas où la gendarmerie est attaquée dans l'exercice de ses fonctions, ou si elle a besoin d'aide pour une cause quelconque, elle requiert l'assistance des citoyens présents, à l'effet de lui prêter main-forte, tant pour repousser les attaques dirigées contre elle que pour assurer l'exécution des réquisitions et des ordres dont elle est chargée et tout autre service prescrit par les lois et règlements (art. 621 du décret du 1ᵉʳ mars 1854 et 475 (n° 12) du Code pénal. — V. *Refus de prêter secours*, n° 844) ;

6° Dans les cas urgents ou pour des objets importants, les commandants de brigade peuvent mettre en réquisition les gardes champêtres de leur circonscription de surveillance, soit pour les seconder dans l'exécution des ordres qu'ils ont reçus, soit pour le maintien de la police et de la tranquillité publique, mais ils sont tenus de donner avis de cette réquisition aux maires et de leur en faire connaître les motifs généraux. Ils en rendent compte au commandant de l'arrondissement, qui en informe le sous-préfet (art. 626 du décret du 1ᵉʳ mars 1854. — V. *Gardes champêtres*, nᵒˢ 535 et suiv.).

7° La gendarmerie peut aussi requérir les cantonniers de lui prêter main-forte (art. 633 du décret du 1ᵉʳ mars 1854. — V. *Cantonniers*, nᵒˢ 192 et suiv.).

Elle peut encore requérir les gardes forestiers (art. 623 du décret du 1ᵉʳ mars 1854. — V. *Gardes forestiers*, nᵒˢ 542 et suiv.) ;

8° Dans le cas de soulèvement armé, les commandants de brigade peuvent mettre en réquisition les agents subalternes *de toutes les administrations publiques et des chemins de fer ;* ces réquisitions sont adressées aux chefs de ces administrations, qui sont tenus d'y obtempérer, à moins d'impossibilité dont ils doivent justifier sous leur responsabilité (art. 634 du décret du 1ᵉʳ mars 1854).

D'après l'article précédent (634) les commandants de brigade peuvent adresser leurs réquisitions, *dans le cas de soulèvement armé*, aux chefs intermédiaires, tels que chefs de gare ou de station des chemins de fer ; inspecteurs, sous-inspecteurs, gardes généraux et brigadiers-gardes de l'administration des eaux et forêts ; aux ingénieurs ordinaires, conducteurs ou cantonniers-chefs des ponts et chaussées, etc. Quant à la réquisition individuelle, elle peut toujours être faite directement à celui dont on réclame l'assistance.

NOTA. — La circulaire du ministre de la guerre en date du 17 décembre 1851 donne aux commandants de brigade, dans le cas de rassemblement armé, s'il y a urgence ou flagrant délit, le droit de requérir les gardes champêtres, gardes-pêche, gardes-chasse, gardes forestiers, cantonniers et tous agents ou employés salariés par l'État ou par les communes.

RÉSERVE.

918. — La gendarmerie est appelée à concourir à la surveillance des militaires appartenant à la réserve de l'armée de terre et de mer.

Lorsqu'un militaire de la réserve a été condamné à une peine disciplinaire, les mesures d'exécution sont assurées, s'il y a lieu, par les soins de la gendarmerie.

919. — Sont compris dans la réserve :

1° Les militaires de toutes armes en congé provisoire, autrement dit : *libérés par anticipation ;*

2° Les jeunes soldats non encore appelés sous les drapeaux,

3° Les substituants et remplaçants non encore appelés à l'activité (art. 356 du décret du 1ᵉʳ mars 1854).

920. — Les commandants de brigade reçoivent du commandant de recrutement (*par la voie hiérarchique*) un contrôle signalétique des hommes de leur circonscription appartenant à la réserve; ils renvoient cet état, le plus tôt possible, avec les renseignements demandés (art. 357 du décret du 1ᵉʳ mars 1854).

Lorsque l'arrivée d'un militaire compris dans l'état signalétique n'a pu être constatée, le commandant de brigade en tient note et il a soin de prévenir directement l'officier de recrutement de l'époque à laquelle chaque militaire en retard a paru dans sa résidence (art. 358 du décret du 1ᵉʳ mars 1854).

921. — Les commandants de brigade tiennent chacun un contrôle nominatif des militaires appartenant à la réserve et résidant dans les communes qui font partie de la circonscription de leur brigade; ils informent immédiatement de toutes les mutations qui surviennent le commandant de l'arrondissement, lequel doit en prendre note.

Le commandant de l'arrondissement informe, sans délai, l'officier de recrutement des mutations survenues parmi les jeunes soldats qui n'ont point encore été appelés à l'activité (art. 359 du décret du 1ᵉʳ mars 1854).

922. — Les commandants de brigade, dans leur circonscription de surveillance, accordent aux militaires en congé provisoire de libération les autorisations d'absence du lieu de leur résidence pour se rendre dans une autre localité du département, ou dans un autre département, si cette absence doit durer plus de quinze jours.

Dans ce cas, ils prennent note de la commune, du canton, de l'arrondissement, et, s'il y a lieu, du département où le titulaire se propose de résider; ils se font remettre le titre de congé en échange de l'autorisation qu'ils délivrent, pour ensuite, et sans retard, transmettre le tout au commandant de recrutement du département.

La permission demandée ne peut être refusée sans motifs graves, dont il est rendu compte immédiatement (*par la voie hiérarchique*) au général commandant la subdivision militaire.

S'il s'agit d'un jeune soldat (d'un homme qui n'a pas encore été incorporé) l'autorisation d'absence lui est donnée par le maire de la commune, qui lui délivre un passeport pour être présenté par lui au commandant de la gendarmerie du canton où il arrive, qui le vise et en prend note sur le registre nᵒ 10 *bis* (art. 360 du décret du 1ᵉʳ mars 1854).

Si le déplacement du militaire dans le même département doit durer plus de trois mois, l'autorisation d'absence ne peut être accordée que par le commandant de recrutement.

Les permissions d'absence pour un autre département, dont la durée excède deux mois, doivent être soumises à l'approbation du général commandant la subdivision (art. 361 du décret du 1er mars 1854).

Il résulte de la lettre et de l'esprit des art. 360 et 361 du décret du 1er mars 1854 sus-relatés :

1° Que le militaire faisant partie de la réserve peut s'absenter, sans permission, même pour aller dans un autre département, si son absence ne doit pas durer plus de quinze jours ;

2° Que les commandants de brigade peuvent accorder aux mêmes militaires des permissions de quinze jours à trois mois, pour rester dans le même département, et de quinze jours à deux mois pour aller dans un autre département ;

3° Que les jeunes soldats qui n'ont pas encore été incorporés doivent s'adresser aux maires et non à la gendarmerie pour avoir des permissions d'absence.

923. — Lorsqu'un changement de résidence est autorisé, la gendarmerie de l'ancienne et de la nouvelle résidence est avertie. Dès l'arrivée dans sa nouvelle résidence d'un militaire en congé provisoire, le commandant de la gendarmerie vise son congé ainsi que l'autorisation qu'il a reçue, et en prend note sur son registre n° 10 *bis* (art. 362 du décret du 1er mars 1854).

Il ne faut pas confondre le changement de résidence avec l'autorisation d'absence. Le changement de résidence entraîne la radiation du militaire dans la brigade de son ancienne résidence, et son inscription dans la brigade qui a la surveillance de sa nouvelle résidence.

924. — Les ordres de convocation et les congés définitifs de libération des militaires faisant partie de la réserve peuvent être transmis aux titulaires par l'intermédiaire de la gendarmerie (art. 363 du décret du 1er mars 1854).

925. — Dans l'intérêt de l'ordre public, la gendarmerie assiste toujours aux appels périodiques des militaires et jeunes soldats de la réserve qui sont faits sur les lieux par les soins des officiers attachés au dépôt de recrutement de chaque département.

Ces appels ont lieu tous les six mois, par canton ou par circonscription de brigade de gendarmerie, selon les localités.

L'époque en est déterminée par ordre du ministre de la guerre.

Le commandant de recrutement notifie l'époque où ils doivent avoir lieu au commandant de la gendarmerie du département, qui en donne connaissance à ses brigades par la voie de l'ordre, afin qu'elles concourent à en assurer l'exécution (art. 364 du décret du 1er mars 1854).

Les officiers, sous-officiers et brigadiers peuvent être appelés à concourir à cette opération dans les cantons des arrondissements de leur résidence, celui du chef-lieu du département excepté (art. 365 du décret du 1er mars 1854). Dans ce cas, ils ont droit à un supplément d'un cinquième en sus de la solde de leur grade (art. 123 du règl. du 11 mai 1856), indépendamment de l'indemnité de route fixée par le décret du 15 juin 1853, savoir : adjudant, 1 fr. 50 cent. ; maréchal des logis chef, maréchal des logis et fourrier, 1 fr. 25 cent. ; brigadier, 1 fr. (art. 234 du règl. du 11 mai 1856).

RETRAITE ET PENSIONS.

(Lois des 11 avril 1831 et 26 avril 1855).

926. — Les sous-officiers, brigadiers et gendarmes qui, ayant accompli le nombre d'années de service exigé par la loi, sont en instance pour la retraite, peuvent, sur leur demande, être autorisés par le ministre de la guerre à se retirer dans leurs foyers pour y attendre la fixation de leur pension (art. 42 du décret du 1er mars 1854).

927. — Les droits à la pension de retraite à l'ancienneté sont acquis à vingt-cinq ans de service (loi du 26 avril 1855).

928. — Chaque année en sus de vingt-cinq ans de service et chaque campagne ajoutent à la pension un vingtième de la différence entre le minimum et le maximum.

929. — Le décompte de la pension de retraite à l'ancienneté, calculé sur le nombre d'années de service et les campagnes, est augmenté d'un cinquième pour tous les militaires ayant accompli douze années de service dans leur dernier grade.

Ce bénéfice est accordé aux simples gendarmes ayant douze ans d'exercice dans l'arme (art. 11 de la loi du 11 avril 1831).

930. — Aux termes de l'ordonnance du 20 janvier 1841, les sous-officiers, caporaux ou brigadiers de l'armée passés dans la gendarmerie sont retraités sur le pied de leur ancien grade dans les corps, à moins qu'ils n'aient obtenu un grade plus élevé dans la gendarmerie. Ils jouissent même du droit au cinquième en sus s'ils comptent douze années de grade à partir de leur nomination dans les corps de troupe, alors même qu'ils seraient restés simples gendarmes.

Toutefois, ce bénéfice se perd :

1° Par la démission ou congé du service de la gendarmerie ;

2° Pour la rétrogadation ou cassation ;

3° Par la réforme pour inconduite, et pour inaptitude au service de l'arme.

Toutes les dispositions sus-relatées de l'ordonnance du 20 janvier 1841 sont applicables aux sous-officiers, caporaux ou brigadiers admis dans la gendarmerie après une interruption de service. Mais ils doivent compléter douze années *d'activité*, tant dans les corps de l'armée que dans la gendarmerie, pour avoir droit au cinquième en sus.

931. — Les pensions de retraite pour blessures ou infirmités varient selon la gravité et la nature de ces blessures ou infirmités.

(Tarif)

932. — TARIF de la retraite à l'ancienneté.

GRADES.	MINIMUM DE LA RETRAITE.			MAXIMUM DE LA RETRAITE.						OBSERVATIONS.
	A 25 ans de services (pension fixée par la loi du 11 avril 1831).	Augmentation payée sur l'actif de la caisse de dotation (loi du 26 avril 1855).	TOTAL DU MINIMUM.	Pour chaque année de service en sus de 25 ans et pour chaque campagne.	Maximum acquis à 45 ans de services, campagnes comprises.	Augmentation payée sur l'actif de la caisse de la dotation (loi du 26 avril 1855).	TOTAL.	Ajouter le cinquième du maximum pour 13 années accomplies dans le dernier grade.	TOTAL GÉNÉRAL du maximum.	Dans le décompte des services, la fraction excédant une année est comptée comme il suit : 1° D'un à quatorze jours, rien ; 2° De quinze jours à six mois quatorze jours, six mois ; 3° De six mois quinze jours et au-dessus, une année.
	fr. c.	fr. c.	fr. c.	fr. c.	fr. c.	fr. c.	fr. c.	fr. c.	fr. c.	
Adjudant.............	400 »	165 »	565 »	10 »	600 »	165 »	765 »	153 »	918 »	
Maréchal des logis chef.....	300 »	165 »	465 »	10 »	500 »	165 »	665 »	133 »	798 »	
Maréchal des logis ou fourrier......	250 »	165 »	415 »	7 50	400 »	165 »	565 »	113 »	678 »	
Brigadier..........	220 »	165 »	385 »	6 »	310 »	165 »	505 »	101 »	606 »	
Gendarme ou garde.........	200 »	165 »	365 »	5 »	300 »	165 »	465 »	93 »	558 »	

PENSIONS DES VEUVES ET ORPHELINS.

933. — Ont droit à la pension viagère :

1° Les veuves des militaires tués sur le champ de bataille ou dans un service commandé ;

2° Les veuves des militaires qui ont péri à l'armée ou hors d'Europe, et dont la mort a été causée par un événement de guerre, maladie contagieuse, etc. ;

3° Les veuves des militaires morts des suites de blessures reçues sur le champ de bataille ou dans un service commandé, pourvu que le mariage soit antérieur à ces blessures ;

4° Les veuves de militaires en jouissance de la pension de retraite ou en possession des droits à cette pension, pourvu que le mariage ait été contracté deux ans avant la cessation d'activité ou du traitement militaire du mari, ou qu'il y ait un ou plusieurs enfants issus du mariage antérieur à cette cessation, et que le mariage ait été autorisé.

Après le décès de la mère, la pension est reversible sur la tête des enfants ; ce secours leur est payé jusqu'à ce que le plus jeune d'entre eux ait atteint vingt-un ans accomplis.

934. — La pension des veuves est fixée au quart du maximum de la pension d'ancienneté affectée au grade du mari, sans qu'elle puisse être au-dessous de 100 fr. (loi du 11 avril 1831).

Cette pension a été élevée du quart à la moitié par la loi des 13-17 avril 1856, pour les veuves des militaires ou marins tués sur le champ de bataille, ou qui ont péri à l'armée par suite d'événements de guerre, ou morts des suites de blessures reçues dans les circonstances ci-dessus, pourvu que le mariage soit antérieur à ces blessures.

935. — En cas de séparation de corps, la veuve d'un militaire ne peut prétendre à aucune pension. Ses enfants, s'il en a, sont considérés comme orphelins.

REVENDEURS.

936. — Les revendeurs, brocanteurs, ferrailleurs, sont tenus d'avoir des registres sur lesquels ils doivent inscrire avec ordre et clarté ce qu'ils achètent et ce qu'ils revendent. Ils doivent indiquer la provenance et le replacement de leurs marchandises.

937. — La gendarmerie doit avoir l'œil fixé sur eux, car il arrive souvent que les objets volés trouvent place dans ces sortes de bazars où ils sont emmagasinés à vil prix.

Toutefois, à moins de flagrant délit, les sous-officiers, brigadiers et gendarmes n'ont pas le droit de faire perquisition dans ces magasins sans l'assentiment des propriétaires, et si, par suite de soupçon de recel, il y avait utilité à procéder à une visite, la gendarmerie réclamerait l'assistance d'un officier de police judiciaire du lieu.

938. — Tout individu non militaire qui achète des effets militaires est traduit en police correctionnelle et puni de prison (loi du 22 juillet 1791, 28 mars 1793, et cass., 2 sept. 1836).

REVUES.

939. — La gendarmerie n'est point considérée comme portion de la garnison des places dans lesquelles elle est répartie. En conséquence, les généraux et commandants militaires, hors l'état de siége, ne l'appellent point à la parade et ne peuvent la réunir pour des objets étrangers à ses fonctions spéciales (art. 124 du décret du 1er mars 1854).

940. — Les tournées des commandants d'arrondissement ne peuvent être un motif ni un prétexte d'interrompre ou de retarder l'exécution du service. Les chefs de brigade, nonobstant l'avis donné par ces officiers de leur arrivée pour une revue, n'en doivent pas moins déférer aux réquisitions qui leur sont adressées et envoyer aux correspondances les hommes qu'ils sont tenus d'y fournir (art. 194 du décret du 1er mars 1854).

941. — Le décret du 1er mars 1854 est muet sur ce point à l'égard des tournées des commandants de compagnie; mais à moins d'ordres contraires, les commandants de brigade fournissent le service obligé comme il est dit ci-dessus pour les commandants d'arrondissement.

Toutefois, les commandants de brigade n'envoient pas ce jour là en tournée de communes avant que la revue du commandant de la compagnie ne soit terminée, car il importe que les hommes et les choses soient examinés.

942. — Quant aux revues des chefs de légion, toutes les brigades devant être réunies sur un même point et tous les hommes disponibles devant paraître, le service de surveillance locale est forcément suspendu. Il en est de même pour les revues d'inspections générales. Toutefois, la gendarmerie doit, même lors des revues de chefs de légion ou d'inspecteurs généraux, déférer aux réquisitions de service extraordinaire qui lui sont légalement adressées.

Il est utile que les commandants de brigade préviennent les autorités locales de ces suspensions de service.

ROULAGE.

POLICE DU ROULAGE ET DES MESSAGERIES PUBLIQUES.

Observations générales utiles à consulter pour assurer l'exécution de la loi du 30 mai 1851 et du règlement d'administration publique du 10 août 1852, sur la police du roulage et des messageries.

Droit de circulation de toutes les voitures.

943. — Les voitures suspendues ou non suspendues, servant au transport des personnes ou des marchandises, peuvent circuler sur les routes impériales, départementales et chemins vicinaux de grande communication, sans aucune condition de réglementation de poids ou de largeur de jantes (art. 1er de la loi du 30 mai 1851).

La gendarmerie doit constater les infractions.

944. — Les officiers de gendarmerie et les sous-officiers et gendarmes devront constater les délits et les contraventions (art. 15 de la loi du 30 mai 1851).

Affirmation des procès-verbaux.

945. — La gendarmerie n'affirme plus ses procès-verbaux.

Enregistrement à donner aux procès-verbaux.

946. — Les procès-verbaux rédigés par les officiers, sous-officiers, brigadiers et gendarmes sont enregistrés en débet dans les trois jours de la date de la constatation, à peine de nullité (art. 19 de la loi du 30 mai 1851).

Les dispositions combinées des art. 19 et 22 de la loi du 30 mai 1851 veulent que la formalité de l'enregistrement en débet soit remplie à la requête de la gendarmerie, aussitôt après la constatation (note minist.).

Direction à donner aux procès-verbaux.

947. — Conformément à l'art. 22 de la loi du 30 mai 1851, *tous* les procès-verbaux rédigés en exécution de ladite loi doivent être adressés, dans les deux jours de l'enregistrement, au sous-préfet de l'arrondissement.

Le sous-préfet les transmet, dans les deux jours de la réception :

Au préfet, s'il s'agit d'une contravention de la compétence du conseil de préfecture ;

Au procureur impérial, s'il s'agit de la compétence des tribunaux.

Droit au tiers de l'amende prononcée.

948. — Lorsque le procès-verbal constatant le délit ou la contravention a été dressé par l'un des agents désignés au premier paragraphe de l'art. 15 de la loi du 30 mai 1851, le tiers de l'amende prononcée appartient audit agent (art. 28 de la loi du 30 mai 1851 et art. 345 du règl. du 11 mai 1856).

Il résulte de cette disposition que les *gendarmes* ont droit au tiers de l'amende prononcée, et que les officiers et les sous-officiers n'y ont pas droit.

Les brigadiers y ont droit en vertu de l'arrêt de cassation du 14 mars 1854, qui les obligeait à l'affirmation et les classait dans les agents désignés au premier paragraphe de l'art. 15.

Les procès-verbaux rédigés en exécution des art. 10 et 11 de ladite loi (*refus par un voiturier ou conducteur de s'arrêter* (n° 984), et *outrages ou violences envers la gendarmerie* (n° 985), ne donnent pas droit à la part d'amende, quels que soient les rédacteurs (art. 28 de la loi du 30 mai 1851).

Les malles-postes sont soumises à un règlement particulier.

949. — Les malles-postes destinées au transport de la correspondance du gouvernement et du public sont soumises à un règlement particulier.

Les voitures des entrepreneurs qui transportent les dépêches ne sont pas considérées comme malles-postes (art. 40 du règl. d'adm. publique du 10 août 1852).

Les voitures publiques qui desservent les pays voisins ne sont pas soumises aux mêmes règles.

950. — Les voitures publiques qui desservent les routes des pays voisins et qui partent des villes frontières, ou qui y arrivent, ne sont pas soumises aux règles prescrites dans le règlement d'administration publique du 10 août 1852. Elles doivent, toutefois, être solidement construites (art. 41 du règl. d'adm. publique du 10 août 1852).

Autres agents qui ont droit de constater les contraventions.

951. — Les contraventions et délits prévus par la loi du 30 mai 1851 peuvent aussi être constatés par les conducteurs, agents voyers, cantonniers-chefs, et autres employés des ponts et chaussées ou des chemins vicinaux de grande communication, commissionnés à cet effet.

Par les gardes champêtres, les employés des contributions indirectes, agents forestiers ou des douanes, les employés des poids et mesures ayant droit de verbaliser, et les employés des octrois ayant le même droit (art. 15 (§ 1er) de la loi du 30 mai 1851).

Tous les agents sus-désignés sont astreints aux mêmes règles que les simples gendarmes.

Leurs procès-verbaux doivent être affirmés et enregistrés en débet.

Ils ont droit au tiers de l'amende prononcée.

Peuvent également constater les contraventions et les délits prévus par la même loi :

Les maires et adjoints;

Les commissaires et agents assermentés de police ;

Les ingénieurs des ponts et chaussées;

Et toute personne commissionnée par l'autorité départementale pour la surveillance de l'entretien des voies de communication (art. 15 (§ 2) de la loi du 30 mai 1851).

Les agents sus-désignés ne sont pas astreints à affirmer leurs procès-verbaux, mais ils doivent être enregistrés.

Ils n'ont pas droit au tiers de l'amende prononcée.

Les dommages prévus à l'art. 9 de la loi du 30 mai 1851 (V. le n° 963) sont constatés, pour les routes impériales et départementales, par les in-génieurs, conducteurs et autres employés des ponts et chaussées commis-sionnés à cet effet.

Et pour les chemins vicinaux de grande communication, par les agents voyers, sans préjudice des droits réservés à tous les fonctionnaires et agents mentionnés aux deux premiers paragraphes de l'art. 15 de la loi du 30 mai 1851 (ci-dessus reproduits), de rédiger procès-verbal du fait de dégradation qui aurait lieu en leur présence (art. 15 (§ 3) de la loi du 30 mai 1851).

Valeur des procès-verbaux.

952. — Les procès-verbaux dressés en vertu de l'art. 15 précité font foi jusqu'à preuve contraire (art. 15 (§ 4) de la loi du 30 mai 1851).

NOMENCLATURE DES CAS OU IL Y A LIEU DE RÉDIGER PROCÈS-VERBAL POUR INFRACTIONS A LA LOI DU 30 MAI 1851 ET AU RÈGLEMENT D'ADMINISTRA-TION PUBLIQUE DU 10 AOUT 1852.

953. — Essieux ayant plus de 2 mètres 50 centimètres de longueur.
V. art. 2, § 1er, n° 1 et art. 4 de la loi du 30 mai 1851, et art 1er du règlement d'administration publique du 10 août 1852.
L'amende est de 5 à 30 fr.
Cette contravention est jugée par le conseil de préfecture.
V. l'art. 17 de la loi du 30 mai 1851.

Observations.

Pour les voitures publiques allant au trot, cette contravention ne peut être constatée qu'au lieu de départ, d'arrivée, de relais et de station des-dites voitures, ou aux barrières d'octroi (art. 16 de la loi du 30 mai 1851).

954. — Essieux dont les extrémités dépassent les moyeux de plus de 6 centimètres.
V. art. 2, § 1er, n° 1 et art. 4 de la loi du 30 mai 1851, et l'art. 1er du règlement d'administration publique du 10 août 1852.
L'amende est de 5 à 30 fr.
Cette contravention est jugée par le conseil de préfecture.

Observations.

Mêmes observations qu'au n° 953.

955. — Moyeux dont la saillie, y compris celle de l'essieu, excède de plus de 12 centimètres le plan passant par le bord extérieur des bandes.

V. art. 2, § 1er, n° 1 et art. 4 de la loi du 30 mai 1851, et art. 1er du règlement d'administration publique du 10 août 1852.

L'amende est de 5 à 30 fr.

Cette contravention est jugée par le conseil de préfecture.

Observations.

Il est accordé une tolérance de 2 centimètres sur cette saillie pour les roues qui ont déjà fait un certain service (art. 1er du régl. d'adm. publique du 10 août 1852).

Pour les voitures publiques allant au trot, cette contravention ne peut être constatée qu'au lieu de départ, d'arrivée, de relais et de station desdites voitures, ou aux barrières d'octroi (art. 16 de la loi du 30 mai 1851).

956. — Clous de bande à tête de diamant.

V. art. 2, § 1er, n° 3 et art. 4 de la loi du 30 mai 1851, et art. 2 du règlement d'administration publique du 10 août 1852.

L'amende est de 5 à 30 fr.

Cette contravention est jugée par le conseil de préfecture.

Observations.

Mêmes observations qu'au n° 953.

957. — Clous de bande dont la tête présente une saillie de plus de 5 millimètres.

V. art. 2, § 1er, n° 3 et art. 4 de la loi du 30 mai 1851, et art. 2 du règlement d'administration publique du 10 août 1852.

L'amende est de 5 à 30 fr.

Observations.

Mêmes observations qu'au n° 953.

958. — Voiture à deux roues, servant au transport des marchandises, attelée de plus de cinq chevaux.

V. art. 2, § 1er, n° 5 et art. 4 de la loi du 30 mai 1851, et art. 3, n° 1 du règlement d'administration publique du 10 août 1852.

L'amende est de 5 à 30 fr.

Cette contravention est jugée par le conseil de préfecture.

Observations.

Lorsqu'il y aura lieu de transporter des blocs de pierre, des locomotives ou d'autres objets d'un poids considérable, l'emploi d'un attelage exceptionnel pourra être autorisé, sur l'avis des ingénieurs ou des agents voyers, par les préfets des départements traversés (art. 4 du règl. d'adm. publique du 10 août 1852).

La limitation du nombre de chevaux n'est point applicable sur les parties des routes ou des chemins vicinaux de grande communication affectées de rampes d'une déclivité ou d'une longueur exceptionnelle.

Les limites de ces parties de routes ou de chemins, sur lesquelles l'emploi de chevaux de renfort est autorisé, sont déterminées par un arrêté du préfet, sur la proposition de l'ingénieur en chef ou de l'agent voyer en chef du département, et indiquées sur place par des poteaux portant cette inscription : CHEVAUX DE RENFORT.

Pour les voitures marchant avec relais régulier et servant au transport des personnes ou des marchandises, la faculté d'atteler des chevaux de renfort s'étend à toute la longueur des relais dans lesquels sont placés les poteaux.

L'emploi de chevaux de renfort peut être autorisé temporairement sur les parties de routes ou de chemins de grande communication, lorsque, par suite de travaux de réparation ou d'autres circonstances accidentelles, cette mesure sera nécessaire. Dans ce cas, le préfet fera placer des poteaux provisoires (art. 5 du règl. d'adm. publique du 10 août 1852).

En temps de neige ou de verglas, les prescriptions relatives à la limitation du nombre des chevaux demeurent suspendues (art. 6 du règl. d'adm. publique du 10 août 1852).

959. — Voiture à quatre roues, servant au transport des marchandises, attelée de plus de huit chevaux.

V. art. 2, § 1er, n° 5 et art. 4 de la loi du 30 mai 1851, et art. 3, n° 1 du règlement d'administration publique du 10 août 1852.

L'amende est de 5 à 30 fr.

Cette contravention est jugée par le conseil de préfecture.

Observations.

Les observations sont les mêmes qu'au n° 958.

960. — Voiture servant au transport des marchandises, attelée de plus de cinq chevaux de file.

V. art. 2, § 1er, n° 5 et art. 4 de la loi du 30 mai 1851, et art. 3, n° 1 du règlement d'administration publique du 10 août 1852.

L'amende est de 5 à 30 fr.

Cette contravention est jugée par le conseil de préfecture.

Observations.

Mêmes observations qu'au n° 958.

961. — Voiture à deux roues, servant au transport des personnes, attelée de plus de trois chevaux.

V. art. 2, § 1er, n° 5 et art. 4 de la loi du 30 mai 1851, et art. 3, n° 2 du règlement d'administration publique du 10 août 1852.

L'amende est de 5 à 30 fr.

Cette contravention est jugée par le conseil de préfecture.

Observations.

Les observations sont les mêmes qu'au n° 958, à l'exception du premier paragraphe, tiré de l'art. 4 du règlement d'administration publique relatif au transport des blocs de pierre, etc.

Pour les voitures publiques allant au trot, cette contravention ne peut être constatée qu'au lieu de départ, d'arrivée, de relais et de station desdites voitures, ou aux barrières d'octroi (art. 16 de la loi du 30 mai 1851).

962. — Voiture à quatre roues, servant au transport des personnes, attelée de plus de six chevaux.

V. art. 2, § 1er, n° 5 et art. 4 de la loi du 30 mai 1851, et art. 3, n° 2 du règlement d'administration publique du 10 août 1852.

L'amende est de 5 à 30 fr.

Cette contravention est jugée par le conseil de préfecture.

Observations.

Mêmes observations qu'au n° 961.

963. — Infraction aux mesures qui réglementent momentanément la circulation pendant les jours de dégel.

V. art. 2, § 1er, n° 6 et art. 4 et 9 de la loi du 30 mai 1851, et art. 7 du règlement d'administration publique du 10 août 1852.

Pour la contravention, l'amende est de 5 à 30 fr.

GUIDE. — 17.

Pour la dégradation, l'amende est de 3 à 50 fr., indépendamment de la condamnation aux frais de réparation.

Cette contravention est jugée par le conseil de préfecture.

Observations.

Le ministre des travaux publics détermine les départements dans lesquels il pourra être établi, sur les routes impériales et départementales, des barrières pour restreindre la circulation pendant les temps de dégel.

Les préfets, dans chaque département, déterminent les chemins de grande communication sur lesquels ces barrières pourront être établies.

Ces barrières seront fermées et ouvertes en vertu d'arrêtés du sous-préfet, pris sur l'avis de l'ingénieur de l'arrondissement ou de l'agent voyer. Ces arrêtés seront affichés et publiés à la diligence des maires.

Dès que la fermeture des barrières aura été ordonnée, aucune voiture ne pourra sortir de la ville, du bourg ou du village dans lequel elle se trouvera. Toutefois, les voitures qui seront déjà en marche pourront continuer leur route jusqu'au gîte le plus voisin, où elles seront tenues de rester jusqu'à l'ouverture des barrières. Pour ne point être inquiétés dans leur trajet, les propriétaires ou conducteurs de ces voitures prendront un laissez-passer du maire.

Le jour de l'ouverture des barrières et le lendemain, les voitures ne pourront partir du lieu où elles auront été retenues que deux à la fois et à un quart d'heure d'intervalle. Le maire ou son délégué présidera au départ, qui aura lieu dans l'ordre suivant lequel les voitures se seront fait inscrire à leur arrivée dans la commune.

Le service des barrières sera fait par des agents désignés à cet effet par les ingénieurs ou par les agents voyers (1).

Toute voiture prise en contravention aux dispositions du présent article (7) sera arrêtée et les chevaux seront mis en fourrière dans l'auberge la plus rapprochée ; le tout sans préjudice de l'amende stipulée à l'art. 4, titre II de la loi du 30 mai 1851, et des frais de réparation mentionnés dans l'art. 9 de ladite loi.

Peuvent circuler pendant la fermeture des barrières de dégel :

1° Les courriers de malle ;

---

(1) Il résulte de l'esprit du présent paragraphe que la gendarmerie doit seulement prêter main-forte, si elle est requise, pour assurer l'exécution des arrêtés du sous-préfet.

(Note de l'auteur.)

2° Les voitures de voyage suspendues, étrangères à toute entreprise publique ;

3° Les voitures non chargées ;

4° Sur les chaussées pavées, les voitures chargées, mais attelées seulement d'un cheval si elles sont à deux roues, et de deux chevaux si elles sont à quatre roues ;

5° Sur les chaussées empierrées, les voitures chargées, mais attelées seulement de deux chevaux si elles sont à deux roues, et de trois chevaux si elles sont à quatre roues (art. 7 du règl. d'adm. publique du 10 août 1852).

964. — Infraction aux mesures qui réglementent les précautions à prendre pour la protection des ponts suspendus.

Chevaux conduits au trot en passant sur un pont suspendu.

V. art. 2, § 1er, n° 6 et art. 4 de la loi du 30 mai 1851, et art. 8 du règlement d'administration publique du 10 août 1852.

L'amende est de 5 à 30 fr.

Cette contravention est jugée par le conseil de préfecture.

Observations.

Pour les ponts suspendus qui n'offriraient pas toutes les garanties nécessaires pour le passage des voitures lourdement chargées, il pourra être adopté par le ministre des travaux publics ou par le ministre de l'intérieur, chacun en ce qui le concerne, telles autres dispositions qui seront jugées nécessaires.

Dans les circonstances urgentes, les préfets et les maires pourront prendre telles mesures que leur paraîtra commander la sûreté publique, sauf à en rendre compte à l'autorité supérieure.

Les mesures prescrites pour la protection des ponts suspendus seront, dans tous les cas, placardées à l'entrée et à la sortie de ces ponts.

(Un conducteur de voiture publique est tenu de s'arrêter, s'il en est requis, pour laisser constater la contravention (art. 16 de la loi du 30 mai 1851).

965. — Voiturier ou roulier ne tenant pas les guides ou le cordeau en passant sur un pont suspendu.

V. art. 2, § 1er, n° 6 et art. 4 de la loi du 30 mai 1851, et art. 8 du règlement d'administration publique du 10 août 1852.

L'amende est de 5 à 30 fr.

La contravention est jugée par le conseil de préfecture.

Mêmes observations qu'au n° 964.

966. — Conducteur ou postillon n'étant pas sur son siége en passant sur un pont suspendu.

V. art. 2, § 1er, n° 6 et art. 4 de la loi du 30 mai 1851, et art. 8 du règlement d'administration publique du 10 août 1852.

L'amende est de 5 à 30 fr.

Cette contravention est jugée par le conseil de préfecture.

Mêmes observations qu'au n° 964.

967. — Roulier ou autre voiturier ayant dételé un ou plusieurs chevaux pour le passage d'un pont suspendu.

V. art. 2, § 1er, n° 6 et art 4 de la loi du 30 mai 1851, et art. 8 du règlement d'administration publique du 10 août 1852.

L'amende est de 5 à 30 fr.

La contravention est jugée par le conseil de préfecture.

Mêmes observations qu'au n° 964.

968. — Voiturier engageant sa voiture attelée de plus de cinq chevaux sur le tablier d'un pont suspendu, quand il y a déjà sur cette travée une voiture d'un attelage supérieur à ce nombre de chevaux.

V. art. 2, § 1er, n° 6 et art. 4 de la loi du 30 mai 1851, et art. 8 du règlement d'administration publique du 10 août 1852.

L'amende est de 5 à 30 fr.

La contravention est jugée par le conseil de préfecture.

Les observations sont les mêmes qu'au n° 964.

969. — Voiturier ou conducteur de voiture ne servant pas au transport des personnes, ne se rangeant pas à sa droite à l'approche de toute autre voiture, de manière à lui laisser libre au moins la moitié de la chaussée.

V. art. 2, § 2, n° 5 et art. 5 de la loi du 30 mai 1851, et art. 9 du règlement d'administration publique du 10 août 1852.

L'amende est de 6 à 10 fr., et la peine de un à trois jours de prison.

En récidive, l'amende est de 15 fr., et la peine de cinq jours de prison.

Cette contravention est de la compétence du tribunal de simple police (art. 17 de la loi du 30 mai 1851).

V. le n° 971 pour les voitures publiques.

970. — Roulier ou conducteur de voiture ne servant pas au transport des personnes laissant stationner, sans nécessité, sa voiture attelée ou non attelée sur la voie publique.

V. art. 2, § 2, n° 5 et art. 5 de la loi du 30 mai 1851, et art. 10 du règlement d'administration publique du 10 août 1852.

L'amende est de 6 à 10 fr., et la peine de un à trois jours de prison.

En récidive, l'amende est de 15 fr., et la peine de cinq jours de prison.

Cette contravention est de la compétence du tribunal de simple police.

V. le n° 972 pour les voitures publiques.

971. — Conducteur, cocher ou postillon de voiture de messageries ne se rangeant pas à sa droite à l'approche de toute autre voiture, de manière à lui laisser libre au moins la moitié de la chaussée.

V. art. 2, § 3, n° 5 et art. 6 de la loi du 30 mai 1851, et art. 9 du règlement d'administration publique du 10 août 1852.

L'amende est 16 à 200 fr., et la peine de six jours de prison.

Ce délit est jugé par le tribunal de police correctionnelle (art. 17 de la loi du 30 mai 1851).

V. le n° 969 pour les voitures de roulage.

Observations.

Le conducteur d'une voiture publique est tenu de s'arrêter, s'il en est requis, pour laisser constater le délit (art. 16 de la loi du 30 mai 1851).

972. — Conducteur, cocher ou postillon de voiture de messageries laissant stationner sa voiture attelée ou non attelée, sans nécessité, sur la voie publique.

V. art. 2, § 3, n° 5 et art. 6 de la loi du 30 mai 1851, et art. 10 du règlement d'administration publique du 10 août 1852.

L'amende est de 16 à 200 fr., et la peine de six jours de prison.

Ce délit est de la compétence du tribunal correctionnel (art. 17 de la loi du 30 mai 1851).

V. le n° 970 pour les voitures de roulage.

973. — Chargement des voitures ne servant pas au transport des personnes, dont la largeur excède 2 mètres 50 centimètres.

V. art. 2, § 2, n° 1 et art. 4 de la loi du 30 mai 1851, et art 11 du règlement d'administration publique du 10 août 1852.

L'amende est de 5 à 30 fr.

La contravention est jugée par le conseil de préfecture.

Observations.

Sont affranchies de toute réglementation de largeur de chargement les voitures de l'agriculture servant au transport des récoltes de la ferme aux champs et des champs à la ferme, *ou au marché* (*V.* le deuxième alinéa du n° 5, § 2 de l'art. 2 de la loi du 30 mai 1851, et deuxième alinéa de l'art. 11 du règl. d'adm. publique du 10 août 1852).

Les préfets des départements traversés peuvent délivrer des permis de circulation pour les objets d'un gros volume qui ne seraient pas susceptibles d'être chargés dans les conditions prescrites (2 mètres 50 centimètres de largeur) (art. 11 du règl. d'adm. publique du 10 août 1852).

974. — Colliers de chevaux ou autres bêtes de trait ayant plus de 90 centimètres de largeur, mesurés entre les points les plus saillants des pattes des attelles.

V. art. 2, § 2, n° 2 et art. 4 de la loi du 30 mai 1851, et art. 12 du règlement d'administration publique du 10 août 1852.

L'amende est de 5 à 30 fr.

Cette contravention est jugée par le conseil de préfecture.

Observations.

Il est accordé un délai de deux ans, à partir de la promulgation du présent décret, pour l'exécution de l'art. 12 du règlement d'administration publique relatif à la saillie des colliers (*V.* art. 43 du règl. d'adm. publique du 10 août 1852).

975. — Convoi de plus de quatre voitures à quatre roues, ne servant pas au transport des personnes, attelées chacune d'un seul cheval et conduites par un seul conducteur.

V. art. 2, § 2, n° 4 et art. 5 de la loi du 30 mai 1851, et art. 13 et 14 du règlement d'administration publique du 10 août 1852.

L'amende est de 6 à 10 fr., et la peine de un à trois jours de prison.

En récidive, l'amende est de 15 fr., et la peine de cinq jours de prison.

Cette contravention est de la compétence du tribunal de simple police.

Observations.

Les règlements de police municipale détermineront, en ce qui concerne la traverse des villes, bourgs et villages, les restrictions qui peuvent être apportées aux dispositions des art. 13 et 14 du règlement d'administration publique, relatives au nombre de voitures réunies en convoi (dernier alinéa de l'art. 14 du règl. d'adm. publique du 10 août 1852).

976. — Convoi de plus de trois voitures à deux roues, ne servant pas au transport des personnes, attelées chacune d'un cheval et conduites par un seul conducteur.

V. art. 2, § 2, n° 4 et art. 5 de la loi du 30 mai 1851, et art. 13 et 14 du règl. d'adm. publique du 10 août 1852).

L'amende est de 6 à 10 fr., et la peine de un à trois jours de prison.

En récidive, l'amende est de 15 fr., et la peine de cinq jours de prison.

Cette contravention est de la compétence du tribunal de simple police.

Observations.

Mêmes observations qu'au n° 975.

977. — Convoi de plus de deux voitures, ne servant pas au transport des personnes, dont une est attelée de plus d'un cheval, et conduites toutes deux par un seul conducteur.

V. art. 2, § 2, n° 4 et art. 5 de la loi du 30 mai 1851, et art. 13 du règlement d'administration publique du 10 août 1852.

(L'art. 13 du règlement précité permet qu'un conducteur conduise deux voitures dont une attelée de plus d'un cheval, sans nulle autre condition. L'art. 14 du même règlement veut, au contraire, que chaque voiture attelée de plus d'un cheval ait un conducteur. Toutefois, quand la première voiture sera attelée de *quatre chevaux au plus*, il permet de conduire une deuxième voiture attelée d'un cheval, pourvu que ce cheval soit *attaché* derrière la première voiture.)

L'amende est de 6 à 10 fr., et la peine de un à trois jours de prison.

En récidive, l'amende est de 15 fr., et la peine de cinq jours de prison.

Cette contravention est de la compétence du tribunal de simple police.

Observations.

Mêmes observations qu'au n° 975.

978. — Convois de voitures, ne servant pas au transport des personnes, n'ayant pas entre eux 50 mètres de distance.

V. art. 2, § 2, n° 4 et art. 5 de la loi du 30 mai 1851, et art. 13 du règlement d'administration publique du 10 août 1852.

L'amende est de 6 à 10 fr., et la peine de un à trois jours de prison.

En récidive, l'amende est de 15 fr., et la peine de cinq jours de prison.

Cette contravention est jugée par le tribunal de simple police.

Observations.

Mêmes observations qu'au n° 975.

979. — Voiturier ou conducteur de voiture, ne servant pas au transport des personnes, ne se tenant pas à portée de ses chevaux ou bêtes de trait et en position de les guider.

V. art. 2, § 2, n° 5 et art. 5 de la loi du 30 mai 1851, et art. 14 du règlement d'administration publique du 10 août 1852.

L'amende est de 6 à 10 fr., et la peine de un à trois jours de prison.

En récidive, l'amende est de 15 fr., et la peine de cinq jours de prison.

Cette contravention est de la compétence du tribunal de simple police.

Observations.

Mêmes observations qu'au n° 975.

V. n°ˢ 1010 et 1011 pour les voitures publiques.

980. — Voiture, ne servant pas au transport des personnes, marchant isolément ou en tête d'un convoi, pendant la nuit, sans être pourvue d'un fallot ou d'une lanterne allumée.

V. art. 2, § 2, n° 5 et art. 5 de la loi du 30 mai 1851, et art. 15 du règlement d'administration publique du 10 août 1852.

L'amende est de 6 à 10 fr., et la peine de un à trois jours de prison.

En récidive, l'amende est de 15 fr., et la peine de cinq jours de prison.

Cette contravention est de la compétence du tribunal de simple police.

Observations.

Les voitures servant à l'agriculture pourront être assujetties à l'éclairage par des arrêtés des préfets ou des maires (2ᵉ alinéa de l'art. 15 du règl. d'adm. publique du 10 août 1852).

(Il faut entendre par *voitures servant à l'agriculture*, celles employées à la culture des terres, au transport des récoltes, à l'exploitation des fermes, qui se rendent de la ferme aux champs ou des champs à la ferme, ou qui servent au transport des objets récoltés du lieu où ils ont été recueillis, jusqu'à celui où, pour les conserver ou les manipuler, le cultivateur les dépose ou les rassemble. Il paraît hors de doute que le législateur n'a pas voulu étendre plus loin les limites de cette exception.)

(L'éclairage des voitures dites *bourgeoises* n'a pas été réglementé par la loi du 30 mai 1851, ni par le règlement d'administration publique du 10 août 1852. Les voitures bourgeoises sont généralement assujetties à l'éclairage, mais par des ordonnances ou arrêtés de police. Dans le département de la Seine, les voitures bourgeoises non éclairées la nuit sont en contravention à l'art. 24 de l'ordonnance de police du 20 avril 1843.)

(Dans ce cas, le procès-verbal constatant la contravention ne doit pas être affirmé.)

(Dans ce cas aussi, les agents n'ont pas droit au tiers de l'amende prononcée.)   (*Note de l'auteur.*)

V. le n° 1002 pour l'éclairage des voitures publiques.

981. — Voiture, ne servant pas au transport des personnes, dépourvue de plaque.

V. art. 3 et 7, 20 et 21 de la loi du 30 mai 1851, et art. 16 du règlement d'administration publique du 10 août 1852.

L'amende pour défaut de plaque est de 6 à 15 fr. pour le propriétaire, et de 1 à 5 fr. pour le conducteur.

Cette contravention est jugée par le tribunal de simple police.

Observations.

La plaque doit être en métal, portant, en caractères apparents et lisibles ayant au moins cinq millimètres de hauteur, les nom, prénoms et profession du propriétaire, le nom de la commune, du canton et du département de son domicile. Cette plaque doit être placée en avant des roues, du côté gauche de la voiture (1er alinéa de l'art. 16 du régl. d'adm. publique).

Sont exceptées de l'obligation d'être pourvues de plaques :

1° Les voitures particulières destinées au transport des personnes, mais étrangères au service public des messageries ;

2° Les malles-postes et autres voitures appartenant à l'administration des postes ;

3° Les voitures d'artillerie, chariots et fourgons appartenant aux départements de la guerre et de la marine.

Des décrets de l'Empereur déterminent les marques distinctives que doivent porter les voitures désignées aux §§ 2 et 3 et les titres dont les conducteurs doivent être munis ;

4° Les voitures employées à la culture des terres, au transport des récoltes, à l'exploitation des fermes, qui se rendent de la ferme aux champs et des champs à la ferme, ou qui servent au transport des objets récoltés du lieu où ils ont été recueillis jusqu'à celui où, pour les conserver ou les manipuler, le cultivateur les rassemble (art. 3 de la loi du 30 mai 1851 et 16 du règl. d'adm. publique du 10 août 1852).

Lorsqu'une voiture est dépourvue de plaque, et que le propriétaire n'est pas connu, la voiture est provisoirement retenue, et le procès-verbal est immédiatement porté à la connaissance du maire de la commune où il a été dressé, ou de la commune la plus proche sur la route que suit le prévenu.

Le maire arbitre provisoirement le montant de l'amende, et, s'il y a lieu, des frais de réparation, et il en ordonne la consignation immédiate, à moins qu'il ne lui soit présenté une caution solvable.

A défaut de consignation ou de caution, la voiture est retenue jusqu'à ce qu'il ait été statué sur le procès-verbal. Les frais qui en résultent sont à la charge du propriétaire.

Le contrevenant est tenu d'élire domicile dans le département du lieu où la contravention a été constatée ; à défaut d'élection de domicile, toute notification lui sera valablement faite au secrétariat de la commune dont le maire aura arbitré l'amende ou les frais de réparation (art. 20 et 21 de la loi du 30 mai 1852).

982. — Propriétaire ou conducteur de voitures ne servant pas au transport des personnes, faisant usage d'une plaque portant un nom ou domicile faux ou supposé.

V. art. 8, 20 et 21 de la loi du 30 mai 1851.

L'amende est de 50 à 200 fr., et la peine de six jours à six mois de prison.

Ce délit est de la compétence du tribunal correctionnel.

Observations.

La voiture du délinquant faisant usage d'une plaque portant un nom ou domicile faux ou supposé sera provisoirement retenue, et le procès-verbal est immédiatement porté à la connaissance du maire de la commune où il a été dressé, ou de la commune la plus proche sur la route que suit le prévenu.

Le maire arbitre provisoirement le montant de l'amende, et, s'il y a lieu, des frais de réparation, et il en ordonne la consignation immédiate, à moins qu'il ne lui soit présenté une caution solvable.

A défaut de consignation ou de caution, la voiture est retenue jusqu'à ce qu'il ait été statué sur le procès-verbal. Les frais qui en résultent sont à la charge du propriétaire.

Le contrevenant est tenu d'élire domicile dans le département du lieu où la contravention a été constatée; à défaut d'élection de domicile, toute notification lui sera valablement faite au secrétariat de la commune dont le maire aura arbitré l'amende ou les frais de réparation.

983. — Voiture dépourvue de plaque et ne servant pas au transport des personnes, dont le conducteur déclare un nom ou un domicile autre que le sien ou que celui du propriétaire pour le compte duquel la voiture est conduite.

V. art. 8, 20 et 21 de la loi du 30 mai 1851.

L'amende est de 50 à 200 fr., et la peine de six jours à deux mois de prison.

Ce délit est de la compétence du tribunal correctionnel.

Observations.

Mêmes observations qu'au n° 982.

984. — Voiturier ou conducteur qui, sommé de s'arrêter, refuse d'obtempérer à cette sommation et de se soumettre aux vérifications prescrites.

V. art. 10 de la loi du 30 mai 1851.

L'amende est de 16 à 100 fr. pour ce refus, indépendamment de celle qu'il aura encourue pour toute autre cause.

Ce délit est de la compétence du tribunal correctionnel.

Observations.

Pour les contraventions concernant le nombre de voyageurs, le mode de conduite des voitures, la police des conducteurs, cochers ou postillons, et les modes d'enrayage, on peut faire arrêter les voitures publiques allant au trot; les autres contraventions ne doivent être constatées qu'au lieu de départ, d'arrivée, de relais et de stations desdites voitures, ou aux barrières d'octroi (art. 16 de la loi du 30 mai 1851).

985. — Voiturier, conducteur ou postillon outrageant ou exerçant des violences contre les militaires de la gendarmerie chargés de constater les délits et contraventions prévues par la loi du 30 mai 1851.

V. art. 11 de la loi du 30 mai 1851 et les dispositions du livre III, titre Iᵉʳ, chapitre III, section IV, § 2 du Code pénal.

Ce délit est de la compétence du tribunal correctionnel.

Observations.

Tout conducteur de voiture sera tenu de s'arrêter, s'il en est requis, pour laisser constater ce délit.

V. art. 10 et 16 de la loi du 30 mai 1851, police des conducteurs, cochers et postillons.

986. — Voiture publique dont la voie, entre le milieu des jantes de la partie reposant sur le sol, est inférieure à 1 mètre 65 centimètres.

V. art. 2, § 3, n° 1 et art. 6 de la loi du 30 mai 1851, et § 1ᵉʳ de l'art. 20 du règlement d'administration publique du 10 août 1852.

L'amende est de 16 à 200 fr., et la peine de six à dix jours de prison.

Ce délit est de la compétence du tribunal correctionnel.

(Si la voiture est à quatre roues, la voie de devant pourra être réduite à 1 mètre 55 centimètres (§ 2 de l'art. 20 du règl. d'adm. publique du 10 août 1852).

Observations.

Ce délit ne peut être constaté qu'au lieu du départ, d'arrivée, de relais et de station desdites voitures, ou aux barrières d'octroi.

On ne peut faire arrêter les voitures publiques allant au trot que pour constater les infractions concernant le nombre de voyageurs, le mode de conduite des voitures, la police des conducteurs, cochers et postillons, et le mode d'enrayage (art. 16 de la loi du 30 mai 1851).

En pays de montagnes, les entrepreneurs pourront être autorisés par les préfets, sur l'avis des ingénieurs et des agents voyers, à employer des largeurs de voie moindres que celles indiquées ci-dessus, mais à la condition que les voies seront au moins égales à la voie des voitures en usage dans la contrée (troisième paragraphe de l'art. 20 du règl. d'admin. publique du 10 août 1852). Dans le cas où une réduction dans la largeur de la voie serait autorisée, le rapport de la hauteur de la voiture avec la largeur de la voie sera, au maximum, de 1 3/4 (§ 2 de l'art. 22 du règl. d'adm. publique du 10 août 1852).

Dans tous les cas, la hauteur est réglée par une traverse en fer placée au milieu de la longueur affectée au chargement, et dont les montants, au moment de la visite de l'administration préfectorale, sont marqués d'une estampille constatant qu'ils ne dépassent pas la hauteur voulue ; ils doivent, ainsi que la traverse, être constamment apparents (§ 4 de l'art. 22 du règl. d'adm. publique du 10 août 1852).

La bâche qui recouvre le chargement ne peut déborder ces montants ni la hauteur de la traverse (§ 5 de l'art. 22 du règl. d'adm. publique du 10 août 1852).

(Il n'y a pas lieu de faire arrêter la voiture pour constater ce délit.)

(Note de l'auteur.)

987. — Voiture publique à quatre roues dont la distance entre les axes des deux essieux n'est pas de 1 mètre 55 centimètres au moins, ou qui n'est pas de la moitié de la longeur de la caisse, mesurée à la hauteur de sa ceinture.

V. art. 2, § 3, n° 1 et art. 6 de la loi du 30 mai 1851, et art. 21 du règlement d'administration publique du 10 août 1852.

L'amende est de 16 à 200 fr., et la peine de six à dix jours de prison.

Ce délit est de la compétence du tribunal correctionnel.

Observations.

V. le 1er paragraphe des *observations* du n° 986 (art. 16 de la loi du 30 mai 1851).

(Il n'y a pas lieu de faire arrêter la voiture pour constater ce délit.)

(Note de l'auteur.)

988. — Voiture publique à quatre roues dont la hauteur, y compris le chargement, excède 3 mètres, mesurés du sol jusqu'à la partie la plus élevée.

V. art. 2, § 3, n° 2 et art. 6 de la loi du 30 mai 1851, et premier paragraphe du règlement d'administration publique du 10 août 1852.

L'amende est de 16 à 200 fr., et la peine de six à dix jours de prison.

Ce délit est de la compétence du tribunal correctionnel.

Observations.

Il est accordé, pour les voitures à quatre roues, une augmentation de 10 centimètres si elles sont pourvues, à l'avant-train, de sassoires et contre-sassoires, formant chacune au moins un demi-cercle de 1 mètre 15 centimètres de diamètre, ayant la cheville ouvrière pour centre (§ 2 de l'art. 22 du règl. d'adm. publique du 10 août 1852).

Dans tous les cas, la hauteur est réglée par une traverse en fer placée au milieu de la longueur affectée au chargement et dont les montants sont marqués d'une estampille de l'administration des contributions indirectes, constatant qu'ils ne dépassent pas la hauteur voulue; ils doivent, ainsi que la traverse, être constamment apparents (§ 4 de l'art. 22 du règl. d'adm. du 10 août 1852).

La bâche qui recouvre le chargement ne peut déborder ces montants ni la hauteur de la traverse (§ 5 de l'art. 22 du règl. d'adm. publique du 10 août 1852).

Pour la constatation des délits, *V.* le premier paragraphe des observations du n° 986 (art. 16 de la loi du 30 mai 1851).

(Il n'y a pas lieu de faire arrêter la voiture pour constater ce délit.)

(Note de l'auteur.)

989. — Voiture publique à deux roues dont la hauteur, y compris le chargement, excède 2 mètres 60 centimètres, mesurés du sol à la partie la plus élevée.

V. art. 2, § 2, n° 2 et art. 6 de la loi du 30 mai 1851, et premier paragraphe de l'art. 22 du règlement d'administration publique du 10 août 1852.

L'amende est de 16 à 200 fr., et la peine de six à dix jours de prison. Ce délit est de la compétence du tribunal correctionnel.

Observations.

Mêmes observations qu'au n° 988, moins le premier paragraphe.

(Il n'y a pas lieu de faire arrêter la voiture pour constater ce délit.)

(Note de l'auteur.)

990. — Conducteur de voiture publique transportant des objets attachés en dehors de la bâche.

V. art. 2, § 3, n° 5 et art. 6 de la loi du 30 mai 1851, et dernier paragraphe de l'art. 22 du règlement d'administration publique du 10 août 1852.

L'amende est de 16 à 200 fr., et la peine de six à dix jours de prison. Ce délit est de la compétence du tribunal correctionnel.

Observations.

Mêmes observations qu'au n° 988.

(Il n'y a pas lieu de faire arrêter la voiture pour constater ce délit.)

(Note de l'auteur.)

991. — Voiture publique dont la largeur moyenne des places serait inférieure à 48 centimètres.

V. art. 2, § 3, n° 3 et art. 6 de la loi du 30 mai 1851, et art. 23 du règlement d'administration publique du 10 août 1852.

L'amende est de 16 à 200 fr., et la peine de six à dix jours de prison.

Ce délit est de la compétence du tribunal correctionnel.

Observations.

Pour les voitures parcourant moins de 20 kilomètres et pour les banquettes à plus de trois places, la largeur moyenne des places pourra être réduite à 40 centimètres (dernier paragraphe de l'art. 23 du règl. d'adm. publique du 10 août 1852).

Les délits ou contraventions commis par les conducteurs de voitures publiques ne peuvent être constatés qu'au lieu de départ, d'arrivée, de relais et de station desdites voitures, ou aux barrières d'octroi, sauf toutefois ceux qui concernent le nombre de voyageurs, le mode de conduite des voitures, la police des conducteurs, cochers ou postillons, et le mode d'enrayage (art. 16 de la loi du 30 mai 1851).

(En conséquence du paragraphe qui précède, la gendarmerie ne peut pas faire arrêter la voiture pour constater ce délit.) (*Note de l'auteur*.)

992. — Voiture publique dont les banquettes ont moins de 45 centimètres de largeur.

V. art. 2, § 3, n° 3 et art. 6 de la loi du 30 mai 1851, et art. 23 du règlement d'administration publique du 10 août 1852.

L'amende est de 16 à 200 fr., et la peine de six à dix jours de prison.

Ce délit est de la compétence du tribunal correctionnel.

Observations.

Pour la constatation du délit, se reporter au deuxième paragraphe des observations du n° 991 (art. 16 de la loi du 30 mai 1851).

(Il n'y a pas lieu de faire arrêter la voiture pour constater ce délit.)

(*Note de l'auteur.*)

993. — Voiture publique dont la distance entre deux banquettes est inférieure à 45 centimètres.

V. art. 2, § 3, n° 3 et art. 6 de la loi du 30 mai 1851, et art. 23 du règlement d'administration publique du 10 août 1852.

L'amende est de 16 à 200 fr., et la peine de six à dix jours de prison.

Ce délit est de la compétence du tribunal correctionnel.

Observations.

Pour la constatation du délit, se reporter au deuxième paragraphe des observations du n° 991 (art. 16 de la loi du 30 mai 1851).

(Il n'y a pas lieu de faire arrêter la voiture pour constater ce délit.)

(Note de l'auteur.)

994. — Voiture publique dont la distance entre la banquette du coupé et le devant de la voiture est inférieure à 35 centimètres.

V. art. 2, § 3, n° 3 et art. 6 de la loi du 30 mai 1851, et art. 23 du règlement d'administration publique du 10 août 1852.

L'amende est de 16 à 200 fr., et la peine de six à dix jours de prison.

Ce délit est de la compétence du tribunal correctionnel.

Observations.

Pour la constatation du délit, se reporter au deuxième paragraphe des observations du n° 991 (art. 16 de la loi du 30 mai 1851).

(Il n'y a pas lieu de faire arrêter la voiture pour constater ce délit.)

(Note de l'auteur.)

995. — Voiture publique dont la hauteur du pavillon, au-dessus du fond de la voiture, est inférieure à 1 mètre 40 centimètres.

V. art. 2, § 3, n° 3 et art. 6 de la loi du 30 mai 1851, et art. 23 du règlement d'administration publique du 10 août 1852.

L'amende est de 16 à 200 fr., et la peine de six à dix jours de prison.

Cette contravention est de la compétence du tribunal correctionnel.

Observations.

Pour la constatation, se reporter au deuxième paragraphe des observations du n° 991 (art. 16 de la loi du 30 mai 1851).

(Il n'y a pas lieu de faire arrêter la voiture pour constater ce délit.)

(Note de l'auteur.)

996. — Voiture publique dont la hauteur des banquettes, y compris le coussin, est inférieure à 40 centimètres.

V. art. 2, § 3, n° 3 et art. 6 de la loi du 30 mai 1851, et art. 23 du règlement d'administration publique du 10 août 1852.

L'amende est de 16 à 200 fr., et la peine de six à dix jours de prison.

Ce délit est de la compétence du tribunal correctionnel.

Observations.

Pour la constatation de ce délit, se reporter au deuxième paragraphe des observations du n° 991 (art. 16 de la loi du 30 mai 1851).

(Il n'y a pas lieu de faire arrêter la voiture pour constater ce délit).

(Note de l'auteur.)

997. — Voiture publique transportant plus de trois voyageurs, y compris le conducteur, sur la banquette de l'impériale, ou plus de trois voyageurs quand le conducteur sera placé sur le même siége que le cocher.

V. art. 2, § 3, n° 3 et art. 6 de la loi du 30 mai 1851, et art. 24 du règlement d'administration publique du 10 août 1852.

L'amende est de 16 à 200 fr., et la peine de six à dix jours de prison.

Ce délit est de la compétence du tribunal correctionnel.

Observations.

La banquette de l'impériale, dont la hauteur, y compris le coussin, ne dépassera pas 30 centimètres, ne peut être recouverte que d'une capote flexible.

Aucun paquet ne peut être chargé sur cette banquette (§§ 2 et 3 de l'art. 24 du règl. d'adm. publique du 10 août 1852).

Pour la constatation, se reporter au deuxième paragraphe des observations du n° 991 (art. 16 de la loi du 30 mai 1851).

(Il y a lieu de faire arrêter la voiture pour constater ce délit).

(Note de l'auteur.)

998. — Voiture publique dont le coupé et l'intérieur n'ont pas une portière de chaque côté, ou dont chaque portière n'est pas garnie d'un marche-pied.

V. art. 2, § 3, n° 1 et art. 6 de la loi du 30 mai 1851, et art. 25 du règlement d'administration publique du 10 août 1852.

L'amende est de 16 à 200 fr., et la peine de six à dix jours de prison.

Ce délit est de la compétence du tribunal correctionnel.

Observations.

La caisse de derrière ou la rotonde peut n'avoir qu'une portière ouverte à l'arrière, et qui doit avoir un marche-pied (§ 2 de l'art. 25 du règl. d'adm. publique du 10 août 1852).

Pour la constatation, se reporter au deuxième paragraphe des observations du n° 991 (art. 16 de la loi du 30 mai 1851).

GUIDE. — 18.

(Il n'y a pas lieu de faire arrêter la voiture pour constater ce délit).

(Note de l'auteur.)

999. — Voitures publiques dont les essieux ne seraient pas établis dans les conditions prescrites par l'art. 26 du règlement d'administration publique du 10 août 1852, dont voici le texte :

« Art. 26. Les essieux seront en fer corroyé, de bonne qualité, et ar-
« rêtés à chaque extrémité, soit par un écrou assujetti au moyen d'une
« clavette, soit par une boîte à huile fixée par quatre boulons traversant
« la longueur du moyeu, soit par tout autre système qui serait approuvé
« par le ministre des travaux publics. »

V. art. 2, § 3, n° 1 et art. 6 de la loi du 30 mai 1851, et art. 26 du règlement d'administration publique du 10 août 1852.

L'amende est de 16 à 200 fr., et la peine de six à dix jours de prison. Ce délit est de la compétence du tribunal corectionnel.

Observations.

Pour la constatation, se reporter au deuxième paragraphe des observations du n° 991 (art. 16 de la loi du 30 mai 1851).

(Il n'y a pas lieu de faire arrêter la voiture pour constater ce délit).

(Note de l'auteur.)

1000. — Voiture publique dépourvue d'une machine à enrayer ou d'un sabot et d'une chaîne d'enrayage.

V. art. 2, § 3, n° 2 et art. 6 de la loi du 30 mai 1851, et art. 27 du règlement d'administration publique du 10 août 1852.

L'amende est de 16 à 200 fr., et la peine de six à dix jours de prison. Ce délit est de la compétence du tribunal correctionnel.

Observations.

Les préfets peuvent dispenser de l'emploi de ces appareils les voitures qui parcourent uniquement des pays de plaine.

Pour la constatation, se reporter au 2e paragraphe des observations du n° 991 (art. 16 de la loi du 30 mai 1851).

(Il n'y a pas lieu de faire arrêter la voiture pour constater ce délit. Cette infraction à l'art. 27 du règlement d'administration publique du 10 août 1852 est un délit pour vice de construction de la voiture qu'il ne faut pas confondre avec l'emploi des moyens d'enrayage.)   *(Note de l'auteur.)*

1001. — Conducteur de voiture publique qui, dans une descente rapide, ne fait pas usage de la machine à enrayer ainsi que du sabot et de la chaîne d'enrayage.

V. Art. 2, § 3, n° 5 et art. 6 de la loi du 30 mai 1851, et art. 27 du règlement d'administration publique du 10 août 1852.

L'amende est de 16 à 200 fr., et la peine de six à dix jours de prison. Ce délit est de la compétence du tribunal correctionnel.

Observations.

Mêmes observations qu'au n° 1000, sauf le dernier paragraphe placé entre parenthèses.

(Il y a lieu de faire arrêter la voiture pour constater ce délit.)

(Note de l'auteur.)

1002. — Voiture publique circulant la nuit sans être éclairée par une lanterne à réflecteur, placée à la droite et à l'avant de la voiture.

V. Art. 2, § 3, n°s 2 et 5 et art. 6 de la loi du 30 mai 1851, et art. 28 du règlement d'administration publique du 10 août 1852.

L'amende est de 16 à 200 fr., et la peine de six à dix jours de prison. Ce délit est de la compétence du tribunal correctionnel.

Observations.

Pour la constatation, se reporter au 2e paragraphe des observations du n° 991 (art. 16 de la loi du 30 mai 1851).

(Il y a lieu de faire arrêter la voiture pour constater ce délit.)

(Note de l'auteur.)

1003. — Voiture publique ne portant pas à l'extérieur, dans un endroit apparent, l'estampille délivrée par l'administration des contributions indirectes, le nom et le domicile de l'entrepreneur, et l'indication du nombre de places de chaque compartiment.

V. Art. 2, § 3, n° 1 et art. 6 de la loi du 30 mai 1851, et art. 29 du règlement d'administration publique du 10 août 1852.

L'amende est de 16 à 200 fr., et la peine de six à dix jours de prison. Ce délit est de la compétence du tribunal correctionnel.

Observations.

Pour la constatation, se reporter au 2e paragraphe des observations du n° 991 (art. 16 de la loi du 30 mai 1851).

(Il n'y a pas lieu de faire arrêter la voiture pour constater ce délit.)

(Note de l'auteur.)

1004. — Voiture publique ne portant pas à l'intérieur des compartiments : 1° le numéro de chaque place ; 2° le prix de la place depuis le lieu de départ jusqu'à celui de l'arrivée.

V. Art. 2, § 3, n° 3 et art. 6 de la loi du 30 mai 1851, et art. 30 du règlement d'administration publique du 10 août 1852.

L'amende est de 16 à 200 fr., et la peine de six à dix jours de prison.

Ce délit est de la compétence du tribunal correctionnel.

Observations.

Pour la constatation, se reporter au 2° paragraphe des observations du n° 991 (art. 16 de la loi du 30 mai 1851).

(Il n'y a pas lieu de faire arrêter la voiture pour constater ce délit.)

(Note de l'auteur.)

1005. — Voiture publique chargeant dans ses compartiments un plus grand nombre de voyageurs que celui indiqué sur les panneaux.

V. Art. 2, § 3, n° 3 et art. 6 de la loi du 30 mai 1851, et art. 30, § 2, du règlement d'administration publique du 10 août 1852.

L'amende est de 16 à 200 fr., et la peine de six à dix jours de prison.

Ce délit est de la compétence du tribunal correctionnel.

Observations.

Pour la constatation, se reporter au 2ᵉ paragraphe des observations du n° 991 (art. 16 de la loi du 30 mai 1851).

(Il y a lieu de faire arrêter la voiture pour constater ce délit.)

(Note de l'auteur.)

1006. — Entrepreneur de voitures publiques dépourvu d'un registre coté et paraphé par le maire, et sur lequel il doit inscrire les noms des voyageurs qu'il transporte, et les ballots et paquets dont le transport lui est confié.

V. Art. 2, § 3, n° 4 et art. 6 de la loi du 30 mai 1851, et art. 31 du règlement d'administration publique du 10 août 1852.

L'amende est de 16 à 200 fr., et la peine de six à dix jours de prison.

Ce délit est de la compétence du tribunal correctionnel.

Observations.

Il est convenable que la gendarmerie ne constate ces sortes de délits qu'en cas de plainte ou de réclamation faites par les voyageurs.

(Note de l'auteur.)

1007. — Entrepreneur de voitures publiques qui n'a pas remis au conducteur une copie de l'enregistrement des voyageurs et des paquets et ballots dont le transport lui est confié, et qui n'a pas remis à chaque voyageur un extrait, en ce qui le concerne, avec le numéro de sa place.

V. Art. 2, § 3, n° 4 et art. 6 de la loi du 30 mai 1851, et deuxième paragraphe de l'art 31 du règlement d'administration publique du 10 août 1852.

L'amende est de 16 à 200 fr., et la peine de six à dix jours de prison.

Ce délit est de la compétence du tribunal correctionnel.

Observations.

Il est convenable que la gendarmerie ne constate ces sortes de délits qu'en cas de plainte ou de réclamation faites par les intéressés.

(Note de l'auteur.)

1008. — Conducteur de voiture publique prenant en route un ou plusieurs voyageurs, ou recevant des ballots ou paquets sans en faire mention sur la feuille de route qu'il a dû recevoir au point de départ.

V. art. 2, § 3, n° 4 et art. 6 de la loi du 30 mai 1851, et art. 32 du règlement d'administration publique du 10 août 1852.

L'amende est de 16 à 200 fr., et la peine de six à dix jours de prison.

Ce délit est de la compétence du tribunal correctionnel.

Observations.

Il est convenable que la gendarmerie ne constate ces sortes de délits qu'en cas de plainte ou de réclamation des intéressés.

(Note de l'auteur.)

1009. — Voiture publique attelée de plus de deux rangs de chevaux, n'ayant qu'un seul postillon ou un seul cocher.

V. art. 2, § 3, n° 5 et art. 6 de la loi du 30 mai 1851, et art. 33 du règlement d'administration publique du 10 août 1852.

L'amende est de 16 à 200 fr., et la peine de six à dix jours de prison.

Ce délit est de la compétence du tribunal correctionnel.

Observations.

Toute voiture publique dont l'attelage ne présentera de front que deux rangs de chevaux pourra être conduite par un seul postillon ou un seul cocher.

Elle devra être conduite par deux postillons ou par un cocher et un postillon, lorsque l'attelage comportera plus de deux rangs de chevaux (art. 33 du règl. d'adm. publique du 10 août 1852).

Pour la constatation, se reporter au deuxième paragraphe des observations du n° 991 (art. 16 de la loi du 30 mai 1851).

(Il y a lieu de faire arrêter la voiture pour constater ce délit.)

(*Note de l'auteur.*)

1010. — Cochers ou postillons descendant de leurs chevaux ou de leur siége, sans nécessité, étant en route.

V. art. 2, § 3, n° 5 et art. 6 de la loi du 30 mai 1851, et art. 34 du règlement d'administration publique du 10 août 1852.

L'amende est de 16 à 200 fr., et la peine de six à dix jours de prison.

Ce délit est de la compétence du tribunal correctionnel.

Observations.

Il est enjoint aux cochers et postillons d'observer, dans la traversée des villes et des villages, les règlements de police concernant la circulation dans les rues.

Pour la constatation, se reporter au deuxième paragraphe des observations du n° 991 (art. 16 de la loi du 30 mai 1851).

(Il y a lieu de faire arrêter la voiture pour constater ce délit.)

(*Note de l'auteur.*)

1011. — Conducteur et postillon chargés de la conduite d'une même voiture publique descendant tous deux en même temps, dans une halte, pendant que la voiture est attelée.

V. art. 2, § 3, n° 5 et art. 6 de la loi du 30 mai 1851, et art. 34 du règlement d'administration publique du 10 août 1852.

L'amende est de 16 à 200 fr., et la peine de six à dix jours de prison.

Ce délit est de la compétence du tribunal correctionnel.

Observations.

Il est enjoint aux conducteurs et postillons d'observer, dans les traversées des villes et des villages, les règlements de police concernant la circulation dans les rues.

Avant de remonter sur son siège, le conducteur doit s'assurer que les portières sont exactement fermées.

1012. — Déclaration par un conducteur ou postillon de voiture publique contre un conducteur de voiture qui ne se sera pas rangé à sa droite et qui n'aura pas cédé la moitié de la chaussée.

V. art. 2, § 2, n° 5, art. 2, § 3, n° 5 et art. 5 et 6 de la loi du 30 mai 1851, et art. 35 du règlement d'administration publique du 10 août 1852.

Si l'infraction a été commise par un conducteur de voiture ne servant pas au transport des personnes, l'amende est de 6 à 10 fr., et la peine de un à trois jours de prison. En récidive, l'amende est de 15 fr., et la peine de cinq jours du prison.

Si l'infraction a été commise par un conducteur de voiture publique, l'amende est de 16 à 200 fr., et la peine de six à dix jours de prison.

Observations.

La déclaration de cette infraction doit être faite à l'officier de police du lieu le plus rapproché. Le déclarant doit faire connaître le nom du contrevenant d'après la plaque de la voiture, ou le nom du délinquant d'après l'inscription qui doit exister sur la voiture publique.

Le procès-verbal sera transmis sur-le-champ au procureur impérial, qui dirigera les poursuites (art. 35 du règl. d'adm. publique du 10 août 1852).

(Il résulte des dispositions de l'article précité que les sous-officiers et gendarmes n'ont point qualité pour recevoir une plainte ou une déclaration de cette nature. Néanmoins, ils devront recevoir la plainte ou la déclaration à titre de renseignement, et le procès-verbal sera adressé au procureur impérial.) (*Note de l'auteur.*)

1013. — Entrepreneurs de voitures publiques, autres que celles conduites par les maîtres de poste, qui n'auraient pas fait connaître à l'administration préfectorale le lieu de leurs relais et le nom des relayeurs.

V. art. 2, § 3, n° 1 et art. 6 de la loi du 30 mai 1851, et art. 36 du règlement d'administration publique du 10 août 1852.

L'amende est de 16 à 200 fr., et la peine de six à dix jours de prison. Ce délit est de la compétence du tribunal correctionnel.

Observations.

La déclaration de l'établissement des relais doit être faite, à Paris, à la préfecture de police, et, dans les départements, à la préfecture ou à la sous-préfecture du lieu où ces relais sont établis.

La même déclaration sera faite chaque fois que les entrepreneurs traiteront avec un nouveau relayeur (art. 36 du règl. d'adm. publique du 10 août 1852).

(La gendarmerie ne peut être appelée à constater ce délit qu'en vertu d'instructions préfectorales.) (*Note de l'auteur.*)

1014. — Relayeurs ou leurs préposés ne se trouvant pas présents à l'arrivée et au départ de chaque voiture, et ne s'assurant pas, par eux-mêmes et sous leur responsabilité, que les postillons ne sont pas en état d'ivresse.

V. art. 2, § 3, n° 4 et art. 6 de la loi du 30 mai 1851, et art. 37 du règlement d'administration publique du 10 août 1852.

L'amende est de 16 à 200 fr., et la peine de six à dix jours de prison.

Ce délit est de la compétence du tribunal correctionnel.

Observations.

La tenue des relais, en tout ce qui intéresse la sûreté des voyageurs, est surveillée, à Paris, par le préfet de police, et, dans les départements, par les maires des communes où ces relais se trouvent établis (art. 37 du règl. d'adm. publique du 10 août 1852).

(Les sous-officiers et gendarmes étant les agents naturels de l'administration doivent rédiger procès-verbal des infractions qui compromettraient la sûreté des voyageurs. Il y aurait donc lieu de constater surtout l'état d'ivresse des postillons.) (*Note de l'auteur.*)

1015. — Entrepreneur de voitures publiques ou relayeur ayant admis un postillon ou cocher âgé de moins de seize ans.

V. art. 2, § 3, n° 4 et art. 6 de la loi du 30 mai 1851, et art. 38 du règlement d'administration publique du 10 août 1852.

L'amende est de 16 à 200 fr., et la peine de six à dix jours de prison.

Ce délit est de la compétence du tribunal correctionnel.

Observations.

Nul ne peut être admis comme postillon ou cocher, s'il n'est âgé de seize ans au moins et porteur d'un livret délivré par le maire de la commune de son domicile, attestant ses bonnes vie et mœurs, et son aptitude pour le métier qu'il veut exercer (art. 38 du règl. d'adm. publique du 10 août 1852).

Pour la constatation, se reporter au deuxième paragraphe des observations du n° 991 (art. 16 de la loi du 30 mai 1851).

(Il n'y a pas lieu de faire arrêter la voiture pour vérifier l'âge du postillon ou cocher et pour constater ce délit, le cas échéant.)

(Note de l'auteur.)

1016. — Entrepreneurs ou relayeurs de voitures publiques n'ayant pas à chaque bureau de départ et d'arrivée, et à chaque relai, un registre coté et paraphé par le maire, pour l'inscription des plaintes des voyageurs.

V. art. 2, § 3, n° 4 et art. 6 de la loi du 30 mai 1851, et art. 39 du règlement d'administration publique du 10 août 1852.

L'amende est de 6 à 10 fr., et la peine de six à dix jours de prison.

Ce délit est de la compétence du tribunal correctionnel.

Observations.

Ce registre est présenté aux voyageurs, à toute réquisition, par le chef du bureau ou par le relayeur.

Les maîtres de poste qui conduisent des voitures publiques présentent aux voyageurs, qui le requièrent, le registre qu'ils sont obligés de tenir d'après le règlement des postes (art. 39 du règl. d'adm. publique du 10 août 1852).

(La gendarmerie ne doit constater ces sortes de délits qu'en cas de plainte portée par les voyageurs.) *(Note de l'auteur.)*

1017. — Entrepreneur de voitures publiques qui n'aura pas fait placarder dans le lieu le plus apparent des bureaux et des relais, les articles de 16 à 38 du règlement d'administration publique du 10 août 1852 (les délits prévus par ces articles sont énumérés dans les numéros de cet ouvrage, de 986 à 1015).

V. art. 2, § 3, n° 4 et art. 6 de la loi du 30 mai 1851, et art. 42 du règlement d'administration publique du 10 août 1852.

L'amende est de 16 à 200 fr., et la peine de six à dix jours de prison.

Ce délit est de la compétence du tribunal correctionnel.

1018. — Entrepreneur de voitures publiques qui n'aura pas fait afficher dans l'intérieur de chacun des compartiments des voitures les articles, de 28 à 38 inclusivement, du règlement d'administration publique du 10 août 1852 (les délits prévus par ces articles sont énumérés dans les numéros de cet ouvrage, de 1002 à 1015).

V. art. 2, § 3, n° 4 et art. 6 de la loi du 30 mai 1851, et art. 42, § 2 du règlement d'administration publique du 10 août 1852.

L'amende est de 16 à 200 fr., et la peine de six à dix jours de prison. Ce délit est de la compétence du tribunal correctionnel.

Observations.

Pour la constatation, se reporter au deuxième paragraphe des observations du n° 991 (art. 16 de la loi du 30 mai 1851).

(Il n'y a pas lieu de faire arrêter la voiture pour constater ce délit.)

(Note de l'auteur.)

1019. — Voiturier, conducteur, cocher ou postillon en contravention à la loi du 30 mai 1851, ou au règlement d'administration publique du 10 août 1852, n'ayant pas son domicile en France.

V. art. 20 de la loi du 30 mai 1851.

L'amende et la peine sont les mêmes que pour les conducteurs de voitures domiciliés en France.

Les infractions sont jugées par les mêmes tribunaux.

Observations.

Toutes les fois que le contrevenant n'est pas domicilié en France, la voiture est provisoirement retenue, et le procès-verbal est immédiatement porté à la connaissance du maire où il a été dressé ou de la commune la plus proche sur la route que suit le prévenu.

Le maire arbitre provisoirement le montant de l'amende, et, s'il y a lieu, des frais de réparation, et il en ordonne la consignation immédiate, à moins qu'il ne lui soit présenté une caution solvable.

A défaut de consignation ou de caution, la voiture est retenue jusqu'à ce qu'il ait été statué sur le procès-verbal. Les frais qui en résultent sont à la charge du propriétaire.

Le contrevenant est tenu d'élire domicile dans le département du lieu où la contravention a été constatée; à défaut d'élection de domicile, toute notification lui sera valablement faite au secrétariat de la commune dont le maire aura arbitré l'amende ou les frais de réparation (art. 20 de la loi du 30 mai 1851).

Pour la constatation, se reporter au deuxième paragraphe des observations du n° 991 (art. 16 de la loi du 30 mai 1851).

1020. — TABLE DES INFRACTIONS A CONSTATER.

SALUBRITÉ.

1021. — Il est expressément ordonné à la gendarmerie, dans ses tournées, courses ou patrouilles, de porter la plus grande attention sur ce qui peut être nuisible à la salubrité, afin de prévenir, autant que possible, les ravages des maladies contagieuses ; elle est tenue, à cet effet, de surveiller l'exécution des mesures de police prescrites par les règlements, et de dresser procès-verbal des contraventions pour que les poursuites soient exercées par qui de droit contre les délinquants (art. 324 du décret du 1er mars 1854).

1022. — Lorsqu'elle trouve des animaux morts sur les chemins ou dans les champs, elle en prévient les autorités locales et les requiert de les faire enfouir; elle se porte, au besoin, sur les lieux pour s'assurer que les ordres donnés à cet égard par les autorités ont été exécutés; en cas de refus ou de négligence, les chefs de la gendarmerie, sur le rapport du commandant de brigade, en informent les préfets ou sous-préfets, afin qu'il soit pris des mesures à cet égard (art. 325 du décret du 1er mars 1854).

1023. — Les mêmes précautions sont prises par la gendarmerie dans les cantons où des épizooties se sont manifestées ; elle veille de plus à ce que les animaux atteints et morts de cette maladie, ainsi que les chevaux morveux qui ont été abattus, soient enfouis avec leur cuir pour prévenir et arrêter les effets des maladies contagieuses (art. 326 du décret du 1er mars 1854).

Le défaut d'enfouissement des animaux morts constitue une contravention de simple police (art. 13 de la loi du 28 sept.-6 oct. 1791).

Les animaux morts d'une mort ordinaire doivent être enfouis à une profondeur de 1 mètre 33 cent. (art. 13 de la loi des 28 sept.-6 oct. 1791).

Ceux qui sont morts de maladies contagieuses doivent être enfouis avec leur cuir à 100 mètres au moins des habitations et dans une fosse de 2 mètres 66 cent. de profondeur (art. 326 du décret du 1er mars 1854 et arrêté du 27 messidor an v).

Les procès-verbaux constatant ces contraventions sont visés pour timbre, enregistrés en débet et adressés au ministère public près le tribunal de simple police du canton (V. *Épidémie*, n° 413 ; *Épizootie*, n°° 414 et 415).

SECRETS RÉVÉLÉS

1024. — Les médecins, chirurgiens et autres officiers de santé, ainsi que les pharmaciens, les sages-femmes et toutes autres personnes dépositaires, par état ou par profession, des secrets qu'on leur confie, qui, hors le cas où la loi les oblige à se porter dénonciateurs, auront révélé ces secrets, seront punis d'un emprisonnement d'un mois à six mois et d'une amende de 100 fr. à 500 fr. (art. 378 du Code pénal).

Les procès-verbaux constatant ces délits sont visés pour timbre, enregistrés en débet et adressés au procureur impérial.

SCELLÉS (BRIS DE).

1025. — Lorsque les scellés apposés, soit par ordre du gouvernement, soit par suite d'une ordonnance de justice rendue en quelque matière que ce soit, auront été brisés, les gardiens seront punis, pour simple négligence, de six jours à six mois d'emprisonnement (art. 249 du Code pénal).

Si le bris de scellé s'applique à des papiers et effets d'un individu prévenu ou accusé d'un crime emportant la peine de mort, des travaux forcés à perpétuité ou à la déportation, ou qui soit condamné à l'une de ces peines, le gardien négligent sera puni de six mois à deux ans d'emprisonnement (art. 250 du Code pénal).

Quiconque aura, à dessein, brisé des scellés apposés sur des papiers et effets de la qualité énoncée en l'article précédent, ou participé au bris des scellés, sera puni de la réclusion, et si c'est le gardien lui-même, il sera puni des travaux forcés à temps (art. 251 du Code pénal).

A l'égard de tous autres bris de scellés, les coupables seront punis de six mois à deux ans d'emprisonnement, et si c'est le gardien lui-même, il sera puni de deux à cinq ans de la même peine (art. 252 du Code pénal).

Tout vol commis à l'aide d'un bris de scellés sera puni comme vol commis à l'aide d'effraction (art. 253 du Code pénal).

Les procès-verbaux sont adressés au procureur impérial. Ceux qui constatent des crimes sont dispensés des formalités du visa pour timbre et de l'enregistrement en débet.

SÉPULTURE.

1026. — Quiconque se sera rendu coupable de violation de tombeaux ou de sépultures sera puni de trois mois à un an de prison et de 16 fr. à 200 fr. d'amende.

Les procès-verbaux constatant ces délits sont visés pour timbre, enregistrés en débet et adressés au procureur impérial.

Cette disposition pénale est applicable aussi à tous actes tendant directement à violer le respect dû à la cendre des morts (cass., 17 mai 1822), spécialement aux injures adressées au défunt lors de son enterrement (Bordeaux, 9 décembre 1830) et aux interpellations outrageantes adressées sur un tombeau aux mânes de celui qu'il renferme (cass., 22 août 1839).

SERMENT.

1027. — Les militaires de tout grade de la gendarmerie, avant d'entrer en fonctions, sont tenus de prêter serment d'après la formule suivante, qui est mentionnée en marge des commissions et lettres de service.

1028. — « Je jure obéissance à la Constitution et fidélité à l'Empe-
« reur ;
« Je jure également d'obéir à mes chefs, en tout ce qui concerne le ser-
« vice auquel je suis appelé, et, dans l'exercice de mes fonctions, de ne
« faire usage de la force qui m'est confiée que pour le maintien de l'ordre
« et l'exécution des lois. »

1029. — Ce serment est reçu par les présidents des tribunaux de 1ʳᵉ instance, siégeant en audience publique ; il en est dressé acte, dont une expédition, délivrée sans frais, est remise au sous-intendant militaire ayant la surveillance administrative du corps ou de la compagnie, lequel en fait l'envoi au ministre de la guerre.

Les militaires de tout grade de la gendarmerie, pour être admis à prêter serment devant les tribunaux, doivent être porteurs des lettres de service ou commissions qui leur ont été délivrées par le ministre de la guerre, et qui seules leur donnent le caractère d'agents de la force publique.

1030. — Les officiers, sous-officiers, brigadiers et gendarmes employés dans la résidence doivent toujours assister en grande tenue aux prestations de serment, s'ils n'en sont empêchés par les exigences du service (art. 6 et 7 du décret du 1ᵉʳ mars 1854).

SÉQUESTRATION DE PERSONNES.

1031. — Seront punis des travaux forcés ceux qui, sans ordre des autorités constituées et hors le cas où la loi ordonne de saisir ces prévenus, auront arrêté, détenu ou séquestré des personnes quelconques.

Quiconque aura prêté un lieu pour exécuter la détention ou la séquestration sera puni de la même peine (art. 341 du Code pénal).

Les procès-verbaux ne sont pas visés pour timbre ni enregistrés en débet; ils sont adressés au procureur impérial.

SERVICE SPÉCIAL DE LA GENDARMERIE.

1032. — Le service de la gendarmerie dans les départements se divise en service ordinaire et en service extraordinaire.

1033. — Le service *ordinaire* est celui qui s'opère journellement ou à des époques périodiques, sans qu'il soit besoin d'aucune réquisition de la part des officiers de police judiciaire et des diverses autorités.

1034. — Le service *extraordinaire* est celui dont l'exécution n'a lieu qu'en vertu d'ordres ou de réquisitions (art. 269 du décret du 1er mars 1854).

1035. — L'un et l'autre ont essentiellement pour objet d'assurer constamment, sur tous les points du territoire, l'action directe de la police judiciaire, administrative et militaire (art. 270 du décret du 1er mars 1854).

Le service est réglé et commandé par les commandants de brigade (art. 224 et 233 du décret du 1er mars 1854. — V. *Commandants de brigade*, n° 261).

SIGNALEMENTS.

1036. — Les signalements des malfaiteurs, voleurs, assassins, perturbateurs du repos public, évadés des prisons et des bagnes, ainsi que ceux d'autres personnes contre lesquelles il est intervenu des mandats d'arrêt, sont délivrés à la gendarmerie qui, en cas d'arrestation de ces individus, les conduit de brigade en brigade jusqu'à la destination indiquée par lesdits signalements.

1037. — Les mandats de comparution, d'amener, de dépôt et d'arrêt doivent être signés par les magistrats ou l'officier de police qui les décerne et munis de son sceau; ils doivent être datés; le prévenu doit être dénommé le plus clairement possible.

De plus, le mandat d'arrêt doit contenir l'énumération du fait pour lequel il est décerné et l'énonciation de la loi qui déclare que ce fait est un crime ou un délit (art. 289 du décret du 1er mars 1854).

Pour les mandats, **V.** *Mandements de justice*, nos 660 et suivants.

La gendarmerie reçoit aussi les cahiers mensuels de signalements du ministre de l'intérieur.

Elle reçoit encore les signalements de déserteurs.

1038. — Les recherches de la gendarmerie, en vertu de signalements, exigent non-seulement du zèle, mais aussi beaucoup d'intelligence. Elle trouve rarement un coupable par le signalement donné de sa figure; mais elle le reconnaîtra aux signes particuliers, au son de voix, à l'accent du pays dont il est originaire, etc.

Les arrestations faites en pareil cas donnent toujours la mesure de la sagacité du gendarme et le font remarquer de ses chefs.

Les signalements doivent être inscrits au bas des procès-verbaux d'arrestation. Ils doivent encore l'être sur les procès-verbaux de recherches infructueuses, afin que les procureurs impériaux puissent signaler les coupables au ministre de l'intérieur et que toutes les indications puissent être portées sur les feuilles mensuelles de signalements.

SIGNATURES.

1039. — Plusieurs ordres du ministre de la guerre, notamment celui du 15 juillet 1850, prescrivent aux officiers, fonctionnaires et agents du département de la guerre, de signer d'une manière lisible les pièces et actes sur lesquels ils doivent apposer leur nom.

SOLDE.

1040. — Les commandants de brigade doivent payer la solde aux gendarmes aussitôt qu'ils l'ont reçue. Le compte de chacun doit être scrupuleusement exact et ne donner lieu à aucune réclamation contre le commandant de brigade.

1041. — L'expérience a démontré que les commandants de brigade doivent avoir un cahier de solde où le compte de chacun doit être établi chaque mois. Le gendarme doit signer son compte après l'avoir vérifié et reconnu exact. Ces comptes doivent comprendre non-seulement la solde telle qu'elle est établie sur les bordereaux dressés par le trésorier, mais encore tous les accessoires provenant d'autres sources. Les retenues, de quelque nature qu'elles soient, sont portées en déduction, de manière que le chiffre à payer soit bien celui que le gendarme reçoit.

Ce cahier, bien tenu, fournit à tous les moyens de vérification en cas de réclamations ultérieures.

1042. — Les sous-officiers, brigadiers et gendarmes en congé peuvent être autorisés par le ministre à recevoir leur solde dans le lieu où ils résident; mais ils sont tenus de présenter un certificat de cessation de paiement délivré par le conseil d'administration, faisant connaître s'ils sont ou non passibles de retenues (art. 81 du règl. du 11 mai 1856).

SOUSCRIPTIONS.

1043. — Les souscriptions collectives, quand elles ont un caractère de manifestation générale, sont interdites. Le ministre de la guerre seul peut les autoriser (circul. des 25 nov. 1840 et 28 mars 1844).

1044. — Sont évidemment tolérées, celles qui sont faites spontanément par les militaires d'une même brigade, pour sauver de la prison un chef de famille dans la misère, arrêté pour dettes envers l'État, par suite d'une condamnation à l'amende, et dont l'incarcération plongerait la femme et les enfants dans la détresse. Ces actes d'humanité sont nombreux dans la gendarmerie, qui sait allier la pitié à la rigueur de ses fonctions; le ministre approuve toujours ces actes de générosité et accorde même quelquefois des gratifications.

SUBSISTANCES.

1045. — La gendarmerie est chargée spécialement de protéger la libre circulation des subsistances et de saisir tous ceux qui s'y opposent par la violence.

En conséquence, elle se transporte sur les routes ou dans les communes dont elle a la surveillance, dès qu'elle apprend que des attroupements s'y sont formés dans le dessein d'empêcher cette libre circulation des grains, soit par l'appât du pillage, soit pour tout autre motif (art. 295 du décret du 1er mars 1854. — V. *Attroupements*, n° 128).

1046. — Ces criminels désordres naissent presque toujours du mot *accaparement* dont la portée est souvent mal comprise et que les éternels ennemis de l'ordre et de tous les gouvernements exploitent pour révolutionner le pays.

Ce qu'on appelle *accaparement* n'est souvent que l'approvisionnement et l'alimentation obligés des établissements de haute meunerie sans lesquels il ne serait pas possible de pourvoir à la subsistance des grands centres de population.

Le mot *accaparement* ne frappe les populations que lors de la cherté des subsistances ; mais alors les spéculateurs, sous peine de courir à leur ruine, n'emplissent pas leurs magasins *en vue de garder les grains*.

Il est de la plus haute importance que la gendarmerie, dans ses relations avec les populations, s'attache à faire comprendre à quoi se réduit le mot *accaparement*, toujours plus politique ou révolutionnaire que commercial.

Quant aux éternels ennemis de l'ordre et du pays, qui exploitent le mot *accaparement* dont ils se servent comme point d'appui de leur levier pour soulever le monde, la gendarmerie a le devoir impérieux de ne jamais les perdre de vue et de les livrer à la justice à la moindre manifestation hostile.

Toute manœuvre pratiquée en vue de faire renchérir les grains, grenailles, farines, substances farineuses, pain, vin ou autre boisson, soit par des suroffres faites aux vendeurs eux-mêmes, soit par réunion ou coalition entre les principaux détenteurs, tendant à ne pas vendre, ou à ne vendre qu'à un certain prix, soit par tout autre moyen frauduleux faisant obstacle à la concurrence libre et naturelle du commerce, sera punie de deux mois à deux ans de prison et d'une amende de 1,000 fr. à 20,000 fr. (art. 419 et 420 du Code pénal).

La surveillance peut être prononcée pour *dix ans*.

Les procès-verbaux sont visés pour timbre, enregistrés en débet et adressés au procureur impérial.

TABAC.

1047. — Les sous-officiers, brigadiers et gendarmes fumeurs peuvent se procurer du tabac dit *de cantine*, au prix de 1 fr. 50 c. le kilogramme.

La livraison est fixée à dix grammes par jour pour chacun (décret du 29 juin 1853. —V. *Contrebande*, n°ˢ 309 et suiv.)

TÉMOIGNAGE.

1048. — La loi protége la déposition du témoin et ne permet pas qu'on l'outrage à cette occasion ; l'art. 6 de la loi du 25 mars 1822 dit :

« L'outrage fait publiquement envers un témoin, à raison de sa dépo-
« sition, sera puni d'un emprisonnement de six jours à un an et d'une
« amende de 50 fr. à 3,000 fr. »

La gendarmerie constate ces délits; les procès-verbaux sont visés pour timbre, enregistrés en débet et adressés au procureur impérial.

1049. — Le faux témoignage, soit contre l'accusé, soit en sa faveur, sera puni :

1° En matière criminelle, des travaux forcés ;

2° En matière correctionnelle, de la réclusion ;

3° En matière de police, de la dégradation civique et d'un emprisonnement d'un à cinq ans ;

4° En matière civile, de la réclusion ;

5° Si le faux témoin en matière correctionnelle ou civile a reçu de l'argent, une récompense quelconque ou des promesses, il sera puni des travaux forcés; en matière de police, il sera puni de la réclusion. Ce qu'il aura reçu sera confisqué (art. 361, 362, 363 et 364 du Code pénal).

1050. — Le coupable de subornation de témoins sera passible des mêmes peines que le faux témoin (art. 365 du Code pénal).

Celui à qui le serment aura été déféré ou référé en matière civile et qui aura fait un faux serment, sera puni de la dégradation civique (art. 366 du Code pénal).

TENUE.

1051. — L'action de la gendarmerie s'exerce toujours en tenue militaire, ouvertement et sans manœuvres de nature à porter atteinte à la considération de l'arme.

Dans aucun cas, ni directement, ni indirectement, la gendarmerie ne doit recevoir de missions occultes, de manière à lui enlever son caractère véritable (art. 119 du décret du 1er mars 1854).

1052.— La tenue des hommes de service est inspectée, avant leur départ et à leur rentrée, par les commandants de brigade (art. 230 du décret du 1er mars 1854).

Les sous-officiers, brigadiers et gendarmes de service de correspondance ou de transfèrement de prisonniers sont armés (art. 384 du décret du 1er mars 1854).

Les gendarmes ne peuvent sortir de la caserne sans en prévenir le commandant de brigade et sans être en bonne tenue (art. 544 du décret du 1er mars 1854).

La gendarmerie est toujours en grande tenue pour prêter serment et pour rendre les honneurs à qui ils sont dus, et quand elle est de service aux processions du St-Sacrement (art. 7, 152 et 153 du décret du 1er mars 1854).

THÉATRES.

1053. — Il ne pourra être établi, soit à Paris, soit dans les départements, aucun théâtre ni spectacle, de quelque nature qu'ils soient, sans l'autorisation préalable du ministre de l'intérieur à Paris, et des préfets dans les départements.

La même autorisation est exigée pour les pièces qui y sont représentées.

Toute contravention aux prescriptions ci-dessus sera punie par les tribunaux correctionnels d'un emprisonnement d'un mois à un an et d'une amende de 1,000 fr. à 5,000 fr. (loi du 9 sept. 1835, art. 21).

L'autorité pourra toujours, pour des motifs d'ordre public, suspendre la représentation d'une pièce, et même ordonner la clôture provisoire du théâtre (art. 22 de la loi du 9 sept. 1835).

Les procès-verbaux constatant ces délits sont visés pour timbre, enregistrés en débet et adressés au procureur impérial.

1054. — La police des théâtres appartient à l'autorité administrative; la gendarmerie n'intervient que pour lui prêter main-forte.

TOURNÉES DE COMMUNES.

1055. — Les fonctions habituelles et ordinaires de la gendarmerie sont de faire des tournées, courses ou patrouilles sur les routes, chemins vicinaux, dans les communes, hameaux, fermes et bois, enfin dans les lieux de leur circonscription respective (art. 271 du décret du 1er mars 1854).

1056. — Chaque commune doit être visitée au moins deux fois par mois et explorée dans tous les sens, indépendamment des jours où elle est traversée par les sous-officiers, brigadiers et gendarmes au retour des correspondances (art. 272 du décret du 1er mars 1854).

1057. — Les tournées, conduites, escortes et correspondances sont toujours faites par deux hommes au moins (art. 231 du décret du 1er mars 1854).

1058. — Dans leurs tournées, les sous-officiers, brigadiers et gendarmes s'informent avec mesure et discrétion, auprès des voyageurs, s'il n'a pas été commis quelque crime ou délit sur la route qu'ils ont parcourue; ils prennent les mêmes renseignements dans les communes auprès des maires ou de leurs adjoints (art. 273 du décret du 1er mars 1854).

1059. — Ils tâchent de connaître les noms, signalements, demeures ou lieux de retraite de ceux qui ont commis des crimes ou des délits; ils reçoivent les déclarations qui leur sont faites volontairement par les témoins, et les engagent à les signer, sans cependant pouvoir les y contraindre. (V. *Dénonciations*, nos 364 et suiv.).

Ils se mettent immédiatement à la poursuite de ces malfaiteurs pour les joindre, et, s'il y a lieu, pour les arrêter au nom de la loi (art. 274 du décret du 1er mars 1854).

1060. — Après s'être assurés de l'identité de ces individus par l'examen de leurs papiers et les questions qu'ils leur font sur leurs noms, leur état, leur domicile et les lieux d'où ils viennent, ils s'assurent de ceux qui demeurent prévenus de crimes, délits ou vagabondage et ils en dressent procès-verbal; mais ils relâchent immédiatement ceux qui, étant désignés comme vagabonds ou gens sans aveu, se justifient par le compte qu'ils rendent de leur conduite ainsi que par le contenu de leurs certificats et passeports.

1061. — Le procès-verbal doit contenir l'inventaire exact des papiers et effets trouvés sur les prévenus; il est signé par ces individus et, autant que possible, par deux habitants les plus voisins du lieu de la capture ; s'ils déclarent ne vouloir ou ne pouvoir signer, il en est fait mention. Les sous-officiers, brigadiers et gendarmes conduisent ensuite les prévenus par-devant l'officier de police judiciaire le plus à proximité, auquel ils font la remise des papiers et effets.

Ils ne peuvent être transférés dans une maison d'arrêt qu'en vertu d'une réquisition ou d'un mandat délivré par l'officier de police judiciaire devant lequel ils ont été conduits (art. 275, 294 et 617 du décret du 1er mars 1854. — V. *Arrestations*, n° 79.)

1062. — La gendarmerie en tournée recueille, en outre, tous les renseignements touchant l'ordre, la tranquillité, la sécurité, la salubrité, etc. Elle dresse, de toutes les infractions commises, des procès-verbaux qu'elle adresse aux autorités compétentes. Si, à raison de la nature des renseignements recueillis ou des remarques faites, il n'y a pas lieu de dresser procès-verbal, les commandants de brigade rendent compte aux commandants d'arrondissement, par des rapports spéciaux, de tout ce qu'il est utile de signaler à quelque point de vue que ce soit.

1063. — Les sous-officiers, brigadiers et gendarmes employés au service de conduite ou de correspondance, qui ne ramènent pas de prisonniers, ne reviennent pas par la même route ; il leur est enjoint de se porter dans l'intérieur des terres, de visiter les hameaux, de fouiller les bois, les lieux suspects, et de prendre, dans les fermes et maisons isolées, toutes les informations qui peuvent leur être utiles (art. 383 du décret du 1er mars 1854).

1064. — Les tournées de communes sont constatées sur les feuilles de service par la signature des maires, adjoints ou autres personnes notables. Il est interdit aux sous-officiers, brigadiers et gendarmes de demander cette signature ailleurs que sur le lieu où le service qu'elle constate a été exécuté.

1065. — Si, pour une cause quelconque, un sous-officier, brigadier ou gendarme se trouve dans la nécessité d'opérer seul, il doit faire constater cette circonstance par le maire, l'adjoint ou le notable, pour qu'à son retour son chef puisse apprécier les raisons de cette dérogation à la règle générale.

1066. — Le cachet de la mairie doit être apposé au bas de la signature du fonctionnaire, à moins d'impossibilité constatée et dont il est rendu compte (art. 234 et 503 du décret du 1er mars 1854).

TRANSFÈREMENTS.

Prisonniers civils.

1067. — L'une des fonctions habituelles et ordinaires des brigades de gendarmerie est de correspondre périodiquement entre elles, à des jours fixes et sur des points déterminés par les chefs de l'arme, pour l'échange des prisonniers à transférer et des pièces qui les concernent (art. 366 et 367 du décret du 1er mars 1854. — V. *Correspondances*, n° 327 et suiv.).

1068. — Les transfèrements peuvent aussi être faits jusqu'à destination directement.

1069. — Toutes les fois qu'il s'agit de transférer des condamnés ou des prévenus de brigade en brigade par tous moyens de transport ordinaire et extraordinaire, les officiers de gendarmerie ont seuls le droit de donner les ordres de conduite; dans les chefs-lieux de département, ce droit est dévolu aux commandants de compagnie, mais c'est à l'officier commandant l'arrondissement qu'il appartient de désigner et d'inscrire en marge de ces ordres, le nombre de gendarmes et le nom du sous-officier, brigadier ou gendarme qui a le commandement de l'escorte, et qui est chargé de la conduite jusqu'à la station ordinaire de la brigade.

1070. — Si les prisonniers sont de différents sexes, ils doivent être transférés séparément (art. 368 du décret du 1er mars 1854).

1071. — Si les prévenus ou condamnés sont transférés en exécution d'un ordre de l'autorité militaire ou en vertu d'un mandat de justice, ou par l'effet d'une réquisition émanée de l'autorité administrative, une copie certifiée de l'ordre, du mandat ou de la réquisition, doit toujours être jointe à l'ordre de transfèrement, en marge duquel est inscrit le borde-

reau des pièces qui doivent suivre les prévenus ou les condamnés ; ces pièces sont cachetées et remises au commandant de l'escorte, qui donne son reçu sur le carnet de correspondance, dans les termes suivants :

« Reçu l'ordre et les pièces y mentionnées. »

Les signalements des prisonniers sont inscrits à la suite de l'ordre de transfèrement (art. 369 du décret du 1er mars 1854).

Les ordres de conduite ou feuilles de route des prévenus ou condamnés doivent toujours être individuels, quel qu'en soit le nombre, afin que, dans le cas où l'un d'eux vient à tomber malade en route, il puisse être déposé dans un hôpital, avec les pièces qui le concernent, sans retarder la marche des autres (art. 370 du décret du 1er mars 1854).

1072. — Dans chaque lieu de gîte, les prévenus ou condamnés sont déposés à la maison d'arrêt.

En remettant ces prévenus ou condamnés au concierge, gardien ou geôlier, le commandant de l'escorte doit faire transcrire en sa présence, sur les registres de la geôle, les ordres dont il est porteur, ainsi que l'acte de remise des prisonniers au concierge de la maison d'arrêt ou de détention, en indiquant le lieu où ils doivent être conduits.

Le tout doit être signé, tant par les gendarmes que par le geôlier; celui-ci en délivre une copie au commandant de l'escorte pour sa décharge (art. 371 du décret du 1er mars 1854).

1073. — Dans le cas où il n'y a pas de maison d'arrêt ou de détention à la résidence de la brigade, les prévenus ou condamnés sont déposés à la chambre de sûreté de la caserne de gendarmerie; ils y sont gardés par la gendarmerie de la résidence jusqu'au départ du lendemain ou du jour fixé pour la correspondance; mais si les prisonniers sont de différents sexes, les femmes sont remises à la garde de l'autorité locale qui pourvoit à leur logement. (Lorsqu'il y a deux chambres de sûreté à la caserne, les femmes peuvent très-bien être déposées dans l'une d'elles sans inconvénient).

1074. — En cas de refus du maire de pourvoir à la subsistance des prisonniers déposés dans la chambre de sûreté, la gendarmerie, après l'avoir constaté par procès-verbal, est tenue de leur fournir les aliments déterminés par les règlements en vigueur, sauf remboursement par l'autorité administrative (art. 372 du décret du 1er mars 1854.—V. le no 1126 pour la fourniture due aux prisonniers).

1075. — Les conduites extraordinaires ne doivent avoir lieu qu'en vertu d'ordres ministériels, réquisitions du président de la Haute Cour de justice et des magistrats des cours impériales et sur les demandes particulières faites par les pères, mères, tuteurs ou conseils de famille ; hors les cas ci-dessus, les conduites sont toujours faites de brigade en brigade (art. 373 du décret du 1er mars 1854).

Lorsque la translation par voie extraordinaire est ordonnée d'office ou demandée par le prévenu ou accusé, à cause de l'impossibilité où il se trouve de faire ou de continuer le voyage à pied, cette impossibilité est constatée par certificat de médecin ou de chirurgien (art. 374 du décret du 1er mars 1854).

Les prévenus ou accusés qui peuvent faire les frais de leur transport et du retour de l'escorte sont conduits directement à leur destination, en se soumettant aux mesures de précaution que prescrit le magistrat qui a autorisé la translation (art. 375 du décret du 1er mars 1854).

1076. — Les conduites qui ont lieu jusqu'à destination, en vertu d'un ordre ministériel, donnent droit, si les gendarmes sortent de leur département, à une indemnité fixée par les règlements d'administration (art. 376 du décret du 1er mars 1854).

Indemnité due pour transfèrement fait par ordre du ministre de la guerre ou de l'intérieur (art. 363, 364 et 368 du règl. du 11 mai 1856).

> Aux sous-officiers.......... 6 fr.
> Aux brigadiers 5
> Aux gendarmes............ 4

L'indemnité est allouée entière pour le nombre de jours réellement employés à l'escorte, y compris les séjours ; au retour, l'indemnité est réduite à la moitié des fixations ci-dessus et payée suivant le nombre de journées d'étape.

Lorsque les transfèrements ont lieu par les voies de fer, l'indemnité est calculée d'après le nombre réel de journées de route.

S'il est prescrit des moyens extraordinaires de transport, les frais de voiture sont acquittés pour le détenu ainsi que pour l'escorte indépendamment de l'indemnité par jour.

Ces dépenses sont payées, suivant le cas, sur les fonds des départements de l'intérieur ou de la guerre, et d'après les mémoires fournis par les militaires auxquels elles sont dues.

Pour le retour, l'indemnité est réduite à moitié des fixations ci-dessus, et calculée d'après le nombre de journées d'étape.

Les dépenses auxquelles donnent lieu les conduites directes sont payées sur les fonds des départements ministériels qui ont expédié les ordres pour les translations.

Indemnité due pour transfèrement fait par ordre du ministre de la justice ou à la réquisition des magistrats de l'ordre judiciaire (article 365 et 368 du règl. du 11 mai 1856).

Les escortes extraordinaires qui sont faites en vertu d'un ordre du ministre de la justice ou à la réquisition du président de la Haute Cour de justice et des magistrats de l'ordre judiciaire donnent droit, pour l'aller, au remboursement, sur les fonds du ministère de la justice, des frais de transport et autres dépenses que les militaires de l'escorte sont obligés de faire en route. Ces militaires sont tenus de produire des mémoires détaillés, auxquels ils joignent les ordres qu'ils ont reçus ainsi que les quittances pour les dépenses de nature à être ainsi constatées.

Pour le retour, il leur est alloué, au compte du département de la guerre, suivant le nombre de journées d'étape, la même indemnité que pour le retour d'escorte faite en vertu d'un ordre du ministre de l'intérieur ou de la guerre.

Lorsque, pour ces escortes extraordinaires, les hommes n'ont pas les fonds suffisants pour faire les frais de voyage, l'officier de gendarmerie doit réclamer à l'autorité compétente la délivrance d'un mandat provisoire d'avances. Mais, s'il y a impossibilité de l'obtenir assez promptement, le conseil d'administration y supplée sur les fonds généraux de la caisse.

Dans l'un et l'autre cas, il est toujours fait mention de ces avances au bas de la réquisition ou sur l'ordre de route.

Indemnité due pour transfèrement aux frais des particuliers (art. 367 du règl. du 11 mai 1856).

Cette indemnité est la même que pour les transfèrements faits par ordre des ministres de l'intérieur et de la guerre ci-dessus indiquée.

GUIDE. — 20.

Dans ce dernier cas, il est nécessaire que la gendarmerie soit payée d'avance de son indemnité, et reçoive en outre de quoi payer elle-même les frais de voyage, afin d'éviter toute difficulté qui pourrait survenir en route. Elle rend, bien entendu, au prisonnier, le surplus de l'argent qui n'aurait pas été employé.

1077. — Le commandant de l'escorte qui a effectué le dépôt des prisonniers confiés à sa garde remet l'ordre de transfèrement au commandant de brigade qui doit le relever; celui-ci est tenu d'inscrire, sur le registre à ce destiné, les noms des prisonniers, le nombre des pièces qui lui ont été remises et le lieu où ils doivent être conduits; ils devient dès-lors responsable du transfèrement.

L'inscription ci-dessus prescrite est toujours faite en présence du commandant de l'escorte qui a amené les prisonniers; il signe sur le registre avec le commandant de la brigade.

Si, à défaut de maison d'arrêt ou de détention, les prévenus ou condamnés ont été déposés dans la chambre de sûreté d'une brigade, le commandant de l'escorte qui a effectué ce dépôt s'en fait donner un reçu sur la feuille de service dont il est porteur, ainsi que sur le carnet de correspondance (art. 377 du décret du 1er mars 1854).

1078. — Les mêmes dispositions ont lieu successivement dans toutes les brigades; la dernière escorte, après la remise des prévenus ou condamnés à leur destination, se fait donner une décharge générale des prisonniers qu'elle a conduits et de toutes les pièces qui lui ont été confiées; à son retour à la résidence, le commandant de la dernière escorte fait mention de cette décharge sur son registre, et la joint aux autres pièces qui concernent le service de la brigade, afin de pouvoir la représenter au besoin (art. 378 du décret du 1er mars 1854).

1079. — Lorsque les transports des prévenus ou condamnés se font par la correspondance des brigades, le commandant de l'escorte qui a été chargée de la conduite jusqu'au point de réunion, après avoir fait vérifier par le commandant de la nouvelle escorte l'identité des individus confiés à sa garde, et lui avoir remis toutes les pièces mentionnées dans l'ordre de transfèrement, se fait donner un reçu du tout sur la feuille de service et sur le carnet de correspondance.

1080. — Si le nombre des prisonniers amenés à la correspondance, ou si des circonstances particulières exigent un supplément de force, le commandant qui doit continuer l'escorte peut requérir, parmi les gendarmes présents, le nombre d'hommes nécessaires à la sûreté des prisonniers (art. 379 du décret du 1ᵉʳ mars 1854).

1081. — Les gendarmes chargés d'une conduite, soit qu'elle ait lieu par la correspondance, ou qu'elle soit continuée jusqu'à la station de la première brigade, doivent rentrer le même jour à leur résidence, à moins d'empêchement résultant du service ou de la distance des lieux : dans aucun cas, ils ne peuvent outrepasser la résidence de cette première brigade sans un ordre positif du commandant de la compagnie (art. 380 du décret du 1ᵉʳ mars 1854).

1082. — Il est expressément recommandé aux gendarmes sous l'escorte desquels marchent les prévenus ou condamnés, civils ou militaires, d'empêcher qu'ils fassent un usage immodéré de vin, cidre et autres boissons enivrantes ; ils doivent surtout leur interdire d'une manière absolue l'usage des liqueurs spiritueuses ; ils peuvent aussi interdire l'emploi du tabac à fumer, lorsque cette précaution leur paraît nécessaire.

(Il peut être utile d'interdire l'usage du tabac à fumer quand les prisonniers paraissent dangereux et qu'ils sont transférés en voiture, car ils peuvent malignement mettre le feu à la paille avec l'intention de profiter du désordre pour s'évader. Il est très prudent aussi de ne pas leur laisser d'allumettes chimiques.)

La fermeté et l'exactitude que la gendarmerie met à l'exécution de cet ordre préviennent le retour de circonstances fâcheuses, et ôtent aux prévenus l'occasion de nouvelles fautes, qui ne peuvent qu'aggraver leur position (art. 381 du décret du 1ᵉʳ mars 1854).

1083. — La mendicité étant un délit prévu par le Code pénal, et qui doit être réprimé partout où il se produit, la gendarmerie s'oppose, par tous les moyens en son pouvoir, à ce que les individus civils ou militaires confiés à sa garde sollicitent ou reçoivent des secours de la charité publique.

Les chefs d'escorte sont personnellement responsables des infractions qui peuvent être commises (art. 382 du décret du 1ᵉʳ mars 1854).

1084. — Les sous-officiers, brigadiers et gendarmes employés au service de conduite et de correspondance, qui ne ramènent pas de prisonniers, ne reviennent pas par la même route ; il leur est enjoint de se porter dans l'intérieur des terres, de visiter les hameaux, de fouiller les bois et les lieux suspects, et de prendre, dans les fermes et maisons isolées, toutes les informations qui peuvent leur être utiles (art. 383 du décret du 1er mars 1854).

1085. — Les sous-officiers, brigadiers et gendarmes montés qui sont chargés de conduire des prévenus ou condamnés marchent toujours à cheval, dans une bonne tenue militaire et complètement armés (les armes doivent être chargées (art. 417 du décret du 1er mars 1854). Les sous-officiers, brigadiers et gendarmes de l'arme à pied sont pareillement armés et équipés complètement.

Dans le cas où les prisonniers doivent être conduits en poste, en vertu d'ordres supérieurs, l'escorte prend place dans les voitures avec les prisonniers (art. 384 du décret du 1er mars 1854).

Les militaires de l'arme à cheval faisant accidentellement le service à pied ne seront point armés du sabre, qui, souvent, gêne les mouvements et peut nuire à l'activité des poursuites. Ils emportent seulement le mousqueton et la giberne, avec le fourreau de baïonnette attaché au ceinturon placé en ceinture (art. 21 de la circ. du 8 mai 1854).

(Les sous-officiers n'ayant pas de mousqueton, et au sujet desquels la circulaire précitée est restée muette, seront armés du sabre avec le ceinturon en ceinture. Le sabre ainsi porté ne pourrait nuire à l'activité des poursuites, et on ne pourrait d'ailleurs tolérer l'épée, qui ne doit être portée que pour la tenue de ville.)

1086. — Les conduites sont toujours faites par deux hommes au moins. On doit proportionner la force de l'escorte au nombre des personnes à transférer et aux difficultés du transfèrement (art. 231 du décret du 1er mars 1854).

1087. — Les prévenus ou condamnés sont généralement conduits à pied de brigade en brigade ou par les voies de fer; néanmoins ils peuvent, si des circonstances extraordinaires l'exigent, être transférés, soit en voiture, soit à cheval, sur les réquisitions motivées des officiers de justice (art. 385 du décret du 1er mars 1854).

1088. — Le commandant de brigade régularise les pièces des prisonniers à conduire et il attache ensemble toutes celles qui concernent le même individu, en plaçant l'ordre de conduite en dessus (art. 232 du décret du 1er mars 1854).

Avant d'extraire des prisons les individus dont le transfèrement est ordonné de brigade en brigade, les sous-officiers, brigadiers et gendarmes s'assurent de leur identité et vérifient s'ils n'ont pas sur eux des objets tranchants ou quelque instrument qui puisse servir à favoriser leur évasion. Ces militaires exigent des prisonniers le dépôt de l'argent ou des valeurs qu'ils possèdent. Il en est fait mention sur les feuilles de route, et ces objets sont restitués par la gendarmerie à l'arrivée à destination (article 386 du décret du 1er mars 1854).

1089. — Pendant le trajet, les gendarmes ne doivent pas perdre de vue un seul des mouvements des prisonniers; ils doivent observer s'ils ne tentent pas de s'évader par ruse; ils les surveillent de très-près, surtout dans les passages qui peuvent favoriser leur évasion, tels que bois, ravins, fossés, rivières, chemins encaissés, montagnes ou autres lieux dont le site rendrait la poursuite difficile, et lorsqu'il y a affluence de monde sur les routes qu'ils ont à parcourir (art. 387 du décret du 1er mars 1854).

1090. — Si un prisonnier tombe malade ou arrive malade dans une résidence de brigade où il n'y a ni prison ni hôpital, il reste déposé dans la chambre de sûreté de la caserne; les secours nécessaires lui sont administrés par les soins du maire ou de l'adjoint, mais jusqu'au moment seulement où il peut être transféré sans danger dans la maison de détention ou dans l'hôpital le plus à proximité (art. 388 du décret du 1er mars 1854).

(Les commandants de brigade rendent compte au commandant de l'arrondissement de la suspension du transfèrement, afin que les autorités compétentes puissent être informées de la cause de ce retard.)

1091. — Si le prisonnier meurt entre les mains des gendarmes de l'escorte ou à la chambre de sûreté, ils doivent en prévenir immédiatement le maire de la commune dans laquelle ce prisonnier est décédé, et l'inviter à faire procéder à son inhumation, après les délais voulus par la loi; ils signent l'acte de décès, dont ils se font délivrer une copie et la joignent au procès-verbal qu'ils dressent pour constater cet événement; ils y joignent également l'ordre de conduite et les pièces concernant le prisonnier; ils font l'envoi du tout au commandant de l'arrondissement, qui l'adresse au commandant de la compagnie, conformément à ce qui est prescrit à l'art. 410 du décret du 1er mars 1854 pour les prisonniers militaires morts dans les hôpitaux civils ou militaires (art. 389 du décret du 1er mars 1854. — V. n° 1108).

1092. — Lorsqu'un prévenu ou condamné, conduit à pied par la gendarmerie, tombe malade en route, le maire ou l'adjoint du lieu le plus voisin, sur la réquisition des sous-officiers, brigadiers ou gendarmes chargés de la conduite, est tenu de pourvoir aux moyens de transport jusqu'à la résidence de la brigade, la maison de détention ou l'hôpital le plus à proximité dans la direction de la conduite du prisonnier. Si c'est une maison de détention, le prisonnier est placé à l'infirmerie et remis à la garde du concierge, qui en donne reçu ; si c'est un hôpital civil, il y est soigné dans un lieu sûr, sous la surveillance des autorités locales (1).

Dans ce cas, les papiers, objets et pièces de conviction, s'il y en a, restent entre les mains du commandant de la brigade ; et, après le rétablissement du prisonnier, ils sont joints à l'ordre de conduite, avec un certificat constatant l'entrée et la sortie de l'hôpital, ou les motifs du séjour prolongé, soit dans la maison de détention, soit dans la chambre de sûreté de la caserne.

Les commandants de brigade doivent veiller à ce que les prisonniers entrés aux hôpitaux civils n'y restent pas au delà du temps nécessaire pour leur rétablissement (art. 390 du décret du 1er mars 1854).

Si les pièces jointes à l'ordre de transfèrement concernent plusieurs individus, dont un est resté malade en route, la conduite de ceux qui sont en état de marcher n'est point interrompue et les pièces ne sont pas retenues ; il est fait mention, sur l'ordre de transfèrement qui suit les autres prisonniers, des causes qui ont fait suspendre la translation de l'un ou de quelques-uns d'entre eux (art. 391 du décret du 1er mars 1854).

(Lorsque le prisonnier peut être remis en route, le commandant de brigade, n'ayant pas qualité pour donner un ordre de conduite, s'adresse au commandant de l'arrondissement pour obtenir cette pièce.)

1093. — En cas d'évasion d'un prévenu ou condamné déposé à la maison de détention ou soigné dans un hôpital, le commandant de la brigade de gendarmerie, au premier avis qu'il en reçoit, le fait rechercher et poursuivre ; il se rend au lieu de l'évasion pour connaître s'il y a eu connivence ou seulement défaut de surveillance de la part des gardiens ; il rédige procès-verbal de ses recherches et l'adresse sur-le-champ, avec les pièces qui concernent l'évadé, au commandant de l'arrondissement ; celui-ci les transmet au commandant de la compagnie, qui en rend compte à l'autorité compétente (art. 392 du décret du 1er mars 1854. — V. n° 1117).

(1) Les frais de transport sont réglés comme il est dit à l'article CONVOIS MILITAIRES, n° 326.

1094. — En cas de mort dans les hôpitaux civils d'un prévenu ou condamné, le commandant de la brigade se fait délivrer une expédition de l'acte de décès, pour être réunie aux autres pièces qui peuvent concerner le décédé; et il fait l'envoi du tout, dans les vingt-quatre heures, au commandant de l'arrondissement; cet officier transmet ces pièces au commandant de la compagnie (art. 393 du décret du 1er mars 1854).

Le commandant de la compagnie, après avoir rassemblé toutes les pièces relatives au prisonnier décédé, les fait parvenir, sans délai, au ministre de l'intérieur, si le prisonnier était condamné aux fers, à la réclusion ou à l'emprisonnement pour plus d'un an.

Si le prisonnier était simplement prévenu d'un délit de la compétence des cours impériales ou des tribunaux de 1re instance, il les adresse à l'officier de police judiciaire qui a décerné le mandat d'amener, de dépôt ou d'arrêt, ou qui a requis le transfèrement, et si c'était un condamné, au procureur impérial près la Cour ou le tribunal qui a prononcé la condamnation.

Il est également donné connaissance de l'évasion ou du décès d'un prisonnier à l'autorité devant laquelle il devait être conduit (art. 394 du décret du 1er mars 1854).

Prisonniers militaires.

1095. — Il est défendu à la gendarmerie d'escorter des prisonniers marchant isolément ou en détachement, s'ils ne sont pas munis de feuilles de route individuelles portant indication des fournitures qu'ils doivent recevoir en route.

En conséquence, toutes les fois que les commandants de brigade ont à faire de ces sortes d'escortes, le sous-intendant militaire, ou, à son défaut, le sous-préfet du lieu de départ, doit préalablement délivrer des feuilles de route portant les indications ci-dessus (art. 395 du décret du 1er mars 1854).

1096. — Les mesures ordonnées pour le transfèrement des prisonniers civils sont les mêmes pour le transfèrement des prisonniers militaires, sauf les modifications ci-après (art. 396 du décret du 1er mars 1854. — V. les n°s 1067 et suiv.).

1097. — Les militaires escortés doivent être conduits régulièrement le même jour d'une étape à l'autre, sans pouvoir être déposés dans les communes intermédiaires (art. 397 du décret du 1er mars 1854).

1098. — La levée d'écrou d'un militaire détenu en vertu d'un jugement ou d'un ordre militaire ne peut être ordonnée que par l'autorité militaire (art. 398 du décret du 1ᵉʳ mars 1854).

1099. — Tout militaire ou individu appartenant à l'armée qui est arrêté par la gendarmerie dont la résidence n'est pas gîte d'étape, peut être déposé, le jour de son arrestation, dans la maison d'arrêt de cette résidence.

Tout militaire ainsi déposé dans une commune non gîte d'étape ne peut y rester plus de deux jours, celui de l'arrestation compris (art. 399 du décret du 1ᵉʳ mars 1854).

1100. — Dans le cas où des militaires arrêtés sont déposés dans la caserne de gendarmerie, ou dans tout autre local à défaut de prison, les commandants de brigade, sur le refus du maire, qui est constaté par procès-verbal, pourvoient à la nourriture de ces prisonniers : ils sont remboursés par l'autorité administrative des avances qu'ils ont faites (art. 400 du décret du 1ᵉʳ mars 1854. — V. le nº 1126 pour la fourniture due aux prisonniers militaires.

1101. — La conduite des militaires envoyés aux compagnies de discipline doit se faire sans interruption, de brigade en brigade, et sans attendre les jours de correspondance (art. 401 du décret du 1ᵉʳ mars 1854).

1102. — Les militaires font route à pied, à moins que, d'après un certificat des officiers de santé, ils ne soient reconnus hors d'état de marcher ; alors il leur est fourni des voitures par les entrepreneurs des convois militaires, sur le pied fixé par le marché du 9 mars 1855 (29 cent. par kilomètre) (art. 402 du décret du 1ᵉʳ mars 1854).

1103. — Il ne doit être admis aucun prisonnier civil dans les voitures fournies pour le transport des prisonniers militaires (décis. min. du 11 juillet 1855).

1104. — Si un prévenu ou condamné militaire tombe malade en route, il est déposé et consigné à l'hôpital le plus proche sous la surveillance spéciale de la gendarmerie et des autorités locales (art. 403 du décret du 1ᵉʳ mars 1854).

(Il est utile que les commandants de brigade rendent compte aux commandants d'arrondissement de la suspension des transfèrements pour quelque cause que ce soit, afin que les autorités compétentes puissent être informées de la cause du retard.)

Lorsque des prisonniers militaires sont entrés à l'hôpital, la gendarmerie, à défaut de sous-intendant militaire, est autorisée (c'est même un devoir) à faire des visites dans ces établissements, afin de s'assurer si leur séjour n'y est pas abusif et prolongé sans motif (art. 404 du décret du 1er mars 1854. — V. *Hôpitaux*, n° 598).

1105. — Les billets d'entrée aux hôpitaux des militaires isolés reconnus malades par les officiers de santé qui les ont visités, ainsi que ceux des militaires, condamnés ou prévenus, conduits par la gendarmerie, sont signés par les commandants de place, et, dans les lieux où il n'y a pas de commandant de place, par le commandant de la gendarmerie de la localité (art. 405 du décret du 1er mars 1854. — V. *Hôpitaux*, n°s 597 et 598).

1106. — Lorsqu'un militaire transféré s'évade d'un hôpital militaire, le sous-intendant qui reçoit le rapport en dresse procès-verbal et en donne immédiatement avis au commandant de la place et à celui de la gendarmerie.

Dans les lieux où il n'y a pas de résidence de sous-intendant militaire, il est suppléé par la gendarmerie, qui procède comme il vient d'être dit (art. 406 du décret du 1er mars 1854).

1107. — En cas d'évasion d'un militaire confié à la garde de la gendarmerie, son signalement, extrait de la feuille de route ou du jugement, est sur-le-champ envoyé par le chef d'escorte aux brigades voisines (V. n° 1117).

Si l'évasion a lieu pendant la marche, le commandant de l'escorte rédige, en outre, un procès-verbal indiquant exactement les noms et prénoms du prisonnier évadé, le corps auquel il appartient, la date du jugement, la peine prononcée, le lieu et les circonstances de l'évasion.

Le procès-verbal est immédiatement transmis au commandant de la gendarmerie du département par la voie hiérarchique.

Si, dans les cinq jours qui ont suivi l'évasion, l'arrestation n'a pas eu lieu, le commandant de la compagnie transmet le procès-verbal au ministre de la guerre (bureau de la justice militaire) et lui fait connaître en même temps s'il a fait des poursuites contre les fauteurs de l'évasion et quel en a été le résultat.

Aussitôt après qu'un condamné (ou prévenu) évadé en route a été repris, le commandant de la gendarmerie du département où l'arrestation a été effectuée en rend compte au ministre (bureau de la justice militaire).

Les commandants de compagnie rendent également compte au général commandant la division par l'entremise du général de brigade commandant le département (art. 407 du décret du 1er mars 1854).

Si le militaire évadé appartient à l'armée de mer, les mêmes formalités sont remplies et les pièces sont transmises au ministre de la marine.

Dans ce cas, les commandants de compagnie rendent compte de cet événement au préfet maritime de l'arrondissement auquel appartient le militaire, et au général commandant la division dans laquelle l'évasion a eu lieu, par l'intermédiaire du général commandant le département (art. 408 du décret du 1er mars 1854).

1108. — Lorsqu'un militaire est décédé dans une maison de détention ou qu'il s'en est évadé, le commandant de la gendarmerie du canton dresse un inventaire exact de l'argent et des effets qu'il a laissés; il indique avec soin les noms et prénoms de ce militaire, le lieu de sa naissance, son département et le corps dans lequel il servait.

L'inventaire est fait en triple expédition et signé par le concierge de la maison de détention qui garde, par devers lui, une des expéditions.

Les effets et l'argent sont transportés sans délai, par la voie de la correspondance des brigades, jusqu'à l'hôpital le plus voisin, et remis, avec la deuxième expédition de l'inventaire, au comptable de l'hôpital, qui, après vérification, donne son reçu au bas de la troisième expédition, laquelle reste entre les mains du commandant de la brigade de la circonscription dans laquelle l'hôpital se trouve situé, pour servir à la décharge de ce militaire. Il est fait inscription de l'inventaire sur le registre d'ordre de la brigade.

A défaut d'hôpital militaire dans le département, les objets ci-dessus sont déposés, en suivant les mêmes formalités, dans les mains des administrateurs de l'hôpital civil le plus voisin, pourvu toutefois que cet établissement soit du nombre de ceux qui reçoivent des militaires malades (art. 409 du décret du 1er mars 1854).

Si le concierge de la maison de détention déclare que le militaire mort ou évadé n'a laissé ni effets ni argent, le commandant de la gendarmerie dresse procès-verbal de cette déclaration, qu'il fait signer au concierge et il en inscrit le contenu sur le registre d'écrou. Ce procès-verbal est pareillement transmis au commandant de la compagnie par la voie hiérarchique (art. 410 du décret du 1ᵉʳ mars 1854).

Le concierge de la prison ou le comptable de l'hôpital où le condamné est déposé s'assure de même, avant de le recevoir, si le condamné est porteur de tous les effets mentionnés sur la feuille de route; il en est ainsi responsable pendant tout le temps que le condamné (ou le prévenu) séjourne tant à l'hôpital qu'à la prison (art. 411 du décret du 1ᵉʳ mars 1854).

Si le militaire est décédé entre les mains de la gendarmerie, lorsqu'il marche sous son escorte, il y a lieu de remplir les mêmes formalités que dans le cas de décès dans une maison de détention. Mais l'inventaire n'est dressé qu'en deux expéditions signées par l'autorité locale. (Il y a en moins celle du concierge.)

L'inventaire est toujours indépendant du procès-verbal qui doit constater l'événement (soit que le décès arrive dans une maison de détention, dans un hôpital ou entre les mains de la gendarmerie) et qui doit être envoyé au commandant de la compagnie avec toutes les pièces concernant le militaire décédé (art. 412 du même décret). On doit toujours y joindre l'acte de décès.

1109. — Il est expressément défendu à la gendarmerie de faire la conduite des militaires condamnés à la peine des travaux publics et au boulet avant d'avoir reçu une expédition individuelle et certifiée des jugements, et de s'être assuré si les condamnés sont pourvus de tous les effets d'habillement et de petit équipement prescrits par les règlements et dont le détail doit être inscrit sur la feuille de route de chaque homme.

La gendarmerie veille avec la plus grande attention à ce qu'il ne soit détérioré ni détourné aucune partie de ces effets par les condamnés pendant la route, et principalement dans les lieux de gîte. Si elle remarque qu'il leur manque quelques effets à la sortie des prisons, elle en dresse un procès-verbal que le concierge est tenu de signer. Ce procès-verbal est joint à l'ordre de conduite des militaires condamnés, pour servir à la décharge des gendarmes (art. 413 du décret du 1ᵉʳ mars 1854).

1110. — *Les effets dont ces condamnés doivent être pourvus, d'après le règlement du 27 avril 1833, sont :*

Deux chemises en toile forte;
Une veste à longues manches;

Un pantalon ;

Un bonnet ;

Une capote de grosse toile de laine ;

Deux paires de demi-guêtres en toile grise ;

Une paire de souliers garnis de clous.

(Si, par mesure administrative, ces condamnés n'ont pas reçu tous les effets ci-dessus désignés au point de départ, la gendarmerie de cette résidence doit en faire l'observation ; mais elle n'a pas autrement à intervenir. Elle n'est responsable que de la conservation des effets délivrés et qui doivent toujours être mentionnés sur la feuille de route de chaque condamné.)

1111. — Dans le cas où un condamné arrive à l'atelier sans être pourvu de la totalité des effets mentionnés sur sa feuille de route, le sous-intendant militaire constate, par un procès-verbal, l'absence de ces effets, et le ministre de la guerre fait exercer une retenue égale à la valeur des objets manquants, sur la solde des gendarmes, si ce fait provient de leur faute.

Ces dispositions sont applicables à tout militaire conduit par la gendarmerie à une destination quelconque (art. 414 du décret du 1er mars 1854).

Responsabilité de la gendarmerie dans les transfèrements de prisonniers.

1112. — Les sous-officiers , brigadiers et gendarmes doivent prendre toutes les mesures de précaution pour mettre les prisonniers confiés à leur garde dans l'impossibilité de s'évader : toute rigueur inutile est expressément interdite. La loi défend à tous, et spécialement aux dépositaires de la force armée , de faire aux personnes arrêtées aucun mauvais traitement ni outrage , même d'employer contre elles aucune violence , à moins qu'il n'y ait résistance ou rébellion, auquel cas ils sont autorisés à repousser par la force les voies de fait commises contre eux dans l'exercice de leurs fonctions (art. 415 du décret du 1er mars 1854).

1113. — Toutefois , les gendarmes ayant, en cas d'évasion, une responsabilité qu'il importe essentiellement de ne pas leur ôter, il y a lieu de leur laisser quelque latitude dans l'emploi des moyens qui , selon les circonstances, peuvent être indispensables pour prévenir les évasions ; il leur est recommandé de préférence l'emploi de chaînettes en corde de fil de fer, ou de gourmettes fermant à cadenas comme réunissant les conditions de solidité, de légèreté et de flexibilité.

Cependant, dans les cas rares, et lorsqu'il s'agit d'un grand criminel, ou s'il y a mutinerie ou tentative d'évasion, on peut recourir aux poucettes.

Mais il est interdit de se servir de grosses chaînes ou de menottes à vis, ou de colliers de chien, qui sont susceptibles de blesser les prisonniers et d'occasionner des accidents graves ; il est également formellement interdit de fixer à l'une des parties du harnachement le bout du lien qui retient un prisonnier.

1114. — Il importe d'indiquer, sur l'ordre de conduite, les tentatives d'évasion qui ont eu lieu pendant la route, et de veiller à ce que les prisonniers ne s'enivrent pas (art. 416 du décret du 1er mars 1854).

1115. — Dans le cas où il y a rébellion de la part du prisonnier et tentative violente d'évasion, le commandant de l'escorte, dont les armes doivent toujours être chargées, leur enjoint, au nom de la loi, de rentrer dans l'ordre, en leur déclarant que, s'ils n'obéissent pas, il vont y être contraints par la force des armes. Si cette injonction n'est pas écoutée et si la résistance continue, la force des armes est déployée à l'instant même, pour contenir les fuyards, rebelles et révoltés (art. 417 du décret du 1er mars 1854).

1116. — Si, par suite de l'emploi des armes, un ou plusieurs prisonniers transférés sont restés sur place, le commandant de l'escorte fait prévenir immédiatement le juge de paix du canton ou tout autre officier de police judiciaire le plus à proximité, afin qu'il se rende sur les lieux.

Il dresse procès-verbal de cet événement et de toutes les circonstances dont il a été précédé, accompagné ou suivi.

Il fait prévenir également le commandant de la gendarmerie de l'arrondissement, qui doit se transporter immédiatement sur les lieux (art. 418 du décret du 1er mars 1854).

Le procès-verbal, signé de tous les gendarmes faisant partie de l'escorte, est remis à l'officier de police judiciaire ; une copie en est envoyée immédiatement aux chefs de l'arme, afin que les diverses autorités compétentes en soient informées.

Le chef de l'escorte doit requérir le maire de la commune, afin qu'il dresse l'acte de décès et pourvoie à l'inhumation, toutefois après en avoir reçu l'autorisation du procureur impérial (art. 419 du décret du 1er mars 1854).

La conduite n'est pas retardée, à moins qu'il n'y ait décision contraire de l'autorité civile ou judiciaire, prise à l'occasion de cet événement (art. 420 du décret du 1ᵉʳ mars 1854).

Compte est rendu immédiatement par le commandant de la gendarmerie de l'arrondissement aux ministres de la guerre, de la justice, de l'intétérieur et au chef de légion, indépendamment du procès-verbal transmis par lui au commandant de la compagnie (art. 421 du décret du 1ᵉʳ mars 1854).

1117. — Dans le cas où des prisonniers en route, sous l'escorte de la gendarmerie, viennent à s'évader, ceux qui restent sont toujours conduits à destination avec les pièces qui les concernent. Autant que possible, le chef d'escorte se met aussitôt sur les traces des individus évadés, et requiert les agents de l'autorité et les citoyens de lui prêter aide et assistance pour les rechercher et les arrêter. Il en donne partout le signalement, et ne cesse la poursuite que lorsqu'il a la certitude qu'elle est sans résultat. Il dresse procès-verbal et rend compte au commandant de l'arrondissement, qui prend tous les renseignements nécessaires pour savoir s'il y a eu connivence ou seulement négligence de la part des gendarmes. Cet officier ordonne de son côté les recherches et les poursuites qu'il juge convenables pour atteindre les évadés, transmet le procès-verbal au procureur impérial et informe le commandant de la compagnie. Il en est rendu compte sans délai au ministre de la guerre. Le signalement des évadés est envoyé sur-le-champ aux brigades voisines, conformément à l'article 407 du décret du 1ᵉʳ mars 1854. — V. n° 1107.)

Si tous les prisonniers sont parvenus à s'évader, les pièces sont adressées sur-le-champ, avec le procès-verbal de l'évasion, au commandant de l'arrondissement (art. 422 du décret du 1ᵉʳ mars 1854).

1118. — En cas d'évasion de détenus par suite de négligence, les gendarmes chargés de la conduite sont passibles de peines proportionnées à la nature des crimes et délits dont sont accusés les prévenus, ou des peines auxquelles ils sont condamnés; il est donc indispensable, dans l'espèce, de rédiger les procès-verbaux avec exactitude, et d'entrer dans tous les détails pour préciser la responsabilité attachée à ces évasions (art. 423 du décret du 1ᵉʳ mars 1854).

1119. — Le commandant de la brigade qui a fourni l'escorte des prisonniers fait mention sur sa feuille de service des évasions qui ont eu lieu et des gendarmes qui étaient chargés de la conduite (art. 424 du décret du 1er mars 1854).

1120. — Tout sous-officier, brigadier ou gendarme convaincu d'avoir emprunté ou reçu, à quelque titre que ce soit, de l'argent ou des effets des prévenus ou condamnés dont le transfèrement lui a été confié, est reformé, sans préjudice des peines qui peuvent être prononcées contre lui et qui sont déterminées par les art. 401 et 405 du Code pénal. (V. *Concussion*, n° 296.)

Si l'argent ou les effets ont été reçus par un officier, il y a crime de concussion (art. 425 du décret du 1er mars 1854).

1121. — Les sous-officiers, brigadiers ou gendarmes sont tenus de veiller à ce que les prisonniers reçoivent exactement les subsistances qui doivent leur être fournies pendant la route (V. n° 1126).

Ils préviennent les maires ou adjoints des infractions ou négligences qu'ils remarqueraient sur la fourniture de la subsistance et du couchage ; ils se refusent, dans ce cas, à signer et à certifier l'état relevé du registre d'écrou qui doit être présenté tous les trois mois au commandant de la brigade.

1122. — Ils s'assurent, la veille du départ, que les prévenus ou condamnés qu'ils doivent transférer ne sont point malades et qu'ils sont munis des chaussures et vêtements nécessaires pour faire la route (art. 426 du décret du 1er mars 1854). La gendarmerie s'adresse au sous-intendant militaire ou à son suppléant, pour faire délivrer des vêtements ou des chaussures aux prisonniers militaires. Elle s'adresse au maire s'il s'agit de prisonniers civils. Si ces fonctionnaires refusaient et si les prisonniers étaient obligés de séjourner dans la prison, ou si on les transportait, sans autre motif, par le service des convois, le commandant de brigade en rendrait compte au commandant d'arrondissement.

1123. — La même surveillance est exercée par les commandants de brigade, lorsque les militaires sont détenus dans les maisons d'arrêt ou de détention ; ils s'assurent également si les concierges de ces prisons leur fournissent exactement les denrées prescrites par les règlements, si la paille leur est renouvelée aux époques fixées et dans les quantités voulues, et si les chambres sont munies des ustensiles nécessaires.

1124. — En cas de plainte de la part des détenus, les commandants de brigade en vérifient l'exactitude et rendent compte à leurs chefs, par la voie hiérarchique, des abus qu'ils ont découverts.

Les commandants de compagnie donnent aussitôt connaissance de ces abus, soit au préfet, soit au commandant de place, soit au sous-intendant militaire (art. 427 du décret du 1er mars 1854).

1125. — La gendarmerie dresse également procès-verbal contre tout gardien ou geôlier qui lui refuse l'ouverture des prisons, des chambres des détenus à transférer, l'exhibition des registres d'écrou militaire, et qui n'opère pas immédiatement la transcription des ordres de justice pour écrouer, mettre en liberté ou transférer des prisonniers.

1126. — *Fournitures de subsistances et de couchage allouées aux détenus.*

Les détenus civils reçoivent une ration de pain de 750 grammes. La composition des autres aliments est déterminée chaque année par le préfet, dans chaque département. La dépense pour la subsistance, autre que le pain, des détenus civils est ordinairement de 20 centimes, y compris la cuisson.

Ils reçoivent 6 kilogrammes de paille, renouvelée tous les dix jours, pour le couchage.

Les prisonniers de passage, transférés par la gendarmerie, reçoivent les mêmes vivres. Ils ont droit, pour leur couchage, à un kilogramme de paille par jour.

Les détenus militaires ont droit à 750 grammes de pain par jour. Il est fourni par le munitionnaire, ou, à défaut, par la boulangerie civile. Ils ont, en outre, droit aux vivres de prison dont l'espèce, la qualité et la quantité sont réglées chaque année par le préfet de chaque département.

La dépense pour la subsistance, autre que le pain, des détenus militaires est fixée à 20 centimes pour ceux qui sont conduits de prison en prison, et à 15 centimes pour ceux traduits au conseil de guerre ou subissant, par suite de jugement, une peine de détention, à l'expiration de laquelle ils doivent rejoindre leurs corps.

La fourniture de couchage est la même que celle des détenus civils.

La gendarmerie se règle sur ces bases pour se faire rembourser la dépense qu'elle est obligée de faire quand elle fournit la subsistance aux prisonniers.

Les prisonniers civils et militaires ont droit aux vivres de prison le jour de leur incarcération. S'ils sont conduits de prison en prison, les vivres leur sont fournis le matin, avant le départ, de la prison d'où ils sortent.

Le militaire acquitté par un conseil de guerre a droit aux vivres de prison le jour de son jugement; mais le militaire qui sort de prison après l'expiration de sa peine n'a pas droit aux vivres de prison le jour de sa sortie (circ. du 4 déc. 1806, ord. du 19 mars 1823, circ. du 15 mars 1832, et note minist. du 7 août 1837).

TRANSFÈREMENT DE PRISONNIERS PAR LES VOITURES CELLULAIRES.

1127. — La gendarmerie est appelée à exercer une surveillance sur le transport des condamnés par les voitures cellulaires (art. 429 du décret du 1er mars 1854).

Lors du départ de chaque voiture cellulaire, il est fourni pour le service de surveillance, sur réquisition des préfets, et d'après les ordres ou instructions du ministre de l'intérieur, par la gendarmerie sur les lieux, un brigadier ou, au besoin, un sous-officier (le règlement du 11 mai 1856 prévoit aussi le cas où ce serait un gendarme) pour accompagner la voiture depuis le point de départ jusqu'à la destination définitive, quel que soit d'ailleurs le nombre de voyages qu'elle doit effectuer dans les maisons centrales en allant chercher les forçats pour les conduire aux bagnes (art. 430 du décret du 1er mars 1854).

1128. — Si le brigadier préposé à la conduite au moment du départ se trouve, dans le trajet, hors d'état de continuer sa route, il est pourvu immédiatement à son remplacement, au moyen d'une réquisition de l'autorité administrative, par la gendarmerie locale (art. 431 du décret du 1er mars 1854).

1129. — Les réquisitions, soit primitives, soit subsidiaires, doivent indiquer avec soin le lieu du départ de chaque voiture, ceux de passage et celui de sa destination définitive.

Les brigadiers, après avoir rempli la mission qui a été précisée dans les réquisitions, sont renvoyés immédiatement à leur résidence (art. 432 du décret du 1er mars 1854).

1130. — Les avances à faire par les compagnies auxquelles appartiennent ces brigadiers, ainsi que le chiffre des indemnités auxquelles ils ont droit, sont fixées par le règlement d'administration (art. 433 du décret du 1ᵉʳ mars 1854).

Cette indemnité est fixée comme il suit, et à la charge du budget du ministère de la justice ou de l'intérieur, selon le cas (art. 371 du règl. du 11 mai 1856),

Savoir :

Pour chaque journée d'absence avec la voiture, y compris le jour du départ et le jour d'arrivée :
) à un sous-officier... 6 fr.
  } à un brigadier..... 5
) à un gendarme..... 4

Pour le retour, lorsqu'ils ont quitté la voiture, l'indemnité est réduite de moitié et calculée sur le nombre de journées d'étape, ou d'après le nombre réel des journées de route, si le retour a eu lieu par les voies de fer.

Lorsque ces voitures ne sont employées qu'au transport des prévenus ou condamnés dans le département, il n'est dû que l'indemnité de service extraordinaire (art. 370 du règl. du 11 mai 1856).

Les avances à faire par les compagnies de gendarmerie auxquelles appartiennent les brigadiers chargés de ce service peuvent aller jusqu'aux deux tiers au plus de l'indemnité présumée. Cette avance est inscrite au bas de l'ordre de route.

Lorsque le voyage d'un de ces militaires se prolonge par suite de nouveaux ordres, les conseils d'administration en résidence dans les villes où il passe sont tenus, sur sa demande, de lui faire de nouvelles avances qui, sur leur avis, sont immédiatement remboursées par la compagnie de gendarmerie à laquelle appartient le militaire.

Il est également fait inscription des avances sur les ordres de route (art. 374 du règl. du 11 mai 1856).

Le sous-officier, le brigadier ou le gendarme chargé de l'escorte qui sera remplacé en route retiendra par devers lui, sur la somme qui lui aura été avancée, l'indemnité accordée à son grade, pour chacun des jours pendant lesquels il aura escorté la voiture cellulaire, et la moitié de cette indemnité pour chacune des étapes qu'il aura à parcourir pour rentrer à sa résidence ou la part qui lui est dévolue pour son retour en chemin de fer. Il remettra le surplus à son remplaçant (art. 6 de la circul. du 29 oct. 1840 et art. 370 du règl. du 11 mai 1856).

1131. — Le brigadier a la police de la voiture; il s'assure, avant le départ, si elle est en bon état, tant à l'intérieur qu'à l'extérieur : il veille à ce que les gardiens remettent au fondé de pouvoirs des entrepreneurs les extraits d'arrêts ou de condamnation des individus qui lui sont livrés ; il constate leur identité en les interrogeant et en consultant leurs signalements : il défère à toutes instructions qui lui sont données par les préfets ou sous-préfets pour le transport des prévenus accusés et autres personnes ; il transmet ses instructions, avec son rapport, au ministre de l'intérieur (art. 434 du décret du 1er mars 1854).

1132. — Tout condamné malade ou en état d'ivresse est refusé par le brigadier qui, dans ce cas, dresse un procès-verbal pour être transmis au ministre de l'intérieur.

1133. — Il lui est également interdit de recevoir toute femme allaitant son enfant ou se trouvant dans un état de grossesse apparente, à moins que, dans ce dernier cas, il ne lui soit remis un certificat du médecin de la prison portant que le transfèrement peut avoir lieu sans danger (art. 435 du décret du 1er mars 1854).

1134. — Le brigadier veille à l'exécution des mesures de précaution et de sûreté à prendre à l'égard des *condamnés*, conformément à l'arrêté du 12 mars 1839 pour le ferrement ; il transmet au ministre de l'intérieur les autorisations qui lui auront été délivrées à l'effet d'excepter des condamnés de la mesure du ferrement (art. 436 du décret du 1er mars 1854).

Arrêté précité du 12 mars 1839.

Art. 1er. Les hommes condamnés à la peine des travaux forcés seront ferrés au moyen d'anneaux passés aux jambes et réunis par une chaîne.

La mesure de sûreté ci-dessus est aussi applicable :

1° Aux hommes condamnés à la réclusion ;

2° Aux hommes condamnés à un emprisonnement correctionnel de cinq ans et au-dessus ;

3° Aux hommes condamnés à un emprisonnement de moins de cinq ans, lorsqu'ils seront en état de récidive.

Les poucettes leur seront mises également, en cas de tentative d'évasion ou de révolte.

Art. 2. Les autres hommes condamnés à la peine de l'emprisonnement seront ferrés de la même manière, à moins qu'il ne soit remis par le concierge, au brigadier chargé de la police de la voiture, une autorisation de ne pas les enchaîner. Cette autorisation sera délivrée, suivant les lieux, par le préfet, le sous-préfet ou le maire.

Les condamnés septuagénaires pourront également être dispensés du ferrement.

Néanmoins, durant le voyage, les fers, et, au besoin, les poucettes, peuvent être mis aux condamnés ci-dessus, sur l'ordre du brigadier de gendarmerie, en cas de tentative d'évasion ou de révolte, de violence, de résistance ou de tout autre désordre grave.

Art. 3. Les femmes condamnées, quelle que soit la nature de leur peine, ne seront point enchaînées ; seulement, les poucettes pourront leur être mises, sur l'ordre du brigadier, dans les cas prévus par l'article précédent.

Art. 4. Les femmes seules pourront conserver leurs souliers. Tous les hommes auront des sabots pour chaussure pendant le transfèrement, à moins que des difformités n'en rendent l'usage impossible.

Art. 5. Tous les forçats transférés aux bagnes par les voitures cellulaires seront habillés uniformément de la manière prescrite par l'administration. Les hommes et les femmes transférés aux maisons centrales pourront conserver leurs vêtements personnels, à moins que, pour des motifs d'ordre, de sûreté ou de propreté, l'administration n'exige que les condamnés prennent, en totalité ou en partie seulement, l'habillement réglé par elle.

1135. — Avant le départ de la voiture, et en route, toutes les fois que le fondé de pouvoirs des entrepreneurs reçoit des condamnés, le brigadier veille à ce que les effets d'habillement qui leur sont dus, suivant la saison, d'après le marché passé avec les entrepreneurs, leur soient fournis propres et en bon état (art. 438 du décret du 1er mars 1854).

Le marché précité, passé le 6 février 1839, dit à l'art. 14 :

« Les entrepreneurs fourniront à chaque forçat les effets d'habillement ci-après, qui serviront dans toutes les saisons :

« Une chemise de chanvre ou de lin ;

« Un bonnet de laine ou de coton ;

« Une cravate de couleur en coton ;

« Une casaque du modèle de celle des bagnes, un pantalon et une limousine, dont une partie sera d'étoffe jaune et l'autre d'étoffe grise ;

« Un gilet à manches. »

En hiver, les entrepreneurs fourniront, en outre, à chaque condamné, un caleçon et un tricot de coton. En été, de semblables caleçons seront tenus en réserve dans chaque voiture, pour être distribués aux forçats qui souffriraient de la rigueur du temps. L'étoffe de ces vêtements sera de laine et de fil.

Pour la chaussure, en été, une paire de chaussons en droguet, fil et coton, avec doubles semelles; en.hiver, une paire de demi-guêtres et une paire de chaussons en droguet, fil et laine, avec doubles semelles. Ils fourniront également des sabots à chaque forçat; aucun ne pourra être autorisé à faire usage de bottes ou de souliers, à moins que des difformités ne rendent impossible l'usage des sabots, cas auquel la chaussure jugée nécessaire sera payée par les entrepreneurs.

Les autres prisonniers voyageront avec leurs vêtements personnels. Toutefois, les entrepreneurs seront tenus de leur fournir les portions de vêtements dont ils pourront manquer, si la nécessité en est constatée par le brigadier de gendarmerie, ou si l'administration a des motifs particuliers pour l'exiger.

Leur vêtement sera différent de celui des forçats.

Ce vêtement sera composé :

D'un bonnet de laine et coton
D'une veste ronde
D'un gilet sans manches
D'un pantalon
De guêtres } en droguet uni gris, fil et laine.
De chaussons
D'une cravate de couleur
D'une limousine, en hiver

La disposition qui précède est commune aux femmes. Indépendamment de la chemise, des chaussons et des sabots qui devront leur être fournis au besoin, elles recevront, s'il y a lieu, un mouchoir de coton pour la tête et une longue blouse ou sarreau d'étoffe de coton en été et d'étoffe de laine en hiver.

1136. — Le brigadier veille également à ce que les condamnés reçoivent les aliments déterminés par le règlement dont il leur est donné copie, et à ce qu'ils soient de bonne qualité; en cas de contestation, il en réfère au maire, qui prononce définitivement (art. 438 du décret du 1er mars 1854).

L'art. 18 du marché passé le 6 février 1839 a réglé comme il suit la nourriture à fournir aux prisonniers conduits en voiture cellulaire :

La nourriture des forçats se composera, en route, savoir :

Le matin, pour déjeuner, d'un demi-kilogramme de pain et de trente-deux grammes de fromage ou de charcuterie, ou d'un œuf dur, au choix de l'administration.

Le soir, pour le dîner : d'un autre demi-kilogramme de pain et de cent vingt-cinq grammes de lard, saucisson, jambon, veau, mouton, porc ou bœuf, sans os.

Le pain sera de la même qualité que celui de la troupe.

La nourriture sera la même pour les autres prisonniers. Toutefois, elle ne sera due qu'autant qu'ils n'auront pas reçu la ration du jour avant de quitter la prison, et s'ils ne doivent pas être déposés à leur destination le jour même, savoir : du 1er mai au 31 octobre, avant sept heures du soir, et du 1er novembre au 30 avril, avant cinq heures.

Si les prisonniers n'ont reçu que le pain avant le départ, les autres vivres leur seront fournis par les entrepreneurs.

1137. — Il est expressément recommandé au brigadier d'empêcher qu'il ne soit vendu ou donné aux condamnés, par qui que ce soit, ni eau-de-vie, ni vin, ni toute autre boisson fermentée, ni tabac, ni aucune sorte d'aliments ; en cas de contravention à ces prohibitions, il en rend compte au ministre de l'intérieur (art. 439 du décret du 1er mars 1854).

1138. — Le brigadier tient un journal à l'effet de constater, jour par jour, de quelle manière il est satisfait par l'entreprise aux prescriptions du marché passé pour la nourriture et l'habillement des condamnés ; il donne connaissance de son journal aux fondés de pouvoirs des entrepreneurs, afin que ceux-ci puissent fournir leurs observations ou explications.

Le journal est envoyé par le brigadier au ministre de l'intérieur, aussitôt l'accomplissement de sa mission.

1139. — En cas d'événements graves, il en rend compte immédiatement au ministre (art. 440 du décret du 1er mars 1854).

1140. — Le brigadier vise et certifie, à chaque article, le bordereau des sommes reçues par les fondés de pouvoirs des entrepreneurs, pour le compte des condamnés transférés.

Il s'assure que ces sommes sont exactement remises sur reçu au commissaire du bagne, au gardien de la prison ou à toute autre personne autorisée à recevoir l'argent des condamnés arrivés à leur destination.

Les agents de l'entreprise ne peuvent recevoir en dépôt au delà de 20 fr. pour le compte de chaque condamné ; les bijoux sont refusés (art. 441 du décret du 1ᵉʳ mars 1854).

1141. — Le brigadier, sur la demande des gardiens, prononce les punitions à infliger aux condamnés qui se rendent coupables d'infractions au règlement qui les concerne ; il leur est donné lecture de ce règlement, qui, de plus, reste affiché dans chaque cellule (art. 442 du décret du 1ᵉʳ mars 1854).

Au besoin, le brigadier prête main-forte aux gardiens, pour maintenir les condamnés dans l'obéissance, réprimer les tentatives d'évasion et repousser toute attaque du dehors (art. 443 du décret du 1ᵉʳ mars 1854).

1142. — Le brigadier veille, 1° à ce que les gardiens s'abstiennent de toute injure et de toute menace envers les condamnés (toute infraction à ces dispositions est consignée dans son journal) ; 2° à ce que les condamnés n'aient aucune communication avec le public.

1143. — Si les gardiens se servent de leurs armes contre les condamnés, il dresse procès-verbal (art. 444 du décret du 1ᵉʳ mars 1854).

Le brigadier constate également par procès-verbal :

1° Le cas où, pour un motif quelconque, il a été nécessaire de s'écarter de l'itinéraire tracé ;

2° Les retards de force majeure, provenant de bris de voiture ou de tout autre accident qui a exigé le dépôt des condamnés entre les mains de l'autorité locale ;

3° Le cas où, à raison de la longueur du trajet, il a été jugé indispensable de s'arrêter pour faire reposer les condamnés ;

4° Les faits d'évasion ;

5° Les bris et dégradations qui peuvent être faits méchamment par les condamnés à la voiture ou au mobilier de l'entreprise ;

6° Le cas où la voiture renfermant les condamnés est abandonnée par les deux gardiens à la fois.

Les procès-verbaux seront toujours communiqués au fondé de pouvoirs des entrepreneurs, lequel peut en prendre copie (art. 445 du décret du 1ᵉʳ mars 1854).

1144. — Le brigadier certifie les paiements faits par l'entreprise pour chevaux de renfort extraordinaires, c'est-à-dire attelés à la voiture en sus du nombre déterminé par le livre de poste, pour droits de péage des ponts et des bacs, ainsi que tous les autres frais extraordinaires de locomotion.

Aucun pour boire aux postillons n'est admis comme dépense extraordinaire.

Il certifie, en même temps, qu'il y a eu nécessité d'employer des chevaux de renfort extraordinaires (art. 446 du décret du 1er mars 1854).

1145. — Le cas arrivant où il est absolument nécessaire de s'arrêter pour donner du repos aux condamnés, le brigadier choisit pour lieu de repos un chef-lieu de préfecture ou de sous-préfecture. Les condamnés sont déposés provisoirement dans la maison d'arrêt ou de justice, où il est pourvu à leur nourriture et aux frais du coucher par les soins du préposé de l'entreprise.

Avant d'en effectuer le dépôt, le brigadier donne avis de leur arrivée au maire, ainsi qu'au préfet ou sous-préfet, afin qu'il soit pris par eux telles mesures qu'il appartient pour leur garde jusqu'au moment du départ.

Le repos n'est jamais de plus de six heures et a lieu pendant le jour (art. 447 du décret du 1er mars 1854).

1146. — Si, par suite d'accident survenu à la voiture sur un point éloigné de toute population agglomérée, il devient nécessaire de s'arrêter et de mettre à pied les condamnés, le brigadier donne l'ordre au postillon de se rendre à cheval, en toute hâte, à la brigade de gendarmerie la plus voisine, pour y porter avis de l'accident et demander main-forte.

Il prescrit également, d'accord avec le fondé de pouvoirs des entrepreneurs, toutes les mesures extraordinaires qu'il juge nécessaires pour prévenir l'évasion des condamnés.

Si des condamnés ont été blessés, il pourvoit par le même moyen, ou par tout autre plus prompt, s'il est possible, à leur soulagement, et fait appeler un médecin.

Si l'accident est survenu non loin de l'habitation du maire, il en donne avis à ce magistrat, afin qu'il ait à requérir, s'il en est besoin, la garde nationale, ou à prescrire toute autre mesure d'urgence, pour que le logement et la garde des condamnés soient assurés jusqu'à ce qu'il soit possible de se remettre en route.

Dans le cas prévu par cet article, l'entrepreneur pourvoit à toutes les dépenses faites par les condamnés (art. 448 du décret du 1er mars 1854).

1147. — Si, pendant le voyage, des condamnés sont reconnus, par les médecins appelés à les visiter, hors d'état d'être transportés plus loin, ils sont remis, suivant les localités, à la disposition soit du préfet, soit du sous-préfet ou du maire, qui prescrivent à leur égard telle mesure qu'il appartient.

Ce cas arrivant, il est donné au préposé de l'entreprise, par l'autorité qui les a reçus, une décharge des condamnés laissés en route pour cause de maladie.

Il en est de même si le transfèrement de quelque condamné se trouve arrêté par ordre supérieur ou par mandat de l'autorité judiciaire.

Hors les cas prévus par le présent article (449) aucun condamné ne peut quitter sa cellule, même momentanément (art. 449 du décret du 1er mars 1854).

1148. — Lorsque, pour des motifs quelconques, des condamnés restent en route, le brigadier veille à ce qu'ils soient remplacés, sans retard, par d'autres condamnés en nombre égal, en exécution des clauses du marché et conformément aux ordres de service délivrés aux entrepreneurs (art. 450 du décret du 1er mars 1854).

1149. — En cas de décès d'un condamné pendant le trajet, il est pourvu à sa sépulture par les soins du maire de la commune et aux frais de l'entreprise ; il en est fait mention sur le journal du brigadier.

Une déclaration de décès est remise au préposé de l'entreprise pour lui servir de décharge (art. 451 du décret du 1er mars 1854).

1150. — En cas d'évasion, le brigadier remet au préfet, au sous-préfet ou au maire, suivant les localités, le signalement du condamné évadé et tous autres renseignements pouvant servir à son arrestation.

Il transmet, sans délai, au ministre de l'intérieur, les mêmes renseignements (art. 452 du décret du 1er mars 1854).

1151. — En arrivant au bagne, et au moment de la remise des forçats à l'administration de la marine, le brigadier communique son journal au commissaire chargé de leur réception, et lui donne sommairement des renseignements sur la conduite de chaque forçat pendant le trajet (art. 453 du décret du 1er mars 1854).

1152. — Le brigadier, sur la demande des entrepreneurs, vise et certifie les états de dépenses faites par leurs préposés pour le service du transport.

En cas de malversation, il en donne avis sur-le-champ aux entrepreneurs (art. 454 du décret du 1er mars 1854).

1153. — Afin d'écarter les soupçons que peuvent faire naître, sous le rapport des mœurs, les relations obligées des agents de l'entreprise avec les femmes dont le transport est effectué par voie cellulaire, chaque cellule a une seconde serrure dont la clef est remise au brigadier par le fondé de pouvoirs des entrepreneurs.

De cette manière, le concours simultané de ce militaire et des préposés de l'entreprise devient indispensable pour faire sortir une détenue de sa cellule (art. 455 du décret du 1er mars 1854).

Dans les rapports que les brigadiers ont à adresser au ministre de l'intérieur, après chaque voyage, et lorsque des femmes ont été transférées, ils ont à certifier d'abord que la clef particulière qui leur est destinée leur a été remise; ensuite qu'aucune cellule occupée par une femme n'a été ouverte qu'en leur présence et avec leur concours.

Il leur est recommandé de remettre la clef, après l'accomplissement de leur mission, soit aux brigadiers qui ont été désignés pour les remplacer, soit aux agents de l'entreprise, lorsque la voiture, voyageant à vide, n'a plus besoin d'être accompagnée par un agent de la force publique (art. 456 du décret du 1er mars 1854).

1154. — Lorsque des voitures cellulaires sont affectées au transport des prévenus, accusés et des autres détenus appartenant à la population légale ou réglementaire des prisons, les mêmes sous-officiers, brigadiers ou gendarmes peuvent être préposés à la garde et à la conduite de ces détenus. Pendant tout le trajet, ils reçoivent, sur les frais de justice criminelle, l'indemnité de service extraordinaire (art. 458 du décret du 1er mars 1854 et 370 du règl. du 11 mai 1856).

Les mesures de précaution et de surveillance ordonnées pour le transport des condamnés aux bagnes sont les mêmes pour le transport des accusés ou détenus conduits d'une prison à l'autre dans chaque département (art. 458 du décret du 1er mars 1854).

TRANSFÈREMENT DES ALIÉNÉS.

1155. — Dans aucun cas, les aliénés ne doivent être conduits avec les prévenus ou condamnés, ni déposés dans une prison. Ils doivent être déposés dans les hospices ou hôpitaux civils, ou, à défaut, dans un logement désigné par le maire, soit dans une hôtellerie, soit dans un local loué à cet effet, conformément à l'art. 24 de la loi du 30 juin 1838.

USURE.

1156. — La gendarmerie doit constater par procès-verbal tous les délits d'usure qui parviennent à sa connaissance.

L'intérêt légal en matière civile est de cinq pour cent ; il est de six pour cent en matière de commerce.

L'intérêt conventionnel ne peut excéder le taux légal de cinq pour cent (art. 1er et 2 de la loi du 3 septembre 1807).

Le délit *d'habitude d'usure* est puni d'une amende qui peut s'élever jusqu'à la moitié des capitaux prêtés et d'un emprisonnement de six jours à six mois (art. 2 de la loi du 19 décembre 1850).

S'il y a eu escroquerie de la part du prêteur, la peine peut s'élever à cinq ans d'emprisonnement (art. 4 de la loi du 19 décembre 1850).

Dans le cas de nouveau délit d'usure dans l'espace de cinq ans à compter d'une condamnation, les peines pourront être élevées jusqu'au double du maximum. Le prêteur peut, en outre, être condamné à la surveillance (art. 3 de la loi du 19 décembre 1850).

Les procès-verbaux sont visés pour timbre, enregistrés en débet et adressés au procureur impérial.

USURPATION D'AUTORITÉ.

1157. — Il y a usurpation d'autorité toutes les fois qu'une personne exerce, sans délégation régulière, ou malgré la cessation de ses pouvoirs, une portion quelconque de l'autorité publique.

L'usurpation d'autorité est un délit correctionnel puni par les art. 196 et 197 du Code pénal. Elle diffère de l'abus d'autorité en ce qu'elle puise sa criminalité dans le défaut de qualité de l'agent.

Les procès-verbaux sont visés pour timbre, enregistrés en débet et adressés au procureur impérial.

1158. — Les commandants de brigade ne sont pas astreints à faire des visites personnelles ; néanmoins, quand ils prennent possession du commandement d'une brigade, il est utile et convenable qu'ils se présentent devant le commandant de l'arrondissement, et, en outre, quand c'est au chef-lieu de la compagnie, devant le commandant de la compagnie.

Il est aussi convenable et nécessaire qu'ils se présentent chez les différentes autorités avec lesquelles ils doivent avoir des relations directes de service, dans la résidence.

Une politesse de cette nature ne compromet pas la dignité de celui qui la fait, au contraire, elle donne une bonne opinion de ses mœurs, de son caractère et du corps auquel il appartient, et, en même temps, elle lui facilite les rapports de service.

VOIRIE.

1159. — La voirie se divise en grande et petite voirie,

Savoir :

1° *Grande voirie.*

1160. — La grande voirie embrasse toutes les voies de communication d'un intérêt général entretenues aux frais de l'État ou des départements, telles que les routes impériales et départementales, les fleuves, rivières et canaux navigables ou flottables, les chemins de hallage, etc.

1161. — Les chemins de fer construits ou concédés par l'État font aussi partie de la grande voirie (art. 1er de la loi du 15 juill. 1845).

1162. — Les contraventions de grande voirie sont jugées en conseil de préfecture. Les procès-verbaux qui les constatent sont visés pour timbre, enregistrés en débet et adressés aux sous-préfets (art. 493 du décret du 1er mars 1854 et art. 113 de la loi du 16 déc. 1811).

1163. — Un tiers des amendes est dévolu aux verbalisants (art. 115 de la loi du 16 déc. 1811 et 346 du règl. du 11 mai 1856).

1164. — Les contraventions à constater *sur les voies de terre et d'eau*, sont :

1° Les anticipations, les dépôts de fumier ou d'autres objets obstruant la circulation ; les détériorations sur les routes, sur les arbres qui les bordent, sur les fossés, ouvrages d'art et matériaux destinés à leur entretien ; sur les canaux, fleuves et rivières navigables ou flottables, leurs chemins de hallage, francs bords, fossés et ouvrages d'art. Ces mêmes dispositions s'appliquent aux ports maritimes, de commerce, et travaux à la mer (articles 313 et 314 du décret du 1er mars 1854, loi du 29 floréal an x et décret du 10 avril 1812) ;

2° Le dépôt de matériaux à moins de 8 mètres des bords d'une rivière navigable est une contravention à l'ordonnance de 1669 ; l'amende est de 500 fr. (arrêt du conseil d'État du 17 janv. 1836) ;

3° Le stationnement et le passage des bestiaux sur les berges (arrêt du conseil d'État du 16 déc. 1759) ;

4° L'ouverture, sans autorisation, de carrières à ciel ouvert, de pierres, moëllons, etc., à une distance moindre de 60 mètres du bord inférieur des routes (arrêté du conseil du 5 avril 1772 et loi du 21 avril 1810, art. 81) ;

5° L'abattage ou l'élagage des arbres bordant les routes, sans l'autorisation du préfet, bien que ces arbres appartiennent aux propriétaires riverains (art. 1er de la loi du 12 mai 1825) ;

6° L'attachage de cordages aux arbres plantés le long des routes pour faire sécher du linge, des draperies, habillements ou légumes (ordonn. du 2 août 1774).

7° Les contraventions aux lois et règlements sur la police des bacs et bateaux sont aussi de la compétence des conseils de préfecture (art. 51 de la loi du 6 frim. an vii).

Le défaut d'éclairage de dépôt de matériaux sur les voies de la grande voirie est une contravention de simple police prévue par l'art. 471 (n° 4) du Code pénal et non une contravention de grande voirie comme on le croit assez généralement. Pour qu'il y ait contravention de grande voirie, il faut que le dépôt soit fait sans l'autorisation de l'autorité compétente ; toutefois, cette autorisation ne dispense pas de l'obligation d'éclairer les matériaux déposés.

Les procès-verbaux constatant le défaut d'éclairage sont visés pour timbre et enregistrés en débet. Ils sont adressés au ministère public près le tribunal de simple police du canton.

1165. — *Les contraventions commises sur les voies de fer* sont aussi constatées par la gendarmerie, conformément à la loi du 15 juillet 1845, qui s'exprime ainsi :

« Sont aussi applicables aux chemins de fer, les lois et règlements sur la grande voirie, qui ont pour objet d'assurer la conservation des fossés, talus, levées et ouvrages d'art dépendant des routes, et d'interdire, sur toute leurs étendue, le pacage des bestiaux et les dépôts de terre et autres objets quelconques » (art. 2 de la loi du 15 juill. 1845).

Sont aussi applicables aux propriétés riveraines, les servitudes imposées par les lois et règlements sur la grande voirie et dont la surveillance est particulièrement réservée à l'autorité administrative. Mais la gendarmerie doit veiller à ce qu'on n'établisse pas de mines, minières, tourbières, carrières et sablières à une distance moindre de 60 mètres du bord inférieur d'un chemin ou des travaux d'art (art. 3 de la loi du 15 juillet 1845, 81 de la loi du 21 avril 1810 et arrêté du Conseil du 5 avril 1772).

Tout chemin de fer doit être clos des deux côtés et sur toute l'étendue de la voie. Des barrières doivent être établies et fermées aux endroits où les chemins de fer croisent les routes à niveau (art. 4 de la loi du 15 juill. 1845).

Il est défendu d'établir, à une distance de moins de 20 mètres d'un chemin de fer desservi par des machines à feu, des couvertures en chaume, des meules de paille et de foin et aucun autre dépôt de matières inflammables. Toutefois, cette prohibition ne s'étend pas aux dépôts de récoltes faits pour le temps de la moisson (art. 7 de la loi du 15 juillet 1845).

Aucun dépôt de pierres ou autres objets non inflammables ne peut être établi à moins de cinq mètres d'un chemin de fer, sans l'autorisation préalable du préfet. Cette autorisation est toujours révocable. Cette autorisation n'est pas nécessaire, dans les localités où le chemin de fer est en remblai, pour former des dépôts de matières non inflammables, dont la hauteur n'excède pas celle du remblai du chemin, ni pour former des dépôts d'engrais et autres objets nécessaires à la culture des terres (art. 8 de la loi du 15 juillet 1845).

Ces contraventions sont punies d'une amende de 16 fr. à 300 fr. (art. 11 de la loi du 15 juillet 1845).

Les procès-verbaux sont visés pour timbre, enregistrés en débet et adressés au sous-préfet de l'arrondissement.

2° *Petite voirie.*

1166. — La petite voirie embrasse toutes les voies de communication d'un intérêt local, entretenues aux frais des communes, telles que les chemins vicinaux, les cours d'eau qui ne sont pas navigables ni flottables, les rues et places des villes, bourgs et villages qui ne forment pas le prolongement d'une route impériale ou départementale.

1167. — Les contraventions en matière de petite voirie sont de la compétence des tribunaux de simple police.

Les procès-verbaux qui les constatent sont visés pour timbre, enregistrés en débet et adressés au ministère public près le tribunal de simple police du canton.

1168. — La gendarmerie constate toutes les contraventions en matière de petite voirie qui peuvent nuire à la salubrité, à la libre circulation et à la sûreté des voies publiques, dans les rues, places, quais, promenades publiques, hors du passage des grandes routes impériales ou départementales et de leur prolongement, sur les chemins vicinaux, ainsi que sur les canaux, rivières ou ruisseaux appartenant aux communes (art. 316 du décret du 1er mars 1854).

———

VOL. — DÉFINITION.

1169. — Quiconque a soustrait une chose qui ne lui appartient pas est coupable de vol (art. 379 du Code pénal).

Le vol est un crime, un délit ou une contravention.

1170. — *Le vol est un crime* s'il a été commis avec l'une ou plusieurs des cinq circonstances aggravantes ci-après :

1° S'il a été commis la nuit ;

2° S'il est commis par deux ou plusieurs personnes :

3° Si les coupables ou l'un d'eux sont porteurs d'armes apparentes ou cachées ;

4° Si les coupables ont commis le crime, soit à l'aide d'effraction extérieure, d'escalade ou de fausses clefs, dans une maison, appartement, chambre ou logement habités, ou servant à l'habitation, ou leurs dépendances ; soit en prenant le titre de fonctionnaire public ou d'un officier civil ou militaire, ou après s'être revêtu de l'uniforme ou du costume du fonctionnaire ou de l'officier, ou en alléguant un faux ordre de l'autorité civile ou militaire ;

5° Si les coupables ont commis le crime avec violence, ou menaces de faire usage de leurs armes (art. 381 du Code pénal).

Les vols domestiques.

Le vol commis par un aubergiste, un hôtelier, un voiturier, un batelier ou un de leurs préposés, lorsqu'ils auront volé tout ou partie des choses qui leur étaient confiées à ce titre (art. 386 du Code pénal).

L'altération des vins et autres liquides ou marchandises, par le mélange de substances malfaisantes, faite par les voituriers, bateliers ou leurs préposés auxquels le transport a été confié (art. 387 du Code pénal).

Tous les crimes sont de la compétence des cours d'assises, à l'exception de ceux en matière de presse.

1171. — *Le vol est un délit* s'il a été commis sans une des circonstances ci-dessus indiquées, ou s'il a été commis dans les champs, dans les bois, dans les carrières, dans les viviers, étangs ou réservoirs (art. 388 et 401 du Code pénal).

Les délits sont de la compétence des tribunaux correctionnels.

1172. — *Le vol n'est qu'une contravention* et s'appelle alors *maraudage* lorsqu'il est commis dans les circonstances suivantes :

Ceux qui, sans autre circonstance prévue par les lois, auront cueilli ou mangé, sur le lieu même, des fruits appartenant à autrui (art. 471 (n° 9) du Code pénal).

Ceux qui déroberont, sans aucune des circonstances prévues en l'article 388 du Code pénal, des récoltes ou productions utiles de la terre, qui, avant d'être soustraites, n'étaient pas encore détachées du sol (art. 475 (n° 15) du Code pénal).

Ces contraventions sont de la compétence des tribunaux de simple police.

Ainsi, le voyageur sur sa route, prenant de jour une grappe de raisin, une pomme ou une poire etc., *pour la manger immédiatement*, ne commet qu'une contravention.

Si, au contraire, il conservait les choses soustraites, soit pour les vendre, soit pour en faire un approvisionnement ou une réserve, il commettrait un délit. Dans ce dernier cas, il serait passible de peines correctionnelles.

TABLE

ALPHABÉTIQUE ET ANALYTIQUE.

———————

la moitié de la chaussée en se rangeant à sa droite, 971 ; âgé de moins de seize ans, 1015.

COLLIERS ayant plus de 90 centimètres de largeur, 974.

COLPORTEURS. — Surveillance à exercer, 250 ; patentes, 254, 255 ; conduire, devant le maire, les colporteurs sans patente, 256 ; colporteurs de livres, surveillance particulière, 257, 846.

COMESTIBLES falsifiés ou corrompus ou vendus à faux poids, 258.

COMITÉ DE LA GENDARMERIE. — But de son institution, 259.

COMMANDANTS DE BRIGADE. — Doivent donner le bon exemple, 260 ; commandent le service, tour réglé, liste affichée, 261 ; se rendent à l'ordre chez l'officier de la résidence, 262 ; rapport journalier, 263 ; rapports spéciaux dans les cas urgents, adressés au commandant de l'arrondissement et au commandant de la compagnie, 264 ; en cas d'urgence, ils communiquent directement avec l'autorité judiciaire, 264 ; surveillance des casernes, 265 ; pansages et distributions, 266 ; régime alimentaire des chevaux, 267 ; défense de prêter les chevaux, 268 ; chevaux des hommes malades ou absents, 269 ; inspection des hommes de service, 270 ; roulent avec les gendarmes pour le service de tournées, conduites, escortes et correspondances, 271 ; régularisent les pièces de transfèrement, donnent communication des ordres du jour, 272 ; registres à tenir, 273 ; feuilles de service, 274 ; instruction des hommes, cahiers d'écriture, 275 ; vacance momentanée, comment remplacés, 276 ; mutations, remise des archives sur inventaire, 277 ; événements dont ils doivent rendre compte sans retard, 278 ; font partie de la commission de vérification de fourrages, 279 ; n'interrompent pas le service pour les revues d'officiers, 940, 941 ; donnent des permissions d'absence aux militaires de la réserve, 922 ; délivrent des billets d'hôpital aux militaires isolés, 597 ; font inscription des militaires en congé et les font rejoindre à l'expiration, 725, 726, 727.

COMMANDANTS DE PLACE. — Subordination, 280 ; situations à fournir, 280 ; état de paix, 281 ; état de guerre, 282 ; état de siége, 283 ; ne passent pas de revue de la gendarmerie, 284 ; font ouvrir les portes à la gendarmerie, 285 ; sont informés des événements relatifs à la sûreté de la place, 286.

COMMANDANTS DE RECRUTEMENT. — V. Réserve, 918 et suiv.

COMMANDEMENT TEMPORAIRE. — Hors la résidence, indemnité, 519 ; des brigades, par qui exercé, 276.

COMMERCE. — Patrouilles et embuscades pour le protéger, 287 ; défendu à la gendarmerie, 288.

COMMISSAIRES DE POLICE. — Requièrent la gendarmerie, 289 ; ne lui donnent pas de missions occultes, 290 ; reçoivent les procès-verbaux de simple police, 291 ; conduire devant eux les individus arrêtés, 292 ; sont officiers de police judiciaire ; les sous-officiers et gendarmes n'interviennent pas dans leurs opérations, 293 ; leur action sur la gendarmerie, comment exercée, 290, 294 ; où doit s'arrêter la gendarmerie pour visiter les conflits, 295.

Enfants abandonnés et enfants trouvés, dans un lieu solitaire, à qui remis, recherches à faire, 411.

Enlèvement de mineurs, 412.

Enrayage. — Voitures publiques non enrayées aux descentes, 1000, 1001.

Enregistrement des procès-verbaux, 850.

Entrepreneurs de voitures publiques —N'ayant pas de registre pour inscrire les voyageurs, 1006, 1007; qui n'a pas fait connaître le lieu de ses relais, 1013 ; ayant des postillons de moins de seize ans 1015, qui n'a pas de registre pour recevoir les réclamations, 1016 ; qui n'a pas fait afficher dans ses bureaux les art. de 16 à 38 du règlement du 10 août 1852, 1017; qui n'a pas fait afficher dans l'intérieur de ses voitures les art. de 28 à 38 du règlement du 10 août 1852, 1018; qui n'a pas fait afficher le nombre et le prix des places dans l'intérieur de ses voitures, 1004.

Epée en baton. — V. Armes prohibées, 71.

Epidémie. — Devoirs de la gendarmerie, 413.

Epizootie. — Devoirs de la gendarmerie, 414; animaux atteints de maladies contagieuses, 415;

Escortes. — La gendarmerie fournit les escortes légalement dues, 416; des prévôts, 494.

Escortes d'honneur. — V. Cérémonies publiques, 202 à 209; honneurs à rendre, 579 et suiv.

Escortes de fonds. — Fonds de l'Etat, se concerter avec les autorités, 418; patrouilles et embuscades pour la sûreté des fonds, 419; l'escorte ne peut être refusée, 420; place des gendarmes, 421; les armes sont chargées, 422; mouvements de fonds entre les départements et hôtels des monnaies, 423; impossibilité de fournir les escortes, 424; fonds des percepteurs; ne sont escortés que sur la réquisition des maires, 425.

Escortes de poudres par terre. — Si la gendarmerie ne peut suffire, la garde nationale peut être requise, 426; un homme à chaque voiture, 427; faire marcher sur la terre et au pas, 428; éloigner les fumeurs, 429; ne rien souffrir d'étranger aux poudres, réparations des barils, 430; passer en dehors des communes et faire cesser les feux, 431; stationnement des convois 432; garde à fournir par la troupe ou la garde nationale, 433; surveiller la garde nationale, 434; circulation la nuit, peut être interdite 435; les réquisitions sont adressées au commandant de la gendarmerie du point de départ, 436; l'escorte est due pour tout transport de plus de 500 kil., 437; le voiturier doit avoir une lettre de voiture, 438; l'escorte peut être requise en route, 439; les gendarmes ne quittent l'escorte qu'après avoir été relevés, 440.

Escortes de poudres par eau. — Surveiller le chargement, 441; un homme par bateau, pas de feu ni fumeurs, 442; réparations, précautions, 443; faire cesser les feux en traversant les pays, 444; les bateaux sont isolés, 445; les bateaux sont amarrés en dehors des communes, 446; transport arrêté par force majeure, remise du chargement, retour de l'escorte, 447.

ment s'exerce leur action sur la gendarmerie, 650; relations de service, 651; visent les feuilles de service, 652; font connaître les mercuriales, 653 ; et le nom des légionnaires décédés, 653; sont requis de faire ouvrir les portes pour assurer l'exécution des mandements de justice, 654 ; sont requis de fournir la garde des convois de poudre en marche en cas d'insuffisance de gendarmes, 655; de faire garder les convois en station, 656; ils doivent fournir les moyens de transport des prisonniers malades en route, 657.

MAISONS D'ARRÈT, MAISONS DE JUSTICE, CHAMBRES DE SURETÉ, VIOLONS. — Leur destination, 659.

MAISONS DE JEU. — Défendues, à surveiller, 627.

MAISONS DE PRÈT SUR GAGES. — Doivent être autorisées, registres à tenir, 658.

MALADES. — Soins de médecins gratuits, 645; médicaments gratuits, 645; soins à donner aux chevaux des hommes malades ou absents, 234.

MALADIES CONTAGIEUSES. — V. Épidémie, 413; épizootie, 414.

MALFAITEURS. — Association, 106 et suiv. ; les rechercher dans les tournées de communes, 1059 et suiv.

1re Partie. — *Mandements de justice.*

MANDATS. — Il y en a de quatre sortes, 660; prévenus et accusés, distinction, 661; forme des mandats, 662; doivent être exhibés aux préveuus, 663 ; sont exécutoires dans tout l'empire, 664; les arrestations à domicile ne peuvent être faites que de jour, 665, 383 et suiv.; les procès-verbaux ne sont pas visés pour timbre ni enregistrés en débet, 666; précautions à prendre pour les recherches, 667; les signalements sont portés sur les procès-verbaux d'arrestation ou de recherches, 668.

MANDAT DE COMPARUTION. — Son objet, 669; notification directe, 670; notification à un tiers, 671; notification au maire, dans le cas où elle n'a pas été faite à domicile, 672; envoi des pièces, 673.

MANDAT D'AMENER. — Son objet, 674 ; notification au prévenu trouvé, 675; où le conduire, 676. Prévenu absent, notification à son domicile, 677; prévenu inconnu, notification au maire, 678; mandat venu d'un autre arrondissement, à une distance de plus de cinquante kilomètres et ayant plus de deux jours de date, 679.

MANDAT DE DÉPÔT, — Ce que c'est, comment exécuté, 680.

MANDAT D'ARRÈT. — Ce que c'est, 681; notification directe, où conduire le prévenu, reçu à prendre, remise des pièces au greffe, reçu à prendre, envoi des deux reçus au juge d'instruction, 682. Arrestations faites hors de l'arrondissement de l'officier de justice qui a décerné le mandat, conduire le prévenu devant le juge de paix, 683; prévenu absent, notification à sa dernière habitation, 684; prévenu inconnu ou n'ayant plus de domicile, notification au maire, 685; primes pour arrestations, 686.

ORDONNANCE DE PRISE DE CORPS. — Ce que c'est, 687; comment notifiée, 688; prime pour arrestations, 689.

Impr. LÉAUTEY, rue St-Guillaume, 23.

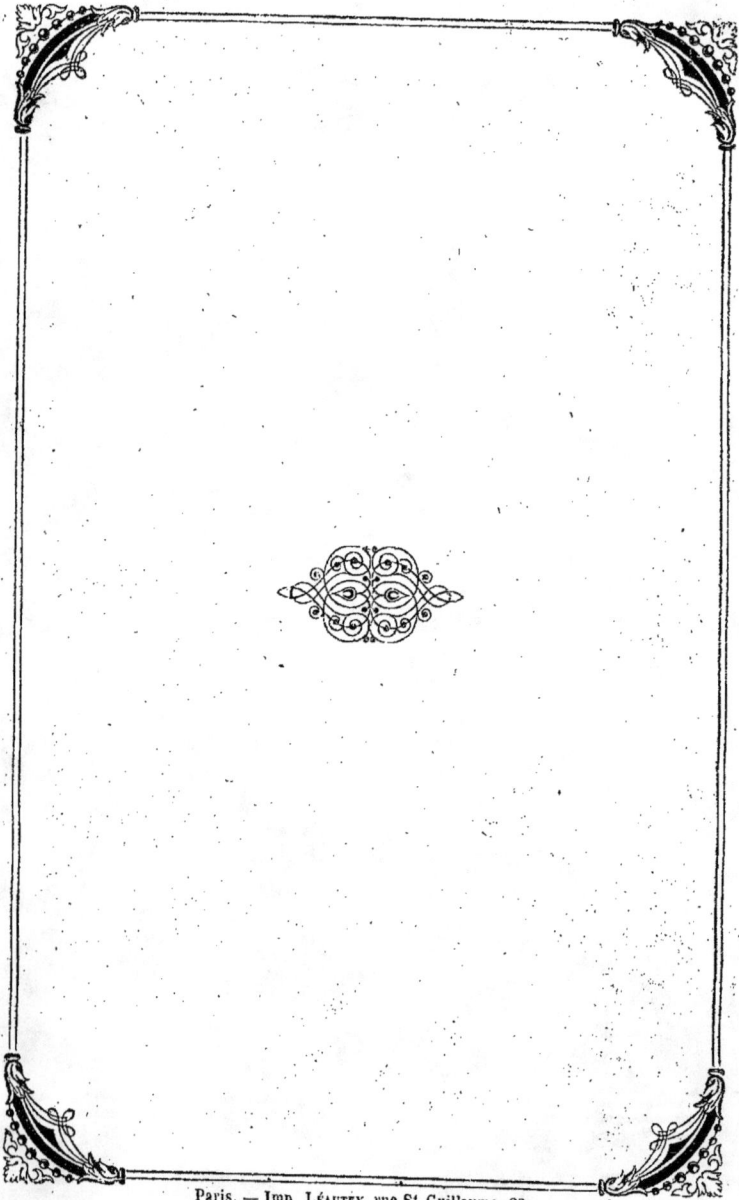

Paris. — Imp. LÉAUTEY, rue St-Guillaume, 23.

BIBLIOTHEQUE NATIONALE DE FRANCE

3 7531 01134812 6

www.ingramcontent.com/pod-product-compliance
Lightning Source LLC
Chambersburg PA
CBHW052104230326
41599CB00054B/3759